KB213434

Psychoanalytic Case Formulation

정신분석적 사례이해

Nancy McWilliams 저
권석만 · 김윤희 · 한수정 · 김향숙 · 김지영 공역

학지사

역자 서문

  '책은 마음의 양식'이라는 말이 있듯이, 좋은 책은 인간을 성숙하게 만든다. 특히, 상담이나 심리치료를 공부하는 사람들에게 있어서 좋은 책과의 인연은 매우 소중하다. 내담자를 이해하는 안목을 한층 새롭고 깊게 만드는 계기가 되기 때문이다. 내담자를 이해하고 도울 수 있는 역량은 내담자와의 만남 못지않게 그러한 만남을 음미하고 반성하는 노력을 통해 성장한다. '아는 만큼 보인다.'는 말이 있듯이, 내담자와의 만남을 분석하고 통합할 수 있는 개념과 이론적 체계 없이는 치료 역량의 발전을 기대하기 어렵다. 이런 점에서 이 책은 내담자를 심층적이고 섬세하게 이해하는 안목을 키워주는 좋은 책이라고 생각된다.

  이 책과의 인연은 수년 전에 은사이신 김중술 선생님으로부터 "정말 좋은 책이니 꼭 읽어보라."라는 말씀과 함께 이 책을 선사받으면서부터다. 그러나 목차와 본문 내용을 대충 훑어보고는 특별히 마음을 끄는 점을 발견하지 못한 채, 서가에 책을 꽂아놓고 한두 해를 보냈다. 그 후 우연히 뵙게 된 기회에, 김중술 선생님께서 "최근에 다시 한 번 읽어보았는데 역시 정말 좋은 책이더라."라는 말씀을 하셨다. 김중술 선생님께서는 평소에 많은 책을 탐독하시지만 이렇게 특정한 책에 대해서 두 번씩이나 읽고 극찬하시는 경우가 드물었기 때문에, 궁금함 속에서 이 책을 다시 펼쳐 읽게 되었다. 약간의 지루함을 느끼며 서론을 지나 1장부터 시작되는 본론을 읽게 되면서, 마치 책 속에서 보석을 발견한 듯한 흥분과 희열에 휩싸이게 되었다. 책을 읽는 동안, 나 자신은 물론 내담자를 비롯하여 주변 사람들에 대해서 많은 생각을 하게 되었으며 인간을 좀더 깊이 이해할 수 있는 새로운 안목이 열리는 듯한 기쁨을 느꼈다.

저자인 Nancy McWilliams는 미국 동북부의 Rutgers에서 개업을 하고 있으며, 대학에서 정신분석에 관한 강의와 슈퍼비전을 하고 있는 여류 심리학자이자 정신분석적 심리치료자다. 이 책에서 그녀는 자신의 오랜 심리치료 경험에 근거하여 내담자를 깊이 이해하는 데 필수적인 8가지의 심리적 측면을 다양한 사례와 함께 명쾌하게 소개하고 있다. 이 책은 미국에서 상담이나 심리치료를 공부하는 학생들에게 필독서처럼 널리 읽히는 책이다. 저자는 『Psychoanalytic Diagnosis』(1994)와 더불어 최근에는 『Psychoanalytic Psychotherapy』(2004)를 출간함으로써 세계적으로 주목받고 있는 심리치료자다.

좋은 인연은 주위 사람에게 퍼뜨리는 것이 좋을 것 같아, 이 책을 방학중에 대학원생들과 함께 읽게 되었다. 모두들 좋은 책을 읽는 즐거움과 기쁨을 느꼈으며, 이 책이 좀 더 많은 사람들에게 읽혔으면 좋겠다는 바람을 갖게 되었다. 그러나 이 책을 번역하는 일은 매우 고통스러운 일이었다. 저자는 매우 미묘하고 복합적인 의미를 전달하기 위해서 상당히 난해한 어휘와 문장구조를 사용하는 경향이 있어서, 책을 읽는 과정에서도 한 문장의 정확한 의미를 파악하기 위해 오랜 토론을 벌이는 경우가 많았다. 더구나 이러한 문장들을 우리말로 옮기는 일은 매우 어려운 작업이었다. 번역과정은 독회에 참석했던 유성진, 이지영 선생 그리고 김기환, 신우승, 안우영, 우충완, 문용철 군과 하현주 양의 초벌 번역내용을 김윤희, 한수정, 김향숙, 김지영 선생이 다시 꼼꼼하게 원문과 대조하며 수정하고 이를 다시 역자대표가 최종적으로 검토하여 수정하는 과정을 거쳤다. 원문에 담겨 있는 정교한 의미를 가능한 한 정확하게 전달하는 동시에 독자들이 이해하기 쉬운 문장으로 옮기기 위해 최선을 다하였으나, 이 책을 통해 느낄 수 있는 '배움의 기쁨'이 충분히 전달될 수 있을지 걱정스럽다.

이 책과의 좋은 인연을 만들어주신 김중술 선생님께 다시 한 번 감사드린다. 아울러 이 책의 출간을 위해 물심양면으로 지원해주신 학지사 김진환 사장님과 편집을 맡아주신 이지혜 과장님께 고마운 마음을 전한다.

2005년 6월 20일

역자대표 권 석 만

저자 서문

슈퍼바이저가 새로운 사례의 자료를 제시하고는 나에게 "정신역동적으로 요약해보라."라고 처음 요구했을 때, 나는 어떻게 해야 할지를 몰라 무력감을 느꼈다. 어렴풋하게 무엇을 하라는 것인지는 알았지만—즉 내담자의 증상, 정신상태, 성격유형, 개인력, 현재 상황을 모두 연결시켜 그럴듯하게 엮어보라는 것—어디서부터 어떻게 시작해야 할지 막막하기만 했다. 이러한 경험을 통해서, 나는 심리진단의 해석적이고 통합적이며 예술적인 측면에 대해 관심을 갖게 되었다. 이렇게 역동적인 사례요약을 해보라는 요구를 받기 전까지, 나는 수련기간 내내 증상의 의미를 추론해보거나, 직관력과 창의성을 펼쳐 보이거나, 내담자의 내밀한 삶 속으로 들어가서 그가 겪고 있는 고통을 미리 설정된 '객관적인' 방식으로 진단하기보다는 그의 독특하고 주관적인 경험에 근거하여 이해하는 교육을 받지 못했다. 사회적 환경에 잘 적응하는 다른 학생과 마찬가지로, 나는 객관적 자료를 암기하고, 선생이 듣고 싶어 하는 것을 말하고, 이미 확립된 체계에 따른 진단을 위해서 필요한 '증상들'을 찾는 일에 익숙해 있었다. 그러나 슈퍼바이저가 요구한 과제는 무언가 다른 능력을 필요로 했으며 처음부터 상당히 도전적으로 느껴졌다.

우리가 정신역동적으로 사례를 이해하는 법을 배우게 되는 것은, 나도 결국 그러했듯이, 정신역동적 사례이해에 능통하고 그러한 사례이해를 통해 어떻게 효과적인 치료를 할 수 있는지를 보여주는 스승과의 동일시를 통해서다. 이처럼 창의적이고 미묘한 감정이 개입되는 사례이해 과정을 한 권의 책으로 설명할 수 있다고는 생각하지 않는다. 나 역시 처음에는 책이라는 인쇄 매체를 통해 정신역동적인 성격진단을 효과적으로 가르칠 수 있을지 확신하지 못했지만, 학생들과 치료자들로부터 이러한 주제를 다룬 나의 책이 유익했다는 말을 여러 번 듣게 되었다. 또한 내가 『정신분석적 진단』(McWilliams, 1994)이라는 책에서 성격구조를 잘 평가하는 것이 중요함을 여러 번 반복하면서도 어떻게 그런 평가를 할 수 있는지에 대해서는 별로 설명하지 않았다는 점을 출판사의 편집부장이 지적했을 때부터, 나는 노련한 정신역동적 치료자들이 내담자를 파악하는 방식을 어떻게 책으로 전달할 것인지에 대해 고민하기 시작했다.

정신역동적 치료자들은 미국 정신의학회에서 발행한 『정신장애의 진단 및 통계편람(DSM)』에 제시되어 있는 '장애'의 진단기준에 따라서 내담자를 이해하지 않는다. DSM-IV는 '장애' 분류방식에 있어서 여러 가지 문제점이 있다는 점을, 특히 경험적 연구자보다 임상적 치료자의 관점에서 보면 더욱 그러하다는 점을 DSM-IV의 저자들은 명시하고 있다 (American Psychiatric Association, 1994, p. xxv). 훌륭한 치료자가 되기 위해서는 내담자를 복합적인 전체—약점뿐 아니라 강점을 지니고 있고, 병리적 증상뿐 아니라 건강한 측면을 지니고 있으며, 잘못된 현실인식뿐 아니라 최악의 상황에서 설명할 수 없는 놀라울 만한 현실 판단력을 지니고 있는 존재—로서 가슴을 통해 이해할 수 있어야만 한다.

내가 과거에 쓴 책은 성격구조가 심리치료에 미치는 함의를 다룬 것이었다. 그러나 내담자의 성격 유형을 이해하는 것은, 치료자가 내담자를 어떻게 치료할 것인지를 결정하는 데 영향을 미치는 요인 중의 하나일 뿐이다. 치료자는 내담자가 어떤 스트레스 때문에 이 시점에서 치료를 받으러 오게 되었는지, 그가 그러한 스트레스를 무의식적으로 어떻게 이해하고 있는지 그리고 그가 어떤 과거경험으로 인해서 이러한 유형의 스트레스에 증상을 나타내게 되었는지를 이해하려고 한다. 또한 치료자는 내담자의 연령, 성별, 성적 기호, 인종, 민족, 국적, 교육 배경, 병력, 과거의 치료경험, 사회경제적 지위, 직업, 주거환경, 책임감, 종교적 신념이 치료자를 찾게 만드는 데에 어떤 연관성을 지니고 있는지 이해하고자 한다. 치료자는 섭식 패턴, 수면 패턴, 성생활, 약물사용, 여가활동, 관심사 그리고 개인적인 신념에 대해서도 물어본다. 치료자는 이러한 모든 자료를 종합하여 내담자와 그의 증상이 잘 이해될 수 있도록 하나의 줄거리로 정리하게 되며, 이러한 줄거리에 근거하여 내담자를 어떤 치료법으로 어떻게 치료해나갈 것인지를 생각하게 된다(Spence, 1982를 참고하시오.). 따라서 진단에 관해 내가 과거에 쓴 책과는 달리, 이 책은 DSM의 축 2를 구성하는 성격적 측면뿐만 아니라 축 1, 3, 4, 5와 다른 영역들까지 포괄하여 다루고 있다.

이 책은 진단의 결과보다는 그 과정에 초점을 둔 책이라고 할 수 있다. 초기 면접을 하는 방법에 관해서는 좋은 책(예: MacKinnon & Michels, 1971; Othmer & Othmer, 1989)이 많이 있고, 다양한 성격장애나 성격진단방법을 설명하는 여러 가지 저술(Akhtar, 1992; Benjamin, 1993; Johnson, 1994; Josephs, 1992; Kernberg, 1984; Millon, 1981)이 최근에 간행되었음에도 불구하고, 치료자가 진단적 면접에서 얻은 대량의 정보를 어떻게 분석하고 통합하는지—그러한 정보를 진단적 평가뿐만 아니라 일반적인 정신역동적 사례이해를 위해서 어떻게 활용하는지—에 관한 입문서는 많지 않은 것 같다. 한 가지 예외가 있다면, 1979년에 정신역동적인 면접과정을 기술했을 뿐만 아니라 그 중요성을 설득력 있게 제시한 Paul Pruyser의 지침서를 들 수 있다. 그 후 지난 20년 동안, 정신분석과 문화 전반에 걸쳐 많은 변화가 일어났다. 특정한 이론적 입장에서 벗어나 신속한 진단을 해야 하는 현재의 상황에서, 정신건강분야의 전문가들은 내담자와 그들의 심리적 문제를 이해하는 것이 얼마나 복잡하고 미묘한 것인지를 재인식하는 것이 과거 어떤 때보다도 더 중요하다.

　나는 내가 전에 접촉한 적이 있는 독자들, 그들의 전공분야가 정신의학, 심리학, 사회복지학, 상담학, 교육학, 목회학, 간호학, 정신분석학, 관계 상담학 또는 시각 예술, 음악, 무용을 포함한 표현치료든 상관없이, 치료자가 되기 위해 노력하는 사람들에게 다시 다가갈 수 있기를 바란다. 내담자를 정신역동적으로 이해하는 방법을 치료자에게 가르치는 협의의 목표를 넘어서, 또한 나는 정신분석적인 전문적 지식의 가치를 보여주는 동시에, 집중적이고 장기적인 심리치료에 대해서 냉소적인 현재의 시장지향적인 풍토 속에서 어려움을 겪고 있는 나의 동료와 학생들에게 힘이 되었으면 한다. 심리치료 본연의 품격을 유지하면서 인간을 깊이 이해하려 하고 그러한 노력 속에 우러나오는 치료적 열정을 경제적 압력 때문에 포기하지 않는 치료자들을 높이 평가해야 한다.

＊감사의 글은 역자들의 판단에 따라 생략하였음.

차 례

서 론

이 책에 제시된 나의 견해는 원래 James Barron으로부터 『진단을 의미있게 하는 법: 심리적 장애의 평가와 치료를 향상시키기(Making Diagnosis Meaningful: Enhancing Evaluation and Treatment of Psychological Disorders; 1998)』라는 제목의 책에 한 장(章)을 써 달라는 부탁을 받았을 때 정리해 두었던 것이다. 사실 이 책은 그 장(章)을 더욱 확장하여 다듬은 것으로서, 다른 독자층을 염두에 두고 앞으로 설명할 보다 복합적인 여러 가지 목적을 위해 저술되었다. Barron은 기고를 부탁하는 편지에서 다음과 같은 주제에 대한 물음을 제기했었다: 진단과정을 실제적인 치료활동에 도움이 되도록 보다 의미있게 하는 방법, 진단과 예후와의 복합적인 관계, 진단이 치료에 미치는 영향, 진단과 발달적 성장과정의 관련성 그리고 환자의 특수성을 살리되 복합성을 모호하게 하는 진단과 반대로 복합성을 살리되 독특성을 희생하는 진단 간의 갈등.

나는 수년 간 이러한 문제들에 대해서 숙고해왔다. 미국 정신의학회가 발간하는 『정신장애의 진단 및 통계편람(Diagnostic and Statistical Manual of Mental Disorders; DSM, 1968, 1980, 1987, 1994)』의 개정판이 갈수록 더욱 객관적이고 현상기술적이며 탈이론화되어감에 따라, 대부분의 임상가들이 진단과정에서 실제로 의존하는 주관적이고 추론적인 측면들이 불가피하게 축소되었다. 실증적으로 도출되는 DSM의 진단범주와 더불어 임상활동에 음성적으로 영향을 미치고 있는 또 다른 지혜의 보고가 있는데, 이는 구두로 전승되거나 치료지향적인 학술지를 통해 전달되고 있다. 그것은 치료자의 숙련된 주관성에 근거하는 임상적 지식, 여러 요인을 복합적으로 고려한 추론 그리고 일관성 있는 판단이다. 모든 사례에 있어서, 환자의 공식적인 진단명이 무엇이든지 간에, 이러한 임상적 자료들이 다소 미묘한 관계 속에서 병존한다. 이 책을 쓰는 나의 목표 중 하나는 이처럼 명료하게 드러나지는 않지만 임상가에 의해 공유되고 있는 방법과 생각들을 전하는 것이다.

주관적/공감적 전통

실증적인 과학자의 관점에서 보면, 인간의 주관성이란 대개의 경우 정확한 관찰을 훼손하는 것으로 간주된다. 그러나 임상가의 관점에서 보면, 주관성이란 인간에 대한 지식을 얻는 수단으로서 결코 다른 연구대상에 대해서는 경험할 수 없는 것이다(어느 누구도 물리학자가 분자에 대해 '공감' 할 수 있다고 생각하지 않는다.). 현대의 여러 정신분석학자들(예: Kohut, 1977; Mitchell, 1993; Orange, Atwood, & Stolorow, 1997)은, 분석가의 공감이 탐구의 주된 도구라는 점에서, 정신분석을 본질적으로 주관성의 과학이라고 규정하고 있다. 이 책에서 다루는 상당 부분은 이러한 주관적/공감적 입장을 반영하고 있다. 이러한 입장에 근거한 임상적 이해는, 특히 세심하게 자료를 수집하고 동료의 판단과 비교해보는 지속적인 노력을 기울일 때 의미 있는 역할을 할 수 있다.

나는 수년 전에 정신분석적 치료자와 인지행동적 치료자들이 진단적 취향에 있어서 어떤 차이가 있는지를 조사하는 박사학위논문 연구에 피험자로 참여한 적이 있다. 비디오 영상을 통해 제시된 특정한 사례를 "내가 평소에 하던 방식대로 진단"하는 것이 내가 할 일이었다. 그 영상물에는 의도적으로 어떤 환자가 특정한 문제를 묘사하고 있었다. 나는 영상물을 본 뒤 질문지를 작성하기로 되어 있었다. 그 비디오를 보면서 내가 즉각적으로 그리고 지속적으로 느낀 반응은 증상을 설명하고 있는 여자가 진짜 환자가 아니라는 점이었다. 또한 카메라를 앞에 두고 연출한 것이기 때문에, 고통 때문에 도움을 요청하는 사람에게서 흔히 느껴지는 감정적인 분위기가 완전히 사라지고 없었다. 그렇기 때문에 나는 임상적 평가를 내릴 때 늘 하던 방식, 즉 치료자의 전문적인 도움을 요청하는 사람의 주관적인 경험에 공감적으로 몰입하고 또한 그 사람이 나에게 불러일으킨 주관적 느낌을 숙련된 방식으로 탐색하는 방식을 통해서 그녀를 '진단'할 수 없다는 것을 깨닫게 되었다. "환자에 대한 당신의 첫 번째 반응은 무엇이었습니까?"라는 질문지의 첫 번째 문항에 대해서, 나는 "그녀는 배우이지, 실제 환자가 아니다."라고 응답하였다. 이러한 나의 반응으로 인해, 영상물에 나온 여자를 진짜 환자라고 가정하고 나서 질문에 응답해야 하는 일은 거의 불가능했다.

나는 연구자를 불러 이 문제를 설명하였다. 그녀는 "내가 하던 방식"

대로 진단해줄 것을 요청했지만, 내가 흔히 쓰는 방식이란 정말 도움을 구하는 사람에 대한 생생한 느낌에 근거하고 있다. 나는 연구자를 어렵게 하려는 것이 아니라 나의 일상적인 진단방식이 실험의 요구사항에 맞지 않는다고 말했다. 연구자는 영상물에 나온 여자가 배우라는 것을 인정하면서 어쨌든 그녀가 실제 환자인 것처럼 상상해보라고 요청했다. 그러나 나는 그렇게 할 수 없다고 말했다. 왜냐하면 나에게 있어서 진단은 제시된 증상에 대해서만 반응하는 이지적인 과제가 아니기 때문이었다. 결국 실험자는, 자신이 원하는 방식대로 내가 협조할 수 없었기 때문에 그녀의 연구에서 나를 제외시켰다. 그녀가 이후에 발표한 연구결과에는 나처럼 좀 더 전체적이고 주관적이며 상호작용적인 감수성을 통해 다른 사람을 이해하려 하는 치료자들의 평가방식이 배제되어 있었다.

정신분석적 자료에 대해서 이와 유사한 배제현상은 자주 일어난다. 자료가 '명료'하지 않다거나 객관적으로 기술될 수 없다거나 관찰될 수 있는 구체적인 행동으로 구성되어 있지 않다는 이유로 무시되곤 한다 [Messer(1994)를 참고하시오.]. 그래서 인지행동적 치료에 관한 방대한 경험적 자료들에 비해서 정신분석적 자료가 양적으로 훨씬 적다는 점은 놀랄 만한 일이 아니다. 비록 우리에게 경험적 자료가 적기는 하지만, 그렇다고 정신분석치료의 효과가 부족함을 입증하는 자료가 있는 것도 아니다. George Stricker(1996)가 언급했듯이, 증거의 부재를 부재의 증거로 혼동해서는 안 된다. 여기서 결론내릴 수 있는 것은 우리들이 매우 창조적이고 복잡한 고비용 연구에 투자할 필요가 있으며, 이는 정신분석이 경험적 지위를 확립하는 데 필요하다는 사실이다. 그러한 일들이 현실화되기까지, 이미 정신분석치료의 효용성을 확신하는 우리들은 우리의 생각을 설명해야 할 의무가 있다.

전통적인 심리치료에 대한 비판의 공정성에 있어서, 정신분석적 주장은 편파적이고 일부 문화에만 해당되는 신념을 반영하는 것으로 자주 오해를 받아왔음을 보여주는 여러 가지 증거들이 있다(예컨대, 누구나 여성의 성생활에 대한 Freud의 독특한 견해들을 떠올릴 수 있을 것이다.). 전승지식이라는 한계점 때문에 아마도 주관성에 근거한 구두 전통(oral tradition)과 객관성을 지향하는 증후군 전통(syndromal tradition) 간에는 건강한 긴장상태가 항상 존재할 것이다. 긴장의 또 다른 원인은 실제 치료가 흔히 연구보다 앞서 진행된다는 점인데, 치료자들은 새로운 기법이 환자에게 도움이 될 수 있다는 동료의 말을 듣게 되면 그 기법의 치료효과가 경험적으로 완벽하게 입증되기를 기다리기 전에 이를 적용하려 하기 때문이다[최근에 인기를 끌고 있는 안구운동 둔감화 및 재처리요법 eye movement desensitization and reprocessing(Shapiro, 1989) 또는 사고장(場)치료 thought-field therapy(Callahan & Callahan, 1996; Gallo, 1998)가 여기에 속한다].

전통적인 장기적 심리치료에 대해 좋은 연구를 한다는 것은 매우 어려운 일이다. 그리고 우리와 같이 치료자로서의 소명의식을 느끼는 사람들 중에는 냉철한 과학자적 기질을 지닌 사람들을 찾아보기가 힘들다[심리학의 낭만적인 전통과 관련하여 Schneider(1998)를 참고하시오.]. 그렇다고 해서 우리가 과학에 무관심한 것은 아니다. 적어도 Spitz(1945)[역자주] 이후에, 분석적 치료자들은 잘 통제된 연구, 특히 발달심리학의 연구를 통해서 치료뿐만 아니라 이론 개발에 깊은 영향을 받아왔다. 이 책의 또 다른 목적은 숙련된 분석적 치료자들이 관련된 연구결과를 어떻게 사례이해에 활용하고 있는지를 보여주는 것이다.

[역자주]: Rene Spitz(1887-1974)는 오스트리아계 미국인 심리학자로서 아동의 사회화과정에 깊은 관심을 지니고 모성결핍과 고아원에서 성장한 아동의 위축행동에 관한 연구를 한 정신분석학자임.

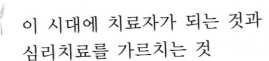

이 시대에 치료자가 되는 것과
심리치료를 가르치는 것

심리치료의 효과를 입증하는 훌륭한 논문들(Howard, Moras, Brill, Martinovich, & Lutz, 1996; Lambert & Bergin, 1994; Lambert, Shapiro, & Bergin, 1986; Lipsey & Wilson, 1993; Luborsky, Singer, & Bergin, 1975; Messer & Warren, 1995; Roth & Fonagy, 1995; Seligman, 1995, 1996; Smith, Glass, & Miller, 1980; Strupp, 1996; Vandenbos, 1986, 1996)이 축적되었을 뿐만 아니라 심리치료에 대한 부정적 시각이 적어도 중류층에서는 사라진 이 시대에, 치료자의 사기를 저하시키고 내담자로 하여금 도움을 구하지 못하도록 억제하는 정치적·경제적 압력이 주어지고 있는 현실은 매우 모순적인 일이라고 할 수 있다. 즉, 내담자가 좀 더 영속적인 효과를 얻기 위해 장기 치료를 받고자 할 경우 이를 받아들이는 치료자는 불이익을 받게 되어 있으며, '치료'라는 것을 제3자가 개입하여 언제든지 즉시 중지시킬 수 있는 관계로 재규정하고 있다.

좋은 치료자가 되는 일은 본래 힘들고 오랜 시간이 걸리는 일이지만, 최근 들어 더욱 복잡해지고 있다. 왜냐하면 치료자들이 의욕적으로 많은 노력을 기울여 고도의 치료기법을 배워보았자 이를 사용할 수 없을지 모른다는 우려를 하고 있기 때문이다. 나는 치료자들을 교육하면서 최근에 이러한 우려가 꾸준히 증가하고 있다는 것을 확인하게 되었다. 예를 들어, 나는 Rutgers에서 정신분석이론의 입문 강의를 하고 있는데, 매번 학생들에게 정통 Freud학파의 방식대로 자신의 꿈을 분석해오라는 과제를 내준다. 흔히 "학교생활에 관한 주제"가 보고서에 등장하는데, 이별

(이 강의는 흔히 대학원 첫 학기에 수강하게 된다)이나 자존감(대학원에서 상처를 받기 쉬운 주제다)에 관한 것이 많다. 그러나 최근에는 꿈의 절반 정도에서 간섭적이고 독선적이며 일방적인 권위자, 적대적인 경찰, 화난 학교교장, 독선적인 수녀 등에 대한 이미지가 나타나고 있다. 이러한 결과를 제시하면서 그 의미를 어떻게 이해하고 있는지 물어보았더니, 학생들은 관료주의적인 관리자가 치료자의 판단을 일방적으로 무시하는 '관리의료체계(managed care world)' 속에서 치료활동을 해야 하는 상황에 대한 우려와 연결시켰다.

만약 내가 15년 전에 이러한 책을 썼다면, 이와 같은 첨예한 논쟁거리를 언급할 필요가 없었을 것이다. 요즘 우리는 넓게는 건강관리행위 전반과 관련되고, 좁게는 심리치료와 관련하여 매우 힘거운 위기상황에 처해 있다. 근본적으로 건강관리체계가 기업법인으로 전환되었는데, 대부분의 건강관련 전문가와 마찬가지로 나는 치료전문직을 기업적이며 상업적인 형태로 관리하는 것에 대해서 매우 회의적이다. 사람들이 자신의 문제를 더 이상 치료전문가에게 상의하지 않게 되는 날이 오지는 않겠지만, 심리치료가 기계적이고 진지하지 않으며 실망스러운 방식으로 시행된다면 머지않아 많은 사람들이 '치료를 시도'했으나 무언가가 부족하다고 생각하게 될 것이다. 결국에는 두 번 다시 심리치료를 받으려고 하지 않을 것이다.

이러한 현실은 치료자로 하여금 보다 더 성실하고 효과적인 치료를 요구하고 있다. 만일 내담자에게 단기치료밖에 할 수 없다면, 올바른 진단에 근거하여 치료를 하는 일이 더 중요해진다. 내담자가 원하는 치료가 보험회사의 치료비 지불 조건하에서 시행할 수 없는 것이라면, 내담자에게 그러한 상황을 솔직히 알려줄 것인지 그리고 내담자의 심리적 문제와 그 치료를 위해서 필요한 요건을 어떻게 전달할 것인지, 어떻게 심리적 역동을 일상적 언어로 전달할 것인지는 전적으로 치료자에게 달려 있다 [Welch(1998)를 참고하시오.]. 이러한 의사소통은 치료자가 내담자의 전반적인 심리를 얼마나 정확하게 파악하고 있느냐에 따라 잘 이루어질 수 있고 오해될 수도 있다.

심리치료 중에서도 특히 정신역동적 치료가 비경제적이고 비효율적이라는 생각은 현대인이 지니고 있는 일반적인 견해이며, 특히 관리의료기관 직원, 보험회사 실무진 그리고 실증적 심리학자들은 그렇게 확신하고 있다. 지금껏 많은 보험사들이 치료라는 이름으로 최소한의 도움을 제공하는 소극적 행위를 정당화하기 위해 아전인수식으로 인용해온 연구들은, 치료를 받고자 하는 구체적인 증상에 따라 평가된, 단순한 진단에 의해 선별된 환자들을 무선적으로 배정하여 그들에게 제한된 기간 동안 동일한 치료법을 시행한 연구들이 대부분이다(참고: Parloff, 1982; Persons, 1991). Seligman(1996)이 지적했듯이, 이러한 방식은 실제로 심리치료가 이루어지는 방식과는 현저하게 다른 것이다. 일반적으로 심리치료는 미리 치료기간을 제한하고 시작하지 않으며, 환자가 치료의 종결 시기를 정하게 된다. 또한 적용한 치료법이 효과적이지 않을 경우에 치료자는 언제든지 다른 방법으로 바꿀 수 있으며, 환자는 자신이 편안하게 느끼는 치료자를 능동적으로 골라 선택할 수 있다. 아울러 단일한 증상보다는 서로 영향을 미치는 다양한 문제를 치료하게 되며, 치료자와 환자는 치료효과를 평가할 때 증상의 감소뿐만 아니라 일반적인 적응기능의 향상을 고려한다.

실증적인 심리학자들과 정신역동적 치료자 간의 견해차이라는 복잡한 문제는 이들 양자 모두에게 어느 정도 책임이 있으며, 심리학과의 학부와 대학원 교육에도 영향을 미쳤다. 소수의 우호적인 대학을 제외하고, 정신분석이라는 학문을 환영하는 곳은 학문적 주류세력의 밖에 있는 독립적인 기관과 병원들이었다. 대학의 심리학자들은 대부분 정신분석적인 치료, 이론 및 연구를 접할 기회가 많지 않기 때문에 정신분석치료에 대해서 학생들에게 잘못된 정보를 전달하는 일이 생겨나게 된다. 이 때문에 심리치료를 배우기 위한 열망을 지니고 대학원에 진학하는 학생들조차, 정신분석치료하면 으레 신화적인 Freud의 숭배자로서 치료 초반에는 아무 말도 하지 않다가 6개월이 지나서야 환자에게 남근 선망이 있다고 말하는 무뚝뚝하고 권위주의적인 의사를 떠올리게 된다. 내가 이 책을 쓰게 된 한 가지 동기는 정신분석적 개념을 잘 이해하지 못하거나 달가워하지 않았던 학생들에게 정신분석적 전통과 현대의 분석이론을 소개하기 위해서다.

정신분석적 심리치료는 이를 시행하는 치료자와는 무관하게 작동하는 치료기법의 집합이 아니다. 충분히 훈련받지 못했더라도 우수한 직관적 감각과 진실한 마음을 가진 사람은 효과적인 치료자가 될 수 있다. 반면에, 고도로 훈련되었더라도 보통 정도의 연민조차 갖추지 못한 사람은 위험한 치료자가 될 수 있다. 치료기술은 가르치기 힘든 것이며, 특히 치료에 회의적인 사람에게는 더욱 전달하기 어렵다. 심리치료를 폄하하는 사람들은 기질적으로 치료와 관여하는 심리적 속성을 좋아하지 않는 경향이 있다. 보험회사 중역인 나의 친척 한 사람은 나에게 말하기를, 자신이나 가족이 직접 정신장애를 겪어본 경험이 없는 보험회사 실무자들은 심리치료를 치료자들이 돈을 벌기 위해서 교묘하게 꾸며대는 감상적인 사기극쯤으로 생각한다는 것이다.

나는 심리치료의 비판자들이 어떻게 심리치료에 대해서 실망스러운 경험을 하게 되는지 오랫동안 생각해왔다. 이들은 잘못된 진단이 내려졌거나 무능한 치료자로부터 치료를 받았거나 또는 유능하지만 자신과는 잘 맞지 않은 치료자를 만난 경험을 가지고 있는 것 같았다. 만일 미용사가 해준 헤어스타일이 마음에 들지 않는다면, 미용술이라는 직업 자체를 공격하기보다는 그 미용사를 해고해야 할 것이다. 그러나 심리치료는 훨씬 심각한 문제를 다루고 있으며, 환자는 훨씬 큰 희생을 감수해야 하기 때문에, 그저 어깨를 한 번 으쓱하며 치료실패를 가볍게 무시한 채 다른 시도를 할 수는 없는 일이다. 이러한 경험을 한 사람들이 치료는 도움이 되지 않는다거나 오히려 해롭다고 불만을 토로하는 것은 이해할 만하다. 그럼에도 불구하고, 심리치료를 곡해하고 폄하하는 행위는 그 이유가 무엇이든 간에 어렵게 심리치료를 해나가는 치료자의 입장에서는 매우 불쾌한 일이다. 나는 이 책을 통해 심리평가와 치료에 있어서 어려운 점들, 가능한 일들 그리고 그 한계점들을 사실적으로 제시하고자 한다.

치료자 개개인은 다양한 정신병리 중에서 일부의 문제를 지닌 적은 수의 내담자를 치료하게 되지만, 치료자 집단은 서로 지식을 공유함으로써 성공적 치료와 관련된 방대한 정보를 축적해왔다. 치료자들은 임상적 경험을 통해서 여러 가지 연구 물음을 제기하게 된다. 만약 치료자들이 자신이 치료하는 과정에서 효과적이라고 경험하는 요인들을 좀 더 분명하게 제시해주지 않는다면, 연구 역시 잘 진행될 수 없다. 이 책에서 나는 정신분석 치료자들이 환자와의 교류경험을 통해 지난 한 세기 동안 발전시켜온 여러 가지 연구주제들을 소개할 것이다. 이러한 주제들은 현재의 건강관리풍토에서는 큰 관심을 끌지 못하겠지만 연구할 만한 가치가 있는 것들이다. 또한 나는 정신분석학계에서 현재 이루어지고 있는 연구자료를 많이 참고하고 있는데, 이러한 연구자료는 정신분석의 비판자들이 생각하는 것보다 훨씬 더 유용한 것이다(예: Barron, Eagle, & Wolitzky, 1992; Bornstein & Masling, 1998; Fisher & Greenberg, 1985; Masling, 1983, 1986, 1990).

우리 세대의 사람들은 겨우 TV 광고시간 정도밖에 안 되는 짧은 주의 폭을 지녔다고 힐책당하고 있지만, 지금까지 힘들게 축적되어온 임상적 지혜와 연구자료를 치료에 활용하고자 하는 현대 치료자들의 열의가 전 세대의 치료자들보다 결코 떨어지지 않는다고 생각한다. 그러나 상업적 세력과 학계의 정치적 판도가 항상 진리의 편에 서는 것이 아니라는 점을 고려하면, 치료자들은 지속적으로 소외감을 느끼게 될 것이므로 서로를 지지하며 지식과 비전을 공유할 필요가 있다. 나는 이 책이 치료자들의 지지적 환경 조성에 기여할 수 있기를 바란다.

책의 구성

앞으로 소개될 내용의 구성은 간단하다. 먼저 사례이해와 심리치료 간의 관계를 설명한 뒤에, 접수면접에서 직면하게 되는 주제들을 소개할 것이다. 이후의 여덟 개 장(章)에서는 정신분석적 사례이해를 위한 여러 가지 측면을 다룰 것이다. 즉, 내담자의 기질과 고정된 특성, 발달과정, 방어작용, 정서적 경향, 동일시, 관계양상, 자존감의 조절 방식 및 병리 유발적 신념을 평가하기 위한 이론적 근거와 방법들이 제시될 것이다. 이러한 모든 측면에서, 내담자의 심리적 특성을 이해하는 것이 치료에 어떠한 의미를 지니는지 보여주려고 노력했다. 내가 즐겨 사용하는 전문 용어와 표현방식에 대해 궁금함이 있는 사람들은 내가 저술한 『정신분석적 진단(Psychoanalytic Diagnosis, 1994)』의 서문에 밝힌 설명을 참고하기 바란다.

4장부터는 매 장마다 앞부분에서 용어정의에 관한 설명과 더불어 설명할 개념과 관련된 정신분석이론을 역사적으로 개관하였다. 즉, 대부분 개관이 Freud에서부터 시작된다는 뜻이다. 이는 내가 Freud에 대해 신(神)을 대하듯이 반사적인 존경을 표하기 위한 것이 아님을 독자들이 이해해주었으면 좋겠다. 그보다는, 초보 치료자들이 Freud의 이론을 잘 이해하지 못하면 고전적 정신분석이론으로부터 현대의 다양한 분석이론으로 진화하며 변천하는 과정을 제대로 이해하기 어렵다고 생각했기 때문이다. 이처럼 기초적 설명을 한 후에, 초점이 되고 있는 주제와 관련된 정신분석적 견해를 소개했으며, 마지막에는 이러한 내용을 치료자가 치료에 관한 선택을 할 때 어떻게 적용할 수 있는지를 논의하였다. 이 책에서 설명하는 개념들이 독자에게 좀 더 생생하게 전달될 수 있도록 풍부한 사례를 제시하려고 노력하였다.

이 책을 통해 전달하고자 하는 메시지는 사례이해를 잘 함으로써 성공적인 치료를 할 수 있다는 것이며, 따라서 이 책은 심리평가에 관한 책인 동시에 심리치료에 관한 책이라고 할 수 있다. 치료에 몰두하는 여러 치료자들과 마찬가지로, 나 역시 심리치료에 관해서는 고집스러운 경향이 있는데 이는 내 나름대로의 임상적 경험을 근거로 한 것이다. 이처럼 고집스럽고 전도자와도 같은 열정적 태도는 치료에 대한 소명의식 그리고 아마도 성공적인 치료경험과 무관하지 않을 것으로 생각한다. 이러한 태도가 때로는 치료자의 공정한 균형감각과 부합하지 않을 수도 있다. 내가 이 책에서 제시한 견해에 대해서 다른 치료자들은 동의하지 않을 수도 있다. 치료자들은 자신이 확고하게 믿는 신념에 근거하여 각기 다양한 관점에서 나름대로 치료를 효과적으로 해나간다. 설혹 의견이 다르다 하더라도, 이 책이 세심한 정신역동적인 사례이해와 그 이후에 이어지는 심리치료의 연결고리를 다시 한 번 생각하게 하는 계기가 된다면, 나는 임상적 치료에 대한 작은 기여라고 생각하고 만족할 것이다.

제1장
사례이해와
심리치료의 관계

나는 이 책을 통해, 임상가가 진정으로 심리치료다운 치료를 하기 위해서는 특정한 치료기법을 숙달하기보다 인간에 대해 깊이 이해하는 것이 더 중요하다는 나의 확신을 설명하고자 한다. 나는 치료기법 자체를 반대하는 것이 아니며, 나 역시 심리치료자로 성장하는 과정에서 여러가지 유용한 전문적 기법들을 연마해왔다. 그러나 '경험적으로 입증된 치료법(Empirically Validated Treatments; EVT)'을 개발하는 일에 몰두하고 이처럼 특정한 증상에 초점을 맞춘 지침서 식의 치료기법을 마치 심리치료의 핵심인 것처럼 가르치는 오늘날의 추세에 대해서는 실망감을 느끼지 않을 수 없다. EVT에 대한 열광적 관심으로 인해 일부의 정신건강 산업분야가 발전되었다. 만약 당신이 DSM상에서 진단된 문제를 신속하고 경험적으로 효과가 입증된 방식으로 치료할 수 있는 권리를 얻을 수 있다면, 당장 내일 은퇴해도 될 정도로 상당한 돈을 모을 수 있을 것이다. 그러나 이러한 추세로 인하여, 인간 개개인의 심리에 대한 이해가 심리치료에 있어서 어떤 의미를 지니는지를 다루는 매우 소중한 수많은 자료를 심리치료의 초심자들이 접하지 못하는 불행한 결과가 초래되고 있다.

독특하고 개인적인 주관적 세계를 이해하지 않고 그 사람에게 최선의 치료를 할 수 없다는 것은 너무도 자명한 사실이다. 두 사람이 호소하는 문제가 서로 비슷한 경우라 할지라도, 심지어 이러한 문제를 지닌 사람들 중 상당수가 특정 치료방법에 대해 증상의 호전을 보였다고 하더라도, 한 사람에게 약이 되는 치료방법이 다른 사람에게는 독이 될 수도 있다. 임상적 경험이 풍부한 여러 연구자들(예: Goldfired & Wolfe, 1996)이 지적해왔듯이, 어떤 기법의 치료효과를 경험적으로 입증하는 데 필요한 절차와 조건은 대부분의 임상가들이 활동하고 있는 치료상황과는 현저하게 다르다. 오늘날 경제적 · 정치적 압력으로 인해 심리치료를 단기적이고 증상초점적인 일련의 절차로 재규정하려는 움직임은 대부분의 치료자들이 지니고 있는 지적 · 전문적 동기와는 어처구니 없을 정도로 너무나 동떨어져 있다.

치료자나 환자가 아닌 제3자가 치료에 개입하는 오늘날의 추세가 정신건강 서비스에 어떤 해악을 미치는지에 대한 논의는 제쳐놓더라도, 숙련된 치료자들이 치료적 판단을 하는 근거를 자세하게 설명하는 수련용 참고문헌의 필요성은 꾸준히 제기되고 있다. 여러 해 동안 나는 수련생들이 특정한 치료기법이 도입되어야 하는 조건을 충분히 인식하기도 전에 그러한 기법을 습득하도록 하는 것은 심리치료를 '거꾸로' 가르치는 것이라고 생각해왔다. 특히, 특정한 치료법이 심리적 고통을 감소시킬 수 있는 '최선이자 진정한' 방법이며, 이러한 치료법으로 호전되지 않는 환자는 '예외적'이거나 치료가 불가능한 사람이라는 명시적이거나 암묵적인 가르침이 심리치료를 배우는 학생들에게 전해지고 있다. 이러한 현실에 대해서 아마도 정신분석적 수련기관들은 다른 기관에 비해 더 많은 반성을 해야 할 것이다. 왜냐하면 정신분석은 '분석가능한 (analyzable)' 내담자에게는 최선의 치료이지만 그렇지 않은 내담자에게는 유감스럽게도 Freud식의 정통적 치료방법이 아닌 다른 치료기법과 혼합된 저급한 치료가 적용되어야 한다는 편견이 일반화되어 있기 때문이다. 그러나 이와 유사한 독단적인 생각은 가족치료, 게슈탈트 치료, 합리적 정서치료, 인본주의 치료, 그 밖의 다른 치료를 가르치는 수련교육자들도 지니고 있다. 이러한 수련교육자들은 임상현장과는 유리된 채, 특정한 치료법을 보급하는 데에만 관심을 갖는 경우가 흔하다. 그러나 합리적 관점에서 보면, 내담자에게 적용되어야 할 기법은 치료자의 선호보다는 그 내담자의 성격과 정신병리에 대한 이해에 근거하여 선택되어야 할 것이다(참고: Hammer, 1990).

지금부터는, 사례를 잘 이해하는 것이 정신분석적인 치료에 있어서 어떤 의미를 지니는지를 살펴보고자 한다. 다른 치료적 입장을 지닌 독자들은 자신이 선호하는 개념으로 바꾸어 치료작업에 적용할 수 있기를 바란다. 정신분석적 이론의 틀 속에서 설명하는 이유는 나의 성향이 정신분석적 이론에 잘 맞을 뿐만 아니라, 내가 분석적 개념을 전문용어로 사용하는 데 익숙해져 있고 분석적 치료가 효과적이라는 것을 경험해왔기 때문이다. 나는 정신분석적 치료가 사람들을 도울 수 있는 유일한 방법이라고 생각하지는 않지만, 사례를 정신역동적으로 잘 이해하는 것은 인지행동적 치료나 가족체계 치료, 이 밖의 다른 치료를 위한 유익한 토대가 될 것으로 생각한다.

비록 내가 정신분석가이긴 하지만, 환자의 심리에 대한 이해에 따라서 때로는 다른 치료법, 예컨대, 가족치료, 이완요법, 심리교육, 안구운동 둔감화 및 재처리 요법(Eye Movement Desensitization and Reprocessing; EMDR),[역자주] 성치료, 약물치료를 추천하기도 한다. 환자가 괴로워하는 특정한 문제를 내가 잘 치료할 수 없을 때에는 유능한 행동치료자에게 보내고, 그들 역시 장기적이고 집중적인 분석적 치료를 통해서 치료될 수 있는 성격적 문제를 지닌 내담자는 나에게 의뢰한다. 내가 알고 지내는 대부분의 치료자들도 마찬가지다. 선호하는 이론이나 용어가 서로 다름에도 불구하고 양심적인 치료자들이 갖는 공통점은, 가장 적절한 치료적 제안을 하기 위해서 환자를 가능한 한 충분히 이해하려고 노력한다는 점이다. 이 책을 읽는 독자들 역시 이러한 자세에 동의하리라 가정하고, 먼저 사례이해와 관련된 몇 가지 핵심적인 정신분석적 개념들을 살펴보기로 하겠다.

역자주: Francine Shapiro(1987)에 의해 개발된 기법으로, 외상후 스트레스 장애나 공포증을 치료하기 위해 주로 사용됨. 환자는 충격적인 사건을 가능한 생생하게 회상하면서 치료자의 손가락에 시선을 맞추어 눈동자를 움직임.

기본 전제들

정신역동적 사례이해의 목적은 특정한 환자에게 보다 효과적인 심리치료를 하는 것이다. 물론, 여러 가지 다른 이유들, 즉 다른 치료자에게 적절한 조언을 하기 위해서, 환자의 가족에게 설명하기 위해서 또는 다른 치료자에게 의뢰하기 위해서 사례이해가 이루어질 수 있다. 그러나 어떠한 경우든, 그 대상이 되는 개인에게 최선의 치료를 하기 위한 것이다. 개인이 자신의 지식, 감정, 감각 및 행동을 통합하는 독특한 방식을 이해함으로써, 치료자는 그를 도울 수 있는 적절한 방법을 선택할 수 있을 뿐만 아니라 내담자가 원하는 방향으로 삶을 개선시킬 수 있다. 초기 면담에서 얻은 다양한 정보들을 통합적으로 잘 이해함으로써, 우리는 환자의 심리적 세계가 어떻게 효과적으로 변화될 수 있는지에 대한 조망을 가지고 치료에 임할 수 있다.

역동적 사례이해의 중요한 목적이 특정한 치료목표를 성취할 수 있는 치료방법을 강구하는 것이기 때문에, 대부분의 정신분석적 치료자들이 생각하는 심리치료의 목표를 살펴볼 필요가 있다. 이러한 목표 중 일부가 오직 전통적인 장기치료를 통해서만 도달할 수 있다는 이유로, 제한적인 치료를 할 수밖에 없는 상황에 놓인 치료자들이 사례이해를 경시해서는 안 된다. 사실, 제한적인 개입만이 가능한 단기치료일수록, 치료자가 어떤 작업가설을 가지고 임하느냐가 훨씬 더 중요하다. 나는 다음과 같은 세 가지 이유에서 전통적인 치료목표를 강조하고자 한다: (1) 표준적이고 장기적인 정신분석적 치료를 할 수 있는 여건을 지닌 치료자들이 치료방향을 정립하고, (2) 치료여건이 좋지 않은 상황이라 하더라도 치료자들이 실현가능하고 적용가능한 목표를 발견하며, (3) 오늘날의 경제적·정치적인 압력으로 인해 경시되어온 소중한 가치들을 알리기 위해서다.

정신역동적 치료자는 환자를 도덕적으로 교화시키거나 자신의 개인적 관점을 주입시키지 않고, 역사적으로 분석가들이 특정한 문화나 집단의 규범을 강요하는 행위를 경계하고 있음에도 불구하고, 정신분석적 치료는 기본적 가정이나 가치에 있어서 결코 중립적이지 않으며 중립적인 태도를 취하려 하지도 않았다. 치료효과를 논할 때, 특히 고전적 정신분석처럼 매주 면담이 집중적으로 이루어지는 치료의 효과를 논하는 경우, 우리는 내담자가 도움을 요구하는 증상을 경감시키는 것 외에도 보다 높은 수준의 목표를 암묵적으로 전제한다. 내담자가 치료 초기부터 건강과 성장에 대한 치료자의 관점을 공유하는 경우도 있지만, 치료과정에서 치료자와의 동일시를 통해 이러한 관점을 갖게 되는 경우도 있다.

흔히 정신분석적 치료자들이 지향하는 치료목표에는 정신병리적 증상의 제거나 완화, 자기이해나 통찰의 증진, 주체의식의 고양, 자기정체감의 형성 및 강화, 현실적인 자기존중감의 증진, 감정의 자각 및 조절 능력의 향상, 자아강도 및 자기통합성의 향상, 사랑하고 일하며 타인에게 적절하게 의존할 수 있는 능력의 확장, 즐겁고 평온한 경험의 증진 등이 있다. 아울러, 이러한 변화는 육체적 건강을 증진하고 스트레스에 대한 저항력을 강화하는 것으로 알려져 있다(Gabbard, Lazar, Hornberger, & Spiegel, 1997). 각각의 목표에 대해서 살펴보기로 한다.

 전통적 정신분석치료의 목표

증상 경감

심리치료의 주된 목표가 내담자가 치료받고자 하는 증상을 경감시키는 데 있다는 사실에는 논란의 여지가 없을 것이다. 내가 보기에 정신역동적 치료에서의 증상 경감은 다른 치료에서와 비슷한 속도로 나타나는 듯하다. 내담자의 '호소문제', 즉 '주호소'가 혼자서는 인내할 수 없는 수준에 이르렀을 때, 환자는 상식적인 수준의 자가치료를 포기하고 전문가를 찾게 되지만, 일단 치료적 관계가 안정적으로 자리 잡게 되면 문제의 심각성은 완화된다. 환자들은 분석적 치료장면에 가능한 오래 머물고 싶어 하는데, 이는 치료를 통해 도움을 받지 못해서가 아니라 오히려 받고 있기 때문이다. 분석적 치료는 다른 이론을 지향하는 치료에 비해 보다 오랜 기간 동안 진행되는 경향이 있다. 이는 치료자와 환자 모두가 특정한 장해의 즉각적인 제거 수준을 넘어 전반적인 정신건강이라는 목표를 추구하기 때문이다.

내담자가 단일하고 명확한 문제를 치료자에게 가져오는 경우는 드물다. 단순히 거식증을 호소하는 젊은 여성의 경우, 그녀의 섭식장애는 완벽만을 요구하는 가족과 주체의식을 상실할 정도로 밀접한 관계를 맺고 있는 데서 비롯된 증상일 수 있다. 부인과 보다 나은 대화를 하고 싶다며 단기 부부치료를 찾은 남자는 친자로 인정할 수 없는 자신의 아이를 키우는 내연의 여인을 두고 있기도 하고 어른에게 대들기를 잘 하는 어린 소년의 경우, 작은 동물을 괴롭히는 습관을 가지고 있기도 하다. 사람들은 낯선 이들에게 자신의 문제를 상세하게 설명하거나 고백하기를 꺼려하기 때문에 자신의 판도라 상자를 열기에 앞서 치료적 관계를 타진하고자 한다. 실제로 많은 환자들이 수년 동안 자신의 치료자에게 중요한 비밀을 털어놓지 않는다. 자신의 마음속 깊이 자리 잡은 수치심의 영역을 공개함으로써 겪게 되는 불안을 인내할 수 있을 만큼 치료자와의 신뢰 관계가 구축되었을 때, 혹은 다른 영역에서 충분히 도움을 받아서 그동안 비밀을 유지해온 영역 또한 변화시킬 수 있을 것이라는 희망을 갖게 되었을 때 환자들은 비로소 자신의 비밀을 드러낼 수 있게 된다.

또한 사람들은 특정 증상에 대한 자신의 취약성에 기저하는 태도와 감정을 이해하기 위하여 분석적 치료를 받는다. 이러한 치료목표는 치료 초기부터 내담자가 알고 있거나 혹은 이후에 돌이켜보았을 때 분명하게 인식할 수 있게 되기도 한다. 누군가가 자기 파괴적인 방식으로 행동하는 것을 멈추게 할 수는 있지만, 더 이상 그러한 행동을 시도하지 않게 하기 위해서는 상당한 시간과 작업이 필요하다. 분석적 치료를 찾는 이유는 문제가 되는 경향성을 통제하기 위해서가 아니라 이러한 통제를 위한 노력 자체로부터 벗어나기 위해서다. 애인에게 강박적으로 의심을 품는 남자가 원하는 것은 그녀와 더 이상 관계를 갖지 않는 것이 아니라, 이에 대한 환상에 끊임없이 집착하는 것으로부터 해방되는 것이다. 섭식장애를 지닌 여성이 원하는 것은 구토를 멈추는 것이 아니라 음식을 자신의 갈망과 자기혐오의 집합물이 아닌, 음식 그 자체로서 대할 수 있게 되는 것이다. 어린 시절에 성적인 학대를 당한 남성이나 여성의 경우, 이들이 원하는 것은 자신이 성적 학대의 희생자이기에 앞서 인간이라는 사실을 내적으로 그리고 주관적으로 체감하는 것이다(Frawley-O' Dea, 1996).

통 찰

정신분석의 태동기에는 이해(understanding)를 정신 건강에 이르는 주된 과정으로 강조하였다. Freud는 치료의 핵심을 무의식을 의식화하는 것이라고 주장하였다. 이는 떠올릴 수조차 없는 것으로 인식되는 사건들을 기억하고 느낄 수 있게 함으로써 증상을 완화시킬 수 있다는 Freud의 임상적 경험과 무언가를 이해하는 것이 곧 이를 통제하는 것이라고 가정하는 과학적 실증주의에 토대를 둔다. 진실과 자유가 통한다는 진리는 델피의 신탁(너 자신을 알라라는 모토로 대표되는)만큼이나 유래가 깊은 것으로서, 정신분석학의 전반에 자리 잡고 있다.

오늘날의 분석가들은 이해, 특히 '정서적 통찰'로 불리는 정서가가 부과된 '아하 경험'과 같은 이해의 치료적 중요성을 강조하는 동시에, '비특정적'인 요소들(예: 치료자가 현실적이고 자기 존중적인 태도의 귀감이 되거나, 내담자가 치료자의 수용을 경험하고 내면화하거나, 환자의 고통과 분노에도 치료자가 상처받지 않고 무사하다는 것을 확인하는 등의) 또한 이와 유사한 치료적 효과를 지닌 것으로 여긴다. 실제로 지난 수십 년 동안, 치료요인에 대한 대부분의 정신역동적 문헌들에서는 통찰의 전통적 개념보다 치료경험의 관계적 측면을 더욱 강조해왔다(예: Loeward, 1957; Meissner, 1991; Mitchell, 1993).

지난 수년 동안 '통찰'의 의미 또한 다소 정적인 개념으로부터 관계와 관련된 일종의 과정으로 변화했다. '현대'의 정신역동이론에서 통찰은 냉철하고 객관적인 치료자의 도움으로 개인이 자신의 과거력에 대해 정확하게 이해하고 동기 및 환경을 현실적으로 판단하는 것을 의미하였다(예: Fenichel, 1945). 후기현대에 들어서는 환자와 치료자가 그들의 통합된 주관성과 그들 사이에서 발전된 관계의 특성으로부터 환자의 배경과 현 상태를 이해할 수 있는 설명을 공동으로 창출하는 것을 의미하게 된다(Atwood & Stolorow, 1984; Gill, 1994; Levenson, 1972; Schafer, 1992; Spence, 1982). 이러한 통찰에 대한 오늘날의 견해는 Donna Orange (1995)의 『Making Sense Together』라는 정신분석적 인식론에 관한 저서에서 잘 소개되고 있다.

오늘날 비록 통찰이 심리변화의 필수불가결한 요소로 여겨지지는 않지만, 분석적 치료자와 대부분의 내담자에게 이해는 여전히 핵심적 목표로 남아 있다. 치료적 관계에서 치료자와 내담자는 모두 '이미 알고는 있지만 생각해본 적이 없는 것'을 분명하게 하기 위해 노력한다(Bollas, 1987). 분석적 입장에서 이해를 강조하는 이유 중 하나는 불특정적인 관계의 요소들이 치료효과를 나타내기 전까지, 치료자와 내담자가 나눌 수 있는 뭔가 흥미로운 대화거리가 필요하기 때문이다. 이는 또한 치료장면을 찾거나 혹은 정신역동적 치료를 받는 사람들이 통찰 그 자체의 가치를 높이 평가하기 때문이기도 하다. 따라서 정신역동적 치료에서 이해는 그 자체를 위해, 특정 치료목표를 위해 추구된다.

주체의식

앞에서 나는 진실을 인식함으로써 인간이 자유를 얻을 수 있게 된다는 유래 깊은 확신에 대해 언급하였다. 자유를 향유하는 것은 그 누구의 정신세계에서도 중요한 위치를 차지할 것이다. 대부분의 내담자들은 주체의식의 손상을 이유로 치료자를 찾는다. 이들은 우울, 불안, 해리, 강박사고, 강박행동, 공포 혹은 편집성에 좌우되면서 스스로에 대한 주체의식을 상실하게 된다. 때때로 이들은 자신의 인생에 대해 한 번도 책임을 느껴본 적이 없지만, 누군가의 도움을 받는다면 이러한 책임감을 갖게 될 지도 모른다는 기대하에 치료장면을 찾기도 한다.

정신분석적 치료기법은 내담자의 자율성에 대한 존중과 이를 향상시키기 위한 노력을 토대로 한다. 예컨대, 분석적 임상가들이 내담자에게 때로 "당신은 무슨 생각을 하고 있나요? 당신은 그것에 대해 어떻게 느끼죠?"라는 식으로 굳이 '당신'을 강조한 다소 답답한 방식으로 질문을 던지는 것도 이러한 노력의 산물이다. 또한 분석적 치료에서 환자로 하여금 각 회기의 초반에 화제를 고르게 하는 것도 이러한 이유에서다. 환자가 자신의 관심사가 무엇인지 인지할 수 있는 능력을 지닌 경우라면 치료자는 결코 이들에게 조언을 하지 않을 것이다. 내담자의 자유를 존중하고 보호하며 향상시키고자 하는 노력은 심리치료에서 최우선으로 고려해야 하는 사항이다[이 주제와 관련된 Mitchell(1997)의 치료법을 참고하시오.].

　치료 후 무엇을 얻었다고 생각하는지에 대해 내담자에게 질문하면 주체의식의 향상과 관련된 답을 종종 한다. "내 감정을 신뢰하고 죄책감을 덜 느끼면서 사는 법을 배웠어요." "나의 순종적 경향성을 이용하려는 사람들에게 한계를 분명하게 제시할 수 있게 되었어요." "느끼는 바를 얘기해서 다른 사람들이 내가 원하는 걸 알 수 있게 하는 법을 배웠어요." "날 꼼짝달싹하지 못하게 만들었던 내 양면감정을 해결했어요." "중독에서부터 벗어날 수 있게 되었어요." 등이 이에 해당되는 일반적 언급들이다. 주체의식을 경험하는 것이 얼마나 중요한지를 알기 때문에 분석가들은 내담자의 삶이 위태로울 때에만 최후의 수단으로서 자신의 의지를 내담자에게 심어준다. 제안(suggestion)의 방법을 종종 사용하는 지지적 치료에서도, 분석적 전통의 치료자들은 환자가 치료자의 충고를 언제든 거부할 수 있음을 분명히 한다(참고: Pinsker, 1997). 좋은 역동적 사례이해를 위해서는 특정 개인이 주체감을 형성해온 방식을 이해해야만 할 것이다.

정체성

　유년기 이해의 중요성이 18세기에 대두되었을 뿐만 아니라(Aries, 1962), 청소년이라는 개념 또한 19세기 말에 분명해졌다는 사실을 오늘날에는 도무지 믿기 어렵다(Hall, 1904). 개인의 정체성이 이론적 구성개념으로서 인정을 받은 것도 20세기 중반에 이르러서였다. 당시 Erik Erikson의 연구(1950, 1968)는 전후 세계에 만연해지기 시작한 일련의 문제에 대하여 지식층에게 새로운 시각을 제공하였다. '자기 자신'을 찾아야 한다는 관심과 '정체성 위기'는 1950년대와 1960년대에 팽배했던 주된 문제들로서, 이를 어떻게 명명해야 할지를 모색하던 대중들은 자기정의(self-definition)를 위한 노력과 관련된 Erikson의 설명에 지대한 흥미를 보였다.

Erikson은 고립된 인디언 문화 속에서 자란 덕분에, 이와는 대조되는, 이동성이 잦고 기술적으로 발달된 대중사회 속의 인간들이 독특한 심리적 과제들을 만들어낸다는 사실을 깨달을 수 있었다. 내가 만약 안정적이고 단순하며 문자를 사용하지 않는 부족에서 성장했다면, 역사 속의 대부분의 인류가 그러했듯이, 나는 도대체 누구인가라는 질문에 대해 고민하지 않았을 것이다. 전체 사회 속에서 나는 단지 내 부모의 자녀로 알려질 뿐이다. 내가 만약 소년이라면, 나는 아마도 아버지가 하는 일을 하도록 성장할 것이다. 내가 만약 소녀라면, 어머니와 같은 여성이 될 것이다. 내가 속한 사회에서 나의 역할은 분명하고, 내 의견은 상대적으로 줄어들겠지만 심리적 안정성은 보장될 것이다. 나는 내 존재의 의미 그리고 전체 구조 속에서 내가 중요한 역할을 차지하는지 여부를 걱정하지 않아도 된다. 반면에 내가 끊임없이 낯선 이를 대하고, 이곳저곳으로 옮겨 다니며, 권력과 권위를 지닌 자들을 개인적으로 만날 기회가 차단되고, 내가 모르는 이들이 간접적인 의사소통 수단을 통해 무엇을 입고 먹고 마시며 누구를 존경하고 내 인생에서 무엇을 이루어야 하는지에 대해 상충되는 정보를 전달하는 거대사회 속에서 성장한다면, 나는 누구이고 이러한 혼란 속에서 어떻게 적응해야 할지를 반드시 알아야만 할 것이다 (참고: Keniston, 1971).

내가 단순하면서도 친밀한 문화와 복잡하면서도 익명성으로 가득 찬 문화를 다소 과장하여 비교한 이유는, 자아정체감의 발달이 오늘날을 살아가는 우리에게 필수불가결하다는 사실을 주지시키기 위해서다. 심지어 현재까지 명맥을 이어온 부족문화 속에서 자란 사람이라고 할지라도 기술과 그 혜택으로부터 전적으로 자유로울 수는 없다. 첨단의 가상공간 속에서 정체감을 찾기 위한 청소년과 젊은이들의 노력은 문명의 가장 최근의 모습을 반영한다. 금세기 초반의 시대 정신을 반영한다고 여겨지는 Freud의 환자들만 보더라도, 도시의 사람들조차 자기 자신에 대해 잘 알고 있었다. 그들은 Freud를 비롯한 분석학파의 개척자들에게 찾아와 자신의 의식적이고 비교적 잘 통합된 정체감과 무의식의 영역에 자리 잡은 욕구, 추동, 공포 및 자기비판들 사이의 갈등에 대해 호소하였다. 오늘날의 내담자들은 자신이 누구인지에 대한 의식적인 인식조차도 결여된 채로 치료장면을 찾곤 한다.

Carl Rogers(예: 1951, 1961)와 Heinz Kohut(예: 1971, 1977)는 그들의 기념비적 저술을 통해서 자아정체감을 추구하기 위한 노력이 어떤 치료적 의미를 지니는지 상세히 설명하였다. 사람들은 자신의 주관적인 경험이 이해 · 반영 · 수용 · 확인되기를 원한다. 자신이 속한 문화를 통해 의지할 수 있는 그리고 미리 정해진 평생 동안의 역할을 얻지 못한 개인은 내적인 통합감과 확실성, 자신의 가치에 따라 살고, 감정, 태도 및 동기에 진실할 수 있는 능력을 통해 자신이 누구인지에 대한 인식을 얻어야만 한다. 오늘날 개인이 정체성을 자기 밖의 맥락 속에서만 경험하는 것은 매우 위험한데, 자신을 정의해오던 직장을 잃은 경우, 삶의 의미가 되는 배우자로부터 이혼을 당하는 경우가 이에 해당된다. 적당한 지지적 맥락이 없을 때 사람들은 자신이 누구이며, 무엇을 믿고, 어떻게 느끼며, 무엇을 원하는지를 경험하고 언어화하기 위한 노력의 일환으로서 치료자의 도움을 필요로 한다. 강하고 통합적인 자기감의 발달을 위한 노력은 그 개인이 치료를 통해 추구하는 유일한 목표가 되거나 혹은 다른 목표 및 관심과 함께 암묵적으로 추구될 수도 있다.

자존감

기분이 좋다가도 예상치 못한 비판에 갑자기 자기비하적으로 되는 것처럼, 자신감에 가득 찬 사람이라고 하더라도 자존감은 매우 취약할 수 있다. 내담자의 자존감을 적당히 안정적이고 일반적인 수준으로 향상시키는 것은 생각보다 훨씬 더 어렵다. 이는 대부분의 인간이 자신의 핵심신념을 바꾸는 데 매우 저항적인 것과 비슷한 현상이다. 이러한 저항은, 깊이 내재된 자기 자신에 대한 태도를 쉽게 바꿀 경우, 자신의 마음을 조정하려는 외부의 영향에 의해 쉽게 흔들릴 수 있기 때문이다. 그러나 자기혐오로 고통받는 내담자를 대하는 치료자들은 이러한 변화를 보다 빠른 시일 이내에 이끌어내고자 한다. 적어도 자존감이 이미 바닥으로 떨어진 사람에게 더 이상 해가 되는 일은 하지 않고 있다는 확신을 얻고 싶어 한다.

치료를 통해 내담자의 자존감을 향상시킬 수 있는 방법 중 하나는 치료자가 자신 또한 결점을 지닌 존재라는 사실을 기꺼이 보여주는 것이다. 이는 사실일 뿐만 아니라 이를 통해 불완전한 자신도 존중할 수 있음을 보여줄 수 있기 때문이다. 즉, 분석가는 자신이 실수와 한계를 지닌 존재임에도 불구하고 환자를 도울 수 있는 능력을 지녔다는 확신을 전달할 수 있다. 내가 보기에, 자기심리학이 심리치료의 기법에 미친 가장 중요한 공헌은 환자가 치료자에 대해 지니는 환상을 불식시켜야 한다는 점과 더불어 공감실패에 대한 치료자의 잘못을 내담자에게 인정해야 한다는 점을 강조한 것이다(Wolf, 1988). 권위자가 자신의 불완전함과 단점을 인식한 가운데서도 자존감을 유지하는 것을 관찰함으로써 내담자는 새로운 경험을 하게 된다. 또한 이를 통해 내담자는 완벽에 미치지 못하는 스스로에 대해 더 이상 불편감을 느끼지 않을 수 있게 된다.

치료를 통해 자존감을 보다 견고하고 확실하게 할 수 있는 또 다른 방법은 경험 중 어떤 부분도 자신 혹은 치료자에게 감출 수 없다는 사실을 받아들이고 솔직해지는 것이다. 물론 불안과 죄책감으로 가득 찬 자기공개를 치료자가 수용한다면 내담자는 자신의 결점과 관련된 영역들을 더 이상 끔찍하게 여기지 않고 평범하게 받아들일 것이다. 비록 여전히 이를 부정적으로 여긴다고 하더라도, 자신의 인격 전체를 부정적으로 보지는 않을 것이다.

현실에 토대를 둔 자존감의 격려는(이는 자기애적 고양과는 상반된다) 내담자에게 그저 듣기 좋은 얘기를 해준다거나 외견상 훌륭해 보이는 자질을 강화하는 것과는 전혀 관련이 없다. 실제로 그러한 개입은 실패하기가 쉬운데, 환자는 조용히 생각에 잠겨 이렇게 읊조릴 것이다. "내 치료자는 매우 좋은 사람이긴 한데 내가 정말 어떤지에 대해서는 아무런 언급도 하지 않아." 자존감을 전반적으로 향상시킬 만한 충분한 시간적 여유가 없는 상황에서도, 자존감의 특정 영역을 다룰 수 있는 역동적 사례 이해를 함으로써 치료자가 범하기 쉬운, 불필요하게 환자에게 상처를 주는 일을 피할 수 있다.

감정의 자각 및 조절

정신분석적 이론이 대서양을 건너 미국의 유토피아를 향한 열망과 만나게 되었을 때, 심리 건강에 대한 수많은 오해들이 대중에게로 흘러 들어왔으며 이들 중 몇몇은 현재까지도 잔존해 있다. 최근 들어 다소 쇠퇴

하긴 했지만 20세기 중반까지만 해도 굉장한 유행을 누렸던 잘못된 인식 중 하나가 '억제되지 않은 사람'을 정서적으로 건강하다고 여기는 것이다. 'Auntie Mame'[역자주 1](Dennis, 1955)이라는 소설은 등장 인물을 통해서, 인간은 성적인 구속으로부터 해방되어야 하며 감정을 충분히 표현해야 한다는 생각에 빠져 있던 20세기 중반의 지식인들에 대한 냉소적 관점을 절묘하게 문학적으로 표현한 바 있다. 그 시대의 바람둥이들은 자신과의 섹스를 원치 않는 여성을 멍청이거나 목석으로 여겼다. Esalen[역자주 2]의 창시자에서부터 Primal Screaming[역자주 3]의 주창자에 이르는 1960년대와 1970년대의 모든 심리치료의 개척자들은 감정의 자발적 표현을 이상적인 것으로 간주하였다. 이런 시대적 분위기 때문에 말하기에 앞서 심사숙고하는 사려 깊은 사람들은 지나치게 긴장되어 있거나 앞뒤가 꽉 막힌 사람으로 낙인찍히곤 했다. 내가 이를 거론하는 이유는 정신분석적 치료의 실제 목표가 감정과 밀접하게 관련되기는 하지만, 이들이 항상 자유롭고 자발적인 감정의 표출만을 의미하지는 않는다는 사실을 단적으로 보여주기 위해서다.

심리치료를 통해 발달시키고자 하는 바는 Daniel Goleman(1995)의 "정서지능(emotional intelligence)" 그리고 이전 정신분석적 전통의 "정서적 성숙(emotional maturity)"과 같은 일련의 특성들이다(Saul, 1971). 치료자들은 자신의 환자가 무엇을 원하는지를 알고, 왜 그런 식으로 느끼게 되었는지를 이해하며, 자기 자신과 타인에게 이로운 방식으로 감정을 다룰 수 있을 정도로 내면적으로 자유롭기를 원한다. 분석적 심리치료에서 우리는 내담자가 마음속에 떠오르는 것이면 아무리 역겹거나 당황스럽거나 혹은 사소하게 보이는 것이라도 말할 수 있도록 유도한

역자주 1: Patrick Dennis의 소설로 Mame이라는 아주머니에게 맡겨진 한 소년에 대한 이야기임.
역자주 2: Michael Murphy와 Richard Price에 의해 창설됨. 심리치료적 접근법을 통해 인간의 잠재력과 자의식을 고양시키는 데 그 목적을 둠.
역자주 3: Primal Scream Therapy에서 환자들이 보이는 감정폭발.

다. 이를 통해 사회적 상황에서 어떻게 대화에 참여해야만 하는지에 대한 모범을 보여줄 수 있을 뿐만 아니라, 언어로 표현되는 모든 것이 이해를 위한 치료적 작업의 '재료'가 되는 독특한 상황을 만들 수 있기 때문이다.

분석가들은 쾌락주의자도 아니지만, 모든 것을 참고 견디라는 교리에 찬성하는 이들도 아니다. 예컨대 분석가들은 누군가가 자신의 성적 감정을 인식한다면 자위나 섹스나 금욕을 통해 이를 다룰 수 있는 선택권을 갖게 되며, 감정 자체를 부인할 필요는 없다는 사실에 대해 주지하고 있다. 그들에게 중요한 개념은 선택(choice)이다. 마찬가지로, 어느 누군가가 화가 났다면, 정신역동적 입장에서 중요하게 다루는 주제는 분노를 그 순간에 방출하는 것이 아니라 감정을 인식하고 이러한 에너지를 문제해결적인 방식으로 사용할 수 있는 방법을 찾는 것이다(치료를 통해 자신의 강렬한 부정적인 감정에 직면하게 되면서 어쩌면 괴물처럼 변해버릴지도 모른다고 걱정하는 환자들에게 이에 대해 자세히 설명해줄 필요가 있다.).

Pennebaker(1991)의 포괄적 연구는 감정의 개방이 신체적이고 정신적인 안녕(well-being)과 관련된다는 사실을 경험적으로 입증한다. 오늘날 급격하게 증가된 신경정신학과 심리생물학 연구(예: LeDoux, 1995; Schore, 1997; van der Kolk, 1994)에서도 강렬한 감정을 경험할 때 뇌에서 어떤 반응이 일어나고 정서적으로 압도되거나 외상을 입었을 때 일시적으로 그리고 영구적으로 신체에 미치는 영향에는 무엇이 있는가에 대한 전반적인 윤곽을 제시하고 있다. 치료자들은 지적 통찰과 정서적 통찰을 구분해왔으며, 신체 감각이나 막연한 두려움, 강박적 행동으로 표출되는 무언가를 언어적으로 표현함으로써 문제를 이해하고 이에 대한 통제감을 얻는 데 도움을 얻을 수 있다는 사실을 경험적으로 알고 있다.

이러한 과정이 편도핵에 저장된 정서적 기억(emotional memory)과 전전
두엽 피질에 저장된 선언적 기억(declarative memory) 간의 차이와 관련
된다는 증거가 있다. Freud가 꿈꾸고 예언한 대로, "감정을 설명할 수
있는 단어(Cardinal, 1983)"를 찾는 과정과 이로부터 얻는 구체적 효과와
관련된 자연과학적 설명이 가능하게 된 것이다(참고: Share, 1994).

자아강도 및 자기통합성

20세기 중반의 많은 심리분석가들(예: Jahoda, 1958; Redlich, 1957)이
인생의 문제들에 현실적이고 적응적인 방식으로 대처할 수 있는 개인의
능력을 강조하였다. 많은 장점을 지닌 아이가 사소한 스트레스 사건에
완전히 무기력해지는 반면, 발달력상 이렇다 할 장점을 보이지 않는 아
이가 대부분의 사람들이 압도당할 만한 상황에서도 효과적으로 대처할
수 있는 방법을 찾는 것을 이해하기란 쉽지 않다. 치료장면을 찾는 배경
원인 중 하나는 내담자가 인생의 어려움에 부딪혔을 때 도무지 갈피를
잡지 못하는 자신의 경향성을 바꾸고 싶어 하기 때문이다. 역경에 유연
하게 대처할 수 있는 능력을 분석적 용어로 자아강도(ego strength)라고
한다.

이 용어는 정신세계에 대한 Freud의 유명한 삼원론(1923)으로부터 파
생되었다. 원초아(문자 그대로 '그것[it]')는 갈구로 가득 찬, 요구적이고 원
시적이며 전이성적이고 전논리적인 자기(self)의 영역을 설명하기 위해
Georg Groddeck의 용어를 빌려 쓴 것이다. 원초아는 공상이나 꿈과 같
은 '부산물'에 주의를 기울임으로써 부분적으로는 그 내용을 이해할 수
있지만 전적으로 무의식적이다. 초자아('나를 초월한 것[above-myself]')는
우리들 대부분의 내면에 자리 잡고 있는 도덕적 감독관으로서, 양심적이

고 자기 평가적인 영역을 설명하는 용어다. 이는 한편으로는 의식적으로, 유혹을 물리친 스스로를 대견스러워하는 경우가 이에 해당된다. 하지만, 다른 한편으로는 무의식적인데, 자신도 알 수 없는 죄책감으로 인해 고통받는 경우가 이에 속한다. Freud는 자아(말 그대로 '나[I]')라는 용어를 대부분의 사람들이 '자기(self)'라고 일컫는 것과 거의 유사한 의미로 사용하였다. 하지만, 그는 자아가 일상문제의 해결과 같이 부분적으로는 의식적으로 작동하지만, 자동적인 방어기제의 사용과 같이 다른 한편으로는 무의식적인 일련의 기능들로 구성된다고 주장하였다.

이러한 자아라는 가설적 구성체는 이론적으로 자아와 초자아 그리고 현실의 요구들 사이에서 중재자의 역할을 한다. 분석적 입장에서 볼 때, 강한 자아는 가혹한 현실을 부정하거나 왜곡하지 않고 이를 극복할 수 있는 방법을 찾는 것을 의미한다. Bellak과 Small(1965)은 자아강도의 세 가지 측면에 대해 설명하였는데, 현실적응, 현실검증 그리고 현실감이 이에 해당된다. 건강한 자아강도를 지닌 사람은 과도하거나 비합리적인 죄책감에 압도되거나 충동적으로 행동하지 않는다. 정신분석적 배경의 경험적 연구자들은 자아강도의 개념을 조작적으로 정의하여 연구하고, 투사법 검사를 통해 이를 평가할 수 있는 많은 방법들을 고안하였으나 (참고: Bellak, 1954), 치료자들은 이를 보다 전반적이고 인상에 근거한 방식으로 평가해왔다.

자기심리학자인 동시에 상호주관주의자(intersubjectivist)인 Kohut에 이르러 정신분석적 메타심리학에 대한 재고가 시작되면서, 자아강도를 설명하는 용어 또한 변화하였다. Freud는 구조 이론을 통해 자아를 구체적인 내적 개념으로 강조하였는데, 이는 자기 및 자기의 연속성과 안정성에 대한 이론적 설명에 비해 당시의 치료자들에게 그다지 설득력을 갖지 못했다. 압력이나 구속하에서 무너져버리는 사람들을 관찰함으로써 오늘날의 많은 분석가들은 "자기통합성의 결여"라고 부르는 현상을 확인하게 되었다. 이는 스트레스 상황에서 자신이 누구인지에 대한 인식이 와해되고 파편화되는 현상을 의미한다. Roger Brooke(1994)는 자기통합성 및 그 결여가 가져오는 징후를 믿을 수 없을 정도로 간결하고 임상적으로 유용한 방식으로 설명하였다.

훌륭한 심리치료의 주된 불특정적 산물은 자아강도와 자기통합성의 향상이다. 사람들은 파편화나 소멸을 내적으로 경험하지 않고 삶의 여러 어려운 문제들에 직면할 수 있게 되기를 원한다. 또한 치료 후에는 성장을 위해 일시적으로 퇴행되고 불안정하게 되는 상태를 인내할 수 있게 되기를, Epstein(1998)의 용어를 빌자면 "무너지되 산산조각으로 흩어지지 않는" 요령을 개발하기를 바란다. 내 환자 중 한 명은 15년에 걸쳐 꾸준히 치료를 잘 받은 결과, 약간의 스트레스 상황에서도 편집증적 상태로 위축되는 예전의 경향성을 극복하였다. 또한 남편이 장애를 입고, 경제적으로 어려움을 겪으며, 딸이 시한부 선고를 받은 상황에서도 충분히 여유 있게 잘 대처하는 변화를 보였다. 치료 초기의 취약성 중 일부는 남아 있었지만, 그녀는 자기 보호적이고 효과적인 방법들을 통해 자신의 강도를 최대화시킬 수 있는, 근본적으로 전혀 다른 방식으로 대처하였다. 놀랍게도 최근에는, 그녀의 이웃이 그녀의 자아탄력성(ego-resiliency)을 존경할 뿐만 아니라 그녀가 치료를 받아 온 과정에 많은 감화를 받았다며 치료를 받기 위해 나를 찾아오기도 하였다.

사랑, 일 그리고 성숙한 의존성

Freud(1933)는 심리치료의 궁극적 목적이 사랑하고 일하는 능력의 증진에 있다고 설명하였다. 하지만, 실제로 Freud는 애착대상인 이성에 대한 애정 그리고 선망(여성의 경우에 남성의 특권과 권력에 대한 선망, 남성의 경우에 수동성과 의존성을 보일 수 있는 여성의 특권에 대한 선망)의 인식과 포기 간의 관련성에 대해 암묵적으로 강조하긴 했지만 사랑에 대해 자세히 언급하지는 않았다. 1906년에 Carl Jung에게 쓴 편지에서(McGuire, 1974) 정신분석을 "사랑을 통한 치료"라고 언급한 점을 미루어볼 때, 이는 어쩌면 그에게 더 이상의 설명이 필요 없는 자명한 이치였기 때문인지도 모른다. 반면 후기의 분석가들은 사랑에 대해 매우 자세하게 논하였다(예: Benjamin, 1988; Bergmann, 1987; Fromm, 1956; Kernberg, 1995; Person, 1988). 사람들이 심리치료자를 찾는 이유가, 이성애, 동성애, 양성애 및 무성애의 여부와 관계없이, 보다 잘 사랑하기 위해서라는 사실은 그다지 놀랄 만한 일이 아니다.

심리치료가 제대로 진행될 때, 내담자는 자기 자신의 복잡한 내면세계 및 실제 자기(real self) 뿐만 아니라 타인의 복잡성과 단점들까지도 수용할 수 있음을 알게 된다. 친구와 친척 그리고 그저 얼굴만 알고 지내는 사람들까지도 그들이 처한 상황과 과거력을 고려하여 바라보게 되므로, 설령 실망감을 느끼더라도 그들 개인의 문제로만 돌리지는 않는다. 내담자는 자신에게 그러하듯이 타인에 대해서도 그동안 이해하지 못했거나 뜻대로 되지 않았던 일들을 용서하게 된다. 자신의 어두운 비밀을 들은 치료자가 전혀 동요하지 않는 모습을 보면서 내담자는 누군가가 자신을 깊이 알고 그와 친밀한 관계를 맺는 것에 대해 느끼는 두려움을 완화시키게 된다. 자신의 적개심과 공격적 면모를 폭발하여 사랑하는 이들에게 아픔을 줄지도 모른다는 불안을 경감시킬 수도 있다. 그리고 치료자가 자신에게 보이는 연민을 수용하고, 타인에게도 치료자와 같은 태도를 보일 수 있게 된다.

성공적인 심리치료의 경험을 통해서 내담자는 일하는 능력, 자신의 장점을 발견하는 능력 그리고 무기력한 탄식에서 벗어나 문제를 해결하는 능력을 발휘하게 된다. 치료에서 일어나는 애도과정(mourning process), 즉 '집요한 특권의식' 에서 벗어나 변화시킬 수 없는 것을 성숙하게 수용하게 되는 변화과정에 대한 Martha Stark(1994)의 명쾌한 설명은 치료과정에서 흔히 나타나는 성장과정을 잘 묘사하고 있다. Stark가 기술한 것처럼, 치료의 초기 단계에서 내담자는 자신의 심리적 문제를 결점이나 실패가 아닌 운명적으로 결정된 우연한 결과라는 사실을 점진적으로 수용한다. 그리고 두 번째 단계에서는 이들 문제를 풀어야 할 책임을 진 사람은 내담자 자신밖에 없다는 사실을 고통스럽지만 인정하게 된다.

예술을 비롯한 창조적 활동을 하는 사람들은 심리치료로 인해 자신의 정서적 에너지를 빼앗길지도 모른다는 걱정을 하곤 하지만(그들 활동의 원동력이 되었던 신경증적 문제를 해결함으로써), 치료 후에는 자신의 예술성이 덜 갈등적으로 되었을 뿐만 아니라 더욱 단련되고 풍부해졌다는 사실을 발견하게 된다. Gordon Allport(1961)의 용어를 빌리자면, 치료 장면을 찾게 만들었던 갈등으로부터 벗어나 기능적 자율성이라는 성취를 얻게 된 것이다. Chessick(1983)은 성공적인 치료의 결과 중 하나로 창작과 휴식을 통해 얻는 즐거움을 강조하면서, 사랑과 일이라는 Freud 학파의 치료목표는 '사랑, 일 그리고 놀이' 로 수정되어야 한다고 제안하였다.

Freud는 자신의 초기 이론들을 통해, 인간동기의 핵심으로 성(sexuality)을 강조하였다. 이후 인간의 파괴성에 대한 증거를 접하게 되면서(특히 1차 세계대전 동안) 그는 공격성 또한 동일한 영향력을 지닌 주된 추동으로 인정하였다. 타고난 이원론자였던 Freud는 그의 후기 연구를 통해 대부분의 인간 행동을 생의 추동인 에로스(eros)와 죽음의 추동인 공격성, 즉 타나토스(thanatos)에 근거하여 설명하였다. 그의 입장에서 볼 때 사랑은 성적 추동의 건강하고 창조적인 표현이고, 일은 공격적 추동의 긍정적 표현이었다. 대상관계학파 중 Freud의 후계자들은 의존성(애착)을 핵심 본능의 하나로 추가하였다.

Freud는 인간을 자기충족적이고 개별적인 체계(system)로 언급하곤 하였다. 하지만, 이론적으로는 Fairbairn(1952)이 영아가 추동 만족뿐만 아니라 관계를 추구한다는 주장을 펼치면서 정통 Freud 학파에 도전하고, 경험적으로는 Bowlby(1969, 1973)가 영아의 애착과 분리에 대한 연구를 하면서, 분석가들은 인간관계가 생활전반에 광범위하게 자리 잡고 있고, 이러한 대인관계체계 중 성적이고 공격적인 성향은 일부에 불과하다는 사실에 주목하게 되었다. 연구자와 임상가들은 인간이 일생에 걸쳐 자신의 다양한 갈망을 충족시켜줄 대상과 상황을 필요로 한다는 증거들을, 특히 최근 수십 년 동안에는 애착에 대한 상당한 연구를 축적하였다. 이와 관련하여 자기심리학자들은 자신을 반영하고 확인시켜주는 '자기대상(selfobject)'에 대한 인간의 지속적인 요구에 주목하기도 하였다.

이들 모두는 유아기 의존성에서부터 성숙한 성인기 의존성으로의 변환이라는 정신역동적 치료효과와 관련된다. 인간이 독립적이라는 서구 세계의 통념에도 불구하고, 우리 모두는 일생에 걸쳐 정서적이고 실제적인 측면 모두에서 서로에게 의존한다. 심리치료는 의존적인 사람을 독립적으로 만들지는 않는다. 그보다는 의존성을 적절하게 다룰 수 있게 한다. 또한 자신의 의존성을 지나치게 경계하는 이들에게 타인을 필요로 하는 것이 얼마나 자연스러운 것인지를 직면시킨다. 영아기의 애착과 성인기의 애착 간의 차이점은 성인과는 달리, 아동은 누구에게 의존할 것인지를 선택하거나 부적절한 양육자를 떠날 수 없고, 또한 대상의 행동을 바꾸기 위해 영향력을 미칠 수 있는 충분한 힘을 갖지 못했다는 점이다. 많은 성인들이 자신이 파괴적인 관계 속에 갇혀 있거나 타인을 향한 자신의 요구에 뭔가 위험스러운 바가 도사리고 있다고 느끼게 될 경우에 치료장면을 찾는다. 치료를 통해 이들은 자신의 문제가 기본적인 요구가 아니라 이를 어떻게 다루는가와 관련된다는 사실을 알게 된다.

즐거움과 평정

내가 언급하고자 하는 정신역동적 치료의 최종 목표는 아마도 자세히 설명하기에 가장 어려운 주제인 듯하다. 대부분이 '행복'의 의미를 알고 있다고 생각하지만, 우리는 종종 다소 자기패배적인 방식으로 이를 추구한다. 그 원인 중 일부는 멋진 외모와 사치스런 소유가 우리를 절망으로부터 구할 수 있을 거라는 메시지를 끊임없이 전달하는, 상업적이고 시장 중심적인 문화 속에 팽배한 통념에서 찾을 수 있다. 즉, 개인주의적이고 경쟁적인 문화에서는 우리가 원하는 바를 얻었을 때에만 행복해질 수 있다는 희망이 보편화되어 있다. 반면, 비서구권 문화에서는 원하는 바를 어떻게 인식할 수 있는지와 관련된 지혜를 가지고 있다.

정신역동적 사고는 이들 간의 이상한 조합이다. 이는 철저하게 서구적이고 실증주의적이며 개인주의적이고 그리고(적어도 본질적으로는) 추동의 만족 및 좌절과 관련된다. 하지만, '현실원리', 즉 만족지연 및 사회화를 강조함으로써, 보다 큰 사회에 공헌하기 위해 자존감을 포기하고 보다 풍부하고 오래 지속되는 즐거움을 위해 즉각적인 만족을 지연시킬 수 있도록 하였다. Messer와 Winokur(1980)의 주장과 마찬가지로, 정신역동적 세계관은 희극적이라기보다는 비극적이다(이 용어의 일상적 의미가 아니라 기술적 의미에서). 분석가들은 우리의 갈등이 얼마나 깊고, 유아기적 소망을 어떻게 포기해야만 하며, 이를 어떻게 해결할 수 있는지를 강조한다. 인본주의 심리학과 정신역동적 치료가 관계모델을 지향하면서 추동과 갈등보다는 애착과 개별화가 더 중요한 개념이 되었으며, 갈구보다는 애도가 관심의 초점이 되었다.

좋은 역동적 개념화는 행복이 추구될 수 있는 방법을 제시할 뿐만 아니라 결과적으로 치료적 의미까지도 포함한다. 개인의 병리유발적 신념과 자존감을 유지하기 위한 노력이 진정한 즐거움 및 만족과는 상치되는 경우가 종종 있다. 치료 후반부에 내담자는 기분의 고양과 즐거움은 예전에 이미 경험했던 바이지만, 치료 동안 조용하게 펼쳐진 전반적인 마음의 평화는 상상조차 해보지 않은 것이라고 말하곤 한다. 성적 경험이 없는 유기체를 상상할 수 없듯이, 아이를 가졌을 때의 환희를 부모가 되지 않고서는 상상할 수 없듯이, 감정적 흥분을 단지 일시적으로만 가라앉힌 사람이 진정한 마음의 평정을 상상하기는 어려울 것이다.

연구보다는 치료를 목적으로 하는 사례이해

앞서 제시한 치료목표들을 염두에 둔다면, 역동적 사례이해에서의 치료자의 역할이 DSM에 일치하는 증상을 찾는 과정과는 전혀 다르다는 사실을 분명히 알 수 있을 것이다. 나의 또 다른 저서(McWilliams, 1998)에서 논의했듯이, 치료자와 연구자는 진단과정의 서로 다른 측면에 중점을 둔다. 예컨대, 치료자는 잘 훈련된 주관성을 통해서만 그 의미를 파악할 수 있는 얼굴표정, 신체언어, 목소리 톤, 의미심장한 침묵, 별다른 의미 없이 던진 것 같은 질문들, 지각, 치료비 지급방식, 규칙들 그리고 다른 비언어적인 미묘한 차이들을 매개로 얼마나 많은 의사소통이 일어나는지를 감지한다. 때문에 이들은 임상적인 직감을 믿는다. DSM-III(1980) 이후의 DSM에서는 주관성을 없앰으로써 정신병리의 객관적인 측정법을 연구자들이 공유할 수 있도록 제작하기 위해 노력을 기울였다. 그 결과, 진단의 신뢰도는 향상되었지만, 특정 행동의 의미를 변별하는 데 핵심적인 주관성을 배제하였기 때문에 타당도는 손상되었다(Blatt & Levy, 1998; Vaillant & McCullough, 1998).

DSM-IV의 성격장애는 DSM의 열렬한 지지자조차도 문제가 있는 것으로 평가하는 영역이다. 공통된 지적 중 하나는 한 개인이 진단범주 중 한 준거를 충족시킬 때 다른 범주의 하나 혹은 그 이상의 준거를 동시에 충족시킨다는 점이다(Nathan, 1998). 즉, DSM에서는 성격을 행동적으로 정의된 병리로 기술하기 때문에 그 개인의 특정한 병리적 성격을 파악할 수 없고 그 유형의 변별에도 실패하기 쉽다. DSM과 같은 장애분류에서 그러한 변별력을 기대해서는 안 될 것이다(Clark, Watson, & Reynolds, 1995). 정신역동적 사례이해라는 고도의 기술은 다른 예술적 기능과 마찬가지로, 기계적으로 공식화될 수 없는 것이다.

경험적이고 실증적인 전통의 연구자들은 설명의 준거로서 경제성(parsimony)을 사용하지만, 치료자들은 Waelder(1960)가 "중첩결정(overdetermination)"이라고 명명한, 여러 번 중복되는 인과관계에 관심을 기울인다(참고: Wilson, 1995). 다시 말해, 연구 프로젝트에서는 변인을 분리하여 특정한 원인과 결과의 과정이 다른 대안적 설명의 가능성을 배제한 채 관찰될 수 있도록 한다. 하지만, 문제행동을 이해하는 데는 상당히 많은 원인들이 발견될 수 있으며, 이들 중 어떤 것도 단독으로 그 증상을 만들어내지는 못한다. 개인의 주된 문제는 일반적으로 반복되는 원인에 의해 결정되는 것이지 단독 변인에 의해 유발되는 것이 아니기 때문이다. 나의 한 비만 환자의 경우를 들어보자. 그녀의 몸무게를 증가시키는 요인으로 다음과 같은 것들을 확인할 수 있었다. 과체중과 저혈당의 체질적 경향성, 식습관에 지나치게 관심을 기울이는 어머니(환자가 어렸을 때는 시간표에 정확하게 맞추어 수유하였으며, 자라면서는 음식을 모두 먹지 않으면 야단을 쳤다), 불안이나 수치심을 떨치기 위해 먹는 가족의 행동습관(어머니는 누군가가 기분이 나쁠 때마다 치즈 케이크를 내어오셨다), 사랑했던 비만인 할머니와의 동일시, 어린 시절에 성적 괴롭힘의 희생자였음에도 불구하고 이로 인해 오히려 야단을 맞아야 했던 경험(이 때문에 자신에게 성적 매력이 없음을 눈에 보이게 나타내려고 한다), 방과 후 집으로 돌아와서는 음식을 먹으면서 의식적으로 자신의 슬픔과 외로움을 달랬던 습관, 신체적 매력을 추구하는 허영보다는 지적 능력을 통해 자기가치감을 얻겠다는 반항적인 자기상의 형성, 암으로 인해 죽어가는 아버지를 곁에서 지켜보면서 체중감소가 곧 죽음으로 이어진다는 무의식적 확신이 이에 해당한다.

분석치료를 통해 여러 다양한 원인의 실타래를 풂으로써, 환자들은 변화를 필요로 하는 자신의 행동양상에 대한 통제감을 얻을 수 있다. 따라서, 치료자는 복잡한 심리와 문제들을 이해하기 위해 노력하고 경청하는 동시에 여러 관련 문제들을 조용히 고찰해야만 한다. 나는 이 책의 나머지 부분에서 좋은 역동적 사례이해와 가장 긴밀하게 관련되는 질문들을 체계적으로 기술하였다. 이들 요인들이 전적인 것은 아니다. 하지만, 임상가가 이들 중 각각에 대해 어느 정도 지식을 갖는다면 내담자를 고통으로부터 벗어나 통제감을 얻을 수 있는 위치로 이끄는 것이 얼마나 중요한지에 대해 알게 될 것이다. 여기에는 (1) 기질과 다른 고정된 특성들, (2) 성숙과 관련된 주제들, (3) 방어양상, (4) 핵심정서, (5) 동일시, (6) 관계도식, (7) 자존감 조절 그리고 (8) 병리유발적 신념이 해당된다.

앞서 기술한 비만 환자를 이해하는 데 있어서는 다음의 내용을 파악하는 것이 중요하다. (1) 과식하기 쉬운 체질적 성향을 바꾸고 저혈당증에 맞추어 식단을 변화시킬 수 있는 특정 책략을 마련하지 못한 점, (2) 초기 발달단계에서는 앞으로 몇 시간 동안은 아무것도 먹을 수 없기 때문에 무엇이든 먹는 게 좋다고 하고, 이후 단계에서는 식사를 마치지 않으면 어머니에게 상심을 안겨드린다고 학습해온 점, (3) 불안에 대처하기 위한 수단으로서 먹어야만 했다는 점, (4) 불행하고 외롭다고 느낄 때 목욕이나 친구와의 전화통화, 쇼핑 등을 통해, 그리고 궁극적으로는 자신의 불행을 애도함으로써 안정을 찾거나 슬픔으로부터 탈출하지 못한 점, (5) 할머니처럼 뚱뚱해짐으로써 그녀의 좋은 점을 가질 수 있다고 마술적으로 믿는 점(반대로 어머니처럼 날씬해지지 않음으로써 그녀의 부정적인 측면들을 피할 수 있다고 믿는 점), (6) 그녀가 여전히 타인을 가해자나 비판자로 보는 외상후 심리상태에 처해 있다는 점, (7) 적정한 수준의 허영심을 즐기거나 이로부터 어떠한 이득을 보는 것도 가치체계가 허용치 않는다는 점, (8) 체중이 조금이라도 줄면 아버지처럼 죽지는 않을까라는 무의식적인 공포감을 느낀다는 점이 이에 해당된다.

치료가 종결된 후 전체 과정을 되돌아보았을 때, 이러한 결정요인들과 이들이 갖는 치료적 함의를 비로소 확실하게 알게 되었음을 강조하고자 한다. 나와 그녀는 이러한 심리적 특성 중 일부가 나의 초기 가설에, 나머지가 치료 과정 중에 나타났다는 사실에 놀라움을 금할 수 없었다. 특정 내담자가 고통받는 원인과 관련된 한 영역을 탐색하면 다른 영역들 또한 보다 자세히 알게 된다. 역동적 사례이해는 내담자의 개별적 세계에 대한 대략적 지도를 제공할 뿐이지만, 길을 잃기 쉬운 장소로 누군가를 초대할 때는 이러한 지도가 필수적이다.

요 약

정신역동적 사례이해를 통해 내담자를 이해함으로써 치료의 방향과 전반적인 분위기에 대해 알 수 있다. 이는 관찰가능한 행동을 증상목록과 비교하여 진단을 내리는 것보다, 추론에 근거한 주관적이며 예술적인 과정이다. 이는 심리치료의 개념을 증상 경감뿐만 아니라 통찰, 주체의식, 정체성, 자존감, 감정조절, 자아강도 및 자기통합성, 사랑하고 일하며 놀이할 수 있는 능력 그리고 안녕감의 발달로 가정한다. 다음의 영역들에 관심을 기울임으로써 개인의 성격과 정신병리에 대한 좋은 가설적 개념화를 이끌어낼 수 있다. 즉, 기질과 고정된 특성, 발달과 관련된 주제들, 방어양상, 핵심감정, 동일시, 관계도식, 자존감 조절 및 병리유발적 신념이 이에 속한다.

제2장

면담에 대한 입문

1장에서는 내담자를 이해하기 위해 반드시 탐색해야 하는 핵심적인 심리 영역들을 열거하였다. 이를 구체적으로 설명하기에 앞서, 이 장에서는 임상적 면담의 기초가 되는 가치 및 이와 관련된 기법들을 잠시 살펴보고자 한다. 접수면접의 방법에 대해서는 좋은 책이 여러 권 나와 있으나, 이 가운데 정신분석적인 이해를 지향하는 책은 거의 없다. 또한 대부분의 책이 개인의 문제를 정확히 진단하는 것에 관한 것이고, 그러한 진단과 치료적 관계형성이 어떻게 관련되는지에 대해서는 다루지 않고 있다. 이 책에서는 바로 그 관련성에 초점을 두려고 한다.

전통적인 정신분석적 사례이해에 대한 입문서로는 Messer와 Wolitzky(1997)의 책이 도움이 된다. 임상적 면담에 대해 수련을 받지 않은 초심자는 나의 이전 책(McWilliams, 1994)에 제시된 부록을 보면 도움이 될 것이다. 그 부록에는 치료자가 환자를 처음 만났을 때 탐색해야 하는 주제들이 정리되어 있다. 그러나 이러한 질문항목은 충분히 포괄적이지 않으며 충분히 구체적이지도 않다. 내담자가 어떤 특정한 증상을 지니고 있을 경우, 좀 더 자세히 물어보아야 할 세부 항목들이 빠져 있다. 또한 부록에 제시된 질문들을 모두 다 물어볼 필요도 없다. 초반 회기에는 치료자가 질문을 하기도 하지만 내담자가 내놓는 얘기를 따라가기도 하면서 질문항목의 순서가 앞뒤로 바뀔 수 있기 때문에 질문항목을 그대로 탐색하기는 어렵다. 내가 내담자라도 내가 하는 얘기는 잘 들어주지 않고 목록만 들여다보며 질문을 퍼붓는 치료자에게는 별로 상담을 받고 싶지 않을 것이다.

다른 치료자들이 저술한 책을 보면, 치료자가 내담자와 실제로 어떻게 말하고 대화를 주고받았는지 구체적으로 제시하지 않고 있어 답답함을 느끼게 된다. 예외가 있기는 하지만, 대부분의 책들은 이론적인 용어로 일반적인 내용만 제시하고 있다. 그래서 나는 이러한 답답함을 피할 수 있도록, 면담과정을 매우 구체적으로 제시하려고 고심하였다. 다음 장부터는 실제 임상적 함의를 갖는 여러 이론적 주제들을 다루겠지만, 이 장에서는 치료자가 면담과정을 이끌어가는 데에 어떤 주제들이 영향을 미치는지를 포함하여, 임상적 면담과정을 알기 쉽게 제시하고자 하였다.

 내가 첫 면담을 진행하는 방식

나는 『정신분석적 진단(Psychoanalytic Diagnosis)』을 발간한 이후로, 그 책에서 언급하고 있는 성격 분석을 하기 위해서 환자로부터 어떻게 정보를 얻는지에 대한 질문을 여러 번 받았다. 내가 면담하는 방식을 표준적인 임상적 면담의 예로 제시하는 것이 어떨지 망설여진다. 모든 치료자는 자신의 성격, 기질, 신념, 수련경험, 치료상황에 적합한 자기만의 면담방식을 발전시키기 때문이다. 그래서 성격이나 상황 등이 나와 다른 치료자에게는 내 방식이 좋은 모범이 되지 못할 수도 있다. 그러나 치료자가 실제로 어떻게 하는지에 대해 알고 싶어하는 독자들이 많을 것이고 이에 대한 책이나 보고된 바가 별로 없다는 점을 감안하여, 내가 첫 면담을 하는 방식을 제시하고자 한다. 나와 만났던 환자들이 이 글을 읽는다면 내가 첫 면담에서 이렇게 하지 않았다고 반발할지도 모른다 —아마 그들의 말이 맞을 것이다. 그러나 다음에 제시되는 내용은 내가 마음속에 지니고 있는 면담의 틀로서 실제로 나의 면담 과정을 이끌어준다.

나는 따로 상담실을 내지 않고 집에서 개업을 하고 있다. 상담을 받고 싶다는 전화가 걸려올 때, 상담시간이 모두 차서 새로운 내담자를 받을 수가 없으면 상황을 있는 그대로 설명해준다. 대신 다른 치료자에게 의뢰해줄 수 있고 이를 위한 면담을 한 시간 할 수 있다고 말해준 다음, 그렇게 하고 싶은지 물어본다. 상담시간이 비어 있는 경우에는 접수면접을 하게 되고, 여기서 내담자와 나와의 교감이 아주 좋지 못한 경우를 제외하고는 바로 치료를 시작하게 된다. 일부 상담센터에서는 심리치료의 의뢰와 접수 과정이 분리되어 있지만, 나의 경우에는 접수 회기부터 환자와 나와의 관계가 시작되는 것이다. 나에게 오는 내담자들은 대개 자발적으로 상담을 받으러 오는 경우가 많다. 그 가운데는 경계선 상태이거나 정신증적 문제를 가진 경우도 상당수 있지만, 자아가 심하게 와해되어 있거나 위험한 내담자 혹은 당장 입원할 필요가 있는 내담자는 거의 없다.

내담자와의 첫 만남은 대개 전화로 이루어진다. 전화가 오면 일단 몇 분간 내담자의 얘기를 잘 듣고, 내가 충분히 이해했음을 전달하고, 따뜻한 태도로 긍정적인 관계를 형성하기 위해 노력한다. 치료를 시작하기로 하면 다음에 언제 만날 것인지를 정하고 내 사무실 위치를 알려준 다음, 예기치 못한 일이 생겨 일정을 다시 잡아야 할 때를 대비해서 내담자의 전화번호를 받아둔다. 내담자가 치료비는 얼마인지, 내가 어떤 치료를 하는지, 어떤 수련을 받았는지 등에 대해 질문을 하면 일단 그대로 대답해준다. 이런 것들이 왜 궁금했는지에 대해서는 차후에 탐색해보고 그 의미를 이해하는 기회를 갖는다. 자동응답기에 메시지가 남겨 있어서 내가 내담자 쪽으로 전화를 할 경우, 내 신분을 밝힐 때 "맥윌리엄스 박사인데요."라고 하지 않고 "낸시 맥윌리엄스인데요."라고 한다. 가족 중에 다른 사람이 전화를 받을 수도 있고, 지금 내담자가 치료를 고려하고 있다는 사실을 가족들이 아는지 모르는지 알 수 없는 상태이기 때문이다. 그런 경우 "낸시 맥윌리엄스가 누구니?"라는 질문이 "맥윌리엄스 박사가 누구니?"보다 대답하기 더 쉬울 것이다.

약속시간이 되어 내담자가 오면 먼저 악수를 한 다음 상담실 안쪽으로 안내한다. 내담자가 하는 말을 편히 받아 적기 위해서 나는 책상 앞에 앉을 것이라고 말해주고, 내담자에게는 편한 곳에 앉으라고 권한다. "자, 제가 어떻게 도와드릴 수 있을까요?"라고 묻고, 내담자가 하는 말을 듣는다. 내담자가 말을 조리 있게 잘 하고 있으면 나는 말을 거의 하지 않는다. 수줍음이 많거나 내성적이어서 말하기 힘들어하면, 내 쪽에서 질문을 많이 해서 힘든 침묵이 이어지지 않도록 도와준다. 내담자의 불안을 최대한 누그러뜨릴수록 좋다는 것이 나의 생각이기 때문이다. 모르는 사람에게 자신의 문제를 얘기한다는 것은 두려운 일이며, 내가 이러한 두려움을 덜어줄 수 있다면 무슨 일이든 하는 것이 좋다. 나는 대체로 내담자가 하는 말을 그대로 다 받아 적는다. 중요한 정보를 잘 기록하려는 목적도 있지만, 새로운 상황에서는 치료자도 불안해지게 마련이므로 이러한 나 자신의 불안으로부터 주의를 돌릴 수 있기 때문이다.

회기가 45분 정도 지나면, 내담자에게 나와 얘기하면서 어떤 느낌이 들었는지, 나와 심리치료를 하는 것이 편안할 것 같은지를 물어본다. 그 다음 남은 몇 분 동안에는 다음과 같은 작업을 한다. (1) 내가 내담자의 말을 잘 들었고 그의 고통에 깊이 공감하였음을 보여주고, (2) 내담자가 기술한 문제를 내가 잠정적으로 어떻게 이해했는지를 얘기하고 그에 대해 내담자가 보이는 반응을 평가하며, (3) 희망을 심어주고, (4) 정기적으로 만날 시간, 회기 길이, 치료비, 치료시간 취소에 관한 방침, 보험료 및 보험회사가 개입될 경우 보험회사에 제출해야 할 내담자의 공식 진단명 등에 대해 계약을 맺는다. 일정한 형태의 계약서 양식을 만들어놓고 이를 함께 작성하여 내담자에게 주는 치료자도 있다. 나는 아직 이런 절차를 도입하지 않았지만, 명료하고 책임소재를 분명히 한다는 점에서 좋은 방법인 것 같다. 특히, 내담자 가운데 경계선 성격, 정신증 등 심리구조가 와해된 사람이 많은 치료자의 경우 더욱 좋을 것이다. 마지막으로 치료를 정식으로 시작하기 전에 내담자가 다루고 싶은 문제가 있으면 어떤 것이든 얘기해보도록 권하고, 질문이 지나치게 사적이거나 부적절하지 않으면 모두 대답해준다. 첫 면담에서 배경정보를 모두 파악하지 못했을 경우에는, 다음 회기부터 내담자의 과거력을 자세하게 살펴보고 이를 통해 내담자의 문제를 이해할 수 있는 정보와 맥락을 얻을 것이라고 말해준다. 다음에서는 위에서 제시한 네 가지 작업 각각에 대해 이론적 근거들을 제시하였다.

치료자에 대한 내담자의 반응 격려하기

치료자와 얘기하면서 어떤 느낌이 드는가를 질문하는 이유는 이를 토대로 앞으로 우리가 치료를 함께 할 것인지 여부를 결정하기 위해서이기도 하지만, 내담자가 치료자와의 관계를 어떻게 느끼는지가 치료적 관심의 대상이 됨을 전달하려는 목적도 있다. 전이가 아직은 분명해지지 않았지만, 전이와 관련되어 나타날 수 있는 모든 가능성에 문을 열어두는 것이다(예: "나는 지금 무척 편안하다. 그런데 권위적 위치에 있는 여자에게 이런 얘기를 하는 것이 어려울 것이라고 생각했었기 때문에 이러한 편안함이 참 이상하게 느껴진다."). 이러한 질문을 통해 치료가 서로 협력하여 이루어 가는 것임을 내담자에게 일깨워줄 수 있다. 나는 내담자에게 고용된 사람으로서 치료를 잘하려고 노력할 것이며, 내담자는 나를 평가하거나 해고할 권리가 있음을 암묵적으로 강조하는 것이다.

치료적 관계는 본질적으로 상호호혜적(reciprocal)이다. 환자의 전이욕구와 임상가의 자기애적 욕구가 개입되기는 하지만, 적어도 공급자와 환자의 자율성이 보장되는 개업장면에서는 그러하다. 환자는 치료비를 지불하고, 나는 환자를 이해하고 도우려는 노력을 기울인다. 내담자의 가족이나 친구와는 달리 나는 내담자에게 도움의 반대급부로 정서적 지지를 기대하지 않는다. 어떤 사람들은 심리치료가 '돈을 주고 산 우정'이라고 주장하지만(예: Schofield, 1986), 사실은 결코 그렇지 않다. 우정관계에서는 양자가 서로 자신의 얘기를 터놓고, 상대방을 정서적으로 보살피고 또 서로에 의해 보살핌을 받는다. 심리치료에서의 상호호혜성이란 치료자의 정서적 지지와 전문성을 내담자의 금전적 보상과 맞바꾸는 것으로, 인간적으로는 서로 동등한 관계이지만 구조적으로는 양자가 똑같은 것을 주고받는 것이 아니다.

이해 전달하기

사람들은 심리치료를 받으러 오면서 치료자가 자신을 오해하거나 부당한 판단을 내리지는 않을까, 혹은 자신을 무시하고 경멸하지는 않을까 두려워하는 경우가 많다. 자신의 증상에 대해 혼란감과 수치심을 느끼며, 이것이 아무도 이해할 수 없는 정신병의 증거라고 생각하기도 한다. 그래서 나는 내담자에게 당신의 문제가 이해될 수 있는 것임을 우선적으로 일깨워주려고 노력한다. 첫 회기가 정교하고 확증적인 해석을 하는 시간은 아니지만, "당신이 아버지에 대해 말한 것을 보면 직장상사와의 관계가 왜 그렇게 힘든지 알 것 같습니다." "남편과 사별한 지 꼭 10년이 되셨네요. 그렇다면 당신의 우울증은 기념행사처럼 찾아오는 반응일 가능성이 있습니다." "이제까지 경험해오신 이런 침투적 사고는 외상의 일반적인 후유증입니다."와 같은 얘기를 간단하게라도 해주는 것이 내담자에게 큰 도움이 될 수 있다.

첫 회기에서는 이러한 이해나 해석이 잠정적인 것임을 전달해야 한다. 치료자가 내담자를 바로 판단하는 것이 아니라 전문지식을 일단 탐색적으로만 적용하고 있음을 알게 하고, 치료자가 보고 있는 방향이 맞는지 내담자가 의견을 얘기하거나 알려주기를 청하는 방식을 취한다. 내담자의 장애가 심할수록 당신의 문제가 이런 식으로 이해될 수 있음을 알려주는 것이 더욱 중요하다. 심리적 문제가 심각한데도 불구하고 치료를 받으면서 '신경전달물질 불균형'이나 '유전적 결함'이 있다는 얘기만 들어온 경우도 많다. 지금 이 시점에 더욱 고통을 겪게 된 이유가 있고, 상담치료를 통해 많은 도움을 받을 수 있다는 사실에 대해서는 잘 모르는 것이다. 치료를 받으러 올 때는 자신에게 뭔가 결함이 있다는 막연한 생각을 가지고 있었다가 이러한 정신병리를 개념화하는 이론적 틀이 있고 이를 통해 자신의 문제를 이해할 수 있다는 사실을 알고 놀라는 내담자도 많이 있다. 이러한 대화가 이루어지는 방식과 이것이 치료에 있어 어떠한 가치를 갖는지를 이해하려면 Harry Stack Sullivan의 저서(예: 1954)를 읽어보는 것이 도움이 된다.

잠정적 이해에 대한 환자의 반응 평가하기

내가 내담자의 문제를 이렇게 이해했다고 얘기했을 때 내담자가 보이는 반응을 살펴보면, 앞으로 치료과정에서 그가 어떤 태도를 보일 것인지를 잘 알 수 있다. 내담자 가운데는 치료자의 말을 바로 받아들이는 순응적인 사람도 있고, 당장 저항을 보이는 사람도 있다. 비난받은 것처럼 느끼는 사람이 있는가 하면, 치료자가 깊은 공감을 보여준다고 느끼는 사람도 있다. 어떤 사람은 치료자가 전문성이나 지식을 과시하면서 자신을 모욕하고 있다고 느끼고 해석을 받아들이지 못한다. 반대로 공감이나 좀 해주고 자신이 하는 말에 맞장구만 좀 쳐주는 것이 치료자가 하는 일의 전부라면 차라리 박제동물과 얘기하는 편이 낫다고 생각하는 내담자도 있다.

치료자가 하는 말이나 치료적 개입을 수용할 수 있는 정도는 사람마다 다르다. 내가 내담자로 분석을 받을 때는 되도록 혼자 힘으로 모든 것을 이해하고 깨닫는 것이 중요했다. 그런 태도는 나에게 역의존적 (counterdependent, 의존적이지 않으려는 정도가 과도한)인 성격이 있음을 반영하는 것이었다. 나 자신을 이해하기 위해서는 분석이라는 상황, 분석가의 존재 및 그에 대한 나의 전이반응이라는 자료가 필요했지만, 분석가의 해석을 듣고 그것이 맞는지 틀리는지를 확인하는 것보다는 스스로 나에 대해 발견하고 알아가는 느낌을 더 좋아했다(나중에는 이러한 역의존성을 이해하고 변화시키는 데 많은 진전이 있었고 분석가가 하는 말에 더 관심을 갖게 되었으나, 여기에는 2년의 세월이 걸렸다.). 따라서 아주 고전적인 분석에서 하는 침묵과 규율이 나에게는 이상적인 것이었다. 그러나 내가 분석가의 입장이 되어보니, 대부분의 내담자들은 내가 치료자에게 바랐던 것보다 훨씬 더 많은 것을 나에게 원하고 있었다. 혼자 노력해서 스스로에 대해 이해해보도록 격려하면 내담자들은 마치 치료자에게 버림받은 것처럼 느껴진다고 했다. 그러므로 첫 회기에서 치료자는 해석이 내담자에게 어떻게 받아들여질지에 대해 파악함으로써 내담자의 욕구에 맞게 자신의 의사소통 방식을 조절할 수 있어야 한다.

희망 전달하기

심리치료를 받으러 오면서 치료자가 자신을 도와줄 것이라고 확신하는 사람은 많지 않다. 대부분의 사람들은 심리적 어려움을 부인해보기도 하고, 자기 의지로 극복해보려고도 하며, 관련 서적도 찾아보고, 한약까지 먹어보기도 한다. 이런 여러 가지 시도를 다 해본 다음에 그래도 아무 효과가 없을 때 비로소 치료를 받으러 오는 것이다. 심리치료는 대개 사람들이 찾는 최후의 보루다. 심리치료를 받으러 올 때는 이미 사기가 몹시 저하되고 냉소에 빠져 있는 경우가 많다. 일반 사람들은 정신건강 전문가를 별로 좋게 보지 않는다. 치료자들은 대개 심리적인 문제가 많은 사람이고, 남들도 자신처럼 문제가 많다는 사실에 안심하곤 한다는 인식이 널리 퍼져 있다. 사실 이런 생각이 아주 터무니없는 것도 아니다. 따라서 대부분의 환자들은 우리가 무엇을 해줄 수 있을지에 대해 매우 회의적이다. 그러나 실제로 상담실에 왔을 때 치료자가 유능하고 분별 있는 사람으로 보이면 좀 더 낙관적인 생각을 가지게 될 수도 있다.

치료자가 "제가 도와드릴 수 있을 것 같은데요."라는 간단한 말을 해주는 것도 내담자에게는 안도감을 주는 놀라운 경험이 된다. 첫 면담이 끝날 무렵 내담자의 문제를 대략 파악하고 나면 나는 이 말을 해준다. 이는 나의 진심이기도 하다. 다음과 같이 표현할 수도 있다. "○○씨는 깊이 뿌리박힌 오래된 문제를 겪고 계십니다. 시간이 좀 오래 걸리긴 하겠지만, 이 문제를 해결할 수 있도록 제가 도와드릴 수 있습니다." "제가 ○○씨를 도와드릴 수 있을 것 같네요. 하지만, ○○씨가 금주모임(AA) 같은 약물남용 치료프로그램에도 참여해서 중독문제를 직접적으로 치료하는 작업을 병행하셔야 제가 도움이 될 수 있어요." "공포증 때문에 ○○씨가 오랫동안 대인관계 문제를 겪어오셨지요. 이 문제는 제가 이해하고 도와드릴 수 있을 것 같습니다. 하지만, 공포증 증상을 빨리 감소시키려면 공포증에 대한 단기치료를 전문으로 하는 분에게 먼저 치료를 받거나 아니면 병행하는 것이 나을 것입니다." "저는 ○○씨를 도와드릴 자신이 있습니다. 하지만, 정신과 의사에게 기분장애에 대한 약물치료도 동시에 받으셔야 할 것 같아요." "헛수고라고 생각하면서도 저에게 찾아오셨다는 것을 잘 알고 있습니다. 일단은 우리 둘 다 희망을 갖는 것이 중요할 것 같네요."

치료 계약에서 실제적인 문제 다루기

치료 시간과 길이

심리치료 계약은 전문적인 것이다. 계약에 필요한 현실적 조건들은 모두 명확하게 확인하고 결정해야 한다. 심리치료를 시작하기로 결정했다면 먼저 치료 시간을 정한다. 내담자가 음악가나 예술가와 같이 일과가 불규칙한 사람이 아니라면, 그리고 치료자가 치료시간이 자주 바뀌는 것에 대해 내담자 편의를 전적으로 봐줄 수 있는 것이 아니라면 치료 시간은 규칙적이어야 한다. 이른 아침이나 밤늦은 시간과 같이 내담자가 약속을 지키기 싫어할 만한 시간을 치료자가 먼저 제안하지 않는 것도 중요하다. 나는 첫 면담에서 다음과 같이 말해준다. "한 회기는 45분 정도입니다. 내담자분이 얘기에 깊이 몰입해 있을 때는 시간이 조금 초과될수도 있지만, 일반적으로는 45분이 지나면 회기를 바로 끝냅니다." 치료 시간이 5분 남았을 때 자기에게 알려달라는 내담자도 있다. 그럴 경우나는 일단 그대로 들어주고, 나중에 적절한 시기에 그 의미를 탐색하고이해하는 기회를 갖는다. 상담실에는 내담자가 잘 보이는 곳에 시계가있기 때문에, 그런 부탁을 하는 데에는 정각에 회기를 끝내버리는 것에대한 적대감이나 의존욕구가 숨겨져 있을 수 있다.

치료비 지불

초심자들은 대개 치료비에 대해 직접적으로 말하기를 어려워한다. 나도 처음 치료를 시작했을 때, 좋아서 하는 일에 대해 돈을 받는다는 것이좀 이상한 기분을 들게 했던 기억이 난다. 자기 자신과 자신이 하는 치료를 평가절하하는 임상가들도 많다. 또한 임상가가 예전에 자신의 치료자가 받았던 만큼의 치료비를 내담자에게 청구하게 되면, 일종의 불안감이동반된 경쟁심을 느끼게 된다. 하지만, 시간이 지나다보면, 아무리 스스로를 낮게 평가하는 임상가라도 심리치료가 생계유지수단이라는 사실을깨닫게 되고, 아주 보람 있는 일이긴 하지만 또한 매우 힘들고 고단한 일임도 분명히 알게 된다. 돈은 전문적 관계에서의 현실이므로, 돈에 대해 솔직하고 당당하며 합리적인 태도를 갖는 것이 중요하다.

이러한 태도는 치료자가 본인의 안위를 적절히 지키고자 함을 보여주는 것으로 특히 피학적 성향을 가진 내담자에게 좋은 본보기가 되며, 치료자의 한계를 시험해보려는 사람에게도 도움이 된다. 내가 치료했던 어떤 정신과 의사는 첫 면담에서 상당한 치료 효과를 보았다고 나중에 나에게 얘기해주었다. 그가 치료비가 얼마인지 물었을 때 나는 당신은 45분 회기에 얼마를 받느냐고 되물었다. 그가 대답하자 나는 "그 정도면 저도 좋습니다."라고 했다. 사실 그 의사가 받는 치료비는 내가 보통 받는 것보다 비쌌지만 자기보다 돈을 덜 받는 사람은 그가 속으로 무시할 것이라고 생각했다(9장 참고). 이러한 대화가 치료적이었던 이유는 치료자가 스스로를 위할 줄 알고, 자기 어머니처럼 자신에게 조종당하지 않을 것이라는 믿음을 갖는 것이 그에게 무척 중요한 일이었기 때문이었다.

나는 보통은 이렇게 하지 않고, 그냥 간단하게 "제 치료비는 얼마입니다. 치료비를 내는 데 어떤 어려움이 있으신가요?"라고 말한다. 환자가 합리적인 이유를 대면서 치료비를 내기가 힘들다고 하면 기꺼이 가격을 조금 내려준다. 특히, 일주일에 한 번 이상 오고 싶어하고 또 그렇게 하면 유익할 것 같은 사람에게 치료비를 조금 덜 받는다(나는 비용을 감당하기 어려운 환자도 치료하고 싶기 때문에 일주일에 네 시간은 아주 적은 치료비만 받고 치료를 한다. 그리고 그런 시간에 자리가 나면 경제적으로 좀 더 어려운 사람을 그 시간에 배정하고, 내가 일정한 시간만큼은 돈을 이 정도만 받기로 정해놓고 있다고 설명해준다.). 또 치료비를 매 회기마다 내는 것이 편한지 한 달에 한 번 모아서 내는 것이 편한지 환자에게 물어본 후, 후자라고 하면 그 다음달 중순까지는 치료비를 내주면 좋겠다고 얘기한다. 내담자가 치료비 청구서를 원하는지 혹은 보험회사 제출용으로 청구서가 필요한지도 물어본다. 치료비를 보험회사에 청구할 것이라면, 나에게 먼저 치료비를 낸 다음 보험회사에서 환급을 받으라고 요청한다. 이렇게 함으로써 보험회사 측에서 실수를 하거나 지연을 하더라도(경험상 그런 경우는 부지기수다) 돈을 지불해달라고 보험회사와 싸워야 할 사람은 내가 아니라 환자가 될 것임을 설명해준다.

나는 관리의료(managed care)^{역자주} 회사와는 일을 하지 않는다. 환자가 관리의료 회사에 보험이 들어 있는 경우, 내가 관리의료하에서는 윤리적인 치료가 현실적으로 불가능하다고 생각하는 이유를 설명해준다. 이러한 경우 비밀보장이 되지 않을 수도 있음을 알지 못하다가 내 설명을 듣고 놀라는 내담자들이 최근까지도 매우 많았다. 또한 관리의료 회사가 모든 범위의 심리치료 서비스를 제공하는 것처럼 선전을 했지만 사실 보험처리가 되는 것은 단기적인 위기개입뿐이라는 사실에도 내담자들은 경악을 금치 못한다. 관리의료 회사는 '의학적으로 필요한' 모든 의료서비스를 제공하겠다고 약속하고는, 그 '의학적 필요성'을 정의할 때 모든 심리치료는 배제되도록 하였다. 이를 통해 유익하고 효과적인 여러 심리치료들을 평가절하하고, 돈이 많은 내담자만 심리치료 서비스를 이용할 수 있게 만든 것이다. 건강관리를 위해 쓰이던 돈이 이제는 보험회사의 이익으로 돌아가고 있다. 이 책이 출판될 무렵에는 이렇게 비효율적이고 옳지 못한 '의료비용 억제' 체계를 대체할 강력한 대중운동이 일어났으면 하는 것이 나의 바람이다.

관리의료 회사는 환자가 어떻게든 치료를 덜 받거나 아예 받지 않는 방향으로 할 때 금전적 보상을 많이 해준다. 따라서 관리의료 회사 직원

> **역자주**: 불필요한 의료비용을 줄이기 위해 환자가 어떤 건강관리 및 의료서비스를 받을 것인지를 관리해주는 의학적 프로그램. 최소한의 비용으로 최대한 질높은 의료서비스를 받게 하기 위한 목적이나, 소비자가 어떤 치료를 받을지 결정하는데 보험회사가 관여함으로써 건강관리비용을 줄이려는 시도이기도 하다. 소비자를 각 보험회사에 등록된 의사들에게만 비교적 낮은 가격으로 연결해주는 방식, 혹은 이러한 방식과 보험회사로부터 환급받는 방식을 병행하는 회사들이 있다.

들은, 내담자가 치료에 잘 반응하고 있으니 치료를 계속해야 한다고 하면 "상당한 치료목표를 달성하셨군요. 이제 치료를 끝내야겠습니다."라고 하고, 치료가 잘 되지 않아서 좀 더 집중적이고 장기적인 치료가 필요하다고 하면 "당신이 이 환자분에게 잘 맞는 치료자가 아니신 것 같군요. 일단 이 치료를 끝내고 약물치료를 하거나 다른 치료자를 추천하겠습니다."라고 한다. 관리의료 회사의 입장에서는 환자가 나아지고 있든 아니든 치료 종결이 최상의 선택인 셈이다. 이러한 상황을 모두 알게 되면 대부분의 내담자들은 치료비를 자비로 부담하는 것을 선호하게 된다. 그럴 경우 내담자가 경제적으로 힘들지 않으면서 나도 받아들일 수 있는 수준으로 치료비를 협상한다.

취소 방침

나는 내담자가 치료회기를 취소할 때 어떻게 할지를 특별히 정해두지 않고 있는 소수의 치료자 가운데 한 사람이다. 동료 치료자들은 대부분 환자가 미리 알리지 않고 회기를 취소했을 때 한 시간 치료비를 모두 혹은 일부라도 내도록 하고 있다. 내담자가 약속시간 24시간 전에 치료자에게 알리지 않았고, 양측이 보충회기 시간을 함께 정하지 않은 이상 빠진 회기에 대한 돈을 내담자가 내도록 하는 것이 일반적인 규칙이다. 극단적인 경우에는 휴가도 치료자가 갈 때 가도록 하고, 환자가 미리 예정된 가족휴가를 가더라도 그 기간 동안 빠진 회기에 대해서는 치료비를 내도록 하는 분석가들도 있다. 때로는 이렇게 하는 것이 치료자의 자존감을 유지하는 데 중요하고, 따라서 임상가가 치료를 잘 할 수 있도록 하는 데에도 중요한 영향을 미치게 된다.

이러한 취소 방침은 Freud(1913)의 선례를 따른 것이다. Freud는 전업

분석가의 내담자 수가 제한되어 있어 이들이 치료자의 경제적 수입에 중요한 영향을 미치므로, 환자가 그 약속 시간을 '빌린' 것이고 그 시간을 실제로 사용했는지 여부와 관계없이 그에 대해 책임을 져야 한다고 주장하였다. 다시 말하면 치료를 받는 것은 어떤 강의에 등록한 것과 마찬가지라는 것이다. 수업에 빠지는 경우가 생겨도 전체 강좌에 대한 돈은 모두 지불해야 하는 것과 같은 논리다. 내 생각에는 어떤 취소방침을 세우든 간에 치료자가 환자에게 화가 나지 않도록 보호되는 것이 중요한 것 같다. 나를 함부로 하거나 착취한다고 느껴지는 사람을 진심으로 돕고 싶다는 의지를 갖기는 어렵기 때문이다.

이러한 사실을 참작하더라도 나는 이 문제에 관해서만큼은 Freud보다 Frieda Fromm-Reichmann(1950)의 영향을 더 많이 받은 것 같다. 그녀의 주장에 따르면, 우리 사회에서 실제로 받지도 않은 서비스에 대해 비용을 지불하는 것은 관례가 아니며, 전문가는 워낙 바쁜 사람들이기 때문에 치료시간이 취소되어 자유시간이 생기면 이를 잘 활용할 수 있다. 환자가 자꾸 취소하는 버릇이 생길 경우, 치료시간에 이에 대한 해석을 함으로써 실제적인 제재를 가하지 않고도 그 행동을 효과적으로 다룰 수 있다. 또 한 가지 고려할 점은, 빠진 회기에 대해서는 보험회사에서 치료비를 내주지 않는다는 것이다(보험회사 측에서는 취소된 회기에 대해 돈을 내도록 하는 방침에 대해 치료자의 욕심을 합리화하는 기만적 행위라고 보는 것 같다.). 따라서 보험회사에서 치료비를 지불하는 경우, 내담자가 어떤 회기는 보험 환급을 받을 수 있고 어떤 회기는 받을 수 없는지를 내가 일일이 다 적어두어야 한다. 적어도 나에게는 이런 기록을 남기는 것이 빠진 회기의 비용을 그냥 받지 않는 것보다 더 번거로운 일이다. 또 나는 돈보다는 시간이 부족한 사람이므로 자유시간이 생기면 대체로 환영이다. 그러나 심각한 반사회적 성격의 내담자에게만은 예외를 둔다. 치료에 오든 오지 않든 관계없이 모든 회기에 대해 환자가 금전적 책임을 지도록 하는 규칙을 처음부터 엄격하게 적용한다.

회기를 취소했을 때 내가 치료비를 요구하지 않는 이유 중 하나는 집에 사무실이 있기 때문이다. 내담자가 취소를 해서 시간이 비게 될 때 나는 이 시간을 잘 활용할 수 있다. 심리치료와 관련된 일이 아니더라도 집안일을 처리하면 된다. 그러나 '무단결석(no-shows)'에 대해서는 비용을 지불하게 한다. 내가 사무실에서 오랜 시간 지치도록 기다렸기 때문이다. 첫 면담에서는 무단결석에 대한 방침을 말하지 않는다. 그런 상황이 생기면 그때 설명해주고, 그 이후부터 규칙을 적용한다. 심리치료에 대해 잘 아는 환자들은 취소 방침에 대해 가끔 묻기도 한다. 내가 별다른 조건을 달지 않는 것에 대해 의아해할 경우 그 이유를 설명해준다.

기록을 위한 진단명

수련 초기에 나는 환자에게 진단명을 가르쳐주어서는 안 된다고 주장하는 권위주의적인 정신과 의사들에게 배운 적이 있다. 진단명을 말해주면 환자가 혼란을 느끼고 주지화 방어를 보이게 된다는 것이 그들이 말하는 이유였다. 그 당시에도 나는 그러한 주장을 무시했었고, 지금은 훨씬 더 부정적인 입장을 가지고 있다. 환자에게 진단을 비밀로 하려는 데에는 치료자만 진단명을 알고 있음으로써 치료자의 우월한 입장을 지키려는 저의가 있는 것 같다. 심리치료에서 비밀이 있어야 할 이유는 전혀 없다(참고: Aron, 1996). 의료보험이 적용되는 환자라면 치료비 청구서의 부호와 DSM의 부호를 대조하여 진단을 알아낼 수 있다. 이런 사실은 차치하고라도, 치료자가 내담자의 진단명을 알려주고, 그러한 진단을 내린 근거를 설명해주며, 지금 하는 치료가 이러한 진단에 어떻게 부합되는지를 논의하는 것은 기본적인 존중의 문제다. 또한 진단명을 숨기게 되면, 정서적 문제가 있다는 것은 수치스러운 일이기 때문에 치료자들은 환자에게 얘기할 때 자신이 생각하는 것보다 완곡하고 우회적인 표현을 써야 한다는 편견이 강화될 수 있다.

나는 가끔 내담자에게 DSM을 주고 내담자의 문제와 관련되는 진단 범주를 보여주면서, 이 진단이 내담자의 호소문제와 잘 맞는 것 같은지, 혹은 두 진단명 가운데 어떤 것이 더 정확하게 맞는 것 같은지를 물어보기도 한다. 이 방법이 상당히 비전형적이긴 하지만 내 생각에는 합리적인 것 같다. 그렇게 함으로써 공식 진단을 내담자와 함께 내리게 된다. 이 과정에서 흥미로운 정보를 얻는 경우가 종종 있다. 어떤 내담자는 자신의 병리에 맞는 진단의 증상 목록을 읽으면서 다음과 같이 말하기도 한다. "어머, 제가 말씀드리는 것을 깜박했네요. 이것도 제가 가진 문제에요. 이것도 관련되는지는 몰랐어요." 한 예로, 조증 진단을 내리는 데 몇 개월이 걸렸던 여성 내담자가 있었다(그녀의 증상이 주로 강한 분노반응으로 나타났기 때문에 나는 이것이 조증반응이 아니라 경계선적 성격장애에서 보이는 타인에 대한 혹독한 비난경향이라고 생각했었다.). 내가 양극성 장애의 특성이 있을 수 있다고 하며 DSM을 보여주자 그녀는 증상목록을 보면서 "저도 사고가 아주 도약적으로 일어나는 경우가 있어요. 물건을 마구 사는 경우도 있고요."라고 말하였다. 조증기에는 워낙 분노반응이 심해서 자신의 기분과 관련된 다른 특징들은 얘기하기가 어려웠던 것이다.

또 한 여성 내담자는 편집증적 성향을 가진 사람이었다. 치료자가 단독으로 진단을 내리고 이를 보험 청구서에 기재하게 되면 치료자가 자신을 부당하게 판단했다고 생각하거나 비난받은 느낌을 갖게 될 것이 분명하였다. 그래서 보험료 환급을 받으려면 보험회사에 공식 진단명을 제출해야 한다는 말을 먼저 해주었다. 그러자 그녀는 자기가 DSM[당시에는 DSM-II(American Psychiatric Association, 1968)]를 좀 봐도 괜찮겠느냐고 물었다. 그래서 지금 ○○씨는 평생 굳어져온 모습을 변화시키기 위해 여기 온 것이니까 아마 성격장애 부분이 제일 잘 맞을 것이라고 얘기해주었다. 그녀는 여러 성격장애 진단을 꼼꼼이 따져보고는 몹시 흡족해하며 다음과 같이 말했다. "여기 제 진단명이 있네요, 편집증적 성격장애! 보세요. 과민하고, 융통성 없고, 의심많고, 질투가 심하고, 다른 사람을 자꾸 비난하려 든다! 저에게 딱 맞는 것 같아요." 환자 스스로, 그것도 정확한 진단을 내리게 되면서, 자신의 편집성향을 들여다보는 작업이 아주 다른 양상으로 이루어진 것이다. 만약 치료자가 혼자서 편집성 성격이라고 진단을 내렸다면, 똑같이 자신의 편집성향을 직면하는 일이라도 내담자는 이를 권위주의적이라고 생각하고 심한 거부감을 느꼈을 것이다.

나는 치료 과정과 마찬가지로 진단 과정도 합의를 통해 이루어져야 한다고 생각한다. 심리학 전반에 대한 지식이나 전문성의 면에서는 치료자가 환자보다 낫겠지만, 실제로 진단의 자료가 되는 것은 환자가 자신에 대해 알고 있는 구체적 지식이다. Anthony Hite(1996)는 '치료적 동맹'에 대한 최근 저술에서 이 같은 태도에 대해 매우 설득력 있게 주장하고 있다. 임상가가 일상적인 용어로 그 내용을 잘 설명해주기만 하면 환자가 이해하지 못할 진단명은 없다. 진단명을 말해도 환자가 잘 이해하지 못할 것이라거나 혹은 전문용어로 말해주면 당황하거나 화를 낼 것이라고 생각하는 것은, 임상가 자신이 환자보다 우월하다는 착각을 합리화하려는 시도일 뿐이다.

나는 진단 문제를 일종의 필요악이라고 간주한다. 하나의 진단 범주에 완전히 부합하는 사람은 없으며, 진단은 매우 복잡한 심리 상태를 이해하려는 일종의 근사치일 뿐이라고 내담자에게 설명해준다. 이전에 자세하게 언급한 바와 같이(McWilliams, 1994), DSM과 같은 기술적인 정신과적 진단은 다분히 환원주의적인 것으로, 임상적으로 별로 유용하지 못하다. 그럼에도 불구하고 제삼자에게 공식 진단명을 알려주어야 한다면 DSM은 세계적으로 통용되는 최고의 분류체계다. 대부분의 치료자들과 마찬가지로 나 역시 내담자 개인의 독특한 심리적 특성에 대해 충분히 이해하고 나면 진단명은 더 이상 생각하지 않는다. 나는 내담자가 어떤 사람인지 알고 싶을 뿐, 그들의 증상이 어떤 진단범주에 속하는지에는 관심이 없다. 내가 이러한 지향을 두고 치료를 한다는 사실을 내담자들에게 처음부터 알려준다. 하지만, 내담자에게 진단명을 감추지는 않는다.

질문 격려하기

　면담이 끝날 무렵이 되면 나는 내담자에게 질문이 없는지를 늘 물어본다. 이때 절반 이상의 내담자들은 궁금한 점이 없다고 대답하며, 지금 치료자와의 관계에서 좋은 느낌을 받고 있고 앞으로 함께 할 치료 작업이 기대된다고 얘기한다. 치료에 대해 세련된 지식을 갖추고 있거나 직관력이 좋은 사람들은 앞으로 자신이 투사(project)할 내용에 관심을 두고 있기 때문에 정작 치료자에게는 별 관심을 보이지 않는다. 반면 치료자에 대해 아주 구체적인 질문을 하는 사람들도 있다. 치료적 접근법은 무엇인지, 수련은 어디서 받았는지, 자기분석을 받아본 적이 있는지, 아이는 있는지, 앞으로 이사를 가거나 일을 그만둘 계획이 있는지, 건강은 어떤지, 종교는 무엇인지, 신앙심이 깊은 사람들에 대해 어떻게 생각하는지,

정치적 성향은 무엇인지, 비주류의 성적 취향을 가진 사람들을 편견 없이 치료할 수 있는지, 외상(trauma)과 관련하여 특별한 수련을 받은 적이 있는지 등의 질문을 하기도 한다.

나는 그러한 질문에 모두 간결하고 직접적으로 대답해준다. 고용조건에 대해 알고 싶어하는 것은 소비자로서 누려야 할 기본 권리다. 이런 질문을 한다는 것 자체가 내담자 내면의 심층적인 문제를 나타내주기 때문에 충분히 탐색해볼 필요가 있지만, 접수면접은 그런 작업을 할 시점이 아니다. 현재 양자는 치료 계약을 맺고 있는 중이다. 고용인(환자)은 아직 치료자에게 해석을 시작할 권한을 부여하지 않았다. 첫 면담에서 굳이 다루지 않더라도, 내담자의 중요한 심리적 측면은 이후에도 전이를 통해 계속 나타난다. 그럼에도 불구하고 나는 내담자의 질문에 다음과 같이 되묻기도 한다. "○○씨의 질문에 기꺼이 대답을 해드리겠지만, 그전에 한 가지 여쭤볼 것이 있습니다. 그것에 대해 아는 것이 ○○씨에게 왜 중요하신가요?" 환자의 질문은 보통 치료자를 시험해보려는 것이기 때문에(Weiss, 1993), 그 이면에 어떤 생각을 가지고 있는지를 아는 것이 도움이 된다. 일단 치료가 시작되면 질문에 대한 태도를 바꾸어, 대답을 하기 전에 그런 질문을 하는 의미를 먼저 탐색한다.

드문 경우이기는 하나 첫 면담에서 지나치게 사적인 질문을 하는 내담자들도 있다. 치료자에게 동성애 경험이 있는지를 물어본 사람도 있고, 혼외정사 경험에 대한 질문도 받은 적이 있다. 이런 경우 치료자가 자신을 보호하면서 정직하게 답하는 것이 중요하다. 나는 주로 다음과 같이 대답해준다. "그 질문이 ○○씨에게 왜 그렇게 중요한지 이해할 것 같습니다. 그러나 성생활에 대한 얘기는 너무 사적인 부분이라 대답하기가 좀 불편하네요. 혹시 저한테 그런 경험이 없으면 ○○씨를 잘 이해하지 못할 것 같으세요?" 내담자를 솔직하게 대하는 것과 치료자의 사적인 부분을 공개하는 것은 전혀 다른 문제다. 한계를 두는 답변을 듣고 환자는 실망할 수 있지만, 동시에 치료자가 전문가로서의 한계를 믿음직하게 유지하고 있다는 사실에 안심할 것이다.

과거력에 대해 이야기할 준비시키기

만일 접수 면접에서 내담자의 개인력을 완벽하게 파악하지 못했다면 (아직 수련 중인 임상가일 경우 특히 그렇지만 대부분의 치료자들도 그렇게 하기는 어렵다), 회기 말미에 다음과 같이 말해준다.

"이제 다음주 화요일 9시에 다시 만나게 될 텐데요. 그때 우리는 ○○씨의 과거에 대해 자세하게 살펴볼 것입니다. ○○씨 부모님에 대해서, 어떤 분들이신지, ○○씨의 어린 시절은 어떠했는지, ○○씨에게 가장 큰 영향을 미친 일은 무엇인지, 성생활은 이제까지 어떠했는지, 직업은 어떠했는지, 이전 치료 경험이나 자주 꾸는 꿈은 무엇인지 등에 대해서요. 이를 통해서 저는 ○○씨가 오늘 저에게 얘기해주신 문제를 이해할 수 있는 배경 정보를 얻게 됩니다. 그 다음 회기부터는 공이 다시 ○○씨에게 넘어갈 것입니다. 이곳에 와서 마음속에 떠오르는 것이 있으면 무엇이든 저에게 말씀하세요. 저는 ○○씨 말을 잘 듣고, 씨의 생각과 감정을 이해하도록 돕는 역할을 할 것입니다. 제 얘기에 대해서 어떻게 생각하세요?"

이러한 말을 해줌으로써 심리치료라는 막연하고 두려운 과정을 시작하면서 느껴지는 불안을 감소시킬 수 있고, 내담자가 자신의 과거를 돌아보고 그것이 지금 현재의 문제에 어떻게 영향을 미쳤는지 생각해보도록 격려할 수 있다. 많은 치료적 작업은 실제 회기와 회기 사이에 일어나기 때문이다. 또한 환자의 문제를 이해하는 데 필요한 자료를 충분히 얻기도 전에 치료를 시작하는 것은 아닌가 하는 치료자의 불안도 감소될 수 있다.

역동적 이해를 내담자와 논의하기

역동적 사례이해(case formulation)에는 환자의 진단명뿐 아니라 적어도 다음 장부터 다루게 될 여덟 가지 주제에 대한 이해도 포함되어야 한다. 내담자를 존중하는 차원에서, 역동적 사례이해를 할 때에도 진단을 내릴 때와 동일한 원칙이 적용된다. 치료자의 추론은 잠정적인 것으로 두고, 그러한 추론의 한계를 인식하며, 내담자와 함께 이를 점검하고, 사례이해를 정교화하는 과정에 치료자와 내담자가 함께 참여하는 것이 중요하다. 물론 역동적 사례이해는 적절한 시점에 적절한 방식으로 내담자에게 전달되어야 하지만, 어쨌든 내담자는 자신의 문제를 치료자가 어떤 방식으로 이해하고 있는지 알 권리가 있다. 내담자 문제의 기원과 기능에 대해 치료자가 잠정적으로 이해한 바를 전달하는 과정에서 작업동맹의 초석이 다져지게 된다.

역동적 사례이해에서는 내담자에 대한 이해를 바탕으로 앞으로 어떻게 치료를 해나갈지에 대해서도 제시해야 한다. 이와 더불어 앞으로 나아질 수 있는 희망이 있으며, 내담자와의 협력이 잘 이루어지기를 기대한다는 치료자의 메시지가 함께 전달되어야 한다. 이를 위해서 다음과 같이 말할 수 있다.

"○○ 씨의 우울증에 관해서 제가 이해한 바로는, ○○ 씨에게 충분히 애도하지 못한 상실 경험이 무척 많으시고, ○○ 씨가 우울해 있으면 가족들이 '너는 자기연민에만 빠져 있냐?'고 비난하면서 무척 싫어하신 것 같네요. 앞으로 상담을 하면서 ○○ 씨가 그것 때문에 화가 났다는 사실도 알게 될 수 있고, 지금까지는 인정하지 못했던 다른 감정들도 발견하게 될 수 있을 거예요. 우리가 ○○ 씨의 슬픔과 분노에 다가갈 수 있다면 아마 ○○ 씨의 우울증은 상당히 좋아지실 것입니다. 그리고 가족력에 보면 선천적으로 우울증 계보가 있으세요. 그렇지만 가족 중에 이런 문제를 얘기해준 사람도 없고, 또 어떤 상황에서 ○○ 씨가 우울해지는지, 왜 그런지를 같이 생각해보면서 ○○ 씨가 잘 대처할 수 있도록 도와준 사람도 없는 것 같군요. 제 얘기에 대해서 어떻게 생각하세요?"

내담자에게 사례이해를 전달하는 예를 하나 더 살펴보자.

"○○ 씨는 기질적으로 수줍고 예민한 분 같습니다. 그러나 ○○ 씨에게 타인을 용기 있게 대하는 법을 가르쳐준 사람은 아무도 없었던 것 같네요. 가족들로서는 최선을 다한 것이겠지만, ○○ 씨를 사회적 상황으로 강제로 밀어붙인 셈이 되어 상황이 더 나빠졌지요. 사회적 상황에서 계속 실패를 거듭하면서 ○○ 씨는 자신이 이상하다는 생각이 들기 시작했고, 결국에는 오직 자기 자신, 자신의 생각과만 관계를 맺기에 이른 것입니다. ○○ 씨는 무척 외로웠지만 동시에 남과 가까워지는 것이 너무 두려웠습니다. 그래서 직장 상사가 ○○ 씨를 비난하는 일이 생기자 더욱 자기 안으로 움츠러들어 결국 어떤 음성을 듣는 지경에까지 이른 것입니다. 앞으로 ○○ 씨가 저를 비롯해서 다른 사람들과 같이 있을 때 편안해질 수 있도록 치료를 진행해야 할 것 같아요. 그 과정의 일부로, ○○ 씨의 어떤 면이 남들과 그렇게 다르다고 생각하시는지도 같이 살펴볼 것입니다. ○○ 씨가 집착하고 사로잡혀 있는 것의 의미를 알게 되면, 본인이 그렇게 이상한 사람이 아니라는 것을 ○○ 씨도 깨닫게 될 거예요. 아직도 계속 소리가 들리신다면 당분간은 의사에게 약물처방을 받는 것도 고려할 수 있습니다. 제 얘기가 수긍이 가세요?"

치료과정에 대해 교육하기

진단명과 역동적 사례이해의 내용을 감추지 않는 것과 마찬가지로, 치료자는 자신이 추천하는 치료의 이론적 근거도 내담자에게 잘 설명해준다(참고: Etchegoyen, 1991, 민주적 계약과 권위주의적 계약의 비교에 대해서). 이는 비전문적인 일상용어로도 충분히 가능하다. 예를 들어, 치료자가 꿈에 관심을 두는 이유에 대해서는 "의식수준에 아무것도 떠오르지 않을 때, 그 사람의 꿈을 들여다보면 보다 깊은 내면에 대해 알 수 있는 경우가 많습니다."라고 설명할 수 있다. 자유 연상을 하도록 하는 이유는 "○○씨가 자유롭게 얘기할수록 제가 ○○씨를 더 깊이 이해할 수 있습니다. 본인이 무언가 걸려서 말하고 있다고 느껴지시면 저에게 알려주세요. 아니면 적어도 이런 내용은 말하기가 어렵다고 말씀해주세요."라고 설명해줄 수 있고, 과거 기억을 질문하는 이유는 "문제해결의 첫 단계는 그 기원을 이해하는 데서 출발하기도 합니다."와 같이 설명해줄 수 있다.

치료자에 대한 환자의 반응이 임상적 관심의 대상이 되는 이유에 대해서도 마찬가지다. 대부분의 내담자들은 치료자에 대한 생각이나 감정을 물어보면 조금 당황한다. 그런 질문을 받으리라고는 예상치 못했기 때문이다. 혹시 치료자가 불안정하거나, 내담자에게 칭찬을 들어 자만심을 채우고 싶거나, 아니면 자신이 잘하고 있는지 확인하려고 이런 질문을 하는 것이 아닌가 의구심을 갖기도 한다. 치료자에 대한 감정을 묻는 질문을 내담자가 불편해하는 것처럼 보이면 다음과 같이 말해준다.

"질문이 너무 직접적이라서 좀 이상하게 느껴지실 수도 있습니다. 특히, 저에 대한 감정이 부정적이라면 더욱 난처하시겠지요. 하지만, 어떤 의미에서 치료는 하나의 소우주입니다. 다시 말하면 가까운 관계를 자세히 들여다볼 수 있는 기회가 되지요. ○○씨와 저 사이에서 일어나는 일들을 살펴봄으로써, ○○씨가 다른 장면에서 겪게 되는 감정들에 대해 자세히 알아볼 수 있습니다. 보통의 다른 인간관계에서는 아무도 이런 얘기를 해주지 않지요. ○○씨가 남에 대해서 느껴왔고 지금도 느끼고 있는 감정 그대로 저에 대해서도 똑같이 느끼고 있음을 알게 되실 것입니다. 그리고 우리가 이것을 파악하게 되면, ○○씨가 자신을 이해하고 변화를 모색하는 데 큰 도움이 될 것입니다."

이렇게 사실을 있는 그대로 교육하는 방식은 심리치료에서 다소 신비주의적으로 보일 수 있는 측면에 대해서도 모두 적용된다. 저 유명한 분석의자의 경우도 그렇다. 분석의자에 환자를 눕게 하고 분석가가 뒤에 앉아서 듣는 방식에 무슨 특별한 비밀이 있는 것은 아니다. Freud가 하루 종일 환자의 시선을 받는 것에 지친 나머지, 환자들을 눕혀서 다른 곳을 보게 하려는 과정에서 그 용도를 우연히 발견하게 되었을 뿐이다. 나는 이 얘기를 환자들에게 그대로 해준다. 우연한 발견들이 대개 그러하듯이, 분석의자에 이보다 훨씬 더 중요한 효과가 있음을 알게 된 것이다. 환자는 편안하게 긴장을 풀 수 있고, 치료자는 눈맞춤의 부담에서 벗어나게 된다. 치료자의 얼굴을 보지 못하게 되면서, 내담자는 치료자가 무슨 생각을 하고 어떻게 느끼는지에 대해 자신이 나름의 생각을 갖고 있음을 깨달을 수도 있다. 이전에는 이런 생각을 해보지 못했을 것이다. 많은 경우 사람들은 타인이 자신을 어떻게 생각하는지에 대해 무의식적으로 염려하게 된다. 그러나 자신이 그런 두려움을 갖고 있다는 것을 알아차리기도 전에, 상대방의 얼굴을 보고 그런 두려움이 근거가 없는 것임을 반증하는 법을 배운다. 환자가 분석의자에 눕게 되면(그래서 자신의 두려움을 반증할 기회를 갖지 못하게 되면) 이 같은 불안이 인식될 수 있다. 이러한 논리를 설명하면서, 내담자에게 나도 분석의자 사용을 선호한다고 말해준다. Freud와 마찬가지로 눈맞춤을 계속 하는 것이 피곤하기도 하고, 눈맞춤을 피한 채로 내담자의 말을 들으면서 치료자의 연상이 어떻게 자극되는지 깊이 생각하고 또 의자에 편안하게 기대앉는 것을 좋아하기 때문이라고도 설명해준다.

이 같은 의사소통은 모두 작업 동맹을 발달시키는 과정이라고 볼 수 있다. Greenson(1967, p. 196)은 오랫동안 정신분석을 받으면서도 다양한 분석기법의 이론적 근거에 대해서는 들어보지 못한 한 남성 내담자의 교육사례를 제시하였다. 개인력 조사과정에서 Greenson이 그의 중간 이름(middle name)을 물어보자, 병리적일 정도로 순응적인 태도를 가진 그는 이것도 자유연상을 해서 대답을 해야 하는 줄 알고 "라스코니코프."라고 대답했다고 한다. 그의 입장에서는 자유연상의 '규칙'에 충실히 따른 것이다. 하지만, 그는 분석 작업의 전체적 의미를 이해하지 못하였다. Greenson은 치료에서 치료자와 내담자가 각자 어떻게 해야 하는지, 왜 그렇게 해야 하는지에 대한 이해가 선행된 치료적 동맹이 없다면 심리치료가 얼마나 소용없는 일인지 잘 보여주고 있다. 이러한 기초가 없는 관계는 치료를 흉내내는 것에 불과하다.

결론적 논평

영국의 저명한 대상관계 이론가 D. W. Winnicott에 대해 다음과 같은 이야기가 전해진다. 이 이야기는 면담과 치료과정의 전반적인 분위기가 어떠해야 하는지에 대한 것이다. 누구에게 들었는지 확실히 기억나지는 않지만 요점은 이러하다. Winnicott이 한 번은 자신이 어떻게 해석을 하는가에 대한 질문을 받고 이렇게 대답했다고 한다. "저는 두 가지 이유에서 해석을 합니다. 첫째는 환자에게 제가 자지 않고 있다는 것을 알려주기 위해서이고, 둘째는 제가 틀릴 수도 있다는 것을 보여주기 위해서입니다." 이 재미있는 답변 속에 심오한 지혜가 깃들어 있다. 치료자가 치료를 제대로 하고 있다면, 내담자는 치료자가 이해하고 파악하는 바를 계속해서 고쳐주고 수정해줄 것이다. 치료자도 자주 틀린다는 사실은 내담자에게 치료적 효과가 매우 크다. 내담자는 치료자의 오만함을 제외하고 웬만한 것은 다 너그럽게 수용해줄 것이며, 치료자가 방어적이지 않은 모습을 본보여준 데 대해 감사할 것이다. 최근에 한 친구에게 분석을 잘 받고 있는지 물어본 적이 있다. 그는 "아주 잘 되고 있어!"라고 대답하고는, 다음과 같이 덧붙이는 것이었다. "분석가가 자기가 실수할 때 그걸 인정하더군!"

치료자의 한계와 실수라는 주제와 관련하여 독자들에게 분명히 해두고 싶은 것이 있다. 내가 다음 장부터 제시하고 있는 생각들을 내가 실제 치료시간에 하지는 못한다는 점이다. 나는 일단 흡수한 지식은 조직화를 잘 할 수 있다. 하지만, 임상적 면담은, 특히 접수면접은 조직화되지 않은 일종의 무지상태에서 하는 것이다. 앞에서 살펴본 바와 같이, 치료자가 내담자에게 전달하는 사례이해는 엄청난 정신분석적 지식이 필요할 만큼 거창하지도 복잡하지도 않다. 설사 치료자가 첫 면담에서 완벽하게 사례이해를 할 수 있다고 해도 환자에게는 별로 도움이 되지 않는다. 환자는 치료자의 유능함에 감탄하러 온 것이 아니라, 충분한 자격을 갖추고 있으면서 자신을 이해해주고자 하는 사람을 찾아온 것이다.

최근에 나는 심리치료 경험이 많은 어떤 여성 심리학자를 면담한 적이 있다. 왜 나를 치료자로 택했는지 묻자 그녀는 "선생님을 미워하기 때문이에요."라고 대답하였다. 그 이유를 조금 더 설명해달라고 청하자 그녀는 다음과 같이 말하였다. "선생님이 쓰신 책을 읽으면서 선생님이 이러한 내용을 모두 알고 있다는 사실에 화가 났어요. 저도 치료를 오랫동안 해왔지만, 그 책에서 모르는 내용이 많았거든요. 그래서 선생님이 미워졌지요. 선생님이 가진 것을 저도 갖고 싶어요." 내가 가진 것은, 개인 내면의 복잡하고 때로는 전언어적인(perverbal) 자료들을 취합하여 정신분석이론의 틀 안에서 개념화하는 능력이다. 나에게 이런 능력이 있다는 사실에 나도 무척 감사하고 있다. 지난 수년의 경험을 통해 나의 능력을 파악하게 되었고, 이것이 아무나 흔히 가질 수 있는 것은 아니며, 개인의 통합된 모습을 반영한다는 사실을 깨닫게 되었다. 그러나 이러한 능력은 나중에 회기를 되돌아볼 때나 발휘되는 것이지, 임상적 만남이 이루어지는 그 순간에는 나타나지 않는다. 치료 회기 중에는 몹시 당황해서 말도 제대로 못하는 경우도 있다.

나를 미워하는 그 환자는 몇 개월만 지나면 내가 그녀를 이해하는 것보다 자신이 스스로를 이해하는 수준이 훨씬 깊어지게 되리라는 사실을 깨닫게 될 것이다. 그녀가 자기의 모습에서 미처 보지 못했던 부분이 있긴 하겠지만 이미 오랜 세월 동안 자기 자신에 대해 생각해왔기 때문이다. 마찬가지로, 나처럼 회기가 끝난 후에 이를 회상하면서 정신분석적 개념들로 유창하게 설명해낼 수 있는가 없는가 여부는 실제 치료 순간에 좋은 치료자인지 여부와 거의 무관하다는 것을 독자들은 유념해주기 바란다.

요 약

이 장에서는 독자들이 임상적 평가 과정에 대해 구체적인 감을 가질 수 있도록 하였다. 다른 치료자의 상황과는 맞지 않을 수도 있음을 염두에 두도록 하면서, 내가 면담하는 방식을 자세히 제시하고 그 이론적 근거도 설명하였다. 내담자와 안전한 관계맺기, 불안 감소시키기, 치료자에 대한 내담자의 반응 격려하기, 이해 전달하기, 치료자의 임상적 가설에 대한 내담자의 반응 평가하기, 희망 전달하기, 치료 계약의 현실적인 측면 다루기 등에 대해 논의하였다. 현실적인 측면에는 시간, 치료비, 회기 취소, 진단명, 질문, 개인력을 얻기 위한 준비 등이 포함된다. 잠정적인 역동적 사례이해를 환자와 논의하는 과정이 중요하고, 또 치료에서 내담자가 잘 모를 수 있는 측면에 대해 직접적으로 가르쳐주는 것이 중요함을 심도 있게 논의하였다. 다음 장부터는 적절한 치료방침을 세우기 위해 평가해야 할 핵심 사항들을 제시할 것이며, 접수면접에서 그 핵심 사항들을 모두 파악하여 환자를 완벽하게 이해할 수는 없음을 마지막으로 강조하였다.

제3장
변화가 불가능한 요인에 대한 평가

　심리치료자들 중에 변화가 불가능한 심리적 요인에 관해서 글을 쓴 사람은 매우 드물다. 치료자들은 보통 변화 가능한 심리적 요인에 치료적 초점을 맞추는데, 그것은 환자들이 변화되기 위해서 치료자를 찾아오기 때문이다. 그러나 치료자는 치료를 통해 변화시킬 수 없는 환자의 독특한 개인적 요인들을 인식하고 그 임상적 의미를 평가할 필요가 있다. 개인의 기본적 기질처럼 심리치료를 통해 바꿀 수 없고, 개인의 심리적 세계에 고정되어 있는 특성들은 치료를 통해 변화시킬 수 있는 범위의 한계를 설정하며 치료 시에 고려해야 할 중요한 요인이 된다. 그러한 요인들로는 난독증이나 양극성 장애의 소인과 같은 유전적 요인들, 물리적 외상·중독·감염 등에 의한 되돌릴 수 없는 뇌손상, 만성적인 신체질병과 육체적 손상 등이 있다. 조금 다른 차원이지만, 개인으로서는 어찌해볼 도리가 없는 현실적 상황 역시 환자의 심리상태를 이해하기 위해 꼭 알아두어야 할 중요한 정보다. 이를 일상적인 용어로 표현하면 '가혹한 현실'이라고 할 수 있는데, 감옥에 수감되는 일, 불이익을 받는 소수 집단의 일원이 되는 것, 자폐아 자녀를 갖게 되는 것 등이 그 예라고 할 수 있다.

심리치료에 관한 대부분 문헌에서는 변화 가능한 목표, 즉 행동·기분·습관적 방어·발달적 집착 등의 변화를 강조한다. 그러나 변화시킬 수 없는 현실을 극복하기 위한 대응책을 세우는 일과 같이, 불변하는 현실에 적응하는 것은 심리치료에서 훨씬 덜 강조되고 있다. 현실에 적응한다는 것은 고통스러운 현실을 부인(denial)하지 않는 것, 마술적 사고로 빠지지 않고 현실을 수용하고 대처하는 것, 병리적 신념 대신에 현실적인 기대를 지니는 것을 포함한다. 변화시킬 수 없는 요인을 수용함으로써 더 긍정적이고 진정한 관계가 가능하다. 사실, 현실을 수용하는 일은 그 자체가 대단한 변화다.

심리치료에서 변화시킬 수 없는 요인을 다루는 것은 신경증을 치료하는 것보다 덜 흥미로운 일일 것이다. 그러나 변화시킬 수 없는 일에 적응하는 일은 개인의 건강한 삶을 위해서 매우 중요하다. 이러한 상황에 빠져본 사람은 그 중요성을 잘 알 것이다. 우울증의 강한 유전적 소인을 지닌 사람이 우울증으로부터 자유로워지리라고 기대하기 어렵다. 그러나 그 사람은 다시 찾아오는 우울 경험을 자기증오 대신 자기수용으로 대하고, 물질중독이나 현실을 부인하는 허세를 부리는 대신 적절한 약물치료를 받으며, 아무 말도 없이 위축되어 주변 사람들을 화나게 하는 대신 사랑하는 사람들에게 자신의 내면적 상태에 관해 이야기하는 것을 배울 수 있다. 우울증을 겪어본 사람들은 이러한 일들이 실행하기 쉬운 사소한 일이 아니라는 점을 잘 알고 있다.

어떤 방식의 치료든, 현실적이고 합리적인 목표를 정하는 것은 치료의 성공을 위해 중요하다. 역동적인 사례이해를 통해, 치료자는 무엇이 치료 가능하고 무엇이 불가능한지를 명확히 인식해야 한다. 치료할 수 있는 부분과 그렇지 못한 부분에 대한 치료자의 생각을 환자와 함께 공유함으로써, 치료자와 환자는 현실적으로 치료의 진전을 평가할 수 있게 된다. 환자들은 자신들이 마술적으로 변화할 수 있을 것이라는 유아적 소망을 지니고 치료자를 찾아오는데, 치료자가 치료 불가능한 부분을 명확히 해줌으로써 환자는 자신의 헛된 소망을 슬프지만 포기하게 된다. 이러한 대화는, 치료자가 매우 곤혹스러운 현실을 언급하면서 무력감에 빠지지 않고 직면할 수 있다는 것으로 보여준다는 점에서, 고통을 견디어내는 자아강도의 모범을 환자에게 보여줄 수 있다. 또한 이러한 대화를 통해서 공감을 전달할 수 있다. 아울러 성취할 수 없는 목표를 추구하는 것이 필연적으로 실패의 좌절감을 초래한다는 점에서, 치료자와 환자 모두 좌절감과 자존감 손상을 예방할 수 있다.

이 장에서 나는 변화시킬 수 없는 여러 가지 현실적 요인과 그 임상적 함의를 살펴보려고 한다. 이러한 요인에는 (1) 기질, (2) 직접적인 심리적 영향을 미치는 유전적 · 선천적 · 의학적 상태, (3) 외상 · 질병 · 중독에 의해 야기된 돌이킬 수 없는 뇌손상, (4) 만성 질환과 같이 변화시킬 수 없는 신체적 특성, (5) 변화시킬 수 없는 외부적 상황, (7) 개인의 지나간 성장과정 등이 있다. 인생은 움직이기 어려운 장애물을 끊임없이 극복해가는 과정이듯이, 여기에 제시된 목록이 모든 것을 포함하고 있지는 않지만 임상적으로 중요한 핵심적 요인이라고 할 수 있다.

기 질

　오래전 심리학계에는 급진적 행동주의와 소박한 실용주의가 주도하던 시대가 있었다. 그 당시 John Watson은 "나에게 여러 명의 건강한 아이를 달라. 그러면 그 아이들 중 아무나 골라 훈련시켜서, 그 아이가 지닌 재능, 기호, 경향, 능력, 적성, 인종에 상관없이, 내가 선택하는 전문가, 의사, 변호사, 예술가, 상인, 심지어 거지와 도둑으로도 만들 수 있다는 것을 장담한다."(1925, p. 82)라고 말했다. 그러나 그 이후의 연구자들은 사람이 기질에 의해 어느 정도 제약을 받는다는 사실을 알게 되었다. 20세기 중반에 Sybille Escalona(1968), Thomas, Chess와 Birch(1968)에 의해 시작되어 최근 Kagan(1994)의 광범위한 조사에 이르러, 기질에 대한 연구는 정점에 달하고 있다. 발달주의 학파는 인간이 빈 점토판으로 태어나는 것이 아니라는 것을 입증하였다. 우리는 수줍음이나 자극추구와 같은 사람의 특성이 유전의 영향을 받으며, 전적으로 양육된 것으로만 볼 수는 없다는 것을 알게 되었다. 치료자들이 천성보다 양육을 더 중요시했던 것은, 우리가 상상하고 추구하는 바에 따라 다른 모습으로 성장할 수 있는 가능성이 천성에 내재되어 있기 때문이다. 따라서 치료자들이 환경에 치료적 초점을 맞추는 것을 유전적인 특성을 과소평가하는 것으로 오해해서는 안 될 것이다.

　임상현장에서 기질의 중요함을 보여주는 대표적인 사례는 입양아 상담이다. 어떤 입양아들은 유아기부터 입양되어 애정이 가득한 가정에서 성장했음에도 불구하고, 입양가정과 기질이 맞지 않아, 심한 소외감과 몰이해를 경험하며 성장한다. 양부모의 입장에서 친자식처럼 키운 아이가 그들 사이의 '차이점'을 대수롭지 않게 느끼고, 친부모 밑에서 큰 것과 다를 바 없이 사랑받았다고 느끼길 바라는 것은 어쩌면 당연한 일이다. 그러나 이러한 양부모의 바람으로 인해 입양가정 내에서는 보통 표현해서는 안 되는 감정들이 발생한다. 입양아는 기질의 차이를 함묵하는 가정 내에서 다른 가족과 기질적으로 맞지 않는 면이나 이로 인한 고통과 고립감을 표현하기 어렵다.

치료자들은 이와 같은 입양아들을 상담할 때, 기질과 그 의미를 조명함으로써 내담자들이 입양 가정에서 극심한 소외감을 겪는 가운데 나름대로 만들어온 내적신념을 직면하고, 살피고, 벗어날 수 있도록 돕는다. 일반적으로 입양아의 기질이 입양가정과 너무 달라 갈등이 생겼을 때, 아이는 자신이 "나빠서" 그런 거라고 자기 탓을 하게 된다. 이런 생각은 보통 "친부모가 나를 버린 것도 내가 나빠서 그런 거야."라는 신념으로 이어진다. 심리치료는 이러한 병리유발적인 신념을 허물고, 그 대신 입양아들이 자신의 현실을 있는 그대로 인정할 수 있도록 돕는다. 입양은 그 자체로 결과를 모르는 변덕스러운 과정이다 보니 세상이 공정하길 바라는 아이들의 자연스러운 기대를 짓밟는다. 내 환자 중 한 명은, "입양기관은 나를 누구한테라도 팔 수 있었다."라고 말하며 탄식하였다. 그는 자신이 처했던 상황을 있는 그대로 인정하면서, 자신이 다른 아이들과 달리 적절히 반영해줄 수 있는 부모 밑에서 성장할 기회를 갖지 못했던 불행에 대해 차차 애도해나가기 시작했다. 그러자 스스로를 나쁘다고 여기며 수치스러워했던 이전의 내적신념은 가라앉고, 불행에 대한 수용이 대신 자리 잡게 되었다.

입양아들만이 가족들과 기질이 다르다고 느끼는 것은 아니다. 유전은 어느 정도는 우연이라서, 아이는 양쪽 부모에게는 없는 낯선 기질을 보일 수도 있고, 혹은(더 안 좋은 상황일수도 있는데) 아버지나 어머니가 싫어하는 친척을 닮을 수도 있다. 가령, 조용한 부모에게서 힘이 넘치는 아이가 태어난 경우, 그 아이는 성장하면서 부모로부터 이상하게 "과잉반응" 한다는 이야기를 자주 들을 수 있다. 외향적 부모와 달리 사회적 상황에서 심한 수줍음을 느끼는 아이라면, 사람들과 어울려야 하는 압박을 심하게 받으면서 성장할 가능성이 높다. 활동량이 적은 부모 밑에서 과잉행동하는 아이들은 적게는 가벼운 잔소리에서 많게는 신체적 학대까지도 받을 수 있다. 나는 매우 심한 콜릭(영아 산통)^{역자주} 증세를 보이는 영아의 부모들을 종종 만난다. 아기가 아주 심한 콜릭을 앓아서 부모들이 이로 인해 오랫동안 잠도 못 자고 시달리게 되면 급기야 아무 힘도 없는 아이를 때리는 일도 생길 수 있다. 이런 아기들이 성장해서 심리치료를 받게 되었을 때, 자신이 사실은 콜릭을 앓았기 때문에 부모로부터 그와 같은 대우를 받았다는 것을 알게 되면, 평소 스스로를 '나쁜 아이' 라고 믿어왔던 신념을 바꿀 수 있을 것이다. 사실을 분명히 이해하면, 스스로에 대한 잘못된 신념을 수정할 수 있다.

비록 기질은 바꿀 수 없지만, 표현되는 행동은 바꿀 수 있다. 선천적으로 수줍어하고, 사회적 상황을 두려워하는 아이들에 대한 단계적 개입프로그램이 연구, 개발되었으며, 이 프로그램을 통해 아이들은 사회적 상황에서 편안함을 배우게 되었다(Rapee, 1998). 또한 수줍은 사람들이나 그 가족들에게 새로운 지침과 위안을 줄 수 있는 대중적인 전문서가 출간되어 있다(예: Zimbardo, 1990). 그중 Greenspan(1996)의 『도전하는 아이(The challenging child)』는 다루기 어려운 기질을 지닌 청소년의 부모들에게 상당한 도움을 줄 수 있는 책이다. 유전적 요소와 관련된 특성에 대한 좋은 책은 그 밖에도 많이 있다. 예를 들어, 『게으른 것도, 미친 것도, 우둔한 것도 아니라는 건가요?!(You mean I'm Not Lazy, Crazy, or Stupid?!)』(Kelly & Ramundo, 1995)는 과거에는 진단되지 않았던 주의력결핍장애를 아주 적절하게 나타내주는 제목의 책으로 이 장애로 고통 받았던 많은 성인들에게 위안과 함께 실질적인 도움을 줄 것이다.

직접적인 심리적 영향을 미치는 유전적 · 선천적 · 의학적 요인

치료자들을 지도 감독하다보면, 종종 치료자들이 환자의 신체적인 문제를 가볍게 취급하는 것을 보고 놀라는 경우가 있다. 최근까지도 기질성(organicity)*이라고 불리는 영역에 대한 전문적인 수련을 거친 의학적 배경의 치료자들 또한 이 부분에 있어서는 마찬가지의 문제를 보인다. 예를 하나 들어 보자. 나의 지도를 받은 한 유능한 치료자는 '강박장애'를 가진 한 미국 소년을 치료하였는데, 호전의 기미가 전혀 보이지 않아 무척 고민을 한 적이 있었다. 나중에야 소년이 앓았던 태아기 알코올 증후군을 치료자가 간과하고 있었다는 것이 밝혀졌다. 담당 치료자로서 환자의 상태가 치료가 능한 문제이기를 바라는 심정은 이해할 만하다. 하지만, 정확한 진단을 부인함으로써 이 순진한 치료자는 실패가 예정된 치료를 하였으며, 실질적으로 도와줄 수 있는 부분도

*최근의 연구 성과에 힘입어 한때 '기능적인' 것으로 여겨졌던 정신병리의 신체적인 원인이 밝혀지면서, DSM-IV상에서도 '기질적인 (organic)'이라는 용어는 '일반적인 의학적 상태로 인한'이라는 표현으로 대체되었다. 우리가 순전히 경험의 산물이라고 생각해왔던 다양한 정신 병리가 사실은 신체적인 원인에서 비롯된 것이다.

앗아가고 말았다. 이 같은 장애를 지닌 사람들에게는 '치료'보다 '관리'라는 명칭의 도움이 더 적절하다.

초기면접에서 치료자들은 내담자에게 그들의 심리적 문제가 혹시 신체적 질병과 관련되지는 않는지 질문하는 것을 자주 잊는 것 같다. 우울증은 면역체계를 약화시키기 때문에 사람이 우울해지면 쉽게 병에 걸리는 것으로 알려져 있다. 그러나 반대의 경우도 일어난다. 즉, 병에 걸린 사람들은 쉽게 우울해진다. 이와 같은 일반론을 떠나서, 실제로 심리적 상관이 분명히 규명된 질병들이 많이 있다. 이런 질병에는 라임병, 진성 당뇨, 갑상선 기능 항진증, 중증 근무력증, 다발성 경화증, 악성 빈혈, 류머티즘 관절염 등이 있다. 이상과 같은 심신의 문제를 이해하기 위해, James Morrison(1997)의 책 『심리적 문제가 의학적 질병을 가릴 때 (When Psychological Problems Mask Medical Disorders)』를 추천하고 싶다. 이 책은 의학적 배경이 없는 치료자들뿐만 아니라, 의학적 배경의 치료자에게도 도움이 될 것이다.

요즈음 정신건강 서비스 분야의 분위기를 접하면서 우려되는 점이 있다. 바로 가능한 치료시간을 '단축'하도록 하는 제3세력의 압력 때문에 치료자들이 사례이해에 충분한 시간을 투자하지 못하고 있다는 점이다. 이는 신경과적인 자문과 같은 추가 절차가 필요한 진단에서도 사정은 마찬가지다. 만일 환자가 일반적인 질병양상에 부합하지 않는 특이한 증상을 호소하며 "치료받고자 한다면" 사례이해에 더 많은 시간이 필요하다. 이런 경우, 그의 과거력을 보다 면밀하게 조사하는 것이 중요하기 때문이다. 조사 과정에서 때로 이전에 무시되었던 사실, 가령 출생 시 산소결핍이나 태내기 모체의 약물남용 이력 등이 밝혀질 수 있다. 설사 산모가 처방을 받아 약물을 복용하였다 하더라도 그것이 태아에게 부작용을 끼

쳤을 가능성을 배제할 수는 없다. 어떤 여성이 남성적인 행동을 보였다고 해서, 이것이 아버지에게 동일시하여 나타난 결과라고 자동적으로 생각하는 것은 심각한 오류다. 여러 가지 원인이 있을 수 있겠지만 태아기 남성호르몬의 영향으로 그 같은 모습을 보일 수 있다(Money, 1988). 행동의 원인이 경험의 소산이 아닌 호르몬의 영향이라면, 치료자는 완전히 다른 방식으로 치료해야 할 것이다.

정신분열증이나 기분장애의 생물학적 기반에 대한 통제된 연구들이 상당수 축적되면서, 그 연구성과들이 치료장면에 빠르게 퍼져나가고 있다. 정신약물학의 진전으로 이전에는 아무런 손을 쓸 수 없었던 사람들의 삶의 질이 상당히 증진되기에 이르렀다. 비록 아직도 약물치료와 심리치료의 효과를 두고 논쟁이 오가고 있으나(이는 특히 심리치료보다 약물치료로 이윤을 보는 보험회사와 제약회사 때문에 더 복잡해지는 양상이다), 대다수의 연구에서 밝혀진 바에 따르면, 심한 장애를 가진 사람들은 두 가지 치료가 모두 필요하다. 이상의 논의를 들으면서 독자들은 나 같은 심리치료자들이 약물치료가 지배적인 오늘의 현실을 개탄하는 것처럼 생각할 수도 있겠으나 그건 그렇지 않다. 기분안정제나 항우울제, 항정신성 약물들이 이전에는 고통받으며 죽어갈 수밖에 없었던 많은 사람들에게 삶을 되찾아주고 있다는 것은 분명한 사실이다. 따라서 만일 어떤 환자가 보이는 과다한 성욕이 약물로 치료가능한 조증을 시사한다는 증거가 있음에도 치료자가 이를 간과한다면, 이것은 분명 내담자에게 심각한 피해를 끼치는 것이라고 봐야 한다.

외상 · 질병 · 중독에 의해 야기된 돌이킬 수 없는 뇌손상

나는 지금도 수련 초기에 맡았던 한 사례를 생생하게 기억한다. 환자는 주변 사람들을 놀라게 할 정도로 심한 분노폭발을 보이는 17세 소년이었는데, 그는 자신이 다니는 학교의 교장선생님을 차로 치려고 해서 상담소로 의뢰되었다. 나는 치료진들과의 사례회의에서, 소년이 치료자와 진솔하게 관계를 맺고 있으며, 그가 자신의 분노폭발에 진심으로 당혹해하는 것을 볼 때, 소년의 경우를 반사회적 경향성으로 보기 어렵다는 견해를 밝혔다. 회의를 주재하던 정신과의사는 나의 견해를 듣자, 즉시 경멸하는 태도를 보였다. 마치 나를 어린 사기꾼의 표적이 된 순진한 젊은 치료자처럼 취급하였다. 그러나 다행히도 이후에 나는 나의 견해를 영향력 있는 윗사람에게 전달할 수 있었다. 그는 기꺼이 소년을 신경과의사에게 보내 자문을 구했다. 검사결과, 측두엽의 병변이 밝혀졌고, 간질을 가라앉히는 약물을 처방받으면서 소년의 분노폭발은 상당부분 감소되었다. 초보 치료자들이 자주 겪는 운명대로, 만약 그때 나의 견해에 아무도 귀를 기울여주지 않았다면 이 착실하면서도 위험스러운 소년은 아마 소년범이 되었을지도 모른다.

의학적 배경을 가진 치료자들도 마찬가지로 뇌의 이상을 시사하는 과거력을 놓치는 실수를 한다. '사랑의 기적(Awakenings)'이라는 영화와 그 동명 소설(Sacks, 1990)은 이러한 현실을 신랄하게 묘사하고 있다. 일단의 정신과 환자들은 원인도 알려지지 않은 병에 시달리고 있었는데, 이들은 공통된 증상정도만 파악된 채 증상 중심적인(condition-specific) 치료만을 받고 있었다. 한 진지한 의사는 그 환자들의 과거력을 집요하게 추적하던 중, 이들이 모두 '수면병'이라고 불리는 기면성 뇌염이 유행하던 1917년에 그 병에 전염된 적이 있었다는 사실을 밝혀냈다. (그 이야기의 비극은 이러했다. 당시 수면병에 동반되는 후유증인 졸리는 증세를 L-Dopa로 성공적으로 치료하였으나, 곧 악몽을 꾸는 부작용이 출현하였고, 환자들은 이로 말미암아 견딜 수 없는 고통에 시달려 온 것이었다.)

내가 아는 사람 중에는 1917년에 뇌염을 앓았지만 지금은 완전히 회복된 것으로 보이는 사람이 있다. 그는 감염당시 11세였는데, 몇 주간 혼수상태에 있을 정도로 증세가 심각했다. 그러나 현재 그의 겉모습에서 뇌손상의 흔적을 말해주는 것은, 약간 이상한 걸음걸이 정도다. 또 한 번은 군 모병 신체검사에서 군의관이 그의 양쪽 동공 크기가 다른 것을 보고 매독에 걸렸었냐고 물어서 그가 무척 화를 낸 적이 있었다. 이런 사소한 부분을 제외하면 그의 외관은 정상이었다. 그는 만족스러운 결혼생활에, 건강하고 행복한 아이들, 안정된 직업을 가지고 있었다. 그러나 그는 어떤 기본적 일과에 혼선이 생기면 무척이나 당황하였고, 화가 날 때는 도덕주의적으로 격분하는 경향이 있었다. 아울러 그는 양가감정을 갖지 못했다. 사람을 아주 좋아하거나 아니면 완전히 싫어했다. 인간관계에서 회색지대를 견디지 못하는 모습은 분리(splitting)를 방어기제로 사용하는 경계선 성격장애를 시사하는 것이지만, 이 점을 제외하고 이 사람을 경계선 성격장애라고 판단할 만한 것은 아무것도 없었다.

아내가 암으로 죽게 되자 그의 기질적 취약성이 표면화되었다. 마치 재앙을 만난 듯 혼란스러워하면서, 자주 분노폭발을 보였다. 아내를 잃고 어찌할 바 모르는 이 아버지를 치료했던 사람들은 하나같이 뇌손상의 증거들을 놓쳐버렸고, 주로 정서적인 정화를 중심으로 치료하여 그를 더

욱 혼란스럽게 만들고 말았다. 최근 몇 십 년간 뇌손상을 입은 사람들을
치료할 때 무엇보다 생활의 구조와 일상의 규칙을 세우는 것이 중요하다
는 사실이 밝혀져 왔다(Goldstein, 1942). 그와 그의 가족에게 정말 도움
이 되는 치료는 일상의 규칙을 회복하고, 아버지의 분노폭발에 반응하는
방법을 아이들에게 가르치는 일일 것이다. 물론 이에 앞서 설사 외현적
으로 잘 기능하는 것으로 보이는 환자라 할지라도 뇌손상 가능성을 배제
하지 않고 보는 치료자의 태도가 사례이해를 하는 데 있어 중요하다고
하겠다.

　　1980년대에 유죄판결을 받은 범죄자들을 대상으로 이루어진 연구들
(Lewis, Pincus, Feldman, Jackson, & Bard, 1986; Lewis et al., 1988)에 따
르면, 상당수의 범죄자들이 영구적인 뇌손상을 갖고 있었다. 비록 이 같
은 뇌손상이 치료가능한 것은 아니지만, 연구계획이나 치료 프로그램에
서 뇌손상에 의해 파괴적 행동을 보이는 사람들과 성격적으로 그러한 사
람들을 일률적으로 취급하는 것은 잘못된 결과를 초래할 수 있다. 한편,
간혹 측두엽의 병변에 의한 분노문제라 하더라도, 젊은 환자이고 원인만
잘 파악된다면 치료가 가능하다.

　　면접과정에서 약물을 남용한 과거력을 탐색하는 것도 중요한 일이다.
내가 치료했던 한 여성은 거의 정기적으로 코카인을 복용하였으며, 20대
때 한 번은 거의 치사량에 가까운 코카인을 복용하였다. 그녀는 그때 자
신의 지능에 심한 손상이 생겼을 거라고 심각하게 고민하고 있었다. 비
록 환자의 당시 지능지수가 100이 넘긴 했지만, 이는 과다복용을 하기
이전과 비교했을 때 거의 1 표준편차가 낮아진 수치였다. 중독으로 스스
로에게 돌이킬 수 없는 해를 입혔다는 환자의 믿음에 대한 치료자의 진
지한 이해가 그 환자를 위로하는 데 매우 중요한 작용을 했다. 나는 코카

인 중독의 만성적인 인지적 손상에 대한 많은 연구문헌(Huang & Nunes, 1995의 개관)들을 검토하면서 환자의 믿음을 수긍할 수 있었다.

장기간의 알코올중독이 원인이 되어 성격변화를 수반하는 마르키아파 바-비냐미병(Marchiafava-Bignami disease)이나, 마찬가지로 알코올중독에 의한 코르사코프 증후군(Korsakoff's syndrome)과 같은 영양결핍관련 질병들(Huang & Nunes, 1995)은 약물남용에 의해 야기되는 대표적인 질환들이다. 그 밖에 수년 간 마리화나를 정기적으로 피운 사람들은 기억문제나 집중력감퇴를 보일 수 있다고 한다(Schwartz, 1991). 우리가 이해하거나 증명할 수는 없지만 뇌기능을 손상시키는 미묘한 화학작용들이 아직도 많이 있는 것 같다. 따라서 치료자들은 환자가 물질남용의 과거력을 갖고 있을 때, 이로 인해 정신능력이 손상되었을 수도 있다는 사실을 환자에게 주지시켜야 하며, 이것이 현실적인 치료를 위해 중요하다는 점을 알아야 할 것이다.

변화시킬 수 없는 신체적 특성

자신이 온전한 신체를 가지고 있다는 인식은 개인의 자존감과 정서적 건강의 기초가 된다. Freud(1923)는 『자아와 원초아(The Ego and the Id)』에서 생애 최초의 자아(ego) 혹은 자기(self)의 감각을 "신체적 자아(body ego)"라고 말했다. 신체적 자아란 자기의 육체에 대한 신체적 감각, 육체를 통해 가능한 일과 불가능한 일에 대한 이해를 가리킨다. 비록 Freud는 이 용어를 단 한 번 사용하였지만 이후 분석가들에게 널리 인용되었던 것으로 보아, 이 개념의 직관적 매력은 상당한 것 같다. 어떤 사람의 온전한 신체가 사고, 질병, 학대로 인해 손상되었을 때, 애도의 과정은 필수적이며 그렇지 않은 경우 우울증에 걸릴 수 있다. 치료자가 장애나 만성적 질병을 가진 사람과 작업할 때, 이러한 사실의 중요성을 인식하는 것이 치료관계를 위해 필수적이다. 이 말은 치료자가 이들을 깊이 동정해야 한다는 뜻이 아니다. 오히려 역경에 처한 환자들은 불쌍하게 보는 시선에 상처를 받곤 한다. 그보다 치료자는 환자의 신체적 문제가 갖는 중대한 의미에 대해 치료자가 이해하고 있는 바를 환자에게 전달하는 것이 필요하다.

신체적 제약이라는 현실을 부인하는 환자를 치료하는 일은 치료자들에게 상당한 도전이다. 예전에 성공한 물리학자인 한 남자의 과거력을 조사할 때의 일이다. 그의 배경, 현재 상황, 관심사 등 거의 모든 정보를 수집한 후, 회기의 마지막 즈음에 나는 "혹시 제가 묻지 않고 지나간 것이나 제가 꼭 알아야 할 중요한 사항인데 말씀하시지 못한 부분이 있습니까?"라고 물었다. 그는 대수롭지 않다는 듯, "글쎄요. 저는 다중 경화증을 앓고 있습니다."라고 대답했다. 그리고 "그렇지만 별거 아니에요."라고 덧붙였다. 질병을 낙관적으로 대하는 태도가 건강에 도움이 될 수도 있으나 거짓된 낙관주의를 유지하기 위해 현실을 외면하는 것은 분명히 건강에 해가 되는 일이다. 이 사람을 이해하기 위해 무엇보다 내가 우선적으로 해야 할 일은 왜 그가 심각한 만성질환을 별 것 아닌 것으로 치부하는지, 그러한 행동 뒤에 숨겨진 동기가 무엇인지를 파악하는 것이다. 신체적 문제를 심리적으로 부인할 때, 건강을 위한 여러 의학적인 조취는 외면되기 십상이다.

유방암 환자 중에, 자조집단에 참여하면서 병에 맞서 싸우는 긍정적 문제해결방식을 가진 사람들이 병의 재발여부를 부인하고 매달의 자가 검진을 회피하는 사람들보다 예후가 좋다고 한다. 유방암에 대한 한 유명한 연구(Spiegel, Bloom, Kraemer, & Gottheil, 1989)에 의하면, 병세가 악화되어 죽음이 예견된 사람들 중에, 자조집단에 참여하는 사람이 그렇지 않은 사람보다 평균 18개월을 더 살았다. 말기 암 환자들이 집단참여 과정에서 다른 사람들의 죽음을 계속해서 지켜보지 않을 수 없다는 점을 고려해보면, 이러한 연구결과가 놀랍게 느껴질 것이다. 일반인들은 집단원의 죽음이 그들에게 스트레스가 되어 오히려 병세를 악화시킬 것으로 생각하기 때문이다. 이 연구결과를 마주하면서, 우리는 가장 고통스러운 진실조차도 현실에 대한 적응을 도울 수 있다는 것을 깨닫는다.

오늘날 치료자들은 HIV나 AIDS 감염자들이나 그 밖에 심리적 고통을 안겨주는 역경에 처한 사람들을 많이 접한다. 이렇듯 만성이나 말기질환 환자를 만나는 치료자들에게 유용한 저서들이 다수 출간되어 있다[예를 들어, Goodheart와 Lansing(1997)이 만성질환 환자들을 대상으로 하는 심리적인 개입에 대해 쓴 글이나, AIDS와 HIV 환자들을 위한 치료에 대한 에세이를 편집한 Blechner[1997]의 책을 참고하시오.]. 환자가 현재 중병을 앓고 있다고 하더라도 그 고통의 의미를 보다 깊이 있게 이해하기 위해, 과거력을 철저히 수집하는 것이 필요하다. 그러나 그러한 순간에도 지나간 과거보다 질병에 대한 대처가 현재 시점에서 가장 중요한 과제라는 점이 조심스럽게 전달되어야 할 것이다.

외관상으로 드러나는 불구나 상처도 불변하는 신체적 문제다. 내가 치료했던 한 여성은 선천적인 얼굴기형이었다. 그녀는 치료 중 대부분의 시간을 자신에게서 얼굴을 돌리는 사람들이나 그녀가 보지 않을 때 얼굴을 찬찬히 뜯어보는 사람들에 대한 분노를 표현하는 데 보냈다. 치료자도 어느 순간 같은 행동을 하고 있음을 눈치채자, 환자는 마침내 자신의 분노를 상대방에게 대놓고 표현할 수 있는 기회를 갖게 되었다. 그러나 치료자 입장에서는 그 순간이 조금 견디기 힘들었다. 환자들이 세상이 자신에게 상처 준 것과 똑같은 방식으로 치료자도 행동한다고 비난하는 것을 듣는 것이 쉬운 일은 아닌 것 같다. 그러나 이러한 표현이 이 환자에게는 상당히 치료적인 것으로 드러났다. 자신의 분노와 불행에 대해서 솔직하게 드러내고 말하게 되자 환자의 심리적 고통은 눈에 띄게 경감되었다. 환자의 용모에서 가장 혐오스러운 부분을 줄이기 위해서 성형 수술에 거액을 쏟아왔던 부모님들은 딸이 이를 고마워하고 그 결과에 만족하기를 바라고 있었다. 몇 년 간 동거를 하고 있는 연인은 환자를 상대로 기형이 별로 눈에 띄지 않는다고 설득하는 데 애를 쓰고 있는 상황이었다.

표면적으로 연인과의 관계를 해결하기 위해 치료를 받으러 왔지만, 그녀는 사실 자신의 흉한 모습과 그에 대한 속마음을 이야기할 수 있는 장소가 필요했던 것이다. 환자의 용모에 대한 걱정은 현재 겪고 있는 대인관계 문제와 별개가 아니었다. 그녀는 자신이 너무 추하기 때문에 아무도 자신을 사랑할 수 없을 것이라 믿고 있었다. 이미 오래전에 그녀는 자신 같은 기형에게 끌리는 사람이 있다면 그는 멍청하거나 미친 것이라고 보았으며, 그게 아니라면 경계해야 할 어떤 숨은 동기를 갖고 있는 것이라고 결론내리고 있었다. 연인의 진심어린 보살핌을 의심하며, 환자는 연인의 관용과 관심을 거절과 경멸로 받아쳤다. 일단 치료자와의 전이관계를 통해 추한 용모가 갖는 무의식적인 의미와 그에 대한 그녀의 대응을 다루게 되자, 관계의 문제는 정리되었다.

변화시킬 수 없는 외부적 상황

불변하는 한계상황이라는 주제는 정신분석에서 새로운 것이 아니다. 완전히 '정상'인 사람들도 실현될 수 없는 목표 앞에서 한탄하고 애도하는 경험을 한다. 정상적인 성장과정에 있다면 대부분은 이런 과정을 잘 견디어낸다. 정신분석가들은 우리가 모두 아이이면서 어른이고 싶고, 남자이면서 여자이고 싶고, 동성애자이면서 이성애자이고 싶고, 늙었으나 젊음을 갖고 싶고, 독립하면서 의존하고 싶은 비이성적인 욕구가 있다고 말한다. 곧, 우리 모두는 한계 없는 영원한 삶을 누리고 싶어한다. Freud(1940)는 무의식의 상태에 있는(그래서 골칫거리인) 두 가지 보편적인 유아 충동을 강조했다. 여성이면서 남성이 되고 싶은 여자들의 소망(남근 선망) 그리고 동성애를 하고 싶은 이성애자 남자들의 소망이 그것이다. 세기말 비엔나의 가부장적 사회의 남성중심 문화에서, 비록 겉으로 인정할 수는 없지만 남자가 되고 싶은, 혹은 남자와 성적인 관계를 맺고 싶은 소망(예: Bettelheim, 1954)을 품었다는 것이 그리 놀라운 일은 아니다. 그러나 이후 정신분석가들은 Freud가 그 자신의 심리적 문제로 인해 남자들의 은밀하지만 보다 깊고 강렬한 소망은 보지 못했다고 말한다. 그것은 범문화적인 것으로 알려져 있는데, 이른바 여성이 되어 아이를 잉태하고 싶은 소망이 그것이다(출산 소망).

20세기 초, 심리치료의 핵심은 환자의 불합리하지만 강렬한 소망을 의식화시켜, 그러한 소망이 이루어질 수 없다는 것을 깨닫도록 돕는 것이라고 보았다. 다시 말해서, 이상적인 심리치료란 실현될 수 없는 소망을 인정하고 점진적으로 포기하는 과정 이른바, 외상없는 애도 과정이 무의식적 소망을 처리하던 이전 방법(예를 들어, 다른 성이 되고자 하는 무의식적 소망과 관련해서, 반대 성을 가진 사람들에게 적개심을 행동화하는 것이나 성적 억압, 고통스러운 소망을 의식 밖으로 드러내는 증상화, 반대 성을 '소유'하기 위한 동기를 저변에 깔고 있는 난잡한 성생활 등으로 무의식적 소망을 해결하는 것)을 대체하도록 하는 것이다. 이와 같이 헛된 소망을 의식 안에서 체념할 때, 현실적으로 성취할 수 있는 일에 더 많은 심리적 에너지를 쓸 수 있게 된다.

정신분석 쪽에서는 적어도 분석가라면 자신의 마음속 깊은 곳에 있는 가장 유아적이고 전언어적인 소망을 자각하고, 그것과 화해해야 한다고 보았다. 오늘날도 여전히 정신분석교육에서는 이것을 이상적인 것으로 간주하고 있다. 정신분석가가 만일 자신의 실현 불가능한 소망을 직면하여 애도하고, 그것을 방해하는 자신의 방어를 훈습하지 않는다면 치료 시 환자의 이야기를 들을 때 방어적이 될 수밖에 없다. 치료란 불합리한 소망과 믿음을 의식화하여 검토하고, 포기할 것은 포기하며 보다 현실적이고 달성 가능한 목표로 대체하는 것이란 생각은(고전적인 정신분석에서 무의식의 의식화, 원초아의 역할을 자아가 한다는 것의 의미가 바로 이것이다) 오늘날 현대 정신분석가들이 다소 다른 측면에 초점을 맞추고 있음에도 불구하고 여전히 전통으로 살아 숨 쉬고 있다(좋은 개념은 좀처럼 죽지 않는다. 다만 다른 언어로 포장만 바꿀 뿐이다. 오늘날 인지행동치료자들은 비이성적인 신념을 지적하고 대안적인 생각을 가르치는 것을 중시한다는 점에서, 초기 정신분석가와 놀랍도록 유사하다.).

오늘날 심리치료를 하면서, 자신의 원시적인 소망을 깊이 있게 다루는 정신분석을 받고자 하는 경제적으로도 충분한 여유가 있는 환자를 만나는 것은 행운이라고 할 수 있다. 현대에 우리는 애도해야 할 당면문제가 과거 환자에 비해서는 더 평범하고, 더 이성적이며, 무의식적인 뿌리가 덜 깊은 환자들을 많이 만난다. 그들에게 필요한 치료자는 그러한 애도 과정에서 환자를 무리하게 격려하지 않고, 주의를 딴 데로 돌리거나 환자의 심리적 부인에 동참하지 않으며, 고통을 축소시키려 하지 않는 사람이다. 예를 들어, 사회적으로 비난을 받고 있는 소수민족집단, 수감자들, 장애아의 부모 혹은 힘든 부양가족이 있는 사람들, 실직으로 경제적 어려움이 있는 사람, 경제적인 어려움에 처해 있으면서 개선의 여지도 없는 사람들과 같이 어쩔 수 없는 현실에 대해 방어를 접고 수용을 돕는 치료가 필요한 사람들이라고 할 수 있다. Freud 당대의 여성 환자들이 남성성을 훔쳐온다고 자신들의 문제를 해결할 수 없었듯이, 고통스러운 현실을 안고 있는 현대 내담자들도 부인이나 마술적 사고로 자신의 문제를 해결할 수는 없는 것이다.

이 시점에서 강조해서 논의하고 싶은 주제가 있다. 치료자라면 환자가 가혹한 현실에서 느끼는 고통을 표현할 수 있도록 돕는 것이 마땅한데도, 이를 회피하는 치료자가 간혹 있다. 환자가 치료자를 선택할 때, 치료자가 자신의 가혹한 현실 앞에서 물러서지 않을 것이라는 인상이 중요하게 작용한다. 회피하는 치료자들은 만일 자신이 적극적으로 환자의 고민을 해결할 수 없다면, 이것이야말로 도망가는 것이라고 느끼는 것은 아닌지 모르겠다. 또한 환자가 처한 역경과 같은 경험이 없어 공감에 제약이 올 때, 이를 마치 치료적 실패로 받아들이는 것 같다. 그리고 무엇보다도 치료자들은 환자가 치료자의 상대적인 행복에 시기와 미움을 느끼고 이를 솔직하게 드러내고 말할까봐 두려워하는 것 같다. 왜냐하면 이런 얘기를 들을 때, 치료자들은 살아남은 사람의 죄책감(Lifton, 1968)을 느끼고, 이를 보상할 길이 없다는 무력감을 경험하기 때문이다.

소수 민족 · 인종 내담자에 대한 치료 문헌을 살펴보면(예: Boyd-Franklin, 1989; Sue & Sue, 1990), 치료자는 내담자로 하여금 자신의 인종적 특성, 특히 자신과 치료자의 차이에 대해 갖고 있는 느낌을 표현하도록 격려해야 한다고 말한다. 이러한 논점이 여러 문헌에서 거듭 강조되고 있는 것으로 미루어보아, 내담자가 인종적 차이를 드러내놓고 논의하는 것이 치료자에게 큰 저항을 불러일으키는 일인 것 같다. 나는 한때 유능한 백인 남성치료자를 지도한 바 있는데, 그는 자신의 흑인환자에게 백인치료자에게 치료받는 것이 어떤지 묻는 것을 자꾸 '망각' 하곤 했다. 그 당시 나는 이러한 치료자들을 이해하기 어려웠는데, 최근에 나 자신도 인종적 차이에 관해 일체 언급하지 않는 한 유색인종 환자를 면접하면서 망각 현상을 경험하였다. 인간관계에서 지켜야 할 예의의 상당수가 그러하듯, 무의식적인 인종주의나 민족주의는 진솔한 심리치료를 가로막는다("이건 정신분석이지, 차 마시는 모임이 아니요." 이는 내 슈퍼바이저 중 한 분이 내가 환자에게 인종적 차이에 대한 느낌을 쉽사리 묻지 못하고 있는 것을 보고 하신 말씀이다.).

위와 유사한 어려움은 동성애자나 양성애자 환자를 치료하는 이성애자 치료자에게도 나타난다. 최근에 몇몇 정신분석저술가들이 비난하고 있는 이슈가 있다. 이성애자 치료자들이 자신의 성적지향을 감추는 젊은 동성애환자들을 치료할 때, 동성애자라는 분명한 증거를 외면하고, 성적으로 혼동된 사람 혹은 아직 성적 취향이 결정되지 않은 사람으로 취급한다는 것이다(예: Frommer, 1995; Lesser, 1995). 달리 말하면, 치료자들이 고통스러운 현실을 외면하려는 환자와 공모하고 있는 셈이다. 그것은 무엇보다 치료자들이 환자의 현실을 부인하고 환자가 치료자와 다를 바 없다고 믿고 싶어하다보니 초래된 행동이다. 또한 주변인이라는 현실을 애도해야 하는 환자들의 고통을 가능한 외면하고 싶은 마음도 있을 것이다. 반면, 동성애자로서 확고한 성정체감을 갖고 있는 사람들, 특히 '커밍 아웃' 한 사람들을 치료할 때, 이성애자 치료자는 오히려 정반대의 실수를 저지른다. 자신은 동성애에 대한 편견이 없다는 것을 보여주고 싶은 급한 마음에서 부지불식 간에 동성애는 고통받을 만한 일이 아니라는 메시지를 전하게 된다. 이와 같은 치료자의 방어적인 태도를 '역동성애 혐오적인 태도(counterhomophobic attitude)'(McWilliams, 1996)라고 부를 수 있는데, 이러한 태도 앞에서 내담자는 성정체감과 관련된 고통이나 주변인의 아픔을 표현하기 어렵다. 또한 이와 같은 태도는 환자의 성정체감으로 인해 파생되는 다른 문제, 예를 들어 AIDS의 위험, 차별 대우, 자녀를 가질 수 없는 문제에 대한 환자들의 심리적 부인을 돕는 것이다.

환자들은 보통 치료자들이 한계상황으로부터 자유로운 사람이라는 환상을 품는다. 부분적으로 이러한 환상은 어느 정도 맞는 생각일지도 모른다. 치료자들은 직업을 갖고 있으며, 주류 사회의 일원이고, 신체적 장애도 없으며, 치료자가 가진 대부분의 문제란 당장 해결되지는 않아도 언젠가는 다룰 수 있는 것이다. 하지만, 부분적으로 이러한 환상은 환자들의 소망이기도 하다. 즉, 사람들은 '모든 것을 가진' 사람과 동일시함으로써 자신의 고통에서 벗어나고 싶어 한다. 대부분의 치료자들은 환자가 자신을 이상화시킬 때 도취될 것이다. 하지만, 이 과정에서 환자가 자신을 치료자와 비교하며 위축된다는 것을 잊어서는 안 된다. 그러므로 어떤 점에서 내담자가 치료자에 비해 자신을 열등하다거나 불리하다고 느끼는지 평가하고, 그 의미를 탐색하는 것이 필요하다. 물론 이러한 과정은 조심스럽고 기술적으로 이루어져야 한다. 이러한 탐색과정에서 환자들이 자신들의 모습이 속속들이 드러났다고 느끼고 수치스러워할 수 있기 때문이다. 따라서 탐색에 임할 때, 치료자는 내담자보다 더 안락한 부분이 자신의 삶 중에 있긴 하지만, 내담자가 치료자보다 나은 면도 있다는 것을 열린 마음으로 인정하는 것이 중요하다.

지나간 성장과정

분명히 '불변하는 요인'이라는 주제에 속하는 영역임에도 충분히 설명되지 못한 부분이 있다면, 그것은 개인의 성장과정일 것이다. 지나간 과거를 돌이킬 수 없다는 것은 자명한 사실이다. 그럼에도 환자들이 호소하는 많은 문제들이 과거의 일은 어쩔 수 없으며, 누구도 부당했던 성장과정을 보상해주지 않는다는 사실을 환자들이 인정하지 않는 데서 초래된다. 더욱이, 동정심과 과장된 자신감(grandiosity)으로 가득한 치료자들은 고질적으로 환자에게 과거를 원상태로 되돌릴 수 있다고 말하고 싶어 한다. 이는 환자가 과거를 인정하고 앞으로 나아가는 것을 막는 일이다. 어린 시절 영양결핍을 보였던 사람이 성인이 되어 잘 먹는다고 그때의 손실을 모두 회복할 수 없는 것처럼, 어린 시절 심리적으로 학대받았던 사람이 마음의 상처로부터 완전히 자유로워지기를 기대하는 것은 불가능하다. 그러나 환자가 기대할 수 있다는 것 자체는 의미 있는 일이다.

사람들은 종종 특권의식(entitlement)이라는 방어에 매달림으로써 과거에 대한 애도를 회피하려 한다. 즉, 자라면서 불공평함을 겪었기 때문에, 앞으로의 삶에서(치료자도 포함해서) 보상을 받아야 한다는 것이다. 특히, 끔찍한 성장과정을 보냈던 환자들의 경우, 치료란 억울한 사연을 하소연하고 타인에게 손해배상을 받아내는 자리가 아니라 현재의 문제를 해결하는 곳이라는 것을 이해하는 데 몇 달에서 몇 년의 세월이 걸린다. 가해자로 하여금 과거를 보상하도록 만들겠다는 환자의 환상을 부추기는 치료자는 화를 자초하는 것이라고 할 수 있다. Frawley-O' Dea(1996)의 견해대로, 외상의 희생자들을 만나는 치료자들을 그토록 곤란하게 했던 그 모든 오기억 증후군(false memory syndrome)과 관련된 활동은 당시 치료자들이 다르게 행동했다면 일어나지 않았을 일이다. 당시 치료자들은 불행한 과거에 대한 애도를 거부하는 환자들과 뜻을 같이 하여, 성폭행 가해자로 기억되는 사람들을 고소하도록 격려했다. 법적으로 보면, 범죄자는 마땅히 죄 값을 치러야 한다. 그러나 심리치료에서 환자가 알아야 할 점은 자신을 변화시킬 수 있는 힘은 바로 자기자신 안에 있다는 점이다. 가해자가 자신의 과오를 인정하고 책임진다고 문제가 해결되지 않는다. 당시의 가해자를 찾아 자백을 받아내고 보상하도록 하는 데 성공한 내담자들은 이런 과정을 통해서 '미친 것'은 자신이 아니라는 것을 알게 되었는데도(이것이 하찮은 결과라고 말할 수 없는데, 그렇다고 모든 환자들이 이것에 만족하는 것은 아니다), 고통은 사라지지 않는다는 것을 곧 깨닫게 된다. 사실 악한의 고백에도 이미 일어난 일은 일어난 일이고 지워질 수 없다는 사실 앞에서, 내담자들은 보통 고통스러운 우울증을 맞이한다. 알코올중독에서 벗어난 아버지가 자식에게 사과를 하는 경우와 같이 누군가가 지나간 잘못을 시인할 때, 우리 대부분이 가장 먼저 느끼는 것은 "너무 부족하고, 너무 늦었다."는 미진한 기분인 것이다.

단기치료라 하더라도, 환자가 직면하기를 회피하는 과거사가 있다면 치료자는 이를 꼭 '잡아내야' 한다. 짧은 상담 동안이라도 치료자가 과거에 대한 애도를 많이 촉진한 경우, 내담자가 나중에 치료를 돌아보는 과정에서라도 큰 도움을 받을 수 있다. 특히, 어린 내담자들의 경우, 그들의 부모가 현재는 달라졌는데, 과거에 부모와 겪었던 부분을 치료에서 다룬다는 것이 좀 뜻밖일 수 있다. 하지만, 직면해야 할 '부모'는 현재의 부모가 아니라 내면화된 부모상인 것이다.

자신의 잘못이나 죄로 인해 고통 받는 사람들의 경우에도, 이와 유사한 접근이 적용된다. 이들 역시 마술적 사고나 부인 대신 애도로 의미 있게 과거를 처리하는 것이 필요하다. 자신의 잘못으로 괴로워하는 사람들 중에서 가장 안타까운 경우가 있다면, 치료받는 아이들의 부모인 것 같다. 최선을 다했으나 그 당시 양육 방법을 잘 몰랐기에 오늘날 느끼는 이들의 고통과 번뇌는, 옆에서 지켜보기 안쓰러울 정도다. 낙태와 같은 행위 뒤에 극심한 후회를 하는 사람들이나 사랑하는 사람이 자살하는 과정에서 그의 우울증을 미처 감지하지 못했던 사람들도 유사한 고통을 경험한다. 이러한 사람들은 어떤 말로도 충분히 위로하기 어렵다. 하지만, 이들이 치료과정에서 자신의 비통함을 충분히 애도하고 이해받을 수 있다면, 그 무엇보다 깊은 도움이 될 것이다.

요 약

이 장에서는 사례이해의 수련과정에서 보통 분명하게 다루지 않고 지나가는 개인의 심리적 문제에 대해서 논의하였다. 변화가 불가능한 심리적 요인들은 환자의 문제가 뿌리내리고 있는 토양임에도 불구하고, 그다지 '심리적'인 주제가 아니라는 이유로 조명받지 못하고 있다. 치료자가 '불변'으로 받아들이지 않을 수 없는 개인의 심리적 상태로는 기질, 유전적·선천적·의학적 조건, 외상·질병·중독에 의한 뇌손상, 바꿀 수 없는 신체적 특성, 변화시킬 수 없는 외부적 상황, 지나간 성장과정 등이 있다. 비록 움직일 수 없는 고정된 현실이 정의상 '역동적'이라 할 수 없지만, 개인의 정신역동을 형성하고 치료반응성을 결정짓는 데 중요한 영향을 미친다.

변화하지 않는 현실에 대한 치료적 해법은 마법같이 변화하기를 바라는 마술적 소망이나 자기증오를 애도와 적응으로 대체하는 데에 있다. 환자가 절망하거나 수치스럽게 느끼는 문제를 다룰 때, 치료자가 현실적이고 솔직한 태도를 취하는 것이 중요하다고 거듭 강조하였다. 또한 환자에게 변화시킬 수 없는 현실을 직면시키는 과정에서 보이는 치료자의 저항도 여러 차례 언급하였다. 일면 자연스러운 치료자의 저항에 대해서 이같이 논의한 것은, 내담자를 압박하는 깊은 슬픔을 치료자들이 기꺼이 언어화하고 다룰 수 있도록 용기를 북돋고자함이었다는 것을 밝히고 싶다.

제4장
발달적 문제의 평가

한 사람에 대한 사례이해를 위해서, 대부분의 치료자들은 임상면접을 통해 얻은 정보 중 특히 발달적 정보에 기초하여 일차적인 잠정적 가설을 구성한다. 진단에 필요한 핵심적 질문, 즉 "이 사람이 어떠한 이유로 지금 시점에서 도움을 받으러 왔는가?"라는 물음에 대한 해답은 항상 내담자의 개인력을 통해서 얻을 수 있다. 만약 그 사람의 본성(기질이나 다른 고정된 특질들), 현재 겪고 있는 스트레스 사건들 그리고 이러한 스트레스 사건들이 자극하고 있는 그 사람의 발달적 문제를 분명하게 이해할 수 있다면, 역동 이해를 위한 주요한 윤곽을 잡은 셈이다.

내담자의 이해를 위해 치료자가 던지는 유용한 질문들의 대다수는 성장과정에 관한 것이다. 사실, 개인의 성장과정을 탐색하는 작업은 정신병리가 발달적 문제에 근거한다는 점을 가정하고 있다. 예를 들면, 우리는 접수면접을 시작할 때, 그 내담자가 어떠한 이유로 이 특정한 때에 전문적인 도움을 받으러 왔는지 그리고 이전에 유사한 문제를 경험한 적이 있는지를 묻는다. 또한 내담자에게 유아기와 초기 아동기에 대해 알고 있는 바를 묻는다. 아울러 내담자의 최초 기억과 가족에 관한 사항을 질문한다(Alfred Adler는 1931년에 최초 기억이 개인의 주요한 성격적 주제를 함축하고 있다고 주장한 바 있다. 비록 이 분야의 연구현황은 잘 모르지만, 나는 그의 주장을 지지하는 많은 최초 기억을 경험한 바 있다. 많은 치료자들이 Adler의 이러한 견해를 따르고 있는데, 왜냐하면 그들의 경험 역시 이러한 주장과 잘 일치하고 있기 때문이다.). 또한 치료자는 내담자가 유아원, 유치원, 초등학교에 가면서 어떤 아동기 분리경험을 했으며 가족의 이사나 분열에 대해 어떤 반응을 보였는지를 알고자 한다. 또한 아동기 질병과 사고, 학교적응과 직장생활, 첫 성경험을 비롯한 과거와 현재의 성 생활에 관해서 묻는다. 이러한 질문들에 대한 답변에 근거하여 치료자는 계속해서 여러 가지 작업을 하게 된다.

대부분의 분석적 치료자들은 기본적으로 심리치료를 과거에 뒤틀려진 발달과정을 바로잡으려는 노력으로 보기 때문에[Emde(1990)를 참고하시오], 정상 발달에 대한 충분한 이해는 필수적이다. 수년 전, Gertrude Blanck와 Rubin Blanck(Black & Blanck, 1974, 1979, 1986)는 치료자들이 미완성된 또는 부적절한 발달과업이 어떤 것인지를 분명하게 이해할 수 있도록 정신분석적 발달이론을 개관한 바 있다. 만일 정상적인 궤도를 알게 된다면, 치료자는 내담자를 "그 궤도로 돌아가게" 할 수 있다. 최근에 Greenspan(1997)은 발달심리학의 최근 연구와 심리치료이론을 체계적으로 통합하였다. 분석적 치료자들이 현재 이루어지고 있는 유아기 연구에 깊은 관심을 보이는 것은 초기 발달과정과 임상적 문제 간의 밀접한 관계를 잘 알고 있기 때문이다(참고: Dowling & Rothstein, 1989;

Zeanah, Anders, Seifer, & Stern, 1989; Lichtenberg, 1983, 1989; Morgan, 1997; Moskowitz, Monk, Kaye, & Ellman, 1997; Pine, 1990; Sander, 1980; Silverman, 1998; Slade, 1996; Stern, 1985).

정신분석적 발달이론에 관한 논평

정신분석이론은 처음부터 발생학적(epigenetic)이었는데, 아마도 Freud가 다윈의 사상에 깊은 영향을 받았기 때문일 것이다. 즉, 정신분석이론은 유기체가 외부의 영향을 수용, 해석하고 조성(shape)하는 방식이 발달단계에 따라 결정된다고 가정한다. 다윈의 표현을 빌리자면, 홍수라는 자연재난은 종(種) 고유의 진화적 역사와 적응력이 어떠한지에 따라 종 각각에 상이한 영향을 미칠 것이다. 이와 비슷하게, 개인의 삶에서 똑같이 '객관적인' 사건이라 하더라도 그 사람의 발달이 지금 어느 단계에 있는가에 따라서 정반대되는 결과를 초래할 수 있다. 예를 들어, 두 살 때 부모의 죽음을 경험하는 것은, 네 살 또는 아홉 살, 열다섯 살일 때 경험하는 것과는 매우 다른 의미와 영향을 줄 수 있다.

분석적 발달이론에서는, 개인의 발달단계에 따라 스트레스에 대한 경험이 달라지며 이후에 스트레스가 갖는 의미나 결과에 대한 해석도 달라진다고 가정된다. 이러한 가설은 Piaget의 동화(assimilation)와 적응(accommodation)이라는 개념과도 일치하는 것이다(Piaget, 1937; Wolff, 1970). 성인기에 경험하는 특정한 스트레스는 사람들에게 상이한 영향을 미치는데, 그 까닭은 어떠한 발달주제가 해결되었는지 여부에 따라서 스트레스가 내포하는 무의식적인 의미가 사람마다 매우 다르기 때문이다.

따라서 발달단계를 무시한 채 특정 스트레스가 미치는 영향을 따로 분리시켜서 설명한다든지 또는 어떤 경험이나 사건을 고려하지 않은 채 특정 발달시기를 기술한다는 것은 불가능한 일이다. 내담자를 이해할 때에는 외부영향과 발단단계를 반드시 함께 고려해야 하는데, 그 과정에서 인간이 지닌 감각과 지각을 모두 동원해야 한다.

스트레스 상황에서 사람들은 이와 비슷하다고 느껴지는 초기 발달문제로 되돌아가서 그 시기의 특징적인 대처방식을 반복하는 경향을 보인다. 이를테면 '고착(fixation)'의 지점으로 '퇴행'한다. 정신분석이론에서는 암묵적으로, 방치나 학대 또는 다른 불가항력적인 경험을 생애 초기에 경험할수록 질병을 앓게 될 취약성이 커지며 고통스러운 경험이 쌓이고 쌓여 비참한 결과가 초래될 것이라고 가정된다. 이처럼 발달단계와 스트레스 간의 상호작용을 설명하기 위해 Freud가 자주 사용한 비유 중의 하나가 진군하는 군대 이미지였다(T. Reik, personal communication, January 29, 1969). 군대는 목표 수행 시 승리를 통해 힘을 얻는 반면 패배에 의해 힘이 약화된다. 일찍 패배를 경험할수록 차후 공격을 받을 때 무력해지기 쉽다. 초기의 패배는 단지 작은 전투에서 실패하는 것에 그치지 않고 차후 전쟁에서 참패하는 발판이 된다.

이러한 견해에 따르면, 가장 파괴적인 정신병리 중에서도 특히 양극성장애와 정신분열증은 구강기 단계에 예상되는 갈등을 해결하지 못한 채 그 단계에 심리적으로 고착된 상태를 반영하는 것이다. 이보다 심하지 않은 정신병리는 오이디푸스 단계 또는 그 이후 단계의 문제에서 비롯된 것이라 볼 수 있다. 비록 여러 학자들(예: Wilson, 1995)이 "생애 초기에 문제가 발생할수록, 더욱 심각한 결과가 초래된다."고 하는 가정에 이의를 제기한 바 있었지만, 여전히 분석가들에게는 일반적인 가설로 받아들

여지고 있다. Sass(1992, p. 21)는 그러한 가정이 '존재의 대사슬' 역자주이
라는 이미지를 맹목적으로 따르고 있다고 주장하였으며, 이 개념이 정신
분열증을 현상학적으로 이해하는 데 잘못 적용될 수 있다
며 신랄하게 비판한 바 있다.

　Freud가 '진군하는 군대' 비유 및 이와 유사한 논의를
펼쳤음에도 불구하고, 생애 초기 고착이 가장 심각한 문제
를 초래한다는 주장을 일관성 있게 관철시키지 않았다는
점은 흥미로운 일이다. 오히려 Freud는 오이디푸스 단계를
오이디푸스 이전 시기의 경험보다 훨씬 중요한 것으로 간주했다. 심각한
정신병리일수록 초기 발달단계의 고착을 반영한다는 가설이 경험적으로
입증되고 있지만(예: Silverman, Lachmann, & Milich, 1982), 심각한 정신
병리에 기여하는 유전적 영향에 관한 연구가 아직 활발하지 않은 시점에
서, 이러한 논의는 적어도 두 가지 측면에서 오해를 낳을 수 있다. 한 가
지는 유아의 회복력(resilience)을 과소평가한다는 측면에서, 또 한 가지
는 아동과 성인의 회복력을 과대평가한다는 측면에서 그러하다.

　유아 연구(예: Emde, 1991; Fraiberg, 1980; Greenspan, 1989;
Lichtenberg, 1983; Stern, 1985; Trevarthan, 1980; Tronick, Als, &
Brazelton, 1977; Tyson & Tyson, 1990)를 통해, 우리가 지금껏 알고 있었
던 것보다 훨씬 적응적이고 순행적인(proactive) 문제해결능력이 생후 몇
개월된 유아에게 있다는 사실이 입증되었다. 타고난 장점과 공감적 반응
성을 지닌 아동들은 초기 외상과 결핍에 대해 뛰어난 회복을 보일 수 있
다. Fraiberg와 동료들의 선구적인 연구 이후로(Fraiberg, 1980), 심각한
손상을 보이는 한 살 미만의 유아에게 시도한 초기 개입이 성공적이라는
임상보고가 급증하게 되었다.

성인의 경우를 살펴보면, 나치 강제수용소의 생존자들은 정신분석가들이 가장 건강하다고 분류할 만한 사람들이 아니라는 연구가 있었다(Bettelheim, 1960). 전쟁포로라는 경험이 초기 갈등을 확실히 극복했다고 생각되는 많은 사람들에게 심각하고 영구적인 손상을 입혔던 것이다. 충격적인 사건은 어떠한 발달적 성취도 유린할 수 있다(Herman, 1992). 전쟁포로처럼 끔찍한 경우는 아니지만, 이혼도 비슷한 결과를 초래한다. Wallerstein과 Blakeslee(1989)는 초기에 충분한 양육을 통해 정서적으로 건강한 성인이 되었다 하더라도, 이혼에 의해서 심각한 손상을 입을 수 있음을 지적한 바 있다. 비록 연구 설계에 몇 가지 결점이 있고 이혼에 대한 반응에서 상당한 개인차가 있음에도 불구하고, 대부분의 치료자들은 이 연구에서 확인된 내담자들을 수없이 만나보았을 것이다. 이혼이라는 다루기 힘든 문제는 그전에 아무 증상 없이 매우 유능하게 살아온 성인이 얼마나 쉽게 상처입을 수 있는지를 잘 보여준다. 이별(separation)이란 특히 고통스러운 스트레스 중의 하나인데, 이혼과 같이 공공연하고 치욕스런 상황에서의 이별은 거의 모든 사람의 심리건강을 해칠 수 있다.

Wolff(1996)가 주장한 바에 따르면, 분석적 발달이론은 치료에서 도출된 성인의 구성개념(construct)을 통해서 유아를 이해하고, 그 과정에서 추론된 유아의 개념을 사용해서 성인을 해석하는 순환적인 방식을 보인다. 현재 유아 연구와 임상 실제와의 관련성이 분석가들 사이에서 뜨겁게 논의되고 있는데, 여기처럼 개관 위주의 장(章)에서 그 주제를 쉽게 설명하기란 어려운 일이다. 그럼에도 학대, 방치, 좌절 및 혼란이 생애 초기단계에 발생할수록 보다 광범위한 영향을 미칠 것이라는 상식적인 견해는, 맹목적으로 적용하지만 않는다면 유용한 가설로 받아들일 수 있다. 이처럼 유아에게 가해진 스트레스에서부터 추론해나가는 것이 과거 원인을 거꾸로 추정하는 것보다 더 적합하다는 근거들이 많다. 따라서 내담자의 어머니가 출산 후 일 년 동안 심한 산후우울증을 앓았다고 한다면, 면접자는 내담자에게 신뢰감과 스스로를 진정시킬 수 있는 능력, 정서조절능력, 친밀감에 대한 갈등과 같은 생애 첫해와 관련된 발달 과업을 질문해야만 한다. 하지만, 반대로 내담자가 신뢰 및 자기-진정, 정서조절, 친밀감 영역에서 문제가 있다고 해서, 자동적으로 그의 초기 양육이 잘못되었다고 결론내려서는 안 된다. 이처럼 성급하게 결론을 내리면, 내담자를 진실되게 이해할 수 있는 기회를 잃게 되며, 실질적인 정보 대신에 추론된 가설을 사용하는 결과를 낳는다.

Silvan Tomkins(1991)가 관찰한 바대로, 유아기에 초기 발달주제가 충분히 숙달되었다 하더라도 성인기에 닥친 스트레스가 이를 다시 활성화시킬 수 있다는 사실이 나의 임상경험을 통해 자주 확인되었다. 따라서 오이디푸스 시기 이전의 주제들이 관찰된다고 해서 내담자의 성격발달이 제대로 이루어지지 않았다고 비약해서는 안 된다. 예를 들자면 오이디푸스 단계까지 중요한 과업을 모두 달성했음에도 불구하고 구강기와 관련된 중요한 주제를 보일 수 있다. 이상에서 알 수 있듯이 발달이론을 정신병리에 적용하는 일은 쉽지 않은 문제인데, 이는 무의식적 갈등을 반영하는 문제들과 발달적 정체(developmental arrest)를 나타내는 문제들을 잘 변별함으로써 어느 정도 해결될 수 있으리라 생각된다.

내담자 문제가 무의식적 갈등과 발달적 정체 중 어느 것을 나타내는지 평가하기

Freud의 신경증상 발달모형의 핵심에는 무의식적 갈등이라는 개념이 있었다. 이러한 증상형성의 본보기로서 빅토리아 시대에 가상의 한 여성, Amy를 생각해보자. 그녀는 자라면서 훌륭한 여성은 성적인 욕구를 느끼지 않는다는 가르침을 받았다. 성적 갈망을 신체적으로 표출하지 않은 채 사춘기 후반에 이르면서 그녀는 자위에 대한 유혹을 느끼게 되었다. 하지만, 그녀가 속한 하위문화와 가족들이 자위를 타락한 행동으로 여겼기 때문에, 그녀는 이러한 생각을 의식할 수조차 없었다. 의식하게 된다면 너무 많은 수치심에 휩싸이게 될 것이기 때문이다. 대신에, 그녀는 히스테리성 장갑마비(hysterical glove paralysis)라는 증상을 발달시키게 되었다. 그 결과, 만일 자위를 한다면 자연스럽게 사용하게 될 그녀의 오른손은 무용지물이 되었다('장갑마비'란 유일하게 손만 마비된 채 움직일 수 없는 것을 가리키는데, 지금 시대와 문화에서는 자주 관찰되지 않지만 우리 시대의 거식증과 마찬가지로 Freud 시대에는 전통적으로 흔한 전환 증상이었다. 이 장애는 원인적으로 명백히 히스테리성인데, 이유는 신경학상 팔과 무관하게 손만 마비되기란 불가능하기 때문이다.).

Freud가 보기에 증상의 일차적인 이득은 자위를 원천봉쇄함으로써 갈등이 해결된다는 점이고, 이차적인 이득은 성적인 만족을 통해 채우려 했던 정서적인 욕구를 부분적으로 충족시킬 수 있다는 점이다. 치료를 통해서 Amy는 갈등을 자각하게 되고, 자기 안의 성욕을 즐기려는 소망을 감내하게 될 것이다. 나아가 자위를 할지 하지 않을지 여부를 그녀 스스로 결정할 수 있을 것이다. 치료의 목적은 그녀의 자율성을 확장시키고, 이전까지 무의식에 갇혀 수치심과 죄책감으로 뒤덮였던 것들을 개인적인 선택의 영역으로 옮겨오는 것이다.

다른 예로 강박증상을 살펴보자. Freud의 가상 환자였던 Herman은 중년 회계사인데, 날마다 난로를 끄고 문을 잠그는 등의 정교한 의례행동(ritual)을 수없이 해야만 했다. 그는 만일 가스가 새거나(집이 폭발할 것이다) 도둑이 들어올 경우(가족들을 죽일 것이다) 일어날 일을 걱정스럽게 반추했다. Herman과 그의 아내가 병약하고 성미가 까다로운 아버지를 집으로 모신 이후부터 강박적인 생각과 행동이 그를 괴롭혔다. 아버지에 대해 자식된 도리와 사랑만을 의식하는 그는 아버지를 성실히 돌보려 하였지만, 이내 강박사고와 행동에 빠지게 되어서 결국 아버지의 잠자리를 봐드린다든지 그밖의 병간호를 하는 일을 할 수 없게 되었다. Freud가 보기에 Herman의 증상이 갖는 일차적인 이득은, 아버지에 대한 의식적인 사랑과 그가 죽기를 바라는 무의식적인 증오 및 소망 간의 갈등이 해결된다는 점이다. Herman의 집착이 갖는 이차적인 이득은, 강박사고와 강박행동 덕택에 그가 병실을 지켜야만 하는 의무로부터 어느 정도 벗어날 수 있다는 점이다. 치료를 통해 Herman은 아버지에 대한 부정적인 생각과 감정을 의식할 수 있을 것이며, 완전히 자각한 상태에서 병간호에 얼마큼의 노력을 기울일 것인지를 선택하게 될 것이다.

이상은 기초적인 설명이지만, Freud가 다룬 가장 간단한 사례들조차도 이처럼 단순하지는 않았다. 나는 이들 예시를 통해 각각 무의식적 갈등이 원인이 되는 증상과 발달적 정체가 원인이 되는 증상 간의 차이를 설명해보겠다. 위 예시에서 Herman과 Amy 모두 특정한 상황 때문에 심리적인 균형이 깨어지기 전까지는 잘 지내왔다. Amy의 경우 심리적 평형상태를 뒤집은 것은 사춘기에 분비되는 호르몬의 압박이었고, Herman의 경우는 그의 편안한 일상을 깨뜨린 병 걸린 아버지 때문이었다. 두 사람 모두 각자의 상황에 대해 무의식적으로 느낀 여러 측면들을 자각하기가 힘들었다. 문화적으로 금기시되는 성적, 공격적 추동을 인정할 때 느끼게 되는 수치심이나 죄책감을 직면하기보다는, 오히려 증상을 형성하였던 것이다. 즉, 그들이 처한 상황에서 자연스럽게 경험케 되는 갈망과 분노를 의식하지 않은 결과 각각의 신경증이 발생되었다고 볼 수 있다.

하지만, Amy의 장갑마비를 그녀가 앓고 있는 히스테리성 질병의 일부 증상이라고 가정해보자. 사춘기가 되어 더 악화되긴 했지만 어릴 때부터 그녀는 생리적으로 설명되지 않는 기절과 모호한 잔병들, 감각이상, 마비를 앓아왔다. 접수면접에서 치료자는 그녀가 어머니와 줄곧 나쁜 관계를 맺어왔으며, 어머니처럼 성장한다는 것은 Amy에게 공포스러운 일이었음을 알게 되었다. 그렇다면 그녀의 장갑마비에 대한 설명은 이전 해석과 다르게 보다 복잡해질 것이다. 이를 치료에서 다루기 위해서는 Amy의 현재 어려움이 보다 광범위한 발달손상의 일부일 뿐이며, 성장과정 동안 '괜찮았던 적'이 한 번도 없었다는 점을 고려해야 할 것이다.

마찬가지로 Herman이 평생토록 강박사고와 강박행동으로 괴로워했다고 가정해보자. 그가 이 시점에 치료받으러 온 이유를, 그의 반추사고와 의례행동으로 인해 아내가 더 이상 병든 아버지와 남편 모두를 보살필 수 없다며 그를 떠나겠다고 위협했기 때문으로 생각해보자. Herman의 초기 기억에서 아버지는 그를 가차없이 비난했고, Herman은 아버지의 사랑을 얻기 위해 착한 소년이 되려고 필사적으로 노력했다. 그는 화장실에서 손을 반복해서 씻었으며, 그 밖에 정형화된 성적 습관들이 있었고, 사회적 관계를 억제해왔으며, 미신적인 행동을 만성적으로 해왔다. 여기서 Herman이 보이는 임상 증상들을 단순히 갈등의 문제로 한정시킬 수 없다. 비록 어떤 면에서는 Herman의 전체 성격이 갈등을 나타내는 것처럼 보이더라도 말이다. 그러므로 치료에서 제일 먼저 해야 할 일은 상당한 시간에 걸쳐 Herman으로 하여금 무비판인 관계를 경험하도록 하는 것이다.

두 번째 제시된 상황에서 면접자는 발달상 무언가 심하게 잘못되었다고 추론하게 될 것이다. 두 번째 예시에서 Amy는 어머니를 훌륭한 사람으로 여기지 못했으며 어머니처럼 되고 싶다고 생각한 적이 없었다. 면접자는 Amy가 성적 쾌락에 대해 문화적인 혐오를 느끼는 것이 아니라, 성장에 대한 뿌리깊은 두려움을 가지고 있다고 결론내릴지 모른다. 두 번째 예시에서 Herman은 여전히 아버지를 만족시키길 원했으며, 그런 아버지로부터 심리적으로 분리되고 개별화된 적이 한 번도 없었다. 이러한 측면들을 고려해볼 때, 두 사람 모두 발달적으로 고착되어 있다고 결론내릴 수 있다. 그들은 생애 초기문제들을 해결하는 데 급급해 있느라 적응적인 삶을 영위하지 못하였다. 첫 번째 상황에서는 충분히 성장한 이후에 스트레스를 받아 퇴행한 반면, 두 번째 상황에서는 유아 때부터 뒤틀리기 시작한 문제들을 결코 넘어서지 못하였다. 이와 같이 두 가지 상황에서 그들이 보인 증상이 동일하더라도, 그 의미와 결과는 매우 다르다고 볼 수 있다.

금세기 후반에 이르러 정신분석 문헌들은 두 가지 현상을 구별하는 일에 많은 관심을 보였다. 가령 1970년에 Anna Freud가 쓴 글을 보도록 하자.

"이 시대 분석가의 치료적 열망은 갈등과 그것의 해결이라는 영역을 넘어서는 것이다. 여기에는 내·외적으로 유해한 요인들이라 할 수 있는 기본적인 결함과 결핍, 결점, 박탈이 포함되며, 그 결과들을 수정하는 일을 치료적 목표로 삼는다. 나 개인적으로는 두 가지 치료적 과업 간의 중요한 차이가 있으며, 치료기법에 대한 모든 논의는 두 가지를 함께 고려해야 한다고 생각한다(p. 203)."

그녀가 말한 "기본 결함(basic faults)"이란 Michael Balint(1968)의 업적을 인용한 것이다. Balint는 추동과 억제 사이의 갈등 개념과는 대조적으로, 핵심 자존감(core self-esteem)과 같은 주제들을 최초로 탐색한 분석가들 중 한 사람이다. Stolorow와 Lachmann(1980)도 이 분야와 관련하여 중요한 연구를 하였다. 이 연구에서는 그들이 "발달상 방어의 전단계(prestages)"라 부른 보다 광범위한 발달적 정체와 방어 과정 간의 구분이 다루어졌다. 자기심리학 전통에서도 발달의 두 가지 측면에 역점을 둔 연구가 공존한다. 하나는 욕구와 그 대상에 관련된 연구이고, 다른 하나는 자기 및 자기가 느끼는 총체·선함·일관성과 같이 발달과 관련된 보다 광범위한 연구다. Kohut(1971, 1977)와 그 지지자들이 일관되게 주장한 바와 같이, 현대 분석가들은 Freud와 그의 초기 계승자들에 비해 후자의 과정을 보다 잘 이해할 필요가 있다.

나는 이 점이 훌륭한 사례이해의 확립에 매우 중대하다고 여기기 때문에 상세히 설명하고자 한다. 모든 면접자는 내담자의 고통이 무의식적, 갈등적인 요소를 직접적으로 자극한 스트레스와 관련되어 있는 것인지 아니면 발달적 정체를 나타내는 것인지를 이해할 필요가 있다. 또한 발달이 균형적으로 이루어지지 않을 수 있다는 점도 염두에 두어야 한다. 예를 들어, 대단히 잘 발달한 재능을 가진 사람이라 하더라도 성적인 영역이라든지 혼자 지낼 수 있는 능력 또는 애도할 수 있는 능력의 심각한 결함으로 고통스러워할 수 있다. 이처럼 '고착' 이라는 것은 일차원의 단일 현상이 아닌 것이다.

고전적 Freud학파 및 후기-Freud학파의 발달모델과 임상적 적용

다음으로 초기 미해결된 발달주제가 초래하는 영구적인 결과를 이해하고, 초기 발달의 성공에 관계없이 특정한 스트레스가 어떻게 발달적인 취약성을 유발할 수 있는지 알아보도록 하자. 이 두 부분에서 나는 주류 정신분석치료의 흐름에 따라 Freud의 심리발달 3단계를 매우 중요하게 강조할 것이다. 마지막으로는 독자들에게 애착 유형과 그 임상적 함의를 다룬 연구를 소개해보겠다.

우선 정신분석적 단계이론(psychoanalytic stage theory)에 대해 짧게 살펴보도록 하자. 이 분야를 이미 알고 있는 독자들은 여기를 건너뛰어도 좋다. 나는 여타 흥미로운 문제들과 복잡한 내용들은 생략한 채, Freud의 이론과 후기-Freud학파의 이론을 매우 단순화시켜서 설명하고자 한다. 비록 Freud의 이론에서 문제점이 발견되거나 반대 의견이 있다 하더라도, 전체 모델이 개인의 심리를 개념화했다는 점에서 Freud의 기본 틀이 유용하다고 보았다. 분석적 치료자들이 Freud의 발달 용어로 말하는 경향이 있다고 해서, 추동을 동기의 주된 구성요소로 여기거나 쾌락을 유아 활동의 주된 목적으로 간주하는 그의 견해에 동의하는 것은 아님을 명심해주기 바란다[Silverman(1998)을 참고하시오.].

Freud가 최초로 제안한 발달 이론에서는 '유아의'(다시 말해 취학 전) 세 단계, 즉 구강기, 항문기, 오이디푸스기가 강조되었다. 각각의 단계에는 예측가능한 주제들과 갈등이 있으며, 이것의 극복은 아동의 기질과 양육자의 개입 모두에 따라 달라진다. 이러한 주제와 갈등은 대략 6세가 되면 모두 해결되어 성격구조를 이루는 주된 바탕이 된다(Freud는 유아기에 성별에 따라 달라지는 소수의 과도기적 단계에 대해서도 언급하였다. 여기에는 요도기, 남근기 그리고 '역(逆)' 또는 '부적(negative)' 오이디푸스 단계가 포함된다. 그렇지만 이 점이 문헌에서는 덜 강조되었으며, 특이한 논쟁점들이 너무 많이 포함되어 있어 여기서 다루기엔 어려울 것 같다.).

Freud에 따르면, 구강기에는 아동의 감각 경험이 입을 중심으로 이루어진다. 입은 표현과 탐색, 즐거움을 제공하는 주된 기관이자 아동이 아직 심리적으로 분화되지 않은 양육자인 어머니와 관계를 맺는 수단이다. 18개월부터 서서히 시작해서 3세가 되면 아동이 몰두하는 기관이 항문으로 바뀌게 된다. 일부는 항문의 괄약근이 발달하기 때문이고, 일부는 아동의 선천적인 기질과 양육자로 대표되는 문명의 요구 간에 첫 갈등이 배변훈련을 통해 상징적으로 나타나기 때문이다. 이 단계에서 유아의 관심사는 순종과 반항, 청결과 더러움, 내보내는 것과 보유하는 것, 신속함과 꾸물거림, 자율성과 수치심, 가학증과 피학증 간의 투쟁과 관련된다. 이 모두가 양자대결 구도인데, 이는 생후 한 살에서 한 살 반까지의 상호 연결된 분위기와는 사뭇 대조적이다. 이 단계의 각본은 모두 주도권(agency)의 문제와 연관되는 것 같다. Freud의 '항문기'는 구어체로 말할 때 '미운 두 살'이라는 별명이 붙는다. 이 시기에 걸음마 하는 유아의 의지가 부모의 의지에 맞서 강렬하게 맞붙기 때문이다.

대략 세 살 무렵의 오이디푸스 초기에 이르면, 아동은 자신이 주인공이 되지 못하는 관계를 다른 두 사람이 맺을 수 있다는 것을 인지적으로 이해할 수 있게 된다. 아동의 관심사는 권력과 관계, 정체성에 대한 문제로 바뀐다. 아동은 성차, 남자와 여자를 구별 짓는 방법 그리고 거세와 신체 손상에 대한 심상을 떠올리는 데 지대한 관심을 기울이게 된다[Galenson & Roiphe(1974)에서 출발한 후기-Freud학파의 연구자들이 발견한 바에 따르면, 아동들은 Freud의 생각보다 훨씬 빨리 이 문제에 관심을 보인다. 그렇지만 이러한 관심사들이 오이디푸스의 삼각관계에서 더 강렬하게 경험된다고 볼 수 있다.]. 이 연령의 아동들은 아기의 출생에 대해 넋을 빼앗길 정도로 호기심을 갖고, 부모의 성생활에 대한 질투를 담은 정교한 공상들과 경험들을 하게 된다.

　정상발달한 아동이 서너 살 정도가 되면 이전 단계에서 양자 권력 투쟁으로 정의되던 것과는 다른, 개인적인 주도권(personal agency)을 자각하게 된다. 또한 죽음이라는 현실도 자각하게 된다. 이 시기에 아동은 부모 중 한 사람을 없애버리고 다른 한 사람을 차지하고 싶은 소원을 자연스럽게 품게 되는데, 아직까지는 생각이 행동으로부터 독립되어 있다는 점을 완전히 이해하지 못하기 때문에, 부모를 없애버리고 싶다는 생각이 현실적인 죽음을 의미하는 것으로 여겨져서 아동은 매우 두려워할 수 있다. 대개의 경우 죄책감과 투사된 죄책감이 전형적으로 나타나며, 마치 잠잘 때 어떤 침입자가 숨어 있지는 않을까 하는 불안감을 보이기도 한다. 적대적인 소망 때문에 보복을 당할지 모른다는 공포는, 결국 주양육자, 특히 아동이 가장 경쟁적이라고 느끼는 부모와의 동일시를 통해 해결된다("나는 아빠처럼 되어서 나중에 자라면 엄마 같은 사람을 가질 수 있어."). 이 연령의 아동은 양육자를 이상화할 필요가 있다. 자기심리학자들이 지적했듯이(예: Kohut, 1977), 양육자는 우선 아동의 이상화에 충분히 맞춰 주되 비방어적인 태도를 견지하여 아동의 평가절하를 견뎌낼 수 있어야 한다. 이처럼 부모가 정상적으로 왕위에서 물러나기 시작하면 오이디푸스기가 끝나게 된다(유치원 선생님이 엄마보다 더 많은 것을 알기 시작할 때이다.). 이 단계의 주된 발달 과업은 복합적이고 잘 내면화된 양심을 발달시키는 일이며, 그것은 아동기의 권위자를 자연스럽게 동일시한 결과인 셈이다. 분석용어로 말하자면, 모두-선 아니면 모두-악이라는 이전 단계의 원초적 이미지를 성숙한 초자아가 대체하게 된다고 볼 수 있다.

Freud는 6세 이상의 연령을 잠재기로 가정하였다. 이 시기의 아동은 불안한 생각이 의식되지 않도록 성숙한 방어, 그중에서도 특히 억압을 발달시키므로 일시적이나마 강력한 원시적 충동에 대처해야 한다는 긴장이 경감되며, 대신 학습과 사회화에 집중할 수 있다. 청소년기에 이르면 사춘기를 알리는 호르몬의 급작스런 분비가 시작되고, 최종적으로 때로는 격렬하게 모든 초기 문제들과 해결들이 통합된다. 성적인 성숙에 이르게 되면, 구강기와 항문기, 오이디푸스기의 모든 주제들을 어른 성기기(genitality)의 즐거운 경험으로 집약할 수 있게 된다. 또한 이상적인 조건에서는 사랑과 공격성, 의존성, 성적 관심을 다른 사람과의 관계 안에서 통합할 수 있는 역량이 특징적으로 나타난다. Freud는 성인기의 신경증상이 일반적인 '아동기 신경증'에서 비롯된 것이라 믿었기에, 대부분의 임상저서에서 처음의 세 단계를 강조하였던 것이다.

Freud 이후에 정신분석적 발달이론은 두 가지 상반되는 방향으로 동시에 전개되었다. (1) 오이디푸스 이전 단계를 하위 단계로 분류하는 경향(예: Balint, 1960; The Blancks(G. Blanck & R. Blanck, 1974, 1979; R. Blanck & G. Blanck, 1986); Greenspan, 1989, 1997; Klein, 1946; Mahler,

1968; Mahler, Pine, & Bergman, 1975; Winnicott, 1965] 그리고 (2) 발달
단계를 확장하여 후반부의 생애주기를 포함시키는 경향(예: Blos, 1962;
Erikson, 1950; Kaplan, 1984; Levinson, Darrow, Klein, Levinson, &
McKee, 1978; Osofsky & Diamond, 1988; Sullivan, 1953). 두 방면의 연구
들은 임상적인 개입에 중대한 영향을 미쳤다고 볼 수 있다.

　게다가 많은 이론가들은 Freud가 언급하지 않았던 잠재기 이전의 단
계들을 재해석하였으며, 그 단계들의 발달적 주제들을 강조하였다. 이
중에서도 특히 Erikson이 가장 큰 영향력을 미쳤다. Freud가 추동 만족
을 위한 노력을 강조한 것과는 대조적으로, 그는 첫 세 단계에서의 대인
관계 과제를 명료하게 설명하였다. 그는 자신의 공헌이 Freud의 이론을
대체하는 것이라기보다 오히려 정교화한 것이라 여겼다. 대부분의 현대
분석가들이 추동을 그 자체로서는 중요시하지 않고 각각의 단계를 특징
짓는 관계의 속성에 초점을 둔다는 점에서 Erikson을 지지한다고 생각
된다. 생물학적 추동의 조직화 역할을 중시한다는 측면에서 Freud를 지
지하는 분석가들조차도(예: Bernstein, 1993; Kernberg, 1992), Freud가
명시한 바보다 훨씬 더 관계와 정서적 측면을 강조하고 있다.

　접수면접 시 치료자는 유아기부터 청소년기 이전까지의 딜레마와 단
계, '특정한 순간들(moments)'(Pine, 1985), 사춘기 이후의 위기와 단계,
변화 모두에 민감할 필요가 있다. 내담자의 심리상태를 평가할 때, 그 사
람의 현재 발달적 문제들의 특성뿐만 아니라 초기 발달과업의 속성 또한
인식해야 한다. 가령 젊은 사람을 치료한다고 할 때, 20대 중반의 발달
과업(가장 중요하게는 다른 사람과의 깊은 친밀감 획득)과 아울러 이러한 발
달 문제가 재자극하고 있는 초기 신뢰 대 불신의 주제를 알고 있어야 한
다. 덧붙여, 생애 마지막 단계를 다룬 정신분석적 지식이 아직 발전하지

못하였음을 지적해야겠다. 말년에 Erikson은 그가 수명 이론을 다시 쓴다면 60세 이후를 모두 한 범주 안에 넣지 않을 것이라고 자주 말한 바 있다[Erikson(1997)을 참고하시오.]. 자신이 노년이 되어서야 65세의 심리와 85세의 심리 간의 깊은 차이를 감정적으로 시인했던 것이다. 정신분석이론과 노인학의 통합이 꽤 오랫동안 진행 중이기는 하지만(Myers, 1984), 이 책에서 그 분야를 모두 다루지 못하는 한계가 있음을 독자들은 이해해주길 바란다.

성격조직의 발달적 측면

임상면접의 중심적인 진단과제는 성격의 발달수준을 평가하는 일이다. 내담자가 갈등하고 있는 심리적 주제들이 Freud의 구강기와 Mahler의 공생기로 분류되는 생애 초기 단계의 주제들인가? 만일 그렇다면, 면접자는 Erikson의 기본 신뢰와 불신 간의 갈등, Sullivan의 "나인 것 대 내가 아닌 것(me vs not me)"의 혼란, R. D. Laing(1965)의 "존재론적인 불안전감" 그리고 존재감과 인간다움을 입증하려는 유아의 투쟁과 관련된 주제들을 탐색할 것이다. 이런 경우 내담자는 자기 내부에 있는 생각과 감정을 외부에서 비롯된 것과 혼동한다. 현실 검증력이 문제시되고 정서 조절이 어려울 것이다. 내담자의 세계 안에 있는 주요 사람들의 모습을 그리기가 쉽지 않은데, 그들은 대체로 모호하거나 일반적으로 묘사되어 있어서, 살아 있는 생명체라기보다는 그림자같이 느껴질 것이다. 환자는 자신이 남성인지 여성인지, 동성애자인지 아닌지, 전능한지 무력한지, 선한지 악한지와 같이 기본적인 심리적 성향에 대해서도 불확실하게 느낄 수 있다. 한편 면접자는 모호하고 혼란스러운 압도감을 느끼는 경향이 있다.

또는 내담자가 Freud의 항문기와 Mahler의 분리-개별화 단계의 주제와 갈등에 집착하는가? 만일 그렇다면, 임상가는 Erikson(1950)의 "자율감 대 수치와 의심", Sullivan(1947)의 "착한 나 대 나쁜 나", Mahler (1971)의 "친밀하게 다가오는 것과 쏜살같이 달아나는 것", Masterson (1976)의 함입 대 유기 우울, Kernberg(1975)의 교차하는 자아 상태 (alternating ego states)와 같은 갈등 구조를 감지하게 될 것이다. 자기의 존재는 약해보이지 않지만, 유아적 무력감과 공격적인 권능감 간의 갈등이 강렬하며, 면접자의 마음속에는 매우 강한 역전이 반응이 유발될 것이다(적대감과 사기저하, 구출 환상이 공통적이다.). 내담자의 세계에 있는 사람들에 대해, 면접자는 미묘한 차이라고는 찾아볼 수 없는 매우 경직된 이미지를 갖게 된다. 내담자의 주관적인 무대 위에 있는 사람들은 완전히 착하거나 완전히 나쁜 배우들로 등장하는 경향이 있다. 주연 배우들이 자주 바뀌지만, 항상 완전히 착하거나 완전히 나쁜 역할만을 맡게 된다. 현실 검증력은 적절할 수 있지만, 정체감은 빈약해 보이며, 문제해결을 시도하는 과정에서 부인(denial)과 분리(splitting), 투사적 동일시 (projective identification)와 같은 원초적인 방어들이 우세할 것이다.

혹은 내담자가 오이디푸스 단계의 렌즈를 통해 세상을 보는가? 만일 그렇다면, 내담자는 대상 항상성을 획득하였기에 자기와 타인의 복잡성을 인정하며 양가감정을 견딜 수 있다. 자신의 감정반응을 관찰자의 입장에서 볼 수 있으며, 양심의 가책과 책임감을 느낄 수 있다. 그렇지만 성적인 관심과 공격성, 의존성에 대한 갈등에 취약할 수 있다. 현실 검증력이 확고하고, 대인관계는 여타 사람들과 마찬가지로 헌신과 배려가 두드러지며 타인의 복잡성을 인정할 것이다. 그 사람의 삶에서 중요한 사람들에 관해 이야기할 때, 임상가의 마음속에는 입체적으로 살아 있는 사람이 떠오를 것이다. 오이디푸스 단계의 사람들은 강한 자기감(sense of I-ness)을 소유한 개별 인간으로 다가오며, 그의 고통은 특정한 영역에 한정될 것이다. 한편 면접자는 부드러움과 친절함의 역전이를 느낄 것이다.

이러한 진단은 내담자의 성격이 공생-정신증, 경계선 또는 신경증 수준 중에서 어디에 위치해 있는지 여부를 평가하는 것이라 할 수 있다(우리 모두는 이 세 측면을 가지고 있지만, 대체로 어느 한 측면이 우세하다.). 이러한 개념화의 역사와 임상적 함의에 관해서는 『정신분석적 진단(Psychoanalytic Diagnosis)』에서 보다 상세하게 다루었다(1994). 그 책에서는 이처럼 서로 다른 성격구조를 지닌 환자들에게 각각 (1) 지지적 치료, (2) 표현적 치료, (3) 해석적 치료를 적용하는 점에 관해서도 개관하였다. 여기서는 일례를 들어 이러한 형태의 사례이해가 내담자의 치료에 결과적으로 어떠한 영향을 미치는지 살펴보도록 하겠다.

지지적, 표현적, 해석적 심리치료가 모두 정신분석적이기는 하지만 현격한 차이를 보인다고 할 수 있다. 예를 들어, 한 여성이 상사가 자신을 비난한 일에 대해 매우 당황해하고 있다고 가정해보자. 지지적 치료에서 치료자는 다음과 같이 말할 것이다.

"그 일이 얼마나 당혹스러운지 이해할 수 있어요. 그렇게 화가 나고 불쾌하기까지 하니 매우 힘들 거예요. 나는 ○○씨가 자신의 감정을 잘 참을 수 있게 되어서, 상사가 더 이상 흠 잡을 일이 없어지면 좋겠네요."

표현적 치료에서 적절한 개입은 다음과 같을 것이다.

"○○씨가 느끼기에 그 일이 얼마나 힘들었는지 내가 인정해주지 않는 것처럼 보인다면, ○○씨는 내게 매우 화가 날 거예요. 반대로 내가 그 일과 관련하여 ○○씨를 위로하는 것에 그친다면, 내가 무능해서 그렇다며 나를 공격할 거예요. 하지만, 내가 상황을 개선시킬 수 있는 방법들을 제안하면, 내가 ○○씨를 비판한다고 느끼기 때문에 몹시 화가 날 테지요. 바로 이 점이 내 안에 일어난 감정인 것 같군요. 내가 하는 일은 죄다 옳지 않다고 여겨지는 그 감정이, 아마도 당신이 항상 씨름해왔던 감정인 것 같아요."

그리고 해석적 치료에서 치료자는 단지 다음과 같은 질문을 하게 될 것이다.

"상사를 보면 누가 떠오르나요?"

이처럼 세 가지 치료접근에는 기법상 큰 차이가 있는데, 대체로 내담자의 성격구조에 대한 발달적 평가에 따라 그 표현방식이 달라진다고 볼 수 있다.

불안과 우울의 경험에 기여하는 발달요소

여러 발달단계로 이루어진 성격구조를 이해하게 되면, 내담자가 겪는 불안이나 우울의 속성을 평가하는 일에도 상당한 도움을 얻을 수 있다. 불안한 사람의 이야기를 들을 때, 우리는 모두 자신의 불안 경험과 관련된 주제들을 상대방의 불안을 이해하는 일에 투사하는 경향이 있다. 하지만, 불안은 그 기원이 공생기 단계에 있는지 또는 분리-개별화 단계나 오이디푸스 단계에 있는지 여부에 따라 현저히 달라지게 된다. 첫 번째 유형은 일반적으로 소멸불안(annihilation anxiety)이라 불리는 것으로서 (Hurvich, 1989), 자기가 전멸되고 누군가에게 함입되어 죽어 없어질 것이라는 공포를 말한다. 이것은 급성 정신분열상태에서 투약치료를 받지 않은 사람이 발산하는 유형의 불안으로, 눈앞에서 보고 있기가 힘들뿐더러 사실 그 불안을 느낄 일도 많지 않다. 우리 대부분은 이처럼 강렬하고 유아적인 초기 상태의 공포를 경험하지 않으려고 강력한 방어를 행사하기 때문에, 이를 성공적으로 억제하지 못한 사람들이 겪는 고통의 심각성을 이해하기가 쉽지 않다. 소멸불안은 대개 성인들이 느끼는 친밀감에 대한 두려움으로 남아 있는데, 다른 사람과의 친밀감이 자신의 독립적인 존재를 위협할 것이라고 불안해하는 사람들에게서 쉽게 그 증거를 찾아볼 수 있다.

두 번째 유형인 분리불안(separation anxiety)은 우리 모두에게 어느 정도 영향을 미치고 있으며, 그 까닭은 끔찍한 유아기 분리에 대한 무의식적인 기억 흔적을 필연적으로 자극하기 때문이다. 특히, 경계선 발달수준의 성격조직을 가진 사람들이 겪는 매우 강렬하고 핵심적인 경험이라 할 수 있다. 분리불안 역시 소멸불안에 비해서는 덜 극단적이기는 하나, 붕괴라는 무서운 형태로 자기를 위협한다. 애착되어 있는 사람이 부재할 경우 자기 자신이 공허하거나 실체가 없다고 느끼게 된다. 이 불안은 너무나도 강력하여서 생존을 위협하는 상황에도 견디게 만들 정도인데, 심지어는 학대당하는 배우자가 고독이라는 공포보다는 신체적 학대의 고통을 더 쉽게 견딜 수 있는 이유이기도 하다. 또한 놀랄 만한 퇴행과 연쇄살인에 이를 정도의 납득할 수 없는 분노폭발을 촉발할 수도 있다 [Meloy(1992)를 참고하시오.].

세 번째 유형의 불안인 오이디푸스 또는 초자아 불안은 수용하기 어려운 성적, 공격적 또는 의존적 욕구 때문에 처벌받을지 모른다는 공포와 관련된다. 이것은 현실지각과 자기정체감을 위협하지 않지만, 개인적인 만족감과 충족감에는 심한 손상을 입힌다. 아동이 자기감과 현실감을 공고히 다진 후에 오이디푸스 불안이 유발된다는 사실에도 불구하고, 오이디푸스 공상이 죽음과 보복이라는 주제와 관련되는 경우에는 불안이 매우 강렬해질 수 있다. 흔히 개인적인 성공을 경험할 때 오이디푸스 불안이 유발되는데, 이때 성공이 부모에 대한 승리를 내포할 경우 죄에 대한 처벌을 무의식적으로 예상하게 되므로 불안이 심해지거나 증상이 나타나게 된다.

『자아와 방어 기제(The Ego and the Mechanisms of Defense)』라는 저서에서, Anna Freud(1936)는 세 가지 유형의 불안을 원초아, 자아, 초자아라는 정신 구조에 따라 구별하였다. 그녀는 원초아에서 발생된 불안을 가리켜 "본능적 힘에 대한 두려움"이라고 표현하였으며, 이러한 불안으로 고통받는 사람은 완전히 압도당할 것 같은 위험을 느끼게 된다고 강조한 바 있다. 자아에서 유발된 불안의 경우에는, 아버지인 Freud를 따라 "신호불안"이라고 명명하였다. 신호불안이란 일종의 공포반응으로, 과거에 지금과 비슷한 상황에서 위험한 일이 발생했다고 알리는 것이다. 초자아에서 비롯된 불안은 단순하게 초자아 불안이라고 지칭되었는데, 이는 수용될 수 없는 욕구에 대한 처벌공포가 특징적이다.

Anna Freud는 그녀의 아버지가 후기 연구에서 가정했던 구조이론 안에서 불안을 설명하고자 시도하였는데, 이는 그녀를 비롯한 분석가들이 임상 실제에 큰 도움이 되었다고 여긴 모델이었다. 그녀의 연구를 통해 유아에 관한 정신분석학문에 상당한 진보가 이루어졌고 Freud의 발달이론을 어린 아동에 대한 관찰을 통해서 재조명하게 되었다. Anna Freud

가 제안한 여러 불안반응들은 정신분석의 발달이론과 잘 조화되는 것으로 보인다. 본능적 힘에 대한 두려움은 전능 공상이 우세한 발달 초기의 공생단계에서 자연적으로 나타나는 걱정이라 할 수 있다. 신호불안은 아동이 분리를 경험하고 기억을 이용할 수 있는 능력이 생기면서 유발되며, 초자아 불안은 오이디푸스 단계의 극복을 반영하는 것이라 볼 수 있다.

치료자가 불안을 획일적인 단일 현상이 아닌, 주관적으로 매우 다양한 상태로서 이해하게 된다면, 보다 효과적인 임상작업이 이루어질 수 있다. 내담자가 불안을 겪고 있는 상황이 아무리 명백하다 하더라도 그가 어떤 유형의 불안을 겪고 있는지를 자동적으로 추론하기란 어렵다. 가령 내가 불륜 때문에 정신적으로 괴로워서 치료자를 찾아온 경우, 임상가는 처음에 내가 추동의 힘에 의해 압도당했는지, 즉 그 추동이 새로운 누군가와 사랑에 빠졌기 때문에 활성화된 것인지, 아니면 불륜을 저지르는 것이 나의 안전감과 명성, 가족의 안정에 위협이 될 것이라 무의식적으로 지각해서인지, 아니면 간통을 범한 것에 대해 나를 처벌하고자 하는 내면화된 권위를 예상해서인지를 구별할 길이 없다. 만일 치료자가 불안에는 서로 다른 유형들이 있으며, 자극된 발달주제에 따라 그 주관적인 의미가 달라질 수 있음을 잘 알지 못한다면, 비슷한 상황에서 치료자 자신이 취하는 반응을 내게 투사하려 할 것이다. 그것이 나의 경험에 적합한지 여부에 상관없이 말이다.

유사하게 누군가 우울하다면, 그 불행감은 정신증 수준, 즉 자신의 악함이 너무나 압도적이어서 도저히 구조될 수 없고 위험천만하게 사악해질 것이라는 느낌일 수 있으며, 경계선 수준의 절망감과 공허감 또는 외상적 유기일 수 있고, 신경증 수준에서 행복 추구에 위험이 있다고 확신하는 것일 수도 있다. 임상가가 우울한 사람에게 위안과 희망을 줄 수 있는지 여부는, 우울의 주관적 속성을 바르게 이해한 정도에 따라 달라진다. 인정많은 사람이라면 누구나 불안과 우울을 동정하게 되지만, 고통의 의미를 진실되게 공감하기 위해서는 고통이 지닌 특정한 속성과 이와 관련된 발달주제들을 이해해야만 할 것이다.

발달과 생활 스트레스 및 정신병리

사람들은 그들의 삶에서 내면적인 때로는 무의식적인 취약성을 자극하는 일에 부딪혔을 때 심리치료를 받으러 온다. 어떤 이에게는 치료를 받게 된 계기가 개인적으로 누군가에게 거절을 당한 일이기도 하고, 다른 이에게는 놀랄 만한 성공 또는 성적인 유혹, 기질이 까다로운 아이를 양육하는 부담감일 수 있다. 이처럼 다양한 스트레스가 갖는 내면적인 의미가 서로 다르기 때문에, 어떤 사람은 제삼자가 보기에 가족의 죽음과 같이 고통스러운 사건도 잘 견뎌내며, 또 어떤 사람은 경쟁 동료의 분노폭발과 같이 다른 사람들에게는 그저 성가신 일로 여겨질 법한 스트레스에도 심리적으로 크게 동요된다.

정신건강서비스를 찾게 되는 가장 빈번한 이유 중 하나는 무의식적인 기념일 반응(anniversary reaction) 때문이다. 가령 부모가 죽은 지 10년째 라든지(우리 문화에서는 무의식적인 생각들이 십진법을 기준으로 지나가는 것 같다) 또는 내담자의 나이가 부모가 돌아가신 나이가 될 때 힘들어질 수 있다. 우울은 무의식적인 시계가 작동하면서 나타나는 현상으로 보인다. 어떤 여성은 자신이 낙태한 아이의 출산일 또는 매해 그 날짜가 되었을 때 이 일이 떠올라 우울해질 수 있다. 대체로 사람들은 그와 같은 이정표들을 자각하지 못한 채 치료장면에 오게 되거나, 이를 언급하기는 하지만 대수롭지 않은 것으로 생각하는 경우가 많다.

다음으로 성인들이 치료를 찾는 또 다른 경우로는, 자신이 충격적인 사건을 경험했던 나이에 자녀가 이르렀을 때다. 예를 들어, 내가 만일 7세에 성희롱을 당했다면, 내 딸이 같은 나이가 되었을 때 어떠한 방식으로든 증상이 나타날 수 있다. 만일 내가 13세에 아버지를 잃었다면, 내 자녀가 10대가 되었을 때 정신병리의 위험이 있을 수 있다. 이러한 반응은 다음과 같은 몇 가지 구성 요소를 포함한다. (1) 나의 무의식적인 외상 경험을 아이와 동일시하면서 자극되는 것 (2) 내가 겪은 것과 똑같은 사건을 아이도 경험하게 될 것이라는 미신적인 두려움과 아이가 겪게 될 고통을 마술적인 방법을 써서 나에게로 옮기고 싶은 소원 (3) 내가 그 나이에 겪었던 외상을 아이가 겪지 않는 것에 대한 무의식적인 질투와 적대감과 함께 외상으로부터 아이를 보호하기 위해 베풀었던 양육과 행운에 대해 자녀가 조금도 고마워하지 않는 것에 대한 분노. 이와 같이 내담자가 지금 이 시점에서 어떠한 이유로 도움을 요청하게 되었는지 이해하고자 할 때 상기 연관성들을 탐색해보는 일이 면접자에게는 중요하다.

어떤 스트레스는 특정 발달단계의 주제들을 자동적으로 활성화시키는 경향을 보인다. 강제적으로 학대를 당하거나 정신적으로 놀림을 당한 혼란스러운 경험은 자신의 존재감과 현실감에 대한 초기 의문들, 즉 정신증-공생기적 단계의 주제들을 유발할 수 있다. 사랑하는 사람을 상실했거나 중요한 사람으로부터 거절당한 경험은 예상되듯이 분리-개별화 단계의 주제를 자극할 것이다. 성적인 유혹이나 경쟁적인 삼각관계의 경험은 오이디푸스 주제를 초래하는 경향이 있을 것이다. 스트레스에 의해 촉발된 발달주제만을 갖고서 환자를 과소진단하거나 과대진단하지 않기 위해서는 이러한 과정을 잘 이해하고 있어야 한다. 가령 사고로 불구가 된 이후에 비현실감과 혼란감, 혼돈감을 느끼는 남자가 있다고 가정해보

자. 비록 그의 감정이 공생기적 단계의 문제를 반영하는 것처럼 보일지라도, 그의 성격이 공생기적 수준에서 형성되었다고 추측할 수는 없다. 왜냐하면 이 상황에서 그가 경험한 스트레스는 거의 모든 사람들에게 유사한 반응을 초래할 것이기 때문이다.

애착유형의 평가

애착유형에 따라 발달양상이 어떻게 달라지는가에 대한 이해는 아직 미흡한 수준이다. 임상가는 개인의 안정된 애착유형을 발달적 정체와 같은 것으로 생각해서는 안 된다. 1970년대 후반 Bowlby(1969, 1973, 1980)의 애착과 분리에 관한 연구에 힘입어 일련의 독창적인 실험들이 보고되었는데, 그 결과에 근거하여 Mary Ainsworth와 동료들(Ainsworth, Blehar, Waters, & Wall, 1978)은 세 가지 개인적인 애착유형을 분류할 수 있었다. 여기에는 안정형(가장 큰 범주), 회피형 그리고 양가-저항형이 포함되었는데, 회피형과 양가형의 극단에 위치한 것을 제외하고는 모두 정상범위 내의 개인차에 속하는 것으로 간주되었다.

추후 연구(Main & Solomon, 1986)에서는 연구자들이 와해-혼란형(disorganized-disoriented)이라고 지칭한 부적응적인 애착유형이 네 번째 범주로 포함되었다. 학대받은 유아들의 약 8%(Osofsky, 1985)와 우울이나 알코올중독인 어머니를 둔 아동의 40~45%(Hertsgaard, 1995)가 이 유형에 속하는 것으로 보고되었다. 이 아동들은 애착을 추구하다가도 이를 회피해버리는 양상이 특징적이며, 공포와 슬픔·혼돈·공격성·공황·냉담을 보이고, 집중하는 데 어려움이 있으며, 종종 멍하거나 혼수에 빠진 듯한 얼굴 표정을 나타낸다. 네 가지 애착유형과 부모의 애착유형과의 상관(Main, Kaplan, & Cassidy, 1985)은 최소한 아동이 학교를 다니는 시기 동안 안정적인 것으로 입증되었다(Kobak & Sceery, 1988). 의존감을 다루는 네 가지 방식이 기질적인 성향일 수 있다는 가정이 임상경험에서는 지지되고 있지만, 아직까지는 이를 경험적으로 확증한 연구가 없는 실정이다. 그럼에도 불구하고 현재 많은 치료자들이 환자의 개인적인 애착유형에 대한 이해가 치료에 관한 선택에 매우 중요하다는 점을 깨닫고 있다[이 분야의 유아 연구가 갖는 몇 가지 임상적 함의에 대해서는 Stern(1985)을 참고하시오.].

요 약

나는 독자들에게 정신분석발달이론을 간략히 소개하고, 그 이론의 문제점과 한계, 장점과 임상적 함의를 모두 언급하고자 하였다. 현재 정상발달에 대한 정신분석적 이론들은 매우 빠르게 발전하고 있다. 비록 유아와 아동기에 관한 경험적 연구의 진보는 애착이론을 지속적으로 개선시키고 심리치료기법에도 기여하고 있기는 하지만, 이 장에서 충분히 설명되지는 못하였다. 그렇지만 내담자의 정신병리가 갈등과 발달적 정체 중 어느 것을 반영하는지 평가하는 일을 중요하게 다루고자 하였다. 또한 정상심리발달에 대한 Freud와 후기-Freud학파의 주된 개념들을 개관하였으며, 성격구조 및 그에 따른 불안과 우울 정서의 서로 다른 의미를 이해하는 것이 어떠한 함의를 갖는지 논의하였다. 마지막으로, 개인의 심리적 반응을 결정짓는 데 있어서 특정한 스트레스의 역할을 언급하였다.

제5장
방어의 평가

   '방어적'이라고 알려진 과정에 대한 이해는 오랫동안 정신분석학의 주된 특징으로 여겨져 왔다. 정신병리에 대한 Freud의 관심 또한 오늘날 우리가 해리(dissociation) 혹은 거부(disavowal)로 여기는 현상을 관찰함으로써 시작되었다. 어떻게 한 사건을 아는 동시에 모를 수가 있는가? 나의 다른 저서인 『정신분석적 진단(Psychoanalytic Diagnosis)』의 5장과 6장에서 방어와 관련된 주제들을 전반적으로 설명하였는데, 이는 방어의 개념적 배경을 이해하는 데 도움이 될 것이다. 또한 방어를 다각적 측면에서 살펴보기 위해서는 A. Freud(1936), Laughlin(1967) 그리고 Vaillant(1992)의 저서를 참고해도 좋다. 이 책을 통해서 나는 한 개인의 방어적 경향을 평가하는 것이 심리치료의 효과를 증진시키는 데 어떻게 기여하는지를 설명하고자 한다. 또한 Reich(1933)가 "성격적 갑옷(character armor)"이라고 설명한 습관적 방어와 상황에 의해 촉발된 반응적 방어 모두를 논의할 것이다.

사실, 방어는 면담의 전 과정에서 일어난다. 이를 통해 임상가는 환자가 낯선 사람에게 자신의 사적이고도 고통스러운 경험을 밝혀야만 하는 스트레스 상황에 어떻게 대처하는지를 확인할 수 있다. 치료자를 찾는 사람들은 희망과 수치심의 갈림길에 서 있다. 따라서 내담자는 고통스러운 심리적인 문제에 대해 말하고 싶은 동시에, 치료자가 자신을 부정적으로 생각하지 않도록 이를 축소하고 싶어한다. 즉, 방어를 하지 않으려고 애쓰는 동시에 불안감을 견디지 못하고 평소보다 더욱 방어적으로 행동하는 것이다. 면담에서는 내담자의 전반적인 행동을 통해 그 개인의 방어를 관찰할 수 있다. 또한 방어 기능을 평가하는 특정한 질문을 던져볼 수도 있는데 그 내용은 다음과 같다: 불안할 때 어떻게 행동하십니까? 흥분하면 어떻게 마음을 가라앉히시나요? 당신의 성격이 어떤지를 잘 보여주는 가족과 관련된 얘기는 없나요? 다른 사람들은 당신을 어떻게 여기나요? 당신에 대한 비판이나 불평이 있습니까? 나에 대해 어떤 감정을 느끼시나요?

정신분석적 개념 중 일부는 경험적 방법을 통해 연구하기가 어렵다. 방어 또한 주의깊게 접근해야 하는 개념이다. 비록 방어과정이 본질적으로 주관적이고 비자발적이며, '방어'도 일종의 가설적 구성체일 뿐이지만, 통제된 실험이 가능하도록 '억압(repression)' '부인(denial)' '위축(withdrawal)' '이상화(idealization)' 등과 같이 조작적으로 정의할 수 있는 방법들이 존재한다. 정신분석학파에 속하지 않는 학자들은 방어의 개념을 '대처 양식(coping style)'이라고 명명하기도 한다. 이는 충분한 경험적 검증과정을 통해, 비록 진단을 위한 보조적인 선택 범주이긴 하지만 DSM-IV의 축 6('차후 연구를 위한 준거 집단 및 축'의 하위내용인 '방어기능 척도')에 포함되었다. 최근 Vaillant와 McCullough(1998)는 내면적 동기보다는 관찰가능한 외현적 행동을 강조함으로써 결과적으로 신뢰도는 높였지만 타당도를 떨어뜨리게 된 축 2 진단에 방어가 얼마나 중요한 설명력을 갖는지를 입증하는 연구를 발표하였다.

Vaillant(1971)가 지적하였듯이, 방어는 자기 자신, 타인, 사고나 감정의 일부 혹은 전체에 대한 지각을 바꿀 수 있다. 방어는 인지(예: 생각을 조작함으로써 고통스러운 상황으로부터 벗어나고자 하는 합리화), 정서(예: 부정적 감정을 그것과 정반대되는 방식으로 다루는 반동형성), 행동(예: 고통스러운 갈등을 행동을 통해 발산하는 행동화) 또는 이들의 조합(예: 인지 및 행동을 통해 작동되는 역전, "X라는 감정을 느끼는 건 내가 아니라 당신이야. 때문에 나는 당신이 지금 느끼고 있을 그 감정을 치유해줄 수 있어.")의 영역에서 작동한다.

다른 방어에 비해 훨씬 더 적응적인 방어들이 존재한다는 사실에 정신분석학자들이 동의할 뿐만 아니라(예: Kernberg, 1984; Laughlin, 1967), 관련된 정신병리를 토대로 방어를 위계적으로 나열할 수 있다는 분명한 경험적 증거도 있다(예: Haan, 1977; Vaillant, 1977; Weinstock, 1967). 그러나 건강한 방어와 건강하지 못한 방어를 구분할 수 있는 방어의 규범적 기준은 존재하지 않는다. 치료자들 사이에서는 원시적이고 일차적인 방어와 성숙하고 이차적인 방어를 구분했던 Kernberg(예: 1984)의 설명이 일반적으로 가장 널리 받아들여지고 있다. 그는 다음과 같이 주장하였다.

"억압(repression)과 이에 관련된 반동형성(reaction formation), 격리(isolation), 취소(undoing), 주지화(intellectualization) 그리고 합리화

(rationalization)는 추동의 파생물 또는 이들의 표상이 의식에 영향을 미치지 못하게 함으로써 자아(ego)를 심리내적 갈등으로부터 보호한다. 분리(splitting) 및 이와 관련된 기제들은 해리(dissociation), 즉 자기(self)와 중요한 타인(significant others)의 모순되는 경험을 적극적으로 밀쳐내는 방어를 통해 자아를 보호한다"(p. 15).

이와 관련된 다른 기제에는 원시적 이상화(primitive idealization), 투사적 동일시(projective identification), 부인(denial), 전능감(omnipotence) 그리고 원시적 평가절하(primitive devaluation)가 있다. 다른 저서(McWilliams, 1994, p. 98)에서 나는, 우리가 원시적이라고 여기는 방어들이 자기와 외부 세계 간의 경계에 관련되는 반면, 고차적이라고 여기는 방어과정들은 자아나 초자아와 원초아 사이 또는 자아의 관찰자 부분과 경험자 부분 사이와 같이 내적 경계의 문제를 다룬다는 점을 언급한 바 있다.

방어양상은 그 사람의 목소리나 지문과 같이 지극히 개인적인 특징을 지닌다. 어떤 사람은 슬픔을 분노에 대한 방어로 사용하지만, 다른 사람은 슬픔을 방어하기 위해 화를 내기도 한다. 또한 어떤 사람은 자신의 내면세계에 만연해 있는 수치심을 방어하지만, 다른 사람은 전혀 죄책감을 느끼지 않는다. 어떤 사람은 매우 다양한 방어를 구사하지만, 다른 사람은 상황에 상관없이 한두 가지의 방어기제에만 매달린다. 따라서 한 개인을 돕기 위해서는, 그가 혼란스러운 내면 상태를 안정시키기 위해 자신의 생각, 감정, 행동을 조작하는 독특한 방식을 평가하는 것이 필요하다.

방어를 평가할 때 치료와 연구에서
고려해야 할 점들

　연구의 목적을 위해서는, 추론을 통해 짐작하는 내면적 과정보다는 관찰 가능한 행동에 중점을 두고 장애를 분류하는 것이 바람직하다. 하지만, 임상적 목적을 위해서는, 그 행동을 정확하게 기술하는 것보다는 행동이 갖는 의미에 대해 파악하는 것이 중요하다. 반사회적 성격장애, 즉 정신병질의 현상은 그러한 장애를 지닌 개인이 지니고 있을 것으로 추측되는 방어적 성향을 간과하고 관찰 가능한 행동만을 객관적으로 평가하는 경우에 나타나는 문제점을 잘 보여준다. 1980년 개정판 이래로, DSM은 반사회적 행동에 관심을 지녀온 사회학자인 Lee Robins의 연구(예: 1966)에 근거하고 있다. 왜냐하면 그녀는 정신병질적 현상을 추론보다는 정확한 기술 그리고 이론보다는 경험적 자료에 근거하여 정의하고 있기 때문이다. 그녀는 반사회적 성격장애(이 용어 자체가 동기와 개인적 의미에 대한 심리치료자의 관심보다는 관습적 규범으로부터 일탈된 현상에 대한 사회학자의 관심을 반영하고 있다)의 평가를 위해 행동적이고 관찰 가능한 기준들을 제시하고 있는데, 이는 관습적인 연구를 위해서는 매우 유용한 것이다. 따라서 Robins의 연구를 근거로 한 DSM-IV는 반사회적 성격장애의 진단을 위해 7개의 기준을 제시하고 있는데, 그중에서 오직 '뉘우침의 결여'만이 내면적 경험에 관한 것이다.

　그러나 치료자에게 있어 반사회적인 성향을 평가하는 데 중요한 지표들은 전적으로 내면적인 속성을 지닌다. 여기에는 정서적 위선 (emotional insincerity; Cleckley, 1941), 양심불량(defects of conscience;

Johnson, 1949), 타인을 압도하는 것에 대한 경멸적 즐거움 (contemptuous delight at 'getting over on' others; Burstern, 1973), 공감의 결여(lack of empathy; Hare, 1991), 자기중심성 혹은 웅대성 (egocentricity or grandiosity; Clerkley, 1941; Hare, 1991), 정서적 무감각 (obliviousness to affects; Modell, 1975), 분노와 질투에 대한 예외적인 예민성(except perhaps for rage and envy; Meloy, 1988) 그리고 가장 핵심적이라고 할 수 있는, 전능한 통제라는 원시적 방어에 대한 의존(reliance on the primitive defense of omnipotent control; Akhtar, 1992; Kernberg, 1984; Meloy, 1988)이 해당된다.

치료자들은 접수면접에서의 반사회적 성격장애에 대한 DSM의 기준들, 즉 불법적 행동(1번 기준), 충동적 행동(3번 기준), 외현적 불안정성과 공격성(4번 기준), 자신과 타인의 안전에 대한 무모할 정도의 무관심(5번 기준), 무책임한 행동(6번 기준)에 부합하지 않는 많은 내담자들을 만나게 된다. 지속적으로 타인을 조종하려 들고, 공감능력이 없으며, 권력지향적인 생활태도를 보이는 사람들 중, 겉으로는 매우 정중하고 친절한 사람도 있다. 그러나 숙련된 임상가들은 그들이 만성적으로 전능한 통제 (omnipotent control)라는 방어기제에 의존해오고 있음을 확인하고 반사회적 성격장애자임을 인식한다. 여성의 다소 도발적인 질문, 여성 치료자가 들어오는 동안 문을 잡아주는 남성의 매력적인 행동 또는 다른 회사를 공격적으로 인수하는 과정에서의 자신의 역할에 기뻐하는 회사간부의 행동을 통해서 임상가는 이를 짐작할 수 있다. DSM의 어떤 기준에도 해당되지 않는, 겉보기에 매우 매력적이고 법을 준수하는 듯한 중류층의 사람들에게 투사법 검사를 실시하였을 때 반사회적 성향이 드러나는 경우가 많다(Gacano & Meloy, 1994).

DSM은 사회의 주변적 집단들, 예컨대 청소년 폭력단이나 범죄조직에 있는 사람들을 과도하게 반사회적 성격장애로 진단하는 반면, 주류로서의 역할을 하며 성공한 사람들에게는 그러한 진단을 거의 부여하지 않는다. 가난하고 권력으로부터 멀리 떨어져 있는 사람들이 반사회적 성격장애로 진단될 경우, 이들은 자신의 성격으로 인해 생긴 난관에서 벗어날 수 있는 가능성으로부터 멀어지게 된다. 반면 정신병질적 사람들은 강한 권력을 휘두를 수 있는 정계나 재계, 군대 및 연예계에서 흔치 않게 볼 수 있다. 다시 말해서, DSM은 실제로 그렇지 않은 사람(예: 어렸을 때 품행장애로 진단되거나 청소년 혹은 성인기에 법을 어겨 구속된 사람)을 정신병질자로 쉽게 진단하는 반면, 속임수에 능한 사람들을 진단하는 데는 별다른 도움을 주지 못한다.

반사회적 성향을 지닌 사람들의 주관적인 내면세계를 이해함으로써 그들이 '반사회적 역할(antisocial role)'을 하는 위치에 서지 않도록 하는 것이 훨씬 치료적으로 유용하다. 예컨대, 치료자는 이러한 내담자에 대해서 분명하게 권력지향적인 태도를 취하되, 올바르고 정직한 행동을 보여주며, 어떤 결정을 할 때 도덕적 기준보다는 실리적 기준에 근거한 판단을 하는 것이 중요하다(Akhtar, 1992; Greenwald, 1958; Meloy, 1988, 1992; McWilliams, 1994). 많은 경우, 특히 개인의 반사회적 성향이 학교나 법률체계를 통해 포착되기 어려운 미묘한 경우에는, 치료자가 그들의 방어체계를 잘 평가하는 것이 매우 중요하다. 이러한 방어의 평가를 통해서, 정신병질적 심리상태의 행동적 결과가 나타나기 오래전에, 그들이 지닌 반사회적 역동의 위험성에 대비할 수 있다. 이러한 예측과 대비는 정신병질에 대한 진단이 중요한 이유를 보여준다. 정신병질적인 사람들은 흔히 속임수의 목적으로 치료장면을 찾기도 한다(예컨대, 이들은 치료

자가 그들을 대신해서 유리하게 증언해주거나, 장애자 수당을 받도록 증명해
주거나 또는 치료자를 방문함으로써 자신의 파괴적 측면을 열심히 변화시키고
자 노력하고 있다고 위장하는 데 도움을 줄 것이라는 기대하기도 한다.).

정신병질은 내담자의 방어체계를 평가하는 것이 얼마나 중요한지를
보여주는 단적인 예에 불과하다. 전능한 통제를 일삼는 사람들이 정신병
질환자일 가능성이 높은 것처럼, 특정한 방어에 습관적으로 의존하는 것
은 특정한 성격적인 경향성과 관련된다. 각각의 경향성은 나름대로 각기
다른 임상적·이론적 연구 배경을 지니고 있다. 분리, 투사적 동일시 및
다른 원시적 방어들은 경계선 성격구조와 관련된다(Kernberg, 1975). 이
상화와 평가절하는 자기애를 시사하며(Bach, 1985; Kernberg, 1975;
Kohut, 1971), 공상으로의 철수는 분열성 성향을 암시한다(Guntrip,
1969). 반동형성과 투사적 방어는 편집증적 과정과 밀접한 연관성을 갖
는다(Karon, 1989; Meissner, 1978). 퇴행, 전환 및 신체화는 신체형 장애
의 취약성과 감정표현불능증을 나타내며(McDougall, 1989; Sifneos,
1973), 내사 및 내향화는 우울 및 피학적 심리를 나타낸다(Berliner, 1958;
Laughlin, 1967; Menaker, 1953). 부인은 조증의 지표이며(Akhtar, 1992),
대치(displacement)와 상징화는 공포와 관련된 태도다(MacKinnon &
Michels, 1971; Nemiah, 1973). 감정의 격리(isolation of affect)와 합리화,
도덕화, 구획화 및 주지화는 강박적 사고성향의 핵심적 특징이며
(Salzman, 1980; Shapiro, 1965), 취소(undoing)는 강박적 행동성향의 기
본적 방어다(Freud, 1962). 억압과 성애화(sexualization)는 연극성 속성을
시사한다(Horowitz, 1991; Shapiro, 1965). 해리반응은 외상경험 후에 나
타나는 정신상태의 주된 특징이다(Davies & Frawley, 1993; Kluft, 1991;
Putnam, 1989). 이렇게 방어와 성격성향을 연결짓는 것은 물론, DSM과

기술적인 정신과적 진단이 비판받는 이유, 즉 개인에게 특정한 진단명을 부여하고 개인을 병리적 관점에서 파악하려 한다는 이유에서 비난을 받을 수 있다. 그러나 방어에 대한 세심한 이해를 토대로 한 이러한 진단명은 방대하고 복잡한 개념체계로서, 많은 연구문헌에 근거하고 있으며 성실한 치료자가 치료방향을 잡을 때 참고가 되는 지식을 제공한다.

성격 또는 상황에 근거한 방어반응

방어반응은, 앞장에서 논의된 발달의 경우와 마찬가지로, 개인의 성격구조나 상황에 의해 결정된다. 성격적 특성을 지니는 방어 양상의 예로서 편집성 성격(paranoid personality)을 지닌 한 남자의 경우를 생각해보자. 편집성 성격의 주요 특성은 '투사'에서 찾을 수 있다. 편집증적 성격의 환자는 대부분의 상황에서 이 방어기제를 사용한다. 만약 어떤 차가 가로막는다면, 그는 자신의 분노를 투사하여 운전자가 자신을 방해하려는 적대적 의도를 지녔다고 확신한다. 누군가에게 강한 성적 매력을 느끼는 경우에도, 자신의 성적 소망의 원인을 상대방에게서 찾고 그를 욕정에 가득 찬 사람으로 매도한다. 만약 누군가가 질투심을 자극한다면 그는 자신의 훌륭함을 상대방이 질투하기 때문인 것으로 해석한다. 치료 장면에서도 자신이 미처 해결하지 못하고 집착하는 바를 투사하여 치료자의 언행을 이해하기 때문에, 치료자가 피곤해 보이는 경우에는 자신을 지루하게 여기는 것은 아닌지, 거세한 숫양에 대해 별 의미 없이 잠깐 언급하고 지나가는 경우에도 자신의 성적 지향성을 빗대어 말한 것은 아닌지를 의심한다. 그는 치료자를 포함한 다른 사람의 감정을 섬뜩할 정도로 예민하게 알아차리지만, 그 의미를 해석하는 데 있어서는 적절한 근거 없이 자신과 관련지어 해석하는 경향을 나타낸다.

성격적으로 편집적인 사람과 편집증적이 될 수밖에 없는 상황에 처해 있는 사람을 구분하기는 쉽지 않다. 이미 형성된 기대나 안정적 토대까지도 혼란스럽게 하는 외상(trauma)으로 인해, 전혀 그렇지 않았던 이들도 편집적인 양상을 나타내는 경우가 있다(Herman, 1992). 모호한 상황 또한 투사의 방어기제를 유발하며, 분석가들은 이를 치료장면에 곧잘 적용한다. 즉, 내담자의 심리적 건강 상태가 비교적 양호한 경우, 치료자에 대한 투사를 탐색하기 위해 자신에 대해 최소한의 정보만을 준다. 외부로부터 적절한 정보가 주어지지 않은 상황에서 사람들은 자신에게 어떤 일이 일어나는지를 파악하기 위해 내적인 정보에만 의존하게 되기 때문이다. 상황이 고통스러울수록 이를 이해하고자 하는 요구도 높아지며, 이때 내담자는 그들이 지닌 유일한 정보인 내적 상태를 근거로 한다. 따라서 정서적으로 혼돈스럽고(예: 누군가가 매우 독단적으로 혹은 부당하게 자신을 대하는 경우), 상황적 의미를 파악할 수 있는 정보를 충분히 가지고 있지 않는 경우에 투사가 활발히 일어난다. 때문에 수치심을 느끼면 누군가가 자신을 모욕하려 한다고 가정한다. 마음의 상처를 입게 되면 자신을 괴롭히고자 하는 의도를 지닌 상대방의 탓으로 돌린다. 하지만, 행동의 결과와 이를 유발하는 동기는 전적으로 구분되므로, 이들의 추측이 옳은 경우는 많지 않다.

모든 방어적 반응은 개인적 성향과 상황적 영향의 조합으로 이루어진다. 따라서 방어가 이들 두 가지 요인 중 무엇을 반영하는지를 평가하는 것은 임상적으로 매우 유용하다. 비인간적인 직장 분위기를 토로하면서 상사가 자신보다 뛰어나기 위해 갖은 수를 쓰고 있다고 보고하는 내담자의 경우, 그녀의 편집증적 특성은 성격구조나 투사를 유발하는 현실에 대한 적응을 반영한다. 방어가 성격적인 것인지 아니면 상황적 요인에 의한 것인지를 결정하는 임상적 기준 중 하나는 환자에 대한 치료자의 주관적인 반응이다. 만약 투사적 방어(projective defense)가 전적으로 성격에 기인한다면, 치료자는 환자가 얼마나 즉각적이고 무분별한 방식으로 자신에게 투사하는지를 감지할 수 있을 것이다. 반면 상황에 대한 일종의 반응으로서 투사가 사용된다면, 비록 내담자가 어찌할 바를 모르고 동요하는 상황이라고 하더라도 치료자는 다소 거리감을 두고 흥미롭게 이를 바라보면서 도움을 줄 수 있을 것이다. 또한 문제영역 이외의 행동이나 그 개인의 배경에 대한 질문도 이를 보다 명확하게 평가하는 데 유용하다. 반응성 편집증의 경우, 투사는 그 반응을 유발하는 상황에 국한된다. 예컨대, 직장에서 사람들이 자신을 못살게 군다고 여기는 반응성 편집증을 지닌 내담자는 가족이나 친구들과 관련해서는 이러한 느낌을 보고하지 않을 것이다.

다른 방어기제의 경우도 마찬가지다. 이를 확인하기 위해 좀처럼 감당하기 어려운 상황에 부딪혔을 때 자동적으로 동원하게 되는 부인(denial)의 방어기제를 생각해보자. 대부분의 사람들이 끔찍한 뉴스를 들은 후 "그럴 리가 없어."라는 식의 첫 반응을 보인다. 성격적으로 조증을 지니고 있어 대부분의 상황에서 부인의 방어기제를 사용하는 경우와 암선고와 같은 역경에 대처하는 과정에서 적응적인 방식으로 대처할 수 있을 때까지 일시적으로 부인의 방어기제에 의지하는 경우는 직관적으로 쉽게 구분된다. 앞서 언급한 바와 마찬가지로, 치료자는 상황적 요인으로 인해 일시적으로 부인의 상태에 처한 것인지 아니면 내담자가 곤란한 상황에 처할 때마다 습관적으로 부인의 방어기제를 사용하는지를 면담의 전반적 분위기를 조율함으로써 파악할 수 있다. 조증 혹은 경조증의 성격을 지닌 내담자에 대한 일반적인 역전이는 어지럽고 무언가 획획 지나치는 듯하며 혼돈스럽고 감정들이 뒤엉켜 있는 듯한 느낌이다. 내담자가 부인의 방어기제를 사용하는 것을 자연스럽게 받아들이고 공감하는 경우, 심각한 조증 삽화에 처하거나 경조증적 성격을 지닌 내담자를 과소평가하거나 혹은 순환기적 기분장애를 지닌 환자의 성격적 특성을 간과하는 실수를 범하게 된다.

방어 평가의 임상적 함의

장기적 또는 단기적 함의

내담자의 습관적인 방어 체계를 세심하게 평가해야 하는 이유에 대해 전통적으로는, 장기적인 분석치료를 통해서 내담자가 좀 더 풍요롭고 폭넓은 삶을 살 수 있도록 방어 패턴의 변화를 가져올 수 있기 때문이라고 설명하였다. 내담자는 언제 자신이 특정 방어 전략을 자동적으로 사용하는지를 확인하고 잠시 멈추어 그것이 과연 그 상황에서 가장 효과적인 반응인지의 여부를 생각해볼 수 있게 된다. 또한 무분별하고 자동적이며 때로는 자기 파괴적인 행동을 사려깊고 자신의 의지가 반영된 행동으로 대체할 수 있게 된다. 이들은 방어 유형의 보다 성숙한 형태를 사용하고 (예: 감정의 고립이 아닌 감정에 대한 어느 정도 주지화된 인식, 원초적 이상화가 아닌 성숙한 이상화), 보다 폭넓고 효과적인 대처기제의 목록(repertoire of coping mechanism)을 마련하게 된다.

오늘날처럼 최소한의 치료적 개입과 최대한의 효과라는 경제성이 강

154

조되는 시대에도 대부분의 사람들은 치료적 장면에서 해결된 사항들이 실제로 효과를 거두기까지는 많은 시간이 걸린다는 사실을 직관적으로 알고 있으며, 성장에 필요한 투자를 아끼지 않는다. 또한 성격적으로 미성숙하고 초기 형태의 방어인 해리에 의존하는 환자의 경우, 정신분석이 아닌 다른 이론적 토대를 갖는 치료자들조차도 그 방어 양상을 변화시키기 위해 장기적인 치료가 필요하다는 사실에 동의한다. 마찬가지로 단기 치료 혹은 위기개입만이 가능한 경우에도 내담자의 성격적 방어에 대한 이해는 매우 중요하다. 이를 통해 개인의 특성에 가장 부합하는 치료적 개입의 유형을 결정할 수 있기 때문이다.

대부분의 임상가들이 가장 이상적으로 여기는 상황을 생각해보자. 내담자가 높은 동기 수준을 갖고 스스로 치료장면을 찾아왔으며 치료를 받을 만한 여유를 지니고 반복되는 심리적 문제가 일시적으로 피상적인 수준에서 해결되는 것이 아니라 근본적인 변화가 이루어질 때까지 치료를 원하는 경우가 이에 해당된다. 특정 스트레스 사건에 대처하기 위해 일시적으로 부적응적인 방어를 사용한다고 판단될 경우, 치료자는 이를 지적하고 다른 문제해결 방법을 고려할 수 있도록 한다. 예를 들어, 부친의 시한부 선고에 대해 위축(withdrawal)의 방어를 보이는 한 내담자를 살펴보자. 비록 고통스러운 상황을 회피하고자 하는 것이 자연스러운 반응이라고 할지라도, 이후 그는 부친의 살아 계신 마지막 모습을 보다 가까이에서 할 수 없었다는 사실을 뼈아프게 후회할 것이다. 그 이면에는 임종에 따르는 깊은 슬픔에 대한 두려움이 자리 잡고 있음을 파악하고, 상실에 대한 고통이 그에게는 왜 그리도 끔찍한지에 대해 질문을 제기할 수 있다. 또한 치료자는 내담자가 자신의 감정에 대한 통제를 상실하는 것과 관련하여 지닌 공상을 탐색하고, 그의 위축이 부친의 삶을 마술적으로 연장시키거나 임종 시의 고통을 견딜 수 있게 만들지는 않는다는 사실을 지적할 수도 있다. 이러한 과정을 통해 자신의 슬픔에 적응하면서, 궁극적으로는 자신과 가족 모두를 만족시킬 수 있는 대안적 방법들에 대해 함께 모색할 수 있다.

반면, 그 환자의 방어가 부적응적이고 성격적인 것이라면 임상적 접근의 중요성이 보다 커지게 된다. 앞의 예에서처럼 평소에는 활발하고 사교적이던 사람이 불가피하게 위축의 양상을 보인다면, 자아의 건강한 영역, 즉 이러한 위축이 비정상적이고 자기 파괴적이라는 사실을 인식할 수 있는 영역을 치료적 대상으로 삼을 수 있다. 하지만, 그가 평생에 걸쳐 고통스러운 현실에 부딪힐 때마다 늘 위축되는 반응 양상을 보인다면 치료적 개입이 가능한, 자아의 기능을 스스로 관찰할 수 있는 부분을 찾기가 어렵다. 이러한 경우, 너무나 자연스럽고 자동적인 방식으로 위축의 경향을 나타내기 때문에 이에 대처할 수 있는 다른 방법을 생각해낼 수가 없다. 즉, 방어 양상이 마치 숨 쉬는 공기와도 같이 매우 친숙하기 때문에 이를 살피고 고려해야 할 대상으로 생각하는 데는 어려움이 따르는 것이다.

이와 같이 특정 방어기제가 너무도 깊이 자리 잡고 있어 내담자 자신도 인식하기 어려운 경우, 분석적 치료에서는 기본적으로 몇 달 혹은 몇 년에 걸친 치료의 초기 기간 동안, 자아 동질적으로 여겨지는 바를 자아 이질적으로 만드는 데 주력한다. 방어를 직접적으로 그리고 치료를 시작하자마자 해석하는 것은 전혀 도움이 되지 않으며 환자는 오히려 이를 비판적이고 경멸적으로 받아들일 수도 있다. 왜냐하면 다른 방식으로는 어떻게 행동해야 할지 전혀 고려할 수 없는 상황에서 이로 인해 그 개인의 기본적인 생활방식(modus vivendi)이 위협받기 때문이다. 따라서 치료자는 문제상황을 해결할 수 있는 다른 가능한 방법이 없는지에 대한 질문을 점진적으로 제시하면서 매우 참을성 있게 내담자를 대해야 한다. 특정 방어가 유일한 대처 수단이 되는 경우에는 이를 제거해서는 안 될 것이다. 정신분석에 관한 문헌 중 상당수가 특정 성격유형에 대해 이와 같은 장기적인 치료절차를 설명한다. 예컨대, Mueller와 Aniskiewitz (1986)는 억압, 퇴행, 전환 및 행동화의 방어기제를 사용하는 연극성 성격장애 환자들을 대상으로 한 치료 지침서를 저술하였다. Salzman (1980)의 저서는 고립, 구획화, 합리화, 주지화 및 취소의 방어기제를 사용하는 강박적 성격장애 환자들을 대상으로 하였다. Davies와 Frawley(1993)는 습관적으로 해리의 방어기제를 사용하는 사람들을 대상으로 치료서를 발간하였다.

단기치료나 위기개입의 경우도 마찬가지다. 장기치료의 초기 단계가 아니라 시간적 제약으로 인해 충분히 직면할 만한 여유가 없는 상황이라고 하더라도, 방어가 성격에 기인한 것인지에 대한 평가는 매우 중요하다. 습관적이고 자동적인 방식으로 자기 자신에게 향하기(turning against the self)와 역행(reversal)의 방어기제를 사용하는 피학적 성격구조 (masochistic character structure)를 지닌 한 여성의 경우를 생각해보자. 그녀는 자신의 욕구를 타인에게 투사하여 그들을 보살핌으로써 충족시키고자 하며, 스스로를 돌보는 데는 전혀 관심을 두지 않는다. 장기치료에서는 그녀가 부인하고 투사하며 타인을 통해서 충족시키고자 하는 욕구나 추동을 보다 잘 통합하고 다룰 수 있도록 돕는 치료적 목표를 추구할 수 있다. 하지만, 단기치료에서는 환자가 자신의 것으로 인정할 수 없는 부분들을 다루기 위해 방어를 사용한다는 사실을 인정하고 그녀의 심리적 세계 내에서 치료적 접근을 꾀해야 한다. 따라서 남편에게 학대를 받으면서도 이를 참고 있는 여성의 경우, 그녀의 방어를 정면으로 비판하면서 "그는 나쁜 사람이에요. 더 이상 참을 필요가 없어요. 남편에게 가서 당장 그만두지 않으면, 집을 나가버릴 거라고 말하세요."라고 권유하는 것은 치료에 아무런 도움이 되지 않는다(만약 이러한 방식을 통해 효과를 거둘 수 있다면, 심리치료를 받으러 오는 사람이 현저하게 줄어들 것이다. 왜냐하면 이런 방식은 폭행당하며 사는 이들을 돕고자 하는 비전문가들이 가장 먼저 선택하는 방법이기 때문이다.).

이렇듯 방어를 정면으로 공격하는 것은 내담자에게 단지 두 가지 선택권만을 줄 뿐이다. 첫 번째는 대체할 수 있는 다른 대처방법이 없는 상황에서 방어를 포기한 결과, 불안이나 수치심, 죄책감에 압도되는 것이다. 두 번째는 인생의 제반 문제에 대처할 수 있게 하는 유일한 방법을 비난하는 치료자로부터 떠나는 것이다. 대부분의 내담자는 후자를 택한다. 때로 내담자는 전자를 택하기도 하는데, 치료자를 이상화함으로써 기존의 방어를 또 다른 방어로 대체하는 경우가 이에 해당된다("내 치료자는 나보다 훨씬 더 훌륭한 사람이니까 난 그냥 묵묵히 따를래. 평소대로 행동하지 않으면 많이 불안하겠지만 어떤 게 내게 더 좋을지 치료자가 나보다 더 잘 알고 있을 테니 아무 문제도 없을 거야."). 하지만, 이는 단지 문제의 원천이 바뀐 것에 불구하다. 즉, 치료자는 내담자가 존엄성과 자율성을 버리고 자신에게 순종하도록 명령을 내리는 지배적인 위치에 서게 되는 것이다. 자기 파괴적인 특정 행동을 중단하고 보다 나은 대상에 의존하게 되었지만, 스스로 결정을 내리지 못하고 복종적으로 행동하는 경향성은 약화되기보다는 오히려 강화되었다고 할 수 있다.

이렇듯 내담자가 의존하는 방어를 직접적으로 공격하는 것은 부정적인 결과를 낳기 쉽기 때문에, 단기치료 상황에서 대부분의 치료자들은 방어를 내담자의 성장에 도움이 되는 방식으로 사용할 수 있도록 은근하고 교묘하게 다루어준다. 앞서 언급한 피학성 성격을 지닌 여성의 경우, 그녀의 방어적 요구(defensive needs)에 그다지 동떨어지지 않은 방식으로 개입함으로써 그녀가 보다 자기주장적으로 행동하도록 설득할 수 있다. 예를 들어, 치료자는 다음과 같이 언급할 수 있다.

"당신을 그렇게 때리는 것이 남편 자신을 위해서도 그리 좋은 일은 아닌 것 같군요. 그가 폭력 남편으로 매도당하고 괴로운 처지에 놓일 거란 사실이 걱정되지 않으세요? 그 또한 그런 자신의 모습을 부끄러워할 겁니다. 보다 동등한 위치에서 갈등을 성숙하고 합리적으로 해결하고 싶다는 남편의 요구를 만족시켜줄 수 있는 방법은 없을까요?"

자기 자신도 미처 의식하지 못하는 이유 때문에 상대방의 입장에서만 자신의 행동을 평가해오던 그녀는 그러한 행동이 타인을 위해서도 전혀 도움이 되지 않는다는 사실을 깨닫고 자신의 습관적인 행동에 대해 재고해볼 수 있게 될 것이다.

내담자가 생각하고 느끼며 행동하는 습관적인 방식을 전혀 침해하지 않는 상태에서 방어를 평가하고 치료적으로 개입해야 한다는 원칙을 다음의 예를 통해서도 확인할 수 있다. 이는 앞의 피학성 성격장애와 극명하게 대립되는 사례로서, 전능한 통제의 방어기제를 사용하는 반사회적 성격장애를 지닌 내담자의 경우다. 노련한 경찰관은 범죄 사실을 자백받기 위해서는, 늘 최고의 자리에 서고자 하는 범죄자의 요구에 위배되게 행동해서는 안 된다는 사실을 알고 있다. 때문에 "그땐 당신도 어쩔 수 없는 상황이었잖아요."라고 말하는 것은, 비록 비난의 여지를 줄여주긴 하지만 그가 약한 존재라는 사실에 근거하기 때문에 오히려 범죄자의 자백에 걸림돌이 된다. 또한 그의 죄책감을 자극하는 언급(예: "피해자가 어떤 고통을 겪을지 한 번 생각해보세요")도 피해야 한다. 전능의 방어기제는 불완전함이나 도덕적인 결함을 인정하지 않으며, 오직 권력만을 의미한다. 때문에 경찰관들은 살인자에게 "피해자의 가족을 위해 당신의 죄를 인정해야 합니다."라고 하기보다는 "당신이 어떻게 행동했었는지 잘 모르겠다구요? 그렇다면 사람들은 아마 당신을 제정신이 아니라고 생각할 텐데, 그런 식으로 여겨지길 바라나요?"라는 식의 심문 방법을 배운다. 대부분의 반사회적 성격장애자들은 취약하고 정신나간 사람으로 간주되기보다는 차라리 감옥에 들어가는 게 낫다고 여긴다.

이와 같은 법적인 예는 반사회적 내담자가 더 이상 거짓말하지 못하도록 치료적으로 접근하는 데 적용될 수 있다. 전능감을 추구하는 사람은 자신이 무언가를 필요로 한다는 사실을 인정하지 않기 때문에, 그가 다른 사람을 속이고자 하는 요구를 지녔다는 사실에 공감적으로 반응한다고 해서 정직해지지는 않는다. 은근히 도덕성에 대해 언급하는 것도 마찬가지로 효과를 거두기 어려우며, 내담자는 이를 단지 인생의 쓴맛을 모르는 위선적인 합리화에 지나지 않는 것으로 여길 것이다. 때문에 치료자는 다음과 같이 언급할 수 있다.

"이봐요. 내가 아무리 당신에게 여기 치료장면에서 솔직해야 한다고 강조해도 당신은 여전히 내게 거짓말하고 싶은 유혹을 뿌리칠 수 없을 게 분명해요. 당신이 날 속일 수 있는 기회도 무수히 많을 거예요. 하지만, 현실적으로 그건 당신에게 아무런 이득이 될 수 없어요. 왜냐하면 지어낸 이야기나 하려고 당신의 돈과 내 시간을 여기 쏟아 붓고 있는 건 아니잖아요. 당신만이 당신의 마음을 치료할 수 있는 전문가예요. 도대체 제가 어떻게 해야 진실을 말할 수 있는 배짱을 가질 수 있겠어요?"

내담자의 웅대한 자기상을 인정하고 진실을 말하는 것이 용기 및 권력자의 특권과 결부되어 있음을 그가 인식할 수 있도록 함으로써 치료자는 내담자의 협조를 최대한 이끌어낼 수 있다.

방어에 대한 점진적 또는 단도직입적 접근

내담자가 자신의 성격을 깊이 있게 파악하는 데 충분한 노력과 시간을 기울이는 상황이라고 하더라도 치료적 접근에 보다 적절한 의사소통의 방식을 파악하기 위해서는 개인의 특정적인 방어구조를 평가할 필요가 있다. 고전적인 정신분석적 접근에서는 방어를 분석하는 데 있어 '표면에서 심층으로'(Fenichel, 1941)의 방식을 강조하였다. 즉, 환자의 심리적 구조가 여러 개의 층으로 이루어져 있으며 각 층은 아래층의 내용을 방어하는 것으로 간주되었다. 치료자는 매우 노련하고 체계적인 방식으로 개인의 경험 중에서 의식적이거나 혹은 의식에 가까운 영역들을 파악한다. 내담자가 이에 대해 인식하고 또한 더 이상 불안해하지 않을 때, 기저의 방어나 의미, 경험들이 의식 수준으로 떠오르고 치료자는 이를 치료적 관계 내에서 다루게 된다.

예컨대, 자신의 히스테리적 특성을 다른 사람에게 아첨하는 방식으로 표현하는 한 내담자의 경우, 그 이면에는 불신과 적개심, 경쟁심이 자리 잡고 있으며, 보다 심층적으로는 스스로에 대한 취약감과 이와 관련된 강한 두려움이 내재된 것으로 해석할 수 있다. 따라서 이와 같은 역동을 나타내는 연극성 성격구조를 지닌 환자를 대하는 경우, 다음과 같이 치료적 면담을 시작한다. "당신은 언제나 제가 하는 말에 동의하고 너무나도 공손하세요. 때로 제 의견에 전적으로 동의할 수 없는 경우도 분명 있을 법한데 말이지요." 이와 같은 언급을 통해 위협감을 주지 않는 정도 내에서 방어를 다루어 내담자가 스스로를 돌아볼 수 있도록 한다. 이후 내담자는 자신에게 다른 사람의 환심을 사기 위해 지나치게 애쓰는 경향성이 있음을 깨닫고 치료자와 함께 도대체 무엇을 감추기 위해 이와 같은 태도를 취하는지 그 이유를 탐색할 수 있게 된다.

만약 "제가 보기에 실제로 당신은 저에게 적대감을 가지고 있어요." 혹은 "당신은 겉으로는 제게 굽실거리지만 사실은 진저리처질 정도로 절 두려워하고 있을 거예요."라는 식의 해석을 통해 방어 구조를 '파고 드는' 경우, 이는 의식적으로 접근할 수 없는 감정과 관련되기 때문에 내담자는 이를 자신과는 무관한 언급으로 여기거나 너무나도 위협적이어서 더 이상 치료를 계속할 수 없다고 생각할 것이다. 이는 해석이 정확하긴 하지만 정도가 지나친 경우에 해당된다. 표면에서부터 심층으로 조심스럽게 나아가야 하는 이유에 대한 전통적 설명은, 여러 가지 방어 기능에 대한 가설을 제기했을 때 내담자가 갑자기 당황해할 수 있다는 것이다. 또한 가능하다면 치료자가 말하는 바를 내담자가 수용 또는 기각의 판단을 할 수 있을 뿐만 아니라 현재 논의되는 경험의 내용과 밀접하게 관련되어 있어서 자신 있게 판단할 수 있는 수준에서 치료를 진행하는 것이 바람직하기 때문이다.

이렇듯 표면에서부터 점진적으로 깊이 들어가면서 해석하는 방법은, 외견상 매우 지적이고 협력적인 임상양상을 보이지만 뿌리깊게 자리 잡은 수치심을 방어하기 위해 논쟁적이고 트집잡기를 잘 하는 태도를 그 이면에 감추고 있는 강박적 성향을 지닌 환자에게도 적절히 적용된다. 일반적으로 치료자는 수치심이 아니라 환자의 주지화 경향성을 일차적 치료 대상으로 삼을 것이다. 이를 탐색함으로써 환자의 공격적인 성격 요소를 확인할 수 있다. 이러한 적대감이 주는 불쾌감에도 불구하고 치료자가 자신을 이해하고 수용한다는 느낌을 점차적으로 강하게 갖게 되면, 결과적으로 적대감이 누그러지고 수치심이 의식 수준으로 떠오르게 된다. 만약 점진적인 방식으로 방어를 다루지 않은 채 곧바로 수치심을 치료의 대상으로 삼는다면, 환자는 심한 마음의 상처를 입고 괴로워하거나 혹은 주지화를 동원하여 치료자의 해석에 냉담하게 반응할 것이다.

이러한 해석 방법은 정신분석적 수련 배경을 갖지 않는 치료자들 또한 자연스럽게 그리고 직관적으로 선택하는 보편적인 접근법이다. "환자가 위치한 바로 그 지점에서부터 시작하기(start where the patient is)"와 "대체할 수 있는 무언가를 찾기 전까지는 그 개인의 방어를 건드리지 않기(don't mess with a defense until the person has something to replace it with)"는 풍부한 경험을 지닌 슈퍼바이저가 학생들에게 늘 강조하는 조언들이다. 하지만, 어떤 방어유형은 단도직입적인 해석을 요구하기 때문에, 특히 경조증 환자와 편집증적 환자는 방어의 위계에 따라 표면에서부터 접근하기보다는 '파고들기'의 방법을 필요로 한다.

부인을 일차적 방어로 사용하는 성격유형을 '경조증적' 혹은 '순환기적'이라고 명명한다. 경조증적인 사람은 종종 기분이 고양되고 활기 넘치며 매력적이고 재치 있고 에너지로 가득 찬 모습을 보인다. 하지만, 과거력을 살펴보면 이들이 친밀하고 진실한 관계를 맺는 데 심각한 어려움을 겪을 뿐만 아니라 조금이라도 의미 있는 관계가 시작되려고 하면 곧바로 도망가려는 경향을 지니고 있음을 알게 된다. 이들은 부인의 방어기제가 무력해질 때마다 상실, 취약성, 죽음, 이 밖에 미처 감지되지 않는 삶의 여러 문제들에 대해 고통을 호소하면서 우울의 상태로 급격한 변동을 보인다. 일반적으로 이들은 우울로 침잠한 상태에서 도움을 얻기 위해 치료적 장면을 찾지만 기분이 다시 고양되자마자 치료적 관계로부터 도망친다. 면담자는 종종 이들을 매력적인 사람으로 여기면서 이렇듯 애교스럽고 밝은 이들이 깊은 절망과 정기적으로 싸워야만 한다는 사실에 놀라곤 한다.

경조증적인 사람들은 부인의 방어기제에 숙달되어 있다. 이는 경직되고 이분법적인 방어이기 때문에, 표면에서부터 점진적으로 깊이 들어가는 방식으로는 좀처럼 접근하기 어렵다. 부인과 깊은 관련성을 지닌 약물 중독을 다루어본 적이 있는 치료자라면 누구나 이 방어기제를 도전적으로 다루어주어야 한다는 사실을 알고 있다. 이들 치료자는 자신의 환심을 사려고 하는 내담자에게 "왜 내 비위를 맞추려고 하는 거죠? 이제 그만하세요!"라고 하거나, 특히 내담자가 자기 파괴적으로 행동하는 상황에서는 "당신은 지금 부인하고 있는 거예요. 현실을 직시하세요."라는 식으로 소리칠 것이다. 예컨대 이보다 덜 공격적인 방식으로 "술을 마시면 스스로를 주체하기 어려울까봐 걱정하고 있는 건가요?"라는 식으로 은근하게 묻는다면 이는 오히려 내담자의 부인을 보다 강화시킬 것이다.

경조증적 환자처럼 부인의 방어기제가 성격적으로 자리 잡고 있는 경우(중독처럼 특정 영역에서만 부인이 나타나는 경우와는 대조적이다), 실패만 초래하게 되는 대대적인 정면공격을 시도하기보다는 창의적인 방식으로 이러한 문제를 다루는 것이 필요하다. 임상적 경험을 통해서 볼 때, 부인의 방어층을 무시하고 곧바로 심층적인 면을 다루는 것은 선택의 문제다. 예컨대, 치료자의 정기 휴가를 앞두고 어찌해야 할 바를 모르면서 자기 파괴적인 방식으로 행동하는 순환기적 성격장애를 지닌 여자 내담자에게 치료자는 "당신이 미처 의식하지 못하는지도 모르겠지만, 지금 당신은 내가 휴가를 떠난 다음에 다시 돌아오지 않을 수도 있다는 무의식적인 공포 때문에 매우 불안해하고 있어요."라고 말해줄 수 있다. 이러한 해석은 받아들여질 수도 있고 거절될 수도 있겠지만, 정곡을 찌르는 것이다. 그러나 점진적 해석의 일환으로 "당신이 요즘 계속 술만 마시고 남자들을 만나러 다니는 건 내가 곧 휴가를 떠난다는 사실과 관련이 있는 것 같군요."라는 식으로 언급한다면, 내담자는 부인의 방식으로 반응하게 되므로 더 이상의 진전은 기대하기 어렵다.

편집증적인 환자의 경우에도 방어하고자 하는 바를 단도직입적으로 파악하는 것이 중요하지만 이는 다른 이유 때문이다. 편집증적인 사람들은 무의식적인 수준에서 그들이 위험스러울 정도로 강한 힘을 지녔다는 사실에 대해 심한 두려움을 느낀다. 따라서 이들은 악의 위협에서 비롯된 내적 감정에 대처하기 위해 부인, 반동형성 및 투사와 같은 경직된, 그리고 초기적 형태의 방어를 사용하여 위협이 외부로부터 온다는 신념을 형성한다. 적어도 두 가지 이유에서 방어구조의 이면에 숨겨진 감정이나 욕구를 직면시켜야 하는데, 우선적으로는 이들은 자신의 사악한 힘 때문에 치료자가 해를 입을지도 모른다는 무의식적 불안을 느끼지 않도록 치료자를 강하고 똑똑한 존재로 여길 필요가 있다. 또 다른 이유로서 이들은 자신의 감정을 수없이 변형시켜왔기 때문에 표면에서부터 점차적으로 파고 들어간다면 절대로 그들의 기본적인 관심사에 도달할 수 없게 된다는 점을 들 수 있다.

두 번째 이유와 관련하여, 편집증적인 한 여성의 경우를 생각해보자. 그녀는 별다른 근거도 없이 남편이 바람을 피우는 것 같다는 확신에 가득 차서는 치료자에게 끓어오르는 분노를 표현하고 있다. 치료자는 그녀의 이러한 집착이 외로움 및 동성과 보다 긴밀한 관계를 맺고자 하는 소망에서 비롯되었다는 사실을 파악할 수 있다. 이는 일련의 경직된 방어들을 통해 다음과 같이 변형된다.

"나는 나쁜 사람이기 때문에, 동성인 여자에게 사랑을 갈구하는 내 요구는 내가 타락한 인간이라는 걸 반증해. 성적으로 여겨질 정도로 강한 요구를 느끼고 있어. 난 결코 이 사실을 받아들일 수 없어. 아마도 그녀가 이러한 동성애적 생각들을 내 마음속에 주입했을 거야. 나쁜 건 그녀이지 내가 아냐. 또한 그녀를 갈구하는 건 내가 아냐. 그건 바로 내 남편이야."

따라서 부인, 반동형성, 투사 및 전치를 통해 내담자의 단순한 요구는 편집증적 집착으로 변형되는 것이다. 치료자가 표면에서부터 점차적으로 깊이 들어가는 방식으로 접근한다면("남편이 바람을 피운다는 당신의 생각에 대해 어떻게 여기시나요?"), 이는 단지 환자가 자신만의 편집증적인 생각 속에서 이를 계속해서 반추하도록 하는 빌미를 제공할 뿐이다.

반면 치료자는 "아마도 당신은 최근에 매우 외로웠던 것 같습니다. 때문에 의지하고 있는 사람이 과연 당신에게 마음을 다하고 있는지를 의심스러워하는 건 당연하게 여겨집니다."라는 식의 치료적 접근을 꾀할 수 있다. 이를 통해 외로움의 정상적 범주를 어느 정도로 할 수 있는지, 친구를 얻을 수 있는 방법들에는 무엇이 있는지에 대해 문제해결적인 토론을 할 수 있을 것이다. 또 다른 단도직입적인 접근의 예로서, "당신에게 끔찍하고 위험천만한 무언가가 있다고 무의식적으로 확신하고 있는 게 분명해요. 아마 당신은 별다른 근거도 없이 남편이 당신의 이러한 나쁜 면을 발견하고서는 거부할 거라고 느끼고 초조해하는 것 같아요."라고 언급할 수도 있을 것이다. 편집증적인 환자는 이러한 해석에 흥미를 느끼고, 환자와 치료자 모두는 방어를 통해 구축된 편집증적인 관심으로부터 어느 정도 해방될 수 있다.

요 약

이 장을 통해 나는 방어의 정신분석적 개념을 대략적으로 설명하는 동시에, 개인이 고통으로부터 스스로를 보호하기 위해 선택하는 내적이고 주관적이며 반응적인 방식에 대한 이해가 얼마나 중요한지를 강조하였다. 독자들이 성격특성적 방어반응과 특정 스트레스로 인해 생긴 방어반응을 구분할 수 있도록 하였으며, 이러한 구분이 임상적으로 갖는 함의에 대해서도 논하였다. 또한 한 개인의 방어가 성격장애의 수준에 이르기까지 견고화되는 경우, 이에 대한 이해가 장기 및 단기치료에서 기술적으로 어떤 의미를 갖는지에 대해서도 설명하였다. 마지막으로 표면에서부터 심층에 이르는 방어에 대한 접근이 유용하지 않은 상황에 대해서도 언급하였다.

Vaillant와 McCullough(1998, p. 154)가 설명하였듯이, 우리는 누군가에게 이해받는다고 느낄 때 보다 성숙한 역동을 보이게 된다. 그 개인이 자신의 고통스러운 감정을 어떻게 방어하는지에 대한 이해는 그의 전반적인 심리를 이해하는 데 매우 중요하다. 해당되는 방어를 전적으로 차단하거나 왜곡하지 않는 방식으로 이러한 이해를 어떻게 전달하는지는 심리치료의 핵심적 기술이다.

제6장
감정의 평가

정신분석적 전통은 임상적 치료와 그 기반인 이론이 항상 완전하게 일치되지 않았다는 복잡한 이론적 역사를 지니고 있다. 같은 시대를 살았던 Watson이나 Hull과 같은 행동주의자들처럼, Freud는 그의 심리학적 이론을 **본능적인 추동**(instinctual drive: 독일어로는 trieb로 그 개념을 제대로 번역하는 것은 쉽지 않은데, 유기체의 타고난 욕구에 의해 강제되는 강한 행동적인 성향이라는 뜻을 담고 있다)의 만족과 좌절이라는 개념을 중심으로 구성하려고 하였다. 이같이 추동을 중시한 것은, Sulloway(1979)의 주장에 따르면, Freud가 스스로를 과학자라고 생각했기 때문이다. 지금도 그렇지만 그 당시의 성격이론가들은, 자신들이 혹시 과학적 엄격함이 부족해서 물리학이나 신경해부학과 같은 '자연과학'을 하는 동료로부터 비난받지 않을까 걱정했다. 더군다나 의학적 연구에 참여했던 학문적 배경을 지닌 Freud는 '정신분석이라는 과학'의 뿌리를 생물학이라는 과학에 두는 것을 중요하게 여겼다. 19세기 말 생물학에서는 추동이 중심적인 관심사였으므로, Freud 역시 추동을 중시하지 않을 수 없었던 것이다. 나는 Freud가 정서이론을 제시했다는 Spezzano(1993)의 주장에 동의하지만, 그러한 정서이론은 기본적으로 본능적 추동과 그 파생물을 설명하는 과정에서 부수적으로 생겨난 것이다.

Freud 이후, 많은 학자들은 여러 가지 이유에서 생물학적 추동이라는 개념에 뿌리를 둔 상위심리학(metapsychology)의 결과에 대해서 달가워하지 않는다. 특히, 상호주관주의 이론가들(예: Stolorow & Atwood, 1992), 관계적 분석가들(예: Greenberg & Mitchell, 1983), 자기심리학자들(예: Kohut, 1971) 그리고 여성주의 저술가들(예: Benjamin, 1988)은 개인의 심리적 세계를 이해하고 그로부터 치료원리를 발전시키는 데에 있어서 인간의 생물학적인 추동은 적절한 출발점이 아니라고 주장한다. 그러나 여전히, 우리는 욕구, 소망, 충동이 갈등하는 강렬한 내면적 상태로서의 '원초아'라는 개념 그리고 유기체를 행동하게 만드는 내면적 추진력의 존재에 대해서 일부 수긍하게 된다. 또한 구강에서 항문을 거쳐 성기로 옮겨가며 발달하는 성적·공격적 성향에 대한 Freud의 생각은 여러 세대에 걸쳐 정신분석적 이론가들로부터 상당한 호응을 받았는데, 아마도 그 이유는 강렬하면서도 대부분 무의식적인 어떤 힘에 의해 움직이고 있다는 우리의 경험을 잘 반영하고 있기 때문이기도 하다. 만약 우리로 하여금 어떤 행동을 하도록 몰아가는 것이 추동이 아니라면, 무엇이 그렇게 할 수 있을까?

정서를 연구했던 독창적인 이론가들의 선두주자인 Silvan Tomkins(예: 1962, 1963, 1991)는 그것이 감정이라고 주장했다. Freud 이후의 많은 치료자들과 학자들(예: Greenberg & Safran, 1987; Izard, 1971,

1979; Nathanson, 1990; Rosenblatt, 1985; Spezzano, 1993)은 이러한 주장에 동의하면서 Freud의 추동모델과 최근의 인지행동적 이론의 대안으로서 정서에 근거한 이론을 개발하거나 연구해왔다. 최근 수십 년에 걸쳐 대다수의 치료자들은, 개인을 파악하는 데에 있어서 그 사람의 깊은 소망과 그와 관련된 불안을 파악하는 것이 중요하다는 생각에 따라 욕구와 공포를 이해하려고 노력의 과정 속에서, 생물학적 추동의 좌절이나 과잉만족을 경험한 유아기 단계를 탐색하는 것보다 개인의 정서적 세계를 평가하는 것이 더 중요하다는 것을 깨닫게 되었다.

Tomkins의 저술을 살펴보면서, 나는 9개의 선천적 또는 '강하게 뿌리내리고 있는' 감정(관심-흥분, 즐거움-기쁨, 놀람-경악, 두려움-공포, 고통-고뇌, 분노-격노, 경멸감, 혐오감, 수치심-모멸감)의 존재를 경험적으로 입증하는 우수한 사례에 깊은 감명을 받은 바 있다. 그러나 나는 이 장에서 '감정(affect)'이라는 용어를 비교적 명료한 정서적 경험을 반영하는 마음상태나 각성상태를 의미하는 좀 더 넓은 뜻으로 사용하고자 한다. 이러한 의미의 감정에는 사랑, 미움, 시기, 감사, 권태, 원한, 분개, 죄책감, 자부심, 후회, 희망, 절망, 격노, 애정, 앙심, 동정, 경멸, 감동과 그 밖에 다양한 정서적 상태가 포함된다.

정신분석학이 발전하면서, 정상적 발달과정과 심리치료에서 나타나는 정서적 현상에 대한 많은 지식이 축적되었다. 예컨대, 정서 통합 능력(Socarides & Stolorow, 1984~1985)은 성숙을 통해 성취되는 것으로 밝혀졌다. 즉, 우리는 다양한 감정을 느낄 수 있으며 그러한 감정경험이 자기통합을 위협하여 자신을 일관성 없는 존재로 만드는 것이 아니라는 인식은, 적절한 조건하에서 점진적으로 성취되는 것이다. 고양된 감정의 '순간'이라는 개념(Pine, 1990; Stern, 1985)은, 성인 정신병리에 대한 사변적인 사후적 추론보다는 발달적 연구에 근거하여 발전하였는데(4장을 참고하시오), 추동의 좌절 또는 과잉만족에 의해 특정한 심리성적 단계에 고착된다는 이론을 많은 부분 대체하였다. 정서를 경험하고 조절하는 능력은 발달심리학과 뇌생리학 분야에서 이루어지고 있는 정신분석적인 경험적 연구의 중심적 주제이며, 최근에 정서조절과 심리치료에 관한 많은 저술이 출간되는 데에 기여하였다(예: Pally, 1998; Silverman, 1998).

사람마다 정서적 각성 패턴은 각기 다르다. Tomkins는 어떤 사람이 일상적인 사건이나 성격과 무관한 주제에 대해서 이야기를 하고 있을 때, 주제에 따라 달라지는 표정을 보고 그 사람의 주요한 성격특징을 정확하게 알아맞힐 수 있었다. 한 사람의 감정과 여러 주제와의 관련성을 파악하는 것이 그 사람의 성격을 이해하는 관건이라는 점을 막연히 인식하고 있는 우리는, Tomkins보다는 정확도가 떨어지겠지만, 이러한 추론을 무의식적으로 하고 있다(Tomkins는 심지어 사람들의 정치적 성향도 잘 맞혔다고 한다. 그는 비디오상에서 사람들의 표정에 떠오르는 고민, 혐오, 분노, 경멸 등의 감정에 근거하여 진보주의자와 보수주의자를 구분할 수 있었다. 그는 이러한 상관관계를 발달적 측면에서 설명했는데, 대부분의 경우 옳았다.). Kernberg(1997)에 따르면, 치료자는 적어도 세 가지 '채널', 즉 (1) 언어적 의사소통, (2) 신체 언어, (3) 얼굴표정이나 목소리 톤에서 전해지는 정서적 전달을 통해서 내담자와 소통한다.

Spezzano(1993)는 성격을 "한 사람이 자신의 감정을 담는 그릇이자 조절하는 기관으로서 현재의 감정과 미래에 경험할지 모르는 감정의 균형상태이며, 최대의 행복을 유지하는 방법과 정서적 고통을 회피하는 최선의 방법에 대한 개인의 신념을 반영하는 것"(p. 183)이라고 생각하는 것이 유용하다고 주장한 바 있다. 이러한 주장은 고통, 분노, 공포, 수치심, 시기, 죄책감, 슬픔과 같은 괴로운 감정에 대해서 사람들이 어떤 독특한 방어수단을 사용하는지를 다른 방식으로 이야기하고 있는 것이다. 어떤 사람을 이해하기 위해서, 우리는 그의 방어방식뿐만 아니라 방어에 의해 가로막힌 감정과 더불어 방어적 기능을 하고 있는 감정을 살펴보는 것이 필요하다. 내담자의 감정패턴을 스스로 설명하도록 유도하는 면접질문은 특별히 없지만, 이러한 측면을 평가하는 것은 그다지 어려운 일이 아니다. 흔히, 치료자들은 감정의 전염성에 근거하여 그들이 이해하려고 하는 사람과 함께 있을 때 느껴지는 자신의 주관적인 감정에 주목함으로써 내담자의 감정을 평가한다.

전이 및 역전이 감정

치료자들은 환자가 드러내는 감정에 주목하지 않을 수 없다. 환자들은 상담실을 감정으로 가득 채운다. 환자는 치료자를 감동시키고, 우쭐하게 하고, 좌절시키고, 혼란시키며, 몹시 화나게 만든다. 지루하게도 만들고, 즐겁게도 하고, 기쁘게 만들고, 놀라게도 만든다. 환자들은 울고, 웃고, 화내고, 불안에 떤다. 치료자는 환자들과 만나면서 이전에 자신에게 있었는지조차 몰랐던 감정을 경험하기도 하고, 치료자의 심리적 체계 내에서는 사소하지만, 환자에게 중요한 의미를 갖는 감정을 배우기도 한다. 정신분석을 특징짓는 역전이에 대한 태도는 세월이 흐르면서 점차 긍정적으로 개선되어 왔는데(처음에는 자기분석을 통해 쫓아내야 할 성가신 방해거리였지만, 나중에는 역전이가 내담자를 이해할 수 있는 중요한 수단이 되었다), 이러한 변화는 치료과정에서 정직한 치료자라면 모두 경험하는 감정의 존재를 인정한 결과라고 할 수 있다. 다시 말하면, 치료시간에 내담자들은 치료자에게 자신의 감정을 주입한다. 치료자가 아무리 부드럽고 너그럽다 하더라도 심한 편집증 환자를 만나, 그들이 흔히 타인에게 보이는 비난과 매도를 똑같이 당하게 되면 분노를 느끼지 않을 수 없다. 환자는 그간 자신이 주변 사람들에게 일으켰던 것과 동일한 종류의 갈등을 치료자도 경험하도록 만들면서, 치료자가 이런 갈등을 어떻게 새로운 방식으로 해결해나갈 수 있을지 지켜본다. Racker(1968)는 치료자가 경험하는 역전이를 유사한(concordant) 역전이('치료자는 환자가 어린 시절에 경험한 느낌을 경험한다')와 상보적인(complementary) 역전이('치료자는 환자의 어린 시절 양육자의 느낌을 경험한다')로 유용하게 구분하였다. 이러한 구분에 근거하여 치료자들은 심한 분노를 유발하는 내담자의 정서경험도 공감할 수 있게 되었다.

치료자 자신의 감정을 내성해봄으로써 때로 진단을 내리는 데 결정적인 도움을 받을 수 있다. 예컨대, 우울한 사람과 자기파괴적인 사람을 구분하기 위해서는 치료자의 감정을 살펴보는 것이 중요하다. 두 유형의 구분에 따라 치료효과가 달라진다는 점에서 이는 의미 있는 구분이라고 할 수 있다(McWilliams, 1996). 만일 환자가 털어놓는 고통을 경청하면서 치료자가 공감을 느낄 수 없고, 오히려 비난을 하고 싶은 가학적 기분을 느낀다면 그 환자는 자기파괴적인 사람이라고 볼 수 있을 것이다. 다른 예로, 내담자가 마치 치료자를 얕잡아보고 제압하려 하거나 속이려 드는 것같이 느껴진다면, 그 내담자는 반사회적인 사람이라고 결론 내릴 수 있다. 그 밖에, 표면적으로 우울해 보이는 환자를 만나고 있으나, 치료자가 자신도 모르게 환자가 혹시 치료과오를 두고 소송을 걸지 않을까 하는 불안에 찬 공상을 떠올리고 있다면 그 환자의 핵심은 편집증에 있다는 것을 간파할 수 있을 것이다. 아동은 말을 배우기 전까지 양육자와 비언어적이지만 효율적인 방식으로 감정을 소통한다(Beebe & Lachmann, 1988; Stern, 1985). 이러한 유아기의 능력이 성인기까지 이어져 일상적인 상호작용에서 사용된다. 자신의 정서적 고통을 언어적으로 표현하기 어려운 사람일수록, 그의 비언어적 메시지는 강렬해지는 것이 보통이다. 초기 치료자들은 역전이 반응을 활용하여 일상적인 대화가 어려울 정도로 장애가 심한 환자를 치료했다고 한다. 감정의 비언어적인 소통방식을 고려할 때, 우리는 이와 같은 초기 치료자들의 작업방식이 타당했다는 것을 알 수 있다.

나는 한 번은 아무런 감정도 느낄 수 없고, 친해지려고 하는 의도도 감지할 수 없는 십대 소년을 면접한 일이 있다. 그러나 나는 이 소년의 방어가 철회(withdrawal)와 전능한 통제(omnipotent control)라는 것을 적어도 지적인 수준에서는 알 수 있었다. 회기의 마지막쯤 가서야 마침내 소년은 자신이 정기적으로 고양이를 고문하는 이야기를 아주 즐겁다는 듯이 상세히 털어놓았으며, 이 얘기를 듣는 가운데 나는 상당한 공포를 느꼈다. 마지막에 소년은 자신이 치료받을 필요가 있는지 물었고, 나는 필요하다고 답했다. 그러자 그는 마치 놀리듯이 "저 같은 중산층 가정의 모범생이요?"라고 물었다. 나는 그렇다고 답하면서, 만일 치료를 받지 않을 경우 나중에 커서 살인자가 될 수도 있다고 덧붙였다. 이 말을 들은 소년은 상당히 진지한 태도를 보이면서, "지금까지 저에 대해서 제대로 이해한 사람은 선생님밖에 없었어요."라고 말했다. 치료자에게 일어난 혼란스러운 정서적 울림을 제외하고, 소년의 겉모습에서 그의 가학적이고 반사회적인 본질을 눈치챌 수 있는 단서는 아무것도 없었다.

이 사례는 치료자들이 환자의 방어 이면의 핵심정서를 '잡아내는' 과정을 다소 극적으로 보여준 예라고 할 수 있겠는데, 여기서 중요한 점은 치료자가 정서적 채널을 통해서 소년의 본질을 '눈치 챘다'는 것이다. 물론 객관적인 자료를 통해서 소년의 위험스러운 반사회적 성향에 대한 가설을 이끌어낼 수도 있다. 어린 시절 동물학대행위가 성인이 되어 대인학대행위로 이어질 가능성이 높다는 점은 수많은 연구와 관찰을 통해서 입증된 바 있다. 하지만, 치료자가 이 내담자를 이해하고 관계를 맺게 된 것은 지식을 통해서가 아니었다. 바로, 치료자 자신의 감정반응을 통해서였다.

논의를 마무리하기에 앞서 치료자들이 주의해야 할 점을 한 가지 더 언급하겠다. 주요 감정들은 보편적(Ekman, 1971, 1980; Tomkins, 1982)이기 때문에, 치료자가 자신의 주관적인 감정을 치료 시에 활용할 수 있을 정도로 충분히 훈련을 거쳤으며, 지나치게 자신을 방어하지 않는다면 (이론적으로, 자신을 '잘 분석한' 사람들), 치료자 자신의 감정반향에 근거하여 환자의 감정 상태를 대개는 잘 감지할 수 있다. 그러나 치료자들에게도 한계는 있다. 환자와 함께 있을 때 치료자가 느끼는 기분이 항상 상보적인 역전이나 유사한 역전이일수만은 없는 것이다. 치료자는 자신이 경험해본 적이 없는 감정에 대해서는 오판할 수도 있다는 점을 항상 염두에 두어야 할 것이다.

임상실례는 아니지만, 관련된 예를 한 가지 들고자 한다. 내 친구 중 한 명은 월요일에 전화를 건다고 약속하고서는, 항상 수요일이나 목요일 쯤에 전화를 하여 나를 화나게 만들곤 하였다. 늦은 전화에 내가 화를 낼 때면 친구는 당황하면서, 일이 너무 많아서 전화하는 것을 깜빡 잊었노라고 변명하는 것이었다. 친구의 약속을 신뢰할 수 없다는 것에도 화가 났지만, 나에게 일어나는 분노반응이야말로 친구의 행동에 어떤 적대적이고 회피적인 요소가 있음을 입증해주는 증거라고 생각했기 때문에, 친구는 분명 나에게 부정적인 감정이 있어서 그렇게 행동하는 것이라고 결론 내렸다.

나는 그 후 성인기의 주의력결핍장애(ADD; Goldberg, 1998)에 대한 강의를 듣고 나서야 비로소 내가 오해했다는 것을 깨달았다(절묘하게도 강의의 제목은 "지각이 항상 저항을 뜻하는 것은 아니다"였다). 그 친구가 한 번은 기억하고 정리하는 데 어려움을 느껴서 정신과의사를 찾아갔을 때, 주의력결핍장애라는 진단을 받았다고 나에게 말했던 것이 기억났다. 나는 매우 체계적인 사람이라서, 정신없는 상태가 어떤 것인지 잘 몰랐을 뿐만 아니라, 친구의 행동을 설명할 만한 사전 지식도 없었으니 친구를 전혀 이해하지 못했던 것이다. 강의를 듣고 친구의 행동을 설명할 수 있는 정확한 '진단'을 내리고 난 후, 나는 이제 친구가 어느 시점에 전화하겠다고 하면, 며칠의 여유를 두고 기다릴 수 있게 되었다. 내가 더 이상 우리의 우정에 대해서 고민하지도 않고, 늦게 전화한다고 화내지도 않게 되면서 친구도 나와의 관계에서 편안해졌을 것이라고 믿는다. 아마도 지금은 나로부터 더 많이 이해받는다고 느낄 것이다.

나에게 어떤 감정이 올라온다고 해서, 상대방이 내가 그 감정을 느끼게끔 의도했다(의식적이든, 무의식적이든)고 가정하는 것은 잘못된 투사다. 4장에서 언급한 바와 같이, 이와 같은 종류의 자기중심적인 투사는 쉽게 일어날 수 있다. 가령, 나는 해고당하면서 수치심을 느끼게 되었다. 그래서 상사가 나를 창피주려는 의도에서 그렇게 했다고 결론 내린다. 내가 성적으로 흥분되었기 때문에, 상대방이 나를 유혹하려고 한 것이라고 생각한다. 연인이 떠나가게 되어 망연자실하게 되자, 이는 그가 나를 상처주려고 그렇게 한 것이라고 여긴다. 권력을 가진 윗사람에게 위협감이 느껴졌기 때문에, 그가 나를 협박하고 있다고 간주한다. 이러한 귀인과 치료자들이 치료시간에 자신의 정서반응을 사용하는 것의 중요한 차이점은 상대방의 메시지를 사적으로 받아들이지 않는다는 데 있다. 치료자들의 슈퍼비전 집단은 여전히 좋은 재교육의 방법으로 각광받고 있는데, 그 까닭은 참가자들이 그 안에서 불편한 심기를 자극받기는 하지만 동시에 개인적인 해석을 자제하는 균형감각을 배울 수 있기 때문일 것이다. 가령, "좋은 평가를 받지 못했어."라는 기분은 쉽게 "나는 좋은 치료자가 아니야."라는 생각으로 바뀔 수 있다. 하지만, 감독자와 참가자들은 이러한 전이 · 역전이에 매몰되지 않고, 자신의 미묘한 정서적 반응에 대한 사적인 해석을 자제하면서 이를 관찰하고 논의한다.

정서적 문제가 주호소인 경우

정신병리 중에는 인지적인 이상으로 정의되는 것(예: 망상, 강박사고, 외상후 침투적 생각)이 있는가 하면, 행동의 이상에 의한 것(예: 강박행동, 성도착증, 분노폭발), 감각 및 지각의 이상에 의한 것(예: 심인성 통증, 감각상실, 환각, 주의협착: tunnel vision), 감정의 이상으로 설명될 수 있는 것(우울증과 조증, 불안과 공황장애, 공포증)이 있다. 감정의 장애가 주호소 문제일 때, 치료자들은 그 원인과 의미에 대해서 잘 이해해야 할 것이다.

오늘날 많은 연구자들은 우울상태 및 조증상태, 정신병적상태, 강박장애와 같은 정서적 문제를 동반하는 몇몇 정신병리가 유전적 소인을 갖는다고 보고 있다. 더욱이 최근에는 기분의 신경생물학적 기반에 대한 이해도가 높아짐에 따라 뇌의 신경전달물질을 조절하여 정서적 고통을 경감시키는 약물학이 크게 발전하였다. 이러한 발전에 힘입어 근래에는 정서적 문제는 약물치료 외에는 필요없다고 결정하는 것이 상식같이 되었으며, 이는 특히 심리치료를 반대함으로써 이윤을 보는 보험회사들이 강화하는 측면이 있다. 그래서 우울증의 절망이나 조증의 강제적인(driven) 행복감, 정신병의 망상에 따른 공포 혹은 강박사고와 강박행동을 일으키는 불안 등을 부수현상이자 증상으로 볼 뿐 그 자체를 연구할 만한 가치가 있는 것으로 보지 않고 있다.

그러나 '원인'들 중 하나가 유전이라고 해서, 치료가 단순히 생물학적인 측면에서만 이루어져서는 안 될 것이다. 유전적 소인은 단지 소인일 뿐이다. 심장에 선천적인 취약성이 있는 사람들 모두에게 심장병이 생기지 않는 것처럼, 우울증의 선천적 취약성을 가졌다고 해서 모두 심한 우울증을 겪는 것은 아니다. 만일 정신분열증의 원인이 단순히 유전에 국한된다면, 정신분열증의 선천적인 기여도를 증명할 수 있는 쌍생아 연구(Gottesman & Shields, 1982; Rosenthal, 1971)에서 100%의 일치율이 나타나야 할 것이다. 염색체에 소인을 지니고 있는 '신체적' 질병에서와 마찬가지로 유전적 취약성은 어떤 스트레스가 주어질 때 발병할 수 있는 바탕을 제공할 뿐이다(Meehl, 1990; Zubin & Spring, 1977). 단순히 괴팍한 유전자가 갑자기 발현되어 우울증에 걸리는 것이 아니다. 우울해지는 이유는 우리의 대처능력을 넘어서는 어떤 사건의 발생으로 기분부전장애의 선천적 잠재요인이 쉽게 활성화되기 때문이다. 반대로 유전적 소인이 없다 해도 삶의 역경을 거치는 과정에서 우울증에 걸릴 수 있다. 여기에 유전적 소인이 있으면 정도가 심한 우울감(혹은 조증, 강박적 불안)을 느끼거나, 정서적 어려움을 보다 자주 겪게 될 가능성이 높다. 어떤 경우이든지, 우리는 우울증의 소인을 촉발시키는 것이 무엇인지 잘 이해해야 할 것이다.

신경전달물질 체계의 이상으로 인해 약물치료를 받고 있다 하더라도 심리치료는 필요하다. 약물치료를 받으면서 심리치료를 병행하면, 치료자와의 애착관계를 통해서 약물복용의 동기가 증가된다(Frank, Kupfer, & Siegel, 1995). 또한 심리치료를 통해 일상을 잘 영위할 때 병을 보다 잘 관리할 수 있다. 심리치료는 오랜 약물치료로 인해 실추된 자존감에 대해서 얘기할 수 있는 장을 제공한다. 선천적인 취약성을 활성화시키는 위기상황에 대처하는 것도 심리치료 안에서 다루어진다. 환자들은 자신들의 문제가 '화학적 불균형'에 기인하는 것이라 들었는데, 그 불균형이 해결된 지금에도 고통이 계속되는 현실을 이해하기 어렵다. 심리치료는 이러한 궁금증에 대한 설명을 들을 수 있는 곳이다. 나는 약물치료 환자들을 만나는 임상가들에게 지지적 심리치료에 관한 Henry Pinsker(1997)의 책을 강력하게 추천하고 싶다. 이 책은 불안의 감소, 자존감의 증진, 자아기능의 강화, 적응기술의 향상을 꾀하는 개입을 제시하고 있으며, 감정을 언어화시키는 개입에 대한 좋은 모범을 보여줄 것이다. 또한 약물학에 대해서 알고자 하는 심리치료자에게는 Gitlin(1996)의 책이 유용한 지침서가 될 것이다.

나는 약물치료와 관련하여 강경한 입장을 취할 만한 전문가라고 할 수도 없고, 게다가 나의 임상경험으로는 정신과약물의 문제보다는 유용성을 더 많이 느껴온 것이 사실이다. 그러나 적어도 정신병적 특징이 수반되지 않은 우울증의 경우, 약물치료에 버금가는 심리치료의 효과가 입증되었다는 사실을 밝혀두어야겠다(이와 관련하여 Wachtel과 Messer[1997]의 연구를 참고하시오.). 심리치료는 정서적 반응을 변화시켜 신경전달물질을 병전단계까지 회복시킬 수 있는 것으로 보인다. 뇌생화학이 정서경험에 영향을 미치지만 정서경험도 뇌생화학에 영향을 미친다고 할 수 있다. 약물치료 없이 우울증으로부터 회복되는 과정은, Vaughan(1997)이 그의 책에서 설명한 심리치료의 신경생화학적 효과의 메커니즘을 살펴보면 쉽게 이해할 수 있을 것이다. 오늘날, 정서의 신경생물학적 기반이나 생화학적 기반이 점차 규명되고 있다는 사실이 그다지 놀랄 일은 아닌 것 같다. 흥미롭게도 Freud는 1926년에 이를 벌써 예견하였다. "우리가 신체적인 것과 정신적인 것으로 구별하는 것의 궁극적인 연관성을 고려한다면, 유기 생물학과 화학에서부터 신경증 현상에 이르는 연결고리가 밝혀질 때가 올 것이다."(p. 231)고 그는 말했다. 고통을 경감시키는 약물치료를 모든 환자가 누릴 수 있게 된 것은 기쁜 일이다. 하지만, 영리를 추구하는 집단들에 의해 이러한 발견이 오용되어 심리치료가 평가절하되는 것은 애석한 일이 아닐 수 없다.

감정의 진단적 의미에 대한 평가

공식적이든, 비공식적이든 정교화된 사례이해 안에는 감정에 대한 평가가 빠질 수 없다. 도덕적 명분으로 포장하여 분노를 표현하는 강박적 환자들, 실제로 존재하는 사람들에 대한 따뜻한 사랑에 두려움을 느끼는 분열성 성격장애 환자들, 정서적으로 불안정한 연극성 성격장애 환자들, 냉혹한 편집성 성격, 감정적으로 극단을 오가는 경계선 성격장애들을 생각해보자. 행동관찰을 할 때는 거의 항상 감정에 대한 평가도 암묵적으로 이루어진다(DSM-IV 또한 성격장애의 각 진단기준에 감정영역을 포함시키고 있다.). 전통적인 정신과적 검사 중 '정신상태검사'에서도 감정에 대한 관찰을 보고하는 부분이 있다. 감정이 적절한가, 부적절한가? 단조로운가? 피상적인가? 통제되어 있는가? 기분을 말로 표현하는가, 아니면 신체적 고통으로 표현하는가? 감정을 언어적으로 표현하지 못하고 행동화하는 것은 아닌가? 이러한 질문에 대한 답을 구하는 과정에서, 환자에 대한 정확한 이해가 이루어지며, 나아가서 적절한 치료계획도 수립될 수 있다. 다음은 감정평가에 있어 핵심적인 질문들이다.

감정과 행동을 구분할 수 있는가

감정과 행동을 구분할 수 있는 사람과 그렇지 못한 사람은 다르게 치료해야 한다. 어떤 사람들은 분노를 말로 표현하거나, 공격적인 환상을 이야기하는 과정을 통해서 강렬한 감정을 누그러뜨릴 수 있다. 반면, 어떤 사람들은 언어적인 표현으로는 감정을 해소할 수 없고, 누군가를 때려야만 속이 풀리는 사람들이 있다. 두 번째 유형의 사람들은 감정과 행동의 구별이 어려운 경우다. 내가 초보 치료자였던 시절, 한 번은 동생이 생겨서 매우 화가 난 4세 남자 아이를 치료한 적이 있었다. 치료 시간에 그 애가 동생에 대해 적개심에 가득 차서 말할 때, 나는 순진하게도 강한 어조를 써서 아이의 기분이 얼마나 강렬한가를 반영하고 확인해주면 도움이 될 것이라고 생각했다. 그래서 "동생을 창문 밖으로 던져버리고 싶을 정도로 화가 났구나."라고 말했다. 이틀 뒤, 아이의 엄마가 너무나 놀라서 전화를 걸어왔다. 그 아이가 자신의 동생을 이층 베란다 난간 밖으로 던지려고 하는 것을 엄마가 발견했던 것이다. 강한 기분을 행동 대신 그 대체물인 상상으로 표현할 수 있다는 것을 아는 아동이었다면 치료자의 동일한 언급이 정서적인 지지가 되고, 고통을 경감시켜주는 효과를 보였을 것이다. 하지만, 이 아동에게는 치료자의 얘기가 자신의 나쁜 의

182

도를 행동화해도 좋다는 허락으로 받아들여졌다.

　Roger Brooke(1994)는 분명히 병리적이지만 DSM상으로는 적절한 진단을 내리기 어려운 사람들에 대해서 논의하면서 이와 유사한 사례를 제시하였다.

　한 내담자는 분노를 경험할 수 없다고 호소하였다. 그도 그것이 문제라는 것을 알고 있었다. 그 자신이 곰곰이 생각해봐도 화를 내는 것이 적절한 상황인데도 머리가 '텅 비어버리기' 때문이었다…. 치료가 20회기 정도 진행된 후에 치료자는 다음과 같은 해석을 하였다. 즉, '머리가 텅 비어버리는 것'은 그의 순종패턴의 연장으로 볼 수 있으며, 순종패턴이나 머리가 텅 비는 것 모두 분노를 회피하는 모습으로 생각된다고 말했다. 그러나 치료자는 그의 문제가 특정한 상황에서 특정한 사람을 향한 분노, 이른바 대상과 관련된 분노가 아니라 보다 원시적이고 모호한 것이라는 점을 간과하였다. 이러한 해석을 들은 환자의 얼굴은 창백해졌고, 회기의 마지막 몇 분간 침묵을 지켰다. 집에 돌아온 후, 그는 집의 가구를 때려 부수기 시작했다. 그리고 술집에 가서 만취되어 싸움을 벌이게 되었고 그로 인해 경찰에 체포되었다(p. 318).

감정을 말로 표현할 수 있는가

　앞의 내담자와 같이 기분을 의식하지 못하는 사람들 중에 어떤 사람들은 행동화하고, 어떤 사람들은 신체화한다. 치료자는 감정을 느끼고 이름 붙일 수 있는 사람들과 그렇지 못한 사람을 다르게 치료해야 한다. 처음에는 Nemiah와 Sifneos(1970; Nemiah, 1978)에 의해, 그 다음에는 McDougall(1989)에 의해 조명된, '감정표현불능증(alexithymia)'('감정에 대한 말을 잃은') 환자들은 "어떤 기분을 느끼세요?"라는 질문에 답을 하지 못한다. 그와 같은 환자들에게 이런 질문을 해본 임상가라면 모두 유사한 경험을 했을 것이다. 감정을 느끼지 못하고 신체화하는 환자를 돕기 위해서 치료자는 먼저 McDougall이 묘사한 환자들의 고통을 이해하는 것이 중요하다. McDougall은 이들의 상태를, "자신의 정체감을 상실하고, 정신적으로 산산조각이 나서 결국에는 미쳐버리는 정신병적 상태에 대한, 형언할 수 없는 두려움과 고통"(p. 25)이라고 말했다.

치료자가 내담자를 충분히 이해하고 있다는 점을 전달하기 위해서 무엇보다도 치료자는 신체적 호소가 가로막고 있는 감정이 아니라, 신체적 불편감 자체에 초점을 두어야 한다(예: "많은 시간 그 같은 신체적 고통을 겪고 있으니 얼마나 우울하고 화가 나시겠습니까?"). 접수면접에서 신체적 불편감의 '기저'에 있는 감정을 너무 빨리 발굴해내려 하거나, 환자의 신체적 고통을 대강 이해하고 지나가게 되면, 환자들은 자신들이 마치 꾀병환자처럼 취급받았다고 느낄 수 있다. 많은 의사들이 기질적 문제도 없이 신체적 불편을 호소하는 사람들을 만나면 '나약한 사람'이라고 결론내리고 꾀병환자 취급을 한다. 심리치료자들은 그간 신체적 고통을 이해받지 못했던 이들이 치료장면에서 몰이해를 재체험하지 않도록 배려해야 할 것이다.

전통적으로 강박적 성격이라고 진단받은 사람들은 보통 사람들처럼 자연스러운 기분을 경험하는 데 상당한 어려움이 있다. 전통적인 Freud 학파들은 이들의 정서가 '억압되었다'라고 보았는데, 이는 잘못된 표현인 것 같다. 강박적 성격의 소유자들은 정서의 인식을 가로막는 어떤 내적 힘(때로 "정서 봉쇄[affect block]"라고 불리기도 한다) 때문이 아니라 감정을 표현하고, 상세하게 설명하는 방법을 몰라서 어려움을 겪는다. 달리 말하자면, 이들이 '어느 정도는' 자신의 기분을 인식하고 있음에도 불구하고, 이를 방어를 통해 의식 밖으로 밀어내는 것이 아니다. 그보다 강박적 사람들은 자신의 기분이 무엇인지조차도 모른다고 볼 수 있다. 그러므로 치료자가 할 일은 기저의 감정으로 들어가기 위해 방어를 뚫는 것이 아니라, 자신의 경험을 표현하는 방법을 차근차근 가르치는 것이다 (Stern, 1997). 환자가 어느 정도는 자신의 느낌을 '알고 있으나' 이를 불안이나 수치심과 같은 부정적인 감정 때문에 감추고 있다는 가설과, 단순히 내적 경험을 표현할 방법을 찾지 못하는 것이라는 가설 중 무엇이 옳은지 찾기 위해서 치료자는 자신의 역전이를 활용해야 한다. 전자의 경우 치료자는 화가 날 것이고, 후자의 경우에는 혼란스럽고, 뭐라 말할 수 없는 기분을 느낄 것이다. 다시 말하면, 전자의 경우에는 치료자는 느껴지는 기분을(예: 적개심) 당장이라도 표현하고 싶겠지만, 후자의 경우에는 기분이 모호하여 뭐라 표현하기 어려울 것이다.

감정을 어떤 방식으로 방어에 활용하는가

환자의 정서를 평가할 때, 방어 작용을 하는 감정과 방어로 가로막혀 있는 감정이 무엇인지 파악하는 것이 필요하다. 치료장면에서 치료자들은 감정을 유지하는 자신만의 방식을 쉽게 환자에게 투사한다. 환자도 자신과 유사한 방식으로 감정을 방어에 활용한다고 생각하거나, 자신에게 치료효과가 있었던 것이 환자에게도 그러할 것이라고 믿는다. 예를 들어 보자. 치료자들은 보통 우울한 성격을 지니고 있는 경우가 많다. 이런 치료자에게 슬픔은 의식되지만, 분노는 무의식 수준에 있어 잘 인식되지 않는다. 이런 치료자를 상담할 때는 의식되는 불행감 이면의 적개심과 분노를 드러내는 것이 치료적이다. 이러한 이유로, 우울한 성격의 치료자들은 분노에 대한 접근을 강조하는 심리치료이론에 매력을 느끼며, 분노를 드러내고 촉발시키는 치료기법에 이끌린다. 그러나 만일 이러한 치료자가 자신과 반대되는 심리적 체계, 가령 방어적으로 역의존적인(counterdependent) 사람을 치료한다고 생각해보자. 이러한 내담자는 분노는 쉽게 의식하지만, 슬픔과 마음의 상처는 방어로 인식하지 못하고 있으므로 그 치료는 실패로 끝날 가능성이 높다.

이상의 논의와 관련된 사례를 하나 더 살펴보자. Stosney(1995)는 학대를 일삼는 배우자들을 대상으로 '분노조절 프로그램'을 실시하는 것은 잘못이라고 설득력 있게 주장한 바 있다. Stosney는 학대자들의 문제는 분노를 사용해서 그들의 수치심, 모멸감, 죄책감에 연합된 유기(abandonment)의 두려움을 방어하는 데 있는 것인지, 분노조절의 실패가 아니라는 것을 많은 증거를 들어 설명하면서, 연민(compassion)에 초점을 둔 효과적인 치료법을 계발하였다(Stosney가 언급한 바는 아니지만, 저자의 생각으로는 가족을 때리는 사람들의 문제를 분노조절이라고 본 것은 치료자들이 자신의 문제를 투사하여 보았기 때문에 일어난 결과인 것 같다. 우리가 그와 같이 가족을 때렸다면, 그것은 분노통제가 실패하여 초래된 것이다.). 학대를 일삼는 사람들을 치료할 때, 노출시키고 통제해야 하는 '핵심' 감정이 분노라고 보아서는 안 된다. 그들은 핵심에 있는 자신의 고통스러운 감정을 덜어내려고 분노를 이차적으로 사용하는 것이다. 학대자들은 견딜 수 없는 감정상태의 원인을 배우자에게 돌리고 배우자를 폭행하는 과정, 곧 투사와 행동화를 통해서 고통으로부터 벗어나려고 하는 것이다. Stosney의 작업을 통해서 감정을 올바로 포착하는 것이 치료결과에 얼마나 중요한 영향을 미치는지 깨달을 수 있다.

치료자들이 내담자의 핵심 감정을 잘못 평가하고 있는 사례를 하나 더 살펴보자. 치료자들은 흔히 반사회적인 사람들이 충동적이라고 잘못 알고 있는데, 이런 오해 역시 치료자들이 반사회적인 사람들에게 자신의 특성을 투사하여 생겨난 결과인 것 같다. 반사회적인 사람들의 상당수가 전혀 충동적이지 않으며, 사실은 주도면밀한 계획하에서 타인을 이용한 다는 사실이 반복해서 입증되어 왔다(Meloy, 1995). 그러나 많은 치료자들에게 분노에 찬 반사회적 사람들을 떠올리라고 하면, 고도의 계획하에 타인에게 피해를 입히는 모습보다는 자제력을 상실하고 분노를 터뜨리는 모습을 그리는 것 같다. 분명, 타인을 이용하는, '야비한' 정신병질 자들을 움직이는 동기가 분노인 것은 사실이다. 하지만, 이들의 분노는 아무 생각 없이 갑작스럽게 폭발되는 것이 아니라, 의식의 정수에서 도 사리고 있다가 냉철하게 계산된 후에 표현되는 것이다. 반사회적 사람들을 치료하고자 할 때, 이상의 특징을 이해하는 것이 매우 중요하다고 할 수 있다.

환자의 문제가 수치심과 관련된 것인가, 죄책감과 관련된 것인가

수치심과 죄책감은 정신분석에서 재미있는 역사를 가진 독특한 주제다. 치료자들은 이 두 감정과 관련해서 특히 투사와 몰이해를 많이 보인다(죄책감을 많이 가진 치료자는 환자의 수치심을 죄책감으로 잘못 이해하고, 수치심을 가진 치료자는 환자가 보이는 죄책감을 수치심으로 잘못 해석한다.). 물론 우리는 이 두 가지 감정을 모두 가지고 있지만, 각 사람마다 우세한 감정은 서로 다르다. 더욱이 심리장애에서는 보통 둘 중 한 가지를 두드러지게 보이는 경우가 많다. 죄책감이란 자신의 내면 깊은 곳에 있는 악한 힘, 파괴성과 악의를 자각하는 것을 말한다. 반대로, 수치심은 자신이 무력하고 취약하다고 느끼는 것, 그 결과 금방이라도 타인의 비난과 경멸을 받을 것만 같은 느낌을 말한다. Fossum과 Mason(1986)은 이 두 가지 감정을 다음과 같이 핵심을 짚어 정의하였다. "죄책감은 도덕이나 윤리를 위배했다고 느끼는 내적 경험이다. 반면, 수치심은 다른 사람들로 부터 경멸받는다고 느끼는 내적 경험이다"(p. vii). 두 가지 감정이 환자에게 미치는 고통의 강도는 거의 비슷하지만, 두 감정이 질적으로는 서로 다른 것이기 때문에 각각에 대한 효과적인 치료개입도 달라야 한다.

Freud는 특히 죄책감과 관련된 역동을 지니고 있었기 때문에, 수치심에 대해서는 거의 언급하지 않았으며 죄책감에 대해서 많은 성찰을 보였던 것 같다. 20세기 중반 이후, 여러 분석가들은 이러한 불균형을 바로잡고자 노력해왔다. 이 중 Helen Merrell Lynd(1958)와 Helen Block Lewis(1971)는 수치심에 대해서 광범위한 저술을 남겼다. 1970년대에 Heinz Kohut와 Otto Kernberg는 병리적 자기애에 대한 책을 출간함으로써, 수치심과 관련된 정신분석적 문헌이 쏟아지게 된 계기를 마련하였다. 1980년대에 이르러(Tom Wolfe는 80년대를 '나의 시대' 라 하였다. 이것을 볼 때, 오늘날 자기애와 수치심을 보상하려는 노력의 만연된 현상을 정신분석가들만이 간파했던 것은 아닌 것 같다) 심리학 내에 수치심이라는 주제는 하나의 영역으로 독보적인 지위를 확보하게 되었다(Kets de Vries, 1989; Lasch, 1984; Morrison, 1989; Nathanson, 1992).

수치심이나 죄책감이 모두 관련되는 병리적 완벽주의를 살펴보자. 환자가 병리적 완벽주의를 보일 때, 지배적인 감정이 무엇인지 찾아내는 것이 필수적이다. 병리적 완벽주의란 지나치게 완벽주의적이어서, 자신이 한 일에 대해서 결코 만족하지 못하고, 끊임없이 일에 매달리는 사람들이다. 이러한 경향성이 죄책감에 기반하는 경우에는, 자신의 파괴성이 통제를 벗어날까 두려워 모든 일을 정확하고 올바르게 하려는 강박행동이 나타난다. Freud가 말하는 강박장애는 바로 이러한 유형의 완벽주의와 관련된다. Freud의 강박환자들은 자신의 공격적 충동이 분출하여, 피해를 입히고 모든 것을 망쳐놓을까봐 두려워하였다. 반면, 수치심에 기반한 완벽주의는 결점이 노출되어 타인에게 비판을 받을지도 모른다는 두려움 때문에 나타난다. 다시 말해 자신의 부도덕한 면이 드러날까봐 두려워하는 것이 아니라, 자신이 부적절하고, 가치 없고, 엉터리라는 것이 드러날까봐 두려워하는 것이다. Rothstein(1980)은 이러한 상태를 일컬어 "완벽을 향한 자기애적 추구"라고 불렀다. 이는 실수나 결점이 없는 사람으로 보이고자 하는 강렬한 성향으로서, 그 이면에는 단점을 감추어 타인으로부터 무시당하지 않고자 하는 마음이 있다.

치료자가 수치심을 지닌 완벽주의를 만나서, 판에 박힌 Freud 식으로 죄책감에 초점을 두어 치료한다면 환자에게 아무런 도움도 주지 못할 것이다. 치료자가 환자에게 공격적 충동을 통제하지 못할까봐 두려워한다고 해석할 때, 이는 완전히 잘못된 이해이므로 해석은 맥 빠진 것이 될 수밖에 없다. 마찬가지로, 죄책감에 의한 완벽주의를 가진 환자에게 결함이 들킬까봐 걱정하는 것 같다고 해석을 한다면, 이러한 해석 역시 환자에게 일말의 도움도 되지 않을 것이다. 지금까지 살펴본 죄책감과 수치심에 대한 논의는 이 주제의 방대함에 비추어볼 때 미미한 분량이지만, 이러한 논의를 통해서 감정의 평가에 있어 두 유형의 구분이 중요하다는 사실만은 충분히 전달되었으면 한다. 다음으로 환자의 감정을 정확하게 포착하는 것의 중요성에 대해 살펴보도록 하겠다.

감정을 올바로 포착하는 것의 치료적 함의

심리치료를 받는 환자들의 성장과정을 살펴보면, 그의 부모 및 양육자들이 (1) 아이의 기분을 무시하거나, (2) 부정적으로 기분을 명명하거나(예: "너는 좌절감에 빠져 있구나."), (3) 어떤 기분을 느꼈다고 처벌을 하거나(예: "울면 가만 안 둔다!"), (4) 기분에 대해 잘못된 귀인을 한다(예: "넌 사실 동생을 질투하는 것이 아니야. 사랑하고 있어!"). 환자가 기분을 얘기할 때, 치료자가 이를 반가워하고 관심을 보여준다면 첫 번째 오류는 보상된다. 또한 치료자가 무비판적인 자세로 감정을 명명할 때 두 번째 실수도 회복할 수 있다. 처벌을 받지 않는 안전한 상황에서 정서적 표현을 하도록 격려하는 것은 세 번째 오류를 해결하며, 마지막으로, 기분에 정확한 이름을 붙여줄 때 네 번째 오류도 수정할 수 있다. 이상의 개입 중 가장 어려운 것이 마지막 개입인데, 그것은 틀리지 않고 정확하게 감정을 명명하는 것이 쉬운 일이 아니기 때문이다. 우리들은 각자의 독특한 심리적 특성으로 인해 다른 사람을 공감할 때 보이지 않는 한계를 갖는다.

내가 수년 전에 치료했던 한 사례를 살펴보자. 내담자는 40세의 남자로, 삼형제 중 셋째로 태어났다. 그의 모친은 딸을 간절히 원했던 까닭에 내담자가 거의 다섯 살이 될 때까지 여자 옷을 입혀서 키웠으며, 그의 성별에 대한 실망감을 자주 표현하였다. 성인이 되어, 그는 비록 심리적으로는 이성애자였으나 실제로는 여자들에게 다가서지 못했다. 여성 앞에 서면 이유를 알 수 없는 심한 불편감을 느꼈다. 그래서 그는 여성들과 가까워질 수 있는 방법을 찾고, 자신의 고통스러운 외로움을 해결해보고자 치료자를 찾아왔다. 치료가 시작되고 한동안 여성에 대한 그의 분노감을 탐색하면서 치료가 진전을 보이는 듯했다. 그는 치료자를 모친처럼 느끼는 전이를 통해 자신의 분노를 드러냈다. 그는 모친이 마치 돌이킬 수 없는 결점이라도 있는 듯 자신을 취급한 것에 화가 나 있었다. 그런데 얼마 지나지 않아 치료가 정체되어버렸다. 지금까지 그의 감정을 분노라고 이름 붙여주었던 개입은 더 이상 아무런 도움도 되지 않는 것 같았다. 그러던 중, 치료자가 시기심이라는 더 강력하고 해결하기 어려운 감정에 주목하게 되자 치료는 다시 생기를 되찾게 되었다. 그는 그것이 무엇이든 간에 그의 어머니가 좋아하는 속성을 가진 여성들을 미워하고 있었다 (Klein, 1957). 그는 성생활을 즐길 수 없었는데, 왜냐하면 성행위는 자신에게는 없는 여성의 성기를 미워하기보다는 좋아하는 것을 의미하기 때문이다. 지금까지 살펴본 바와 같이, 여성을 향한 남자의 시기심이라는 역동을 찾아내는 데 나는 상당한 시간을 소요하였으며 아마도 많은 여자치료자들이 이런 역동을 찾아내는 데 어려움을 겪을 것이라고 본다. 대부분의 여성은 남성의 권력에 대한 여자의 시기심에 더 익숙하기 때문에, 여성에 대한 남자의 시기심을 이해하기 위해서는 공감적인 도약이 필요한 것 같다.

8장에서 환자가 보이는 성적 전이가 다양한 의미를 가질 수 있다고 언급한 바 있다. 이와 관련하여, 나의 슈퍼비전 집단의 한 남자치료자가 발표한 사례를 살펴보도록 하자. 이런 사례는 비교적 임상현장에서 자주 목격할 수 있다. 사례의 내용은 이러하다. 남자치료자의 한 여성 환자는 자신의 치료자에게 성적인 호감을 느끼고 그를 유혹하고 있다. 치료자도 환자에 대해 사랑과 성적 매력을 느낀다. 한편, 환자의 이러한 행동이 치료자로서 환자의 어려움을 해결하고자 하는 본연의 임무를 방해하고 있는 셈이므로 그는 화도 좀 나 있었다. 치료자가 두 사람 사이에 전문적인 경계선을 유지해야 한다고 아무리 설명해도 환자는 들은 척도 하지 않았다. 이와 같은 설득 말고는 상처를 주지 않고 유혹을 거절할 수 있는 방법을 찾을 수 없었던 치료자는, 집단의 동료들과 나의 도움을 구하고 있었다. 그는 가능한 그녀가 치료자의 거절에 상처받지 않기를 바라고 있었다. 동시에, 환자가 치료자를 어느 정도는 성적으로 유혹하는 데 이미 성공하였음에도 불구하고, 그는 나름대로 환자에게 유혹되지 않기 위해 갖은 노력을 다 하고 있었다.

전형적으로 이와 같은 사례 발표에서 참가자들은 환자에게 아무런 매력을 느낄 수 없으며 환자를 보호하고 싶은 마음도 들지 않는다. 오히려 환자에게 짜증이 난다(종종 치료자에게도 짜증이 난다.). 당시에도 치료자가 환자에게 느낀다고 하는 따뜻한 걱정을 다른 사람들로서는 전혀 느낄 수 없었다. 그래서 치료자는 보지 못하는데 다른 사람들은 느끼는 감정에 대해서 같이 살펴보면서, 환자의 감정이 정말 사랑일까 하는 의문이 제기되었다. 논의를 거치면서 사실 환자는 치료자를 사랑하는 것이 아니며 오히려 상당한 적개심을 품고 있어, 치료자를 무력하게 만들려는 시도를 하고 있다는 데 의견이 모아졌다(이는 치료자가 느끼는 분노감정에서도 힌트를 얻을 수 있다. 치료자는 환자가 본연의 임무를 방해하는 것에 분노를 느낀다고 말했다.). 치료자가 환자의 의도를 깨닫게 되면, 그는 환자로 하여금 사랑 이면의 부정적 감정을 보도록 도울 수 있다. 이에 환자가 치료자를 향한 적대감과 자신의 성적인 힘을(Freud의 언어를 빌리자면, 치료자를 상징적으로 거세하는 것) 통해 치료자를 무력화하고자 했던 소망을 인정할 수 있게 되면, 그녀는 자신을 보다 진솔하게 느낄 수 있을 것이다. 그때부터 적대감을 긍정적으로 전환할 방법을 같이 모색해볼 수 있을 것이며, 치료는 자신에 대한 이해와 현실적인 문제해결이라는 본 궤도로 돌아갈 것이다.

정서에 정확한 이름을 붙이는 일은 정서적 성숙과 사회적 성숙을 모두 증진시킨다. 수십 년 전, Katherine Bridges(1931)는 감정을 변별하고 표현하는 영아들의 능력이 어떻게 발달하는지 자세히 설명한 바 있다. 그의 관찰에 따르면, 정서적 인식은 갓 태어난 아기에게도 발견된다. 아기들은 처음에는 막연한 만족감과 막연한 불만족감의 두 가지 상태만 의식할 수 있다. 성장하면서 막연한 불만족감의 상태는 분노, 두려움, 슬픔으로 분화된다. 그리고 마침내 각 감정에서도 정도와 분위기가 다른 여러 감정을 인식하기에 이른다(예: 분노는 다시 짜증, 분노, 격분, 광포한 격노 및 여타 불만족스러운 상태로 나뉜다. 만족은 다시 흥미, 흥분, 기쁨, 놀라움 등 다양한 긍정적인 감정 상태로 나뉜다.). 우리가 자신과 타인에 대한 감정을 언어화하는 데 있어 그 정확성이 증가함에 따라, 이상적으로는 감정의 가지치기, 곧 여러 기분상태를 섬세하게 명명하고 변별할 수 있는 능력은 전 생애를 통해 향상된다. 자신의 감정상태를 정확하게 표현하는 기쁨은, 그 감정이 고통스러운 것인 경우에도, 자존감과 유능감을 증진시킬 수 있다. 내 친구 한 명은 바로 이러한 경험을 하고는 스스로를 "감정 수집가(affect junky)"라고 불렀다. 그녀가 나에게 말하기를, 자신의 기분상태에 이름을 붙일 수만 있다면, 감정이 무감각해지고 무뎌지며 혼란스러워지거나 사고형태로 전환되기보다 훨씬 더 생생하게 감정을 느끼게 된다고 했다. Company라는 뮤지컬에서 Stephen Sondheim이 부른 "Being Alive"라는 노래는 그 친구가 말하고자 하는 상태를 잘 드러내고 있다.

어린 시절, 양육자에 의해 자신의 감정이 정확히 명명되는 것을 경험해보지 못한 많은 내담자들을 보통사람들과 비교했을 때 감정의 가지치기에서 한참 뒤져 있다. 어떤 사람들은 가장 기초적인 감정상태조차도 이름 붙여지고 수용되는 경험을 하지 못한다. 환자의 정서적 상태에 대한 반영(mirroring)이 갖는 치료적 힘을 강조했던 Rogers(예: 1951), Kohut(1971, 1977)와 Miller(1975) 등이 당시에 누렸던 인기를 감안해볼 때, 감정을 지켜봐주고, 이름 붙여주고, 확인해주는 것에 대한 인간의 욕구가 얼마나 보편적인지 알 수 있다. 어떤 종류의 치료이든 치료자가 감정을 언어화함으로써 환자가 자신의 복잡하고 어려운 각성상태에 대해 통제감을 획득하도록 하는 것이 가장 중요한 치유과정이라고 할 수 있다.

치료자가 감정을 언어화한다는 것은, Freud의 지형학적 모델에 따르면 이미 존재하고는 있지만, 여러 방어층에 의해 의식으로부터 차단된 감정을 '발굴'해내는 것이다. 이를 다음과 같이 생각해볼 수도 있다. 치료자들이 감정에 적절한 이름을 붙일 때, 환자들은 그들이 현재 느끼는 바를 보다 상황에 적절하고, 성숙하고, 적응적인 감정으로 변화시켜야 한다는 메시지를 암묵적으로 전달받는 것이다. 오늘날 감정의 전달에 관한 연구에 따르면 후자의 생각이 더 진실에 가깝다고 할 수 있다. 예를 들어, 부당한 대우나 괴로움을 당하고 있으나 아무런 분노감을 느끼지 못하는 사람과 작업하는 경우, 치료자는 다음과 같이 개입할 수 있다. "당신의 배우자가 당신을 그런 식으로 비난할 때 기분이 어땠습니까?"라고 물어보고, 환자가 화가 나지는 않는다고 대답하면, 치료자는 그를 회의적으로 응시한다. 혹은 치료자가 "제가 치료비를 올렸을 때 당신은 분명히 좀 화가 났을 겁니다."라고 말할 수도 있다. 그리고 환자가 그렇지 않다고 우길 때 이를 분노에 대한 방어라고 해석하는 것이다.

이러한 해석은 환자가 이미 느끼고는 있지만 인정하거나 언어화하기 어려운 감정을 찾아내도록 돕는다. 또한 환자가 분명히 적대적으로 행동하고 있음에도 불구하고, 아무런 부정적 감정도 느끼지 않는다고 부인하는 예에서도, 이와 같은 해석이 의미가 있다. 그러나 때로 환자가 자연스러운 감정반응을 진심으로 느끼지 못할 때가 있다. 이런 경우, 환자가 보고하는 스트레스에 대해 자연스러운 감정반응은 이것이라고 일러주면, 환자는 자신의 경험을 재고할 수 있다. 감정표현불능증 환자는 이러한 개입이 필요한 대표적인 예다. 또한 어떤 일에 대해 다른 감정을 전혀 고려하지 못하고 있는 사람들에게도 이것은 적용된다.

내 환자 중 한 명은 현역 치료자였는데, 자신의 슈퍼바이저의 유혹을 받은 후 깊은 죄책감에 빠져 나에게 치료를 받게 되었다. 그녀는 자신이 무의식적으로 그를 유혹했다고 생각하고 있었는데, 그 생각은 아마도 맞을 것이라고 본다. 나는 그녀에게 슈퍼바이저를 유혹했는지 여부를 떠나, 혹시 슈퍼바이저가 성적인 목적을 위해 자신의 정서적인 권위를 남용한 데 대해 분노를 느끼지 않느냐고 물었다. 그러자 환자는 비로소 그에 대한 분노감에 접근할 수 있었다(혹은 분노감을 만들어내었을 수도 있다.). 상당한 분노감을 느끼면서, 환자 자신의 죄책감은 무력화되었다. 그녀는 분노의 에너지를 원천으로 삼아, 그 남자와 이제부터 어떻게 관계를 설정해나갈지 건설적으로 생각하게 되었다. 나는 이 경우 환자의 분노를 '발굴' 해내었다고 생각하지 않는다. 그 대신, 환자에게 이 상황에서 분노가 가장 합당한 정서반응이라는 점을 일깨워주었을 뿐이다. 분석가들은 적극적으로 제안하고 교육하는 것을 그다지 좋아하지 않는다. 그러나 정서 영역에서는 이러한 일도 필요한 것 같다.

감정은 동기를 유발한다. 어떤 경험이라도 감정과 결부시키면 희망이 없는 것처럼 느껴지던 문제라도 해결할 수 있는 정서적 자원이 생겨난다. 이러한 과정은 개인뿐만 아니라 사회 안에서도 일어난다. 정치가들은 일반적으로 절박한 사안일수록 이를 감정(흥분, 긍지, 두려움, 분노)과 결부시키려 노력한다. 이때 감정은 대중이 어떤 목표를 이루도록 힘을 불어넣는 역할을 한다. 1970년대 여성해방운동에서 Jane O' Reilly(1972)의 글이 촉매 역할을 했다. 주부들이 이전까지 묵묵히 감수해왔던 모욕적인 대우들이 잘못되었다는 것을 깨닫고 의분(義憤)을 느끼게 된 그 시기에 Jane O' Reilly의 글은 순종적인 가정주부들의 정서코드를 '건드린' 셈이다.

감정은 적절히 표현되고 이해받을 수 있다면 성장으로 이어진다. 이러한 사실을 가장 잘 보여주는 예는 애도다. 정상적인 애도과정을 통해, 우리는 어찌 해볼 도리가 없는 좌절 상황과 화해할 수 있다. 이전에 우리가 담당했던 역할과 상징적으로 이별할 수밖에 없는 삶의 각 단계마다, 사랑하는 사람을 상실하는 순간마다, 모든 것을 다 가질 수 없다는 한계를 깨달아야 하는 순간마다, 우리에게 필요한 것은 애도다. 만일 이러한 좌절 상황들을 애도하지 못한다면, 우리는 퇴행이나 심리적으로 경직된 상태를 피하기 어려울 것이다[Judith Viorst(1986)는 『반드시 필요한 상실(Necessary Losses)』이라는 책에서 이러한 생각을 쉽게 풀어 쓰고 있다.]. 이 주제를 이후에는 체계적으로 다루지 않았다는 점이 이상하긴 하지만, 애도의 기능을 처음으로 언급한 것은 Freud였다. 1917년, Abraham(1911)의 연구를 토대로 하여, Freud는 『애도와 우울증(Mourning and Melancholia)』이라는 걸작을 저술하였다. 그 책에서 그는 무엇보다 애도와 우울은 전혀 다른 것이라고 주장한다. 우리가 사랑하는 사람의 상실에 대해 애도로 반응할 때, 나를 둘러싼 세계가 축소되는 경험을 한다.

반면, 동일한 사건에 우울로 반응할 때는, 자기 자신이 축소되는 경험을 한다. 우리가 심리치료라고 부르는 과정의 많은 부분이 이렇게 우울을 애도로 바꾸는 것이라고 할 수 있다. 애도 속에서 성장은 계속될 수 있다. 즉, 내담자는 현실을 애도하고 미래를 향해 나아가는 것이다.

Freud의 암묵적인 정서이론의 중심은 불안에 있다. Freud는 그 자신이 특별히 우울에 대한 감수성을 가지고 있지 않았기 때문에, 자신의 경험인 불안에 자연스럽게 몰두하였던 것 같다(Stolorow & Atwood, 1979, 1992). 또한 그는 '고전적인' 신경증(히스테리, 강박장애, 공포반응)과 같이 불안이 핵심인 장애들을 연구하면서 불안의 억제와 해소에 초점을 맞추게 되었다. 그래서 그의 병인론적 전제나 치료기법은 모두 불안이 병리적 정서의 핵심이라는 가정하에 이루어졌다. 그러나 오늘날의 치료자들은 증상형성 과정을 이해하거나 치료적인 개입을 할 때 불안 외의 부정적 감정인 애도, 죄책감, 수치심 그리고 시기심 등을 보다 중요시하고 있다.

예를 들어, Stark(1994)는 많은 정신병리가 애도되지 못한 경험으로 이해할 수 있다고 말한다. 이와 같은 개념화는 특히 성격장애를 이해할 때 적용된다. Stark에 따르면, 심리치료는 본질적으로 애도의 과정이다. 치료실에서 내담자는 연민을 가진 누군가의 도움을 받으면서 이전에는 자신만이 가진 결함이라고 생각했던 고통스러운 현실을 대면한다. 1장에서 언급한 바 있는데, Stark의 예리한 관찰에 따르면, 치료 초반 내담자들은 문제가 자기 탓이 아니라는 사실을 이해하는 것, 이른바 동화(assimilation)과정에 수개월에서 수년의 세월을 보낸다. 그 이후 수개월에서 수년에 걸쳐 내담자들은 비록 문제가 내 탓은 아니지만, 변화시킬 수 있는 사람은 오직 자신뿐이라는 것을 받아들여 나간다. 환자들이 고통스러운 현실에 자신을 수정시키는 것, 이른바 조절(accommodation)은 구체적으로 어떤 전지전능한 대상(아마도 치료자)이 모든 문제를 해결해 줄 것이라는 환상을 포기하고 애도할 때 가능하다. 이런 과정은 사실 성장해나가는 인생길에서 우리 모두가 겪는 과정이다. 곧, 우리는 피할 길 없는 문제에 맞서 현실의 불공평함을 수용하고, 부족하지만 우리가 할 수 있는 일에 최선을 다하는 것이다.

요 약

이 장에서는 정신분석이론과 임상실제의 양 분야에서 감정에 대한 관심이 어떻게 발달되어왔는지를 소개하였다. 전이, 역전이를 통해 감정을 평가하는 과정에서 치료자가 비록 자신의 주관적 감정을 잘 훈련하여 치료 시에 활용할 수 있을지라도, 환자의 감정을 포착하는 과정에서 실수할 수 있다는 점을 설명하였다. 그 다음으로, 감정의 장애로 정의되는 정신병리의 경우, 약물치료와 함께 심리치료를 병행하는 것이 필요하다고 주장하였다. 치료자는 환자의 감정을 평가할 때 다음과 같은 점을 유의해서 살펴야 한다. 환자가 행동과 감정을 구분할 수 있는지, 감정을 언어화할 수 있는지, 감정이 방어체계에서 어떻게 사용되는지 파악하고, 죄책감과 수치심 중 어떤 감정이 주된 감정인지 평가해야 한다. 마지막으로, 특정한 사람이나 사례의 경우 그리고 심리치료를 애도과정으로 보는 일반적 경우에 있어서, 감정의 작용을 잘 이해하는 것이 어떤 치료적 함의를 지니는지에 대해서 논의하였다.

제7장

동일시의 평가

한 사람의 심리를 이해하는 데에 그가 사랑하는 사람과 이상(理想)으로 삼는 사람에 대한 이해가 중요함은 정신건강 분야의 전문가가 아니라도 알 수 있는 사실이다. 접수면접에서 내담자들은 자신이 닮았다고 생각하는 사람, 본받고자 한 사람, 절대로 비슷해지지 않으려고 노력했던 사람들이 누구였는지에 대해서 대체로 잘 이야기한다. 현재 사용하고 있는 기술적인 진단체계는, 어떤 행동이 의식적·무의식적으로 누구를 동일시한 것이냐에 따라 그 심리적 의미가 현저하게 달라질 수 있음을 반영하지 못한다는 점에서 중대한 한계를 지니고 있다.

인간의 행동과 태도는 대부분 동일시에 의해 영향을 받으며, 동일시의 양상도 매우 다양하다. 매사에 비판적이고 트집 잡기를 좋아하는 여성의 경우, 자신이 사랑하긴 하지만 간섭을 너무 심하게 하는 할머니를 동일시하고 있거나 다른 사람의 공격에 일방적으로 당하기만 하는 수동적이고 방관적인 어머니처럼 되지 않으려고 노력하는 것일 수 있다. 또는 둘 다일 수도 있다. 또 다른 예로, 누구나 감정적으로 격앙될 수밖에 없는 일에도 얄미울 만큼 이성적인 태도를 취하는 남성의 경우, 매우 이지적인 아버지를 동일시하고 있거나 또는 사소한 일에 감정을 폭발시키는 아버지와는 정반대였던 지적인 고교시절 선생님을 동일시하는 것일 수 있다. 또는 말썽꾸러기인 동생과 같은 사람이 되지 않으려는 역동일시(counteridentification)의 결과일 수도 있다. 가족 중에서 어머니가 가장 감정적인 사람이라면, 자신이 여자가 아님을 스스로 확인하기 위한 시도일 수도 있다. 적절한 치료를 하기 위해서 치료자는 내담자가 나타내는 태도와 행동의 의미를 동일시와 관련지어 파악할 필요가 있다.

일반적으로 초기면담에서 내담자에게 그의 부모나 양육자에 대해 질문하게 된다. 현재 부모는 살아 계시는지? 그렇지 않다면 언제 어떻게 돌아가셨는지? 살아 계신다면 연세가 얼마나 되시는지? 직업은 무엇인지? 성격은 어떠하며 부모로서는 어떠했는지? 등의 질문을 하기도 하고 때로는 내담자에게 그가 누구를 닮았으며 어떤 점에서 그러한지를 물어봄으로써 많은 것을 알게 된다. 내담자가 성장하는 과정에서 중요한 영향을 끼친 사람이 부모 이외에 다른 사람들이 있었는지 물어보는 것도 중요하다. 교사, 성직자, 수련캠프의 상담자, 심리치료자 또는 친구를 동일시하여 이들로부터 중요한 영향을 받았다는 점이 밝혀질 수도 있다. 사람들은 자신이 누군가로부터 영향을 받았는가 하는 동일시의 여러 측면에 대해 자각하고 있다. 그러나 덜 의식적이고 비언어적인 방식을 통해서, 개인의 동일시에 관한 전혀 다른 정보가 발견될 수도 있다.

전이반응에서 나타나는 동일시

임상적 면담에서 내담자의 주요한 동일시를 평가하는 가장 빠른 방법은 전이반응의 전반적인 느낌을 감지하는 것이다. 때로는 전이반응이 뚜렷하지 않고 미묘한 경우도 있다. 자상한 부모에게 양육되어 따뜻함이 몸에 배어 있고 접수면접에서도 그러한 분위기를 나타내는 내담자에게 치료자가 호의적인 유대감을 느끼게 되는 경우가 그 한 예다. 때로는 치료자의 수련과정에 대해서 꼬치꼬치 캐묻는 내담자도 있다. 이때 치료자는 왠지 무시당하고 있다는 불쾌감을 느끼며, 혹시 이 내담자가 의심많고 회의적인 사람과 동일시하고 있는 것은 아닐까 생각하게 된다.

반대로 전이반응이 처음부터 뚜렷하고 강렬하게 나타나기도 한다. 최근에 나의 동료 치료자 중 한 사람이, 분노조절에 어려움이 있어 이미 여러 심리치료자를 만난 경험이 있는 여자 내담자에 관한 평가내용을 보고하였다. 그 내담자는 과거에 만났던 치료자들이 자신을 잘 이해하지 못해서 여러 가지 잘못을 범했다고 설명했다. 그녀는 이번 치료자도 자신을 실망시키지 않을까 걱정하고 있었다. 치료자는 내담자가 이해받지 못하는 것에 예민해져 있음을 파악하고 성급한 해석을 하지 않으려고 노력했으나, 첫 면담이 끝나갈 무렵에 "여기 오시는 분들을 대략적으로 이해하는 데 보통 서너 회기가 소요됩니다. 그런데 ○○씨는 마음이 복잡한 편이라서 좀 더 오래 걸릴 것 같습니다."라고 말했다. 내담자는 '복잡한'이라는 말이 자신이 미쳤다는 것을 돌려 말한 것이라고 받아들이고 몹시 화를 냈다(이는 정확한 지각과 왜곡된 해석이 조합되어 나타나는 흔한 경우다. 치료자가 내담자의 문제를 심각한 것으로 생각하고 있다는 것은 내담자의 정확한 지각이나, 치료자가 내담자를 비판하거나 무시한다고 느낀 것은 내담자의 왜곡된 해석이다.). 이러한 반응으로부터 치료자는 내담자가 매우 비판적 태도를 지닌 권위적 인물을 내면화하고 있다고 추론할 수 있다.

때로는 어린 시절의 애정대상과 자신이 비슷하다는 사실을 전혀 인식하지 못하는 경우도 있다. 내가 면담했던 한 여성은 첫 면담 내내 어머니가 간섭이 심하고 통제적이며 괜한 트집을 잡곤 한다고 불평을 했다. 나는 만족시키기 힘든 어머니 밑에서 내담자가 힘들게 성장해왔겠다는 생각이 들어 연민의 감정을 느꼈다. 우리는 좋은 관계를 형성하는 듯했고, 그녀가 상담실을 나가기 전까지 나는 그녀에 대해서 따뜻한 역전이 감정을 느꼈다. 그런데 상담실을 나가면서 그녀는 벽에 걸린 그림들을 보고 깜짝 놀라더니 그림들을 똑바르게 바로 잡아 조금도 비뚤어진 데가 없게 하는 것이었다. 그리고는 "됐어요. 이제 상담실 모습을 창피해하지 않으셔도 될 거예요."라고 말했다.

동일시, 함입, 내사 및 상호주관적 영향

Freud(1921)는 두 가지 종류의 동일시 과정에 대해서 기술했다. 그 하나는 어린 시기에 비교적 갈등을 경험하지 않는 '의존적'(anaclictic: '기대다'라는 그리스어에서 유래하는 말로 직접적인 의존성을 의미함) 대상 사랑이며, 다른 하나는 그 이후에 나타나는 것으로 나중에 '공격자와의 동일시'로 알려지게 되는 과정이다(A. Freud, 1936). 전자는 아동이 부모를 사랑하면서 부모가 지닌 좋은 속성을 자신도 지니고자 하는 긍정적인 현상이다. 이러한 과정은 성인에게도 일어나지만, 아동의 경우 그들의 성격형성에 더욱 뚜렷하고 결정적인 역할을 하게 된다. "우리 엄마는 다정한 분이에요. 그래서 저도 엄마처럼 되고 싶어요."라고 말하는 소년은 긍정적인 의존적 동일시를 표현하고 있는 것이다. 이와 반대로 공격자와의 동일시는 분노를 경험할 때나 충격적인(traumatic) 상황에서 일어나며, 이때 경험하게 되는 공포와 무력감을 방어하는 기능을 한다. 공격자와의 동일시는 대개 의식하지 못하는 사이에 자동적으로 일어나는 과정으로 대상을 닮고 싶다는 자발성의 정도가 덜하지만, 언어적으로는 다음과 같이 표현될 것이다. "나는 엄마가 무서워요. 엄마를 무서워하지 않으려면 내가 겁에 질린 힘없는 꼬마가 아니라 엄마라고 상상하면 돼요. 내가 원하는 대로 이 상황의 시나리오를 다시 쓰는 거예요. 이렇게 하면 내가 엄마한테 당하지 않는 것이 되니까 안심할 수 있어요." Weiss와 Sampson 및 그의 동료들은 이 과정을 "수동에서 능동으로의 전환(passive-into-active-transformation)"이라고 명명하였다(Weiss, Sampson, & the Mount Zion Psychotherapy Research Group, 1986).

Freud는 의존적 동일시보다는 공격자와의 동일시를 좀 더 자세하게 기술하고 연구하였다. 공격자와의 동일시가 더 일반적으로 나타나는 현상이어서가 아니라, 이 과정이 무의식적으로 일어나고 심리적인 문제를 초래할 수 있으며, 누구나 이해할 수 있는 수준의 합리적인 설명으로는 잘 이해되지 않기 때문이다. 공격자와의 동일시에서 아동은 동성의 부모에게 강한 공격성을 투사하지만, 건강한 가족이라면 실제로 부모가 아동이 투사하는 만큼 공격적이지는 않다. 그러나 Freud가 기술하고 있는 오이디푸스 상황의 동일시는 기본적으로 공격자와의 동일시이다. 고전적인 오이디푸스 삼각관계에서 아동은 이성의 부모를 갈망하고 동성의 부모에게 경쟁심을 느끼며, (아동의 정신수준에서는 감정과 행동을 완전히 분리시킬 수가 없으므로 경쟁심을 느끼는 것이 실제로 공격하는 것처럼 여겨져서) 자신의 공격이 동성부모에게 위해를 가하지 않을까 염려하고, 그렇게 되면 공격을 당한 동성부모가 보복하지 않을까 두려워하며, 그 다음에는 자신이 두려워하는 그 부모처럼 되어야겠다는 결심을 통해 이러한 갈등을 해결한다("나는 아빠를 없애고 엄마를 가질 수는 없지만, 아빠처럼 되면 엄마 같은 여자를 가질 수 있어."). 이러한 동일시의 시나리오는 문학에 계속 등장하는 삼각관계의 주제나 성공을 거둔 사람들이 흔히 겪는 불안과 우울반응 그리고 3~6세 된 아이들이 자신이 상상한 무서운 괴물에 쫓기는 악몽을 자주 꾸는 것 등 다양한 심리 현상의 의미를 조명해준다.

20세기 중반에는 임상가들 사이에서 공격자와의 동일시 개념이 상당히 유행을 했기 때문에, 연구에 치중하는 심리학자들은 이와 다른 유형의 비갈등적 동일시가 존재함을 보이기 위해 많은 노력을 기울였다. Sears와 동료들(예: Sears, Rau, & Alpert, 1965)은 공격자와의 동일시처럼 자동적으로 일어나면서도 정서적인 갈등은 결부되지 않은 동일시를 유발할 수 있는 여러 가지 획기적인 실험을 고안해내었다. 그리고 불안에 의해 방어적으로 동기화된 공격자와의 동일시 시나리오와 대비하여 이러한 동일시를 '모델링(modeling)'이라고 명명하였다. 흥미롭게도 이 모델링은 의존적 애착에 대해 Freud가 관찰한 바와 개념적으로 매우 유사하다.

학령 전기의 아동들이 노는 모습을 보면, 부모의 어조나 몸짓 하나까지 그대로 따라한다는 사실에 놀라지 않을 수 없다. 특히, 나이가 어릴수록 '부모 전체를 흡수해버린' 것처럼 보이기도 한다. 성인의 경우도 자신이 존경하는 대상의 모습을 전부 받아들여, 동일시하는 주체는 사라지고 우상의 복제품만 남은 것처럼 보일 수 있다. 지도교수를 사랑하게 된

대학생이나 교주를 흉내내는 신도의 예를 생각해볼 수 있다. 이들은 자신의 우상이 걷고 말하고 웃고 한숨 쉬고 스파게티를 먹는 방식까지 따라한다. 반면에 좀 더 선별적이고 자발적으로 이루어지는 동일시도 있다. 동일시 대상의 어떤 측면은 받아들이지만 다른 측면은 취하지 않는 것이다. 대부분의 사람들은 어린 시절 자신에게 영향을 미친 사람의 모습 가운데 자신이 닮고 싶었던 부분은 무엇이고, 닮지 말아야겠다고 생각한 부분은 무엇인지 잘 얘기할 수 있다.

Freud 이후의 정신분석 문헌에는 정상적인 동일시 과정이 어떻게 발달하는가를 이해하려는 오랜 학문적 전통이 있었다. 여기에는 환자들의 부적응적인 동일시를 접하면서 치료자들이 겪어온 고뇌가 많은 기여를 하였다. 1968년에 Roy Schafer는 전체를 모두 흡수하는 방식으로 부모와 동화하는 데서 시작하여(참고: Jacobson, 1964), 점점 더 선별적으로 사고할 수 있는 능력이 발달하면서 결국에는 대상을 복잡하고 분화된 '타인'으로 평가하고 그의 특성을 선택적이고 자발적으로 받아들일 수 있게 되는 정교한 동일시에 이르는 발전 과정을 기술하였다. 두 살배기 아이는 엄마의 핸드백을 들고 엄마 걸음을 흉내내며 돌아다니는 수준이지만, 오이디푸스 시기에 도달한 아이는 부모의 어떤 점을 닮고 싶다고 자발적으로 얘기할 수 있다.

'동일시'라는 용어를 광범위하게 사용한 학자들도 있지만 Schafer와 같이 초기에 나타나는 함입(incorporation)과 타인의 특성을 능동적으로 취할 수 있게 되는 후기의 동일시 과정을 구분한 사람도 있다. 경험적 증거에 따르면 양육자에 대한 내적 표상 발달과 자기 표상 발달은 동시에 진행되며(Bornstein, 1993), 이러한 자기와 타인 표상은 아동의 지각, 기대, 행동에 영향을 미치면서 위계적인 단계로 발전해나간다(Horner,

1991; Schore, 1997; Wilson & Prillaman, 1997). 현재 정신분석 문헌에서는 성숙한 동일시 과정에 선행하는 내면화(internalization)를 칭할 때 '내사(introjection)'라는 용어를 가장 흔히 사용한다(그 반대과정인 투사에 가장 잘 맞는 반대말이기 때문일 것이다). 그래서 중요한 타인의 내면화된 상을 내사물(introjects)이라고 한다. 내면화 과정이 무분별한 모방에서 타인의 구체적 특성을 선택적이고 의도적으로 취하려는 노력으로 성숙해감에 따라, 내사적 특성이 덜해지고 좀 더 동일시적인 것이 된다.

동일시가 일어나는 과정은 모든 가정과 문화에서 동일한 형태로 나타나는 것 같다. 반면 동일시의 내용은 긍정적일 수도 있고 문제가 있을 수도 있다. 초기의 내면화는 전언어적이고 자동적으로 일어나기 때문에, 이 시기의 내면화가 부정적으로 이루어지면 나중에 치료과정에서 상당한 걸림돌이 된다. 나의 지도학생이었던 Ann Rasmussen(1988)은 박사논문을 준비하면서 애인과 배우자에게 반복해서 심한 학대를 당해온 여성들을 면담하였다. 이들은 자신을 학대한 사람에게 자꾸 되돌아가곤 하여 여성의 쉼터 직원들을 힘 빠지게 하는 사람들이었다. 한 번은 그중 한 여성과 면담을 하는데, 그녀의 두 살배기 아들이 자기 뺨을 보란 듯이 찔러서 상처를 내고는 이를 자기 엄마와 내 제자에게 자랑스럽게 보여주었다고 한다. 이 아동의 내사 과정은 정상적이지만 그 내용은 아동의 미래가 밝지 못함을 시사해주는 것이다.

기존의 정신분석 문헌에서는 아동이 부모의 특성을 받아들이는 과정에 중점을 두면서, 아동의 발달은 역동적이고 부모의 영향은 상대적으로 정적인 것처럼 취급하였다. 그러나 최근의 발달 정신분석이론과 연구(예: Beebe & Lachmann, 1988; Brazelton, Koslowski, & Main, 1974; Brazelton, Yogman, Als, & Tronick, 1979; Greenspan, 1981, 1989, 1997;

Lichtenberg, 1983; Stern, 1985, 1995; Trevarthan, 1980)에서는 아동과 양육자가 서로에게 미치는 영향력을 강조하는 좀 더 상호주관적인 관점에서 동일시 과정을 다룬다. 개인이 정체감을 어떻게 발달시키는지에 대해 이해하면 할수록 동일시 과정이 상호적인 것임을 잘 알게 된다. 유아는 어머니의 특성을 취하고, 어머니는 자기 아이에 적응하여 바뀌어가고, 다시 아이는 바뀐 엄마를 내면화하는 과정이 반복되는 것이다.

상호주관적 '댄스(dance)'(참고: Lerner, 1985, 1989)라고도 일컬어지듯이, 동일시가 이렇게 상호주관적인 방식으로 이루어진다는 사실은 내면화된 대상이 실제 그 사람과 동일하다고 가정할 수 없는 이유가 된다. 내가 원래 동일시했던 아버지는 어려서 이상적인 인물로 느꼈던 전지전능한 아버지였지, 내가 어른이 되어 평가했을 때 자존감의 상처를 잘 받고 자기확신을 지니지 못한 그런 사람이 아닌 것이다. 삶에서 일어나는 사고도 동일시의 양상에 영향을 미칠 수 있다. 내가 예전에 보았던 내담자 가운데 아주 차갑고 퉁명스러운 젊은 남성이 한 명 있었다. 그는 모든 인간관계에 대해 거부적이고 차가운 태도를 취했고, 나와의 관계에서도 마찬가지였다. 그는 자신이 타인과 이렇게 거리를 두게 된 이유는 어머니가 도무지 따뜻한 구석이라고는 없는 '인간냉장고'였기 때문이라고 설명했다. 치료 초반에 이미 나는 그가 자신의 과거에 대해 얘기하기 어려울 정도로 교류가 힘든 어렵고 복잡한 내담자임을 알 수 있었다. 그래서 내담자에게 어머니를 면담해도 될지 동의를 구한 다음 그 '인간냉장고'를 만날 만반의 준비를 하였다. 하지만, 놀랍게도 그녀는 몹시 따뜻한 사람이었을 뿐 아니라, 자기 아들을 매우 사랑하고 염려하고 있었다. 그녀는 내담자를 낳고 나서 몇 개월 동안 심한 전염병을 앓았기 때문에 내담자를 안아주거나 손을 댈 수가 없었다고 한다. 내담자를 맡아준 친척들은 최소한의 양육만 했을 뿐이었다. 그가 내면화한 냉장고 엄마는 실제로는 자신이 아무리 다가가려 해도 아들이 거부한다며 상담실에 앉아 울고 있는 따뜻한 엄마였다.

사례이해(case formulation)에서 내담자의 동일시 과정이 얼마나 원시적인가 혹은 성숙한가를 평가하는 것은 매우 중요하다. 내담자의 초기 대상에 관한 질문이 치료에서 상당한 가치가 있음을 인식해온 치료자들이 많이 있고, 그 가운데 특히 Kernberg는 진단에 있어서도 매우 정교한 능력을 보인 임상가였다. 그는 새로 온 내담자에게 부모 혹은 자신에게 중요한 영향을 미친 타인들에 대해 물어보는 것이 구체적 유용성을 갖는다고 주장하였다. 일반적으로, 심리구조가 경계선이나 정신증적 수준에 있는 사람은 타인을 '단점은 전혀 없는 전적으로 선한 사람' 혹은 '도저히 용서나 이해의 여지가 없는 구제불능의 악인'으로 보는 등 사람을 전체로 평가하는 극단적인 대답을 하는 반면, 신경증적이거나 건강한 범위에 속하는 사람은 타인을 좀 더 여러 가지 차원에서 균형 잡힌 방식으로 설명한다(Bretherton, 1998). 이러한 정보는 지지적, 표현적, 탐색적 치료 가운데 어떤 것을 할지를 결정하는 데 매우 중요하다(Kernberg, 1984; McWilliams, 1994; Pinsker, 1997; Rockland, 1992a, 1992b).

앞에서 예로 들었던 두 내담자, 즉 분노문제를 가진 여성과 차갑고 퉁명스러운 남성 모두 자신의 부모를 일차원적인 방식으로 기술하였다. 이런 경우 치료자는 부모가 정말로 어떤 사람인지 파악하기가 어렵다. 내담자의 말에 따르면 부모는 천사 아니면 악마이지, 부모노릇을 잘 해보려고 애쓰고 있거나, 아니면 자신의 삶에 닥친 어려움을 극복하기 위해 고군분투하고 있는 평범한 인간이 아니다. 위의 두 내담자 모두 경계선 범위의 발달단계에 속하는 것으로 진단할 수 있었다. 유형적으로 보면 여성은 편집증적 양상이 우세하였고 남성은 정신분열적인 성격구조를 보였다. 편집증과 경계선 역동의 조합에 대해서는 치료자의 지지적 태도가 필요했고, 정신분열적인 내담자에게는 표현적 치료가 적절하였다.

그러나 심리적으로 상당히 성숙한 사람들도 특정 대상을 모두 좋거나 모두 나쁘거나 하는 식으로 분류하게 되는 영역이 있다. 예를 들어, 히스테리성 성격구조를 가진 내담자는 다른 영역에서는 예리하고 정확한 통찰을 할 수 있으면서도 사람에 대해서는 매우 인상주의적(impressionistic, 구체적이고 사실적으로 지각하기보다 전반적인 인상에 근거하여 모호하게 지각하는 경향)인 것으로 유명하다(Shapiro, 1965). 마찬가지로 기능수준이 높은 우울한 사람들도 장애가 심한 우울증 환자들과 마찬가지로 자신을 부정적으로만 지각하고 타인은 좋게만 보는 등 동일시에서 이분법적인 양상을 보이는 경향을 지니고 있다(Jacobson, 1971). 히스테리적이고 연극적인 성격을 가진 내담자가 이렇게 인상에만 근거하여 타인을 이상화하거나 평가절하하는 이유는, 타인을 정확하게 지각하면 그에게 압도되거나 상처받을지 모른다는 내적 불안이 자극될까 두렵기 때문이다. 우울한 내담자의 경우에는 좋은 대상과의 연합을 통해 자신의 악한 영혼이 상쇄될 수 있다는 희망을 보호하려는 것이다.

동일시 이해의 임상적 함의

특히 타인에 대한 내면화가 모두 좋거나 모두 나쁘다는 식으로 이루어지는 경우, 내면화에 대한 정보는 심리치료에 매우 중요한 함의를 갖는다. 이는 지지적, 표현적, 탐색적 치료 중 무엇을 할 것인가에 대한 답을 얻는 것 이상의 시사점을 제공해준다. 첫째, 내면화에 대한 정보는 환자와 처음에 어떤 방식으로 관계를 맺으면 좋을지에 대한 단서를 준다. 전문가로서의 태도를 유지하는 범위 내에서, 치료자가 환자의 병리유발적인 내면화 대상과는 다르다는 것을 몸소 보여주는 것이 일반적으로 가장 좋다. 부모가 매우 자기중심적이라면 치료자는 타인을 정성껏 배려하는 태도를 보여줄 필요가 있다. 내담자가 내면화한 부모가 비판적이라면 치료적 관계의 수용적 측면이 특히 강조되어야 한다. 내사물(introjects)이 유혹적인 특성을 갖는다면 치료적 관계에서의 경계에 특히 주의를 기울여야 한다. 치료자가 아무리 노력해도 결국에는 환자가 치료자를 내면화된 대상처럼 경험하게 되겠지만, 그렇더라도 전이가 일단 나타났을 때 내담자가 자신이 투사한 모습과 치료자의 실제 모습 간의 차이를 인식할 가능성이 높아진다.

둘째, 이러한 정보는 앞으로 치료과정에서 어떤 양상의 전이가 나타날지 미리 알려준다. 동일시는 강력한 심리적 힘이다. 치료자가 아무리 친절하고 따뜻하려고 해도 아동기에 학대를 당했던 내담자는 치료자가 자신을 학대하리라는 감정을 경험하게 마련이다. 아무리 수용적인 태도를 보여주어도 내면에 거부적인 대상을 내면화한 내담자는 치료자가 자신을 거절하리라는 믿음을 가지게 될 수밖에 없다. 설령 내담자의 내면화된 대상과 차별화되려는 치료자의 노력이 계속 성공을 거둔다고 해도 이것이 내담자에게 유익한 것은 아니다. 동일시를 통해 내면화된 부정적 기대들은 아동기 이후의 경험을 통해 '반증되고 상쇄되었어야 하는데' 그렇지 못했기 때문에 지금 치료를 받으러 오게 된 것이다. 내담자는 자신의 성장과 삶의 만족을 방해하고 있는 내면화된 대상을 치료자에게 투사한 다음, 아동기에 했던 것과는 다른 방식으로 그 대상과 관계 맺는 법을 배울 필요가 있다. Freud(예: 1912)는 전이와 그 치료적 잠재력에 대해 말하면서, 보이지 않는 적과는 싸울 수 없다고 즐겨 말하곤 했다.

셋째, 내담자가 내면화한 사람들이 어떠한지 그리고 그들이 내담자에게 어떤 의미를 갖는지 이해하는 것은 치료전략을 고안하는 데도 매우 중요하다. 때로는 이것이 내담자에게 영향을 미칠 수 있는 유일한 길이기도 하다. 몇 년 전 나는 만성적인 자살충동에 시달리는 한 남성을 치료한 적이 있었다. 그는 양극성 장애가 심하지 않은 상태에서는 밝고 창조적인 사람이었고, 매우 유능한 목사이자 남편이자 아버지였다. 급성 우울증을 겪고 있지 않을 때에는 상담 회기도 활기차고 감동적이었다. 내담자 자신도 본인에 대해 새롭게 알게 된 것을 중요하게 여겼고 행동에서도 많은 긍정적인 변화가 생겨났다.

그러나 우울감이 압도적으로 밀려오면 그는 자신을 사랑하고 의지하는 많은 사람들의 간청에도 불구하고 살아갈 이유를 찾을 수가 없었다. 그는 집에 자살도구로 정량을 훨씬 넘는 수면제를 마련해놓고 있었고, 그 도구를 없애버리라고 아무리 설득해도 소용이 없었다. 내가 자꾸 없애라고 하면 없애지 않고도 없앴다고 거짓말을 할 수밖에 없으며, 자살도구가 주는 근본적인 통제감과 자율감을 포기할 생각이 전혀 없다는 대답을 들을 뿐이었다. 당연히 나는 그 내담자 때문에 잠을 여러 번 설쳤고, 살려는 생각보다 죽고 싶은 소망이 훨씬 강해보일 때는 입원을 권유하기도 했다.

이 내담자의 자살충동은 상당 부분 이미 결정된 것이었다. 가족력에 양극성 장애의 유전 요인이 분명히 나타나 있었기 때문이다. 또한 어머니로부터 끊임없는 비판과 통제와 신체적 학대를 받아왔고, 이를 통해 자신은 벌을 받아 마땅한 존재이며, 누구든 자신을 잘 알게 되면 자신이 근본적으로 나쁜 사람임을 알고 거부할 것이라는 믿음을 갖게 되었다. 어려서는 어머니의 학대에서 탈출할 수 있는 유일한 방법이 그저 도망치는 것이었다. 그래서 그는 걸음마를 하면서부터 늘 이리저리 도망을 다니곤 했다. 삶이 견디기 어려워지면 어디라도 도망갈 수 있다는 사실이 그에게 안도감을 주었다. 그에게 자살도구는 어린 시절에 자신이 마련해두었던 탈출로를 의미했다. 또한 그는 분노감정은 표현해서도 안 되고 심지어 인식하는 것도 옳지 않다는 엄격한 교육을 받았다. 조금만 공격적인 감정이 들어도 자신이 나쁜 사람이어서 그렇다고 생각했고, 사소한 일이라도 자신의 적대감과 이기심이 남에게 상처를 준 것 같으면 스스로를 심하게 질책했다. 그가 내적으로 어떻게 느끼는가보다 남에게 어떻게 보이는가를 더 중시한 가족들 때문에 그는 자존감에 심한 손상을 입었다. 어머니가 휘두르는 폭력도, 아버지의 수동공격적이고 술에 찌든 모습도 어떻게 해볼 수 없었던 자신의 무능력으로 인해 그의 효능감도 심하게 좌절되었다.

나는 그의 분노를 좀 더 의식적인 수준으로 끌어올리고, 자신이 나쁜 사람이라는 믿음을 분석하며, 자살을 통해 어머니에게 복수하겠다는 소망을 들여다보도록 한다. 또한 그의 자살이 아내와 세 자녀에게 어떤 의미를 갖는지를 현실적으로 바라보도록 하고, 그의 장례식에서 사람들이 무슨 생각을 하고 무슨 말을 할 것이라고 상상하는지를 탐색함으로써 그의 집요한 자살사고를 직면시켜보고자 노력했다. 이는 그의 정신과의사나 정서적인 예리함을 갖춘 친구와 친척들도 해왔던 방식이었다. 또한 전이에 주의를 기울여보도록 하고, 그의 자살이 치료자에게 어떤 영향을 미칠 것이라고 생각하는지를 탐색하며, 그 안에 담긴 적대감을 찾아내어 이를 좀 더 자신에게 이득이 되는 방식으로 표현할 수는 없는지를 함께 생각해보았다. 그러나 이러한 노력 중 어느 것도 별 효과가 없었다.

그러나 아버지에 대한 동일시를 탐색하자 그의 마음이 움직이기 시작했다. 그의 아버지는 아내의 말에 상처를 받고 자살했다. 아버지가 어머니의 공격에서 자신을 지켜주고, 어른이란 어떤 존재인가에 대해 어머니 외의 다른 대안모델을 제시해주었기 때문에 그는 아버지에게 필사적으로 의지해왔다. 그는 아버지가 자살을 했다는 것에 대해 깊은 존경심을 느끼고 있었다. 누군가가 자기 어머니를 이기고 본인의 의사를 표현하는 것을 그때 처음 보았기 때문이었다. 그는 아버지의 자살이 남편과 아이에게 학대를 일삼아온 여자에게 제대로 복수한 것이라고 생각했다. 그에게 자살은 여성의 군림에 대한 남성의 거부를 의미한다는 점에서도 매력적인 것이었다.

일단 이러한 관련성을 파악하게 되자 우리는 아버지의 자살이 정말 용기 있는 행동이었는지에 대해 생각해보기로 했다. 아버지가 너무도 나약해서 아내의 학대에 굴복해버린 것뿐이라고 받아들이기에는 내담자 자신이 너무 힘이 들고, 때문에 아버지의 자살이 용기 있는 행동이라고 애써 생각하려 했던 것은 아닌지 함께 탐색해보았다. 이러한 작업 끝에 이 내담자는 결국 아버지가 자신을 버린 것에 대해 몹시 분노했었음을 통찰하게 되었다. 이를 통해 그는 자살이 자기 아이들에게 무슨 일을 저지르는 것인가를 머리로만이 아니라 가슴으로 절절히 이해할 수 있게 되었다. 또한 다른 사람이라면 어머니의 난폭한 행동에 어떻게 대응했을까를 생각해보았고, 남성적 힘을 나타내는 행동 가운데 자살처럼 자기파괴적이지 않은 것들도 고려해볼 수 있었다. 이러한 작업을 통해 아버지에 대한 동일시가 감소하였고, 아버지 외의 다른 남성상의 특성을 취하고자 하는 정서적 준비성이 높아지게 되었다.

마지막으로, 원시적이고 일차원적인 내적 대상을 이해하는 것이 중요한 이유는, 자기와 타인의 복잡성과 모순을 이해하는 것이 심리적 성숙과 개인적 안정에 매우 핵심적인 측면이기 때문이다. 이러한 이해는 장기 심리치료의 중요한 목표다. 임상가는 내담자가 전부 좋거나 전부 나쁘다는 식의 내적 표상을 조절하고, 증오하는 대상의 긍정적 모습과 사랑하는 대상의 부정적 모습을 의식수준으로 끌어올리도록 하며, 미움 속에도 사랑이 있고 사랑뿐인 줄 알았던 감정 속에 미움도 있음을 발견할 수 있도록 도와준다. 심리치료가 잘 이루어지면, 경직되고 일차원적이던 표상이 한 인간의 장단점에 대한 현실적인 지각으로 대체된다. 타인의 정서적, 도덕적 복잡성을 받아들일 수 있게 되면 자신의 강점과 약점과 모순도 더 잘 수용할 수 있다.

이렇듯 전부 좋다 혹은 전부 나쁘다는 식으로 내면화된 상을 현실적인 것으로 수정한다는 원칙은 잔인하게 학대를 받아온 사람들의 경우에도 똑같이 적용된다. 부모에게 학대당한 아동이 그래도 부모에게 매달리는 것처럼, 내면화된 대상이 아무리 나쁘더라도 사람들은 그 대상에게 매달린다. 내담자가 부모를 '전부 나쁜' 범주에 분류하는 데 치료자가 동조하게 되면, 내담자가 부모를 미워만 한 것이 아니라 사랑하기도 했다는 피할 수 없는 사실은 의식 수준으로 올려지지도 못하고, 내담자의 자기의 일부로 포용되지도 못한다. 치료자가 환자 성격의 중요한 부분을 수용하지 않는 공범이 된 것이다. 학대의 피해자들은 자신의 분노감정을 발견하고, 비극적인 과거를 애도하며, 궁극적으로는 자신을 학대했던 사람들도 자기처럼 힘든 과거를 가진 상처받은 인간임을 이해할 필요가 있다. 자신을 학대한 사람을 증오하기도 했고 사랑하기도 했음을 모두 기억할 필요가 있는 것이다(Davies & Frawly, 1993; Terr, 1992, 1993).

역동일시가 우세한 경우

부모나 보호자가 자신을 학대할 때, 사람들은 흔히 자신은 부모와 정반대의 사람이 되겠다고 결심하곤 한다. 내 주변에도 불행한 과거를 겪으면서 최악의 길로 치달을 수도 있었지만 역동일시를 통해 그런 상황에 빠지지 않은 사람들이 많이 있다. 아동 학대의 후유증에 대한 연구(예: Haugaard & Reppucci, 1989)에 따르면 학대를 하는 사람들은 그 자신도 부모에게 학대를 받았던 경우가 흔하긴 하지만, 아동기에 잔인한 학대를 받았다고 해서 모두 잔인한 사람이 되는 것은 아니다. 부모에게 학대를 당하고도 자기 부모처럼 되지 않겠다는 굳은 결심을 통해 자녀들을 자상하게 잘 키운 사람들도 많이 있다. 힘든 상황을 겪으면서 정서적으로 황폐해져버리고 말 수도 있지만, 역동일시를 통해 이 상황에 굴복하라는 내적 압력을 극복하고 자존감을 지킬 수도 있는 것이다.

그러나 역동일시는 너무 전체적이고 견고하여 타협이 어렵다는 문제가 있다. 내 친구 중 하나는 어머니가 건강염려증적인 것이 너무 싫어서 실제로 자기 몸이 아파도 병원에 가지 않는다. 또 어떤 사람은 알코올중독인 아버지처럼 되지 않겠다는 굳은 결심으로 술을 입에도 대지 않는 도덕군자가 되어, 그 자녀들이 오히려 반항심을 이기지 못하고 마약을 하기도 했다. 또한 역동일시의 대상이 비슷한 행동을 했었다는 이유로 자신의 행동을 좋은 방향으로 바꾸지 못하는 내담자들도 있다. 한 여자 내담자는 정리정돈을 잘 못하고 늘 어지르기만 했는데, 그 이유가 차갑고 냉정했던 새엄마가 몹시 깔끔하고 정리정돈을 잘했기 때문이었다. 분명 비논리적인 일이고 자기에게 손해인데도, 사회적 성공까지 거둔 이

지적인 여성은 정리정돈을 하면 꼭 새엄마처럼 되는 것 같아서 청소를 할 수가 없었다. 그녀에게 정리정돈은 냉정함을 의미하는 것이었기 때문이다(아마도 이런 환자들이 행동치료에 인지적 차원을 발전시키게 된 자극제 역할을 했을 것이다. 행동치료 숙제를 하면 자신이 미워하는 사람처럼 행동하는 것 같다는 이유로 숙제를 해오지 못하는 내담자가 매우 많았기 때문이다.).

치료자가 여러 가지 변화 방법을 탐색해보았지만 번번이 좌절되었다면, 그 기저의 역동을 이해해보는 것이 중요하다. 치료자가 관찰한 바를 가볍게 언급해주는 것도 역동일시라는 거의 자동화된 태도를 완화시킬 수 있고(예: "새엄마가 정리정돈을 잘하면서 동시에 냉정하게 대했기 때문에 ○○씨는 정리정돈을 잘하는 것은 냉정한 것이라고 생각해오셨군요."), 때로는 좀 더 강한 해석을 해야 할 필요도 있다(예: "새엄마처럼 되는 것이 너무 싫어서 그분의 좋은 면까지 거부하는군요." 혹은 "본인에게 분명히 손해인데도, 새엄마에게 조금이라도 만족감을 주는 일을 하기보다는 그냥 어지르는 것이 낫다는 것이군요. 새엄마는 이제 돌아가시고 안 계신데도 말이지요."). 역동일시의 양상이 전이에 분명하게 드러나야 비로소 행동에 변화가 나타날 수 있는 경우도 있다("○○씨는 치료자도 ○○씨의 냉정한 계모처럼 정돈된 사람으로 느껴지시지요? 그래서 치료시간에 늦게 와서 ○○씨가 돈을 낸 시간을 손해보고 있고요.").

때로는 내담자가 바람직한 방향으로 변화되는 것을 돕기 위해 역동일시를 이용할 수도 있다. 부적응적 행동을 변화시킬 수 있는 강력한 방법 가운데 하나는 그 행동이 환자가 닮지 않으려고 애써왔던 초기 대상에 대한 동일시의 의미가 있음을 알려주는 것이다. 예전에 내가 치료했던 한 여성은 아버지의 자기애적이고 조증적이고 남을 통제하려는 성격을 참을 수 없어 했고, 아버지와 반대로 행동하려고 온갖 노력을 기울여왔다. 온 힘을 다해 타인의 요구에 민감하게 반응했고, 타인이 원하는 대로 맞춰주었으며, 자기 사정 때문에 남에게 피해를 주지 않으려고 애써 왔다. 그녀가 치료를 받으러 온 이유는 돈 관리를 잘 할 수가 없어서였다. 그녀는 남편이 경제적 형편보다 돈을 더 많이 쓰는 것을 막을 수가 없었다. 그녀는 이것이 자신의 순종성, 즉 남을 통제하려는 아버지에 대한 역동일시 때문이라고 이해하고 있었다. 하지만, 아버지가 자기 힘을 과시하기 위해 돈을 함부로 쓰곤 했고 돈에 관한 그녀의 행동이 아버지와 교묘하게 닮아 있음을 밝혀냈을 때, 그녀는 아버지와 달라지려는 결심으로 돈 관리를 잘 할 수 있게 되었다.

동일시 및 역동일시의 주제와 관련하여 동료 Kathryn Parkerton (1987)의 학위논문 연구를 언급하고자 한다. 그녀는 내담자와 종결할 때 분석가들이 애도를 하는지에 관심이 있었고, 이를 밝히기 위해 10명의 경험 많은 임상가를 면담하였다. 그녀는 임상가들에게 치료를 끝낼 때 흔히 어떻게 하는지 물어보았다. 마지막 회기에 가면 자기 공개를 더 많이 하게 되었습니까? 치료가 끝날 때 환자가 주는 선물을 받았습니까? 치료가 끝난 다음 내담자가 치료자의 동료나 친구로 남게 되기를 만류했나요 아니면 격려했나요? 이전 내담자와 연락을 계속 했습니까? 그들이 크리스마스 카드를 보내던가요? 나중에라도 증상이 안 좋아지면 다시 오라고 격려했습니까? 등의 질문을 하였다.

연구결과, 치료 후 애도반응을 보이는가 여부와 관련하여 10명의 분석가마다 반응이 모두 다르게 나타났다. 한 여성 분석가는 종결하는 내담자에게는 "앞으로 잘 사세요!" 하고 축복해주고 그 다음 내담자는 어떤 사람일까에 대한 기대감을 갖기 때문에 슬픔은 느끼지 않는다고 부인하였다. 어떤 남성 분석가는 '졸업하는' 모든 환자에 대해 Kübler-Ross의 단계^{역자주}를 모두 거치면서 심한 고통을 겪는다고 하였다. 또 분석가마다 구체적인 질문에 대한 대답도 모두 달랐는데, 특히 재미있었던 것은 그들 모두 자신의 규칙과 방식이 '고전적인' 혹은 '널리 받아들여지고 있는' 정신분석의 표준이라고 생각한다는 사실이었다! 그러나 그들의 신념과 상관을 보인 것은 예전에 분석가 자신의 분석가가 종결할 때 어떻게 했는가였다. 임상가들은 자신의 치료자와 똑같은 방식으로 종결하거나 혹은 그 반대로 하고 있었다. 모두 나름의 방식을 취하는 이유가 있었지만, 아마도 동일시가 먼저 일어나고 그 다음에 설명이 뒤따르는 것이 아닐까 생각된다.

역자주: Kübler-Ross 박사가 제시한 것으로, 자신이 죽음에 처했음을 알게 되었을 때 사람들이 일반적으로 겪게 되는 부인, 분노, 타협, 절망, 수용의 다섯 단계를 말한다.

민족, 종교, 인종, 문화 및 하위문화와 관련된 동일시

다양성의 문제가 훨씬 중요하게 부각되고 있는 오늘날의 문화적 분위기 속에서, 치료자는 내담자의 민족, 종교, 인종, 사회계층, 문화 및 하위문화에 대한 동일시를 잘 이해해야 한다. 물론 환자가 가질 수 있는 모든 가능한 배경에 대해 미리 전문가가 되어 있어야 한다는 뜻은 아니다 (물론 모든 경우에 그렇듯이 많이 알수록 좋기는 하다.). 우리 자신과는 다른 동일시를 한다는 것이 어떤 함의를 갖는지에 주의를 기울여야 한다는 뜻이다(Comas-Diaz & Greene, 1994; Foster, Moskowitz, & Javier, 1996; Sue & Sue, 1990). 심지어 서구문화권에서는 아주 당연하다고 생각하는 개인적 자기(individualized self)의 개념도 모든 문화권의 모든 사람에게 보편적으로 적용되는 것은 아니다(Roland, 1988). 그러나 중요한 발달 과정으로서의 동일시 현상은 보편적인 것으로 보인다.

　이탈리아인은 감정을 분출하도록 가르치고 아일랜드인은 감정을 통제하도록 가르친다. 사람은 자기의 행동과 문화적 분위기가 서로 부합하지 않을 때 죄책감이나 수치심을 느낄 수 있다. 이러한 사실을 이해해야 치료가 효과적으로 이루어질 수 있음을 DSM은 반영하지 못하고 있다. 『민족성과 가족치료(Ethnicity and Family Therapy, McGoldrick, Giordano, & Pearce, 1996)』에서는 민족성과 관련된 여러 가지 질문들을 다루고 있으며, 가족치료자뿐 아니라 모든 임상가에게 매우 중요한 가치가 있는 책이다. 또한 Lovinger(1984)의 『치료에서 종교 문제를 다루기(Working with Religious Issues in Therapy)』 덕분에 자신의 어쩔 수 없는 이기적 감정을 행동으로 옮기는 것에 대한 개신교 신자들의 죄책감과 이기적 감정을 갖는 것 자체에 대한 가톨릭 신자들의 죄책감의 차이가 무엇을 의미하는지에 대해 이해가 훨씬 더 쉬워졌다.

　Grier와 Cobbs(1968)는 『흑인의 분노(Black Rage)』라는 책을 통해 아프리카계 미국인이라는 사실이 지닌 의미를 백인 치료자들이 이해하는 데 큰 도움을 주었다. 최근에는 Nancy Boyd-Franklin(1989)이 『심리치료에서의 흑인 가족(Black Families in Therapy)』에서 흑인 하위문화에 대한 수십 년간의 연구를 유용하게 요약해주었다.

　내담자가 기분부전장애임을 파악하는 것보다 우크라이나 사람임을 아는 것이 더 중요한 경우도 있다. 심리치료가 잘 되려면 견고한 치료적 동맹이 있어야 한다. 따라서 증상의 역동을 이해하는 것보다 치료적 동맹을 가능하게 하는 이해가 치료적 성공에 더 중요하다. 특히, 치료자와 민족적 배경이 다른 사람들이 많이 사는 지역에서 개업을 할 때는, 이러한 사람들과의 심리치료에 관한 지식을 가능한 한 많이 알아두어야 한다.

지난 20년간의 연구(예: Acosta, 1984; Trevino & Rendon, 1994)에 따르면, 단기간의 훈련을 통해서도 소수민족 내담자가 다수문화권에 속한 치료자에게 자신을 이해시키는 과정에서 좌절을 겪고 이로 인해 조기 종결되어버리는 경우를 상당히 감소시킬 수 있다고 한다.

민족, 인종, 문화적 배경이 치료자와 다른 내담자가 찾아왔을 때, 그들의 심리적 특성을 잘 모르거나 마땅한 대화거리가 떠오르지 않으면 내담자에게 그가 속한 집단의 가치나 사고방식에 대해 가르쳐달라고 부탁해야 한다. 이를 통해 심리치료에서는 무슨 이야기든 할 수 있고 금기시되는 것은 없다는 중요한 사실을 내담자에게 가르쳐줄 수 있다(대부분의 사회적 상황에서는 상대방의 인종, 민족, 성적 취향 등을 알아차리고도 이를 입밖에 내어 말하는 경우가 거의 없다.). 저자의 경험으로는 내담자들이 그러한 질문을 좋아하며, 자기의 배경에 대해 치료자가 진지한 태도로 알고 싶어하는 것을 좋게 평가하고, 기꺼이 자세한 대답을 해준다. 치료자를 가르치는 경험을 통해 치료자는 전문가이고 내담자는 무지한 사람이라는 느낌도 상쇄될 수 있다.

치료자와 내담자의 배경이 다름으로 인해 어쩔 수 없이 오해가 생길 때, 치료자는 그 의미에 대해 성급하게 교과서적인 결론을 내리지 말고 환자에게 자신의 경험과 기대와 생각을 이야기해보도록 격려해야 한다. 환자가 선물을 들고 올 때 치료자가 실수를 범하기 쉬운데, 이때 어떻게 행동하는 것이 치료적인지도 민족적 차이에 따라 달라질 수 있다. 문화마다 선물에 대한 태도, 선물이 갖는 기능, 선물을 받는 적절한 방식에 대한 기대가 다르다. 정신분석에서는 치료자가 선물을 거절하는 것이 표준으로 되어 있다. 따뜻한 태도로 요령 있게 거절하면서, 심리치료 관계에서의 교류는 행동이 아닌 말로 이루어져야 함을 분명히 전달해야 하는 것이 기본 방침이었다. 환자가 치료자에게 선물을 주어야겠다고 느낄 때이 행동에는 환자 내면의 무언가가 표현되고 있고, 이를 언어화하여 치료자와 환자가 그 의미를 함께 이해해야 한다는 것이 일반적인 규칙이었다. "채워주지 말고 분석하라(선물을 주는 사람의 욕구를 채워주지 말고 선물로 표현되고 있는 것이 무엇인지를 찾아내라.)"라는 오랜 경구는 모든 세대의 정신역동적 치료자의 초자아에 깊이 박혀왔다. 임상가가 그냥 간단하게 "고맙습니다." 하고 선물을 받는 것이 더 적절하지 않은가 하는 주장도 제기되는 등 임상가와 내담자 간의 단순한 교류의 문제에 대해서활발한 논쟁이 있어왔다(예: Langs & Stone, 1980).

아무리 태도를 정중하게 한다 해도, 작은 선물을 거절하면 이는 치료적 위기를 가져올 수 있다. 특히, 내담자의 부모가 속한 문화권에서 선물이 개인적, 사업적 교류의 하나로 여겨지고, 내담자가 부모를 강하게 동일시하고 있을 때 더욱 그러하다. 치료자가 아무리 요령 있게 거절을 한다고 해도 내담자는 자신이 존경하는 치료자와의 동일시 노력에서 상처를 입게 된다. 치료자는 관대함뿐 아니라 힘과 존엄성의 모범을 보여준 사람이고, 선물을 줄 수 있다는 것은 관대하고도 힘 있고 존엄한 행동의 의미를 갖기 때문이다. 선물을 받는 것을 관습적으로 금기시했던 근본 이유는 내담자가 자신의 생각과 감정을 행동으로 나타내지 않고 자유롭게 말할 수 있도록 하기 위해서였다. 때문에 선물을 받으면 내담자의 자기공개가 촉진될 수 있고 거절하면 오히려 상처를 입고 위축되어 버릴 가능성이 높은데, 이런 경우에도 선물을 받지 않는 '원칙'을 고수한다면이는 목적과 수단이 전도되어 버린 셈이 된다(참고: Whitson, 1996).

가난하거나 주류문화권이 아니거나 또 다른 중요한 측면에서 대다수의 집단에 속하지 못하는 사람들은 정신분석 치료에 적합하지 않다는 생각이 여전히 존재하고, 또 매우 완고하게 유지되고 있다. 이런 사람들에게는 치료과정에 대해 좀 더 잘 가르쳐주어야 하고, 그들의 특수한 상황을 치료자가 잘 이해하고 민감성과 융통성을 더욱 발휘해야 하는 등 부가적인 노력이 필요하다. 그러나 언어적이고 통찰지향적인 치료가 그들에게 적용될 수 없다는 증거는 없다. 주류 문화에 속한 사람들의 가장 교만한 편견 가운데 하나가, 치료자와 내담자의 협력이 필요한 언어적이고 심층적인 심리치료는 소수민족에게 "적합하지 않다."고 생각하는 것이다(참고: Altman, 1995; Javier, 1990; Singer, 1970; Thompson, 1996). 그러나 민족적 배경, 종교, 인종, 사회계층, 문화, 성적취향에서 자신과 다른 내담자를 치료할 경우, 내담자의 동일시와 치료자 자신의 편견과 가정을 이해하는 데 좀 더 부가적인 노력을 기울여야 하는 것은 사실이다.

요 약

이 장에서는 환자의 개인적 동일시가 어떤 의미를 지니고, 어떤 치료적 함의를 가지는지를 살펴보았다. 내면화 과정이 이루어지는 발달적 범위(원시적인 내사 현상에서부터 의도적이고 선별적인 동일시까지)에 대해서 논의하였으며, 내면화된 대상의 속성과 발달 수준이 전이반응을 통해 어떻게 파악될 수 있는지를 기술하였다. 동일시와 역동일시 모두를 이해하는 것이 어떤 치료적 함의를 지니는지 살펴보았으며, 몇 가지 사례를 통해서 민족, 인종, 종교, 사회계층, 문화 그리고 소수민족의 신분이 개인의 심리에 미치는 영향을 이해하는 것이 임상적으로 중요하다는 점을 지적하면서 이 장을 마무리하였다.

제8장
관계양상의 평가

　동일시의 문제는 그 개인이 타인과 대인관계를 맺을 때 반복적으로 나타나는 방식과 밀접하게 관련된다. 누구를 본받고자 하며 그 사람의 어떤 면을 닮거나 닮지 않으려고 하는지가 동일시의 문제라면, 주된 애정 대상과의 관계가 어떻게 나타나는지는 관계양상(relational pattern)의 문제다. 사랑이 넘치고 긍정적 특성을 지닌 어머니를 닮고 싶어하는 딸이 어머니와 관계를 맺는 방식은 매우 다양하게 나타날 수 있다. 즉, 순종적일 수도 있고 도전적일 수도 있으며, 정서적으로 거리를 둘 수도 있고 가까울 수도 있으며, 지나치게 요구적일 수도 있고 헌신적일 수도 있다. 아동은 '특질'이라고 불리는 비교적 고정적인 특성뿐만 아니라, 대인관계 방식 및 그 이면에 자리 잡은 관심사를 양육자로부터 물려받게 된다. 앞 장에서 나는 내면화된 대상에 대해 설명했는데, 이 장에서는 내면화된 대상관계라는 보다 복잡한 주제를 설명하고자 한다.

접수면접에서는 관계양상과 관련된 구체적인 질문이 불필요한 경우가 많다. 반복되는 대인관계의 문제는 치료자를 찾는 주된 이유이기 때문에, 내담자들은 회기 초반에 자신의 고질적이고 부적응적인 관계양상에 대해 설명한다. 치료적 도움을 받고자 하는 이유를 묻는 치료자에게 내담자들은 흔히 "저는 자꾸만 저를 학대하는 남자와 사랑에 빠지게 돼요." "누군가에게 애정을 느끼게 될 때마다, 곧 그 사람의 결점을 찾아내고는 애정이 식어버려요." "윗사람들과 주로 갈등을 겪고 있어요."라고 대답하곤 한다. 이와 같이, 내담자의 주된 호소가 관계양상과 관련되는 경우에는 사례에 대한 분명한 이해가 가능하다. 그러나 내담자가 제시하는 문제가 대인관계와 뚜렷하게 연결되지 않는 기분장애, 강박사고, 외상반응 등일 경우에, 치료자는 전이를 통해 나타나는 자료나 내담자의 과거력으로부터 중심적인 대인관계 갈등을 추론해야 한다. 이런 경우에 "당신에게 가장 중요한 대인관계에 대해서 말씀해주시겠습니까?" "결혼생활은 어떤가요?" "가까운 사람이 있나요?" "당신은 사람들의 어떤 점을 가장 중요시하나요?" 등의 질문이 유용하다. 그러나 가장 믿을 만한 정보는 내담자가 치료자에게 나타내는 반응을 통해 얻을 수 있다.

　우선 치료 첫 회기에 분명히 드러난 반복적인 관계양상의 예를 들어보도록 하겠다. 최근에 한 여성이 치료를 받기 위해 나를 찾아왔다. 그녀는 남성의 권위를 이상화할 뿐만 아니라, 현재의 결혼생활이 행복함에도 불구하고 남편 이외의 남성에게 매혹되곤 한다고 호소하였다. 면담을 하면서 나는 그녀에게 호감을 느끼고 도움을 주고 싶으며 그녀를 치료하고 싶어하는 나 자신을 느낄 수 있었다. 면담을 마칠 무렵 그녀로부터 이전의 치료 경험—그녀의 치료자는 모두 여성이었다—에 대해 들은 나는 그녀가 남성 치료자에게 치료받을 생각을 해본 적은 없는지에 대해 질문하였다. 왜냐하면 그녀가 남성과의 관계에서 반복적으로 보이는 양상이 남성 치료자가 있는 상황에서 보다 쉽게 드러날 수 있을 것 같았기 때문이었다. 하지만, 그녀의 얼굴은 곧 어두워졌으며, 나는 그녀가 내 질문을 자신을 치료하고 싶어하지 않는 것으로 이해했다는 사실을 알아차릴 수 있었다.

곧바로 그녀는 남성 치료자를 찾는 것이 좋은 방법이 될 수 있을 것 같다고 말하였다. 그녀는 관련 분야의 남성 치료자에 대해 내게 물었지만, 나는 그녀가 더 이상 내 얘기를 진지하게 듣지 않는다는 사실을 알 수 있었다. 그녀의 얘기를 멈추게 하고 내가 궁금하게 여겼던 건 단지 지금껏 여성 치료자만을 선택한 이유에 대한 그녀의 견해임을 알려주었지만 그녀는 여전히 나를 믿지 않는 듯했다. 그녀는 어떠한 요구나 결정도 내세우지 않고 내 반응만을 살피면서 내가 그녀와의 상담을 원치 않는다면 어떤 불편함도 주지 않으려는 식으로 행동하였다. 이 문제에 대해 함께 살펴보면서 우리는 그녀의 순종적이고 다른 사람을 돌보는 반복적인 양상이 거절에 대한 두려움에 의한 것이며, 그녀가 타인을 대하는 주된 행동 특징이라는 사실을 알게 되었다.

내가 최근에 면담한 또 다른 환자는 심한 우울증을 앓고 있었다. 당시 나는 더 이상 새로운 환자를 받을 만한 여유가 없었기 때문에 다른 기관에 의뢰하기 위해 그녀를 면담하였다. 그녀는 자신의 우울감이 계획치 않게 태어난 막내라는 가족력에서 비롯된 것으로, 스스로가 항상 쓸모없는 짐짝처럼 취급된다고 느끼고 있었다. 어린 시절에 그녀의 부모는 경제적 어려움으로 인해 항상 부담감에 짓눌리고 일에 몰두해 있었으며, 그녀는 단 한 번도 부모가 자신에게 귀 기울인다고 느껴본 적이 없었다. 때문에 그녀는 자신의 개인적인 감정을 매우 조심스럽게 감추는 법을 배위왔다고 말했다. 이전에 몇 번의 치료를 받긴 했지만, 이는 오히려 자신에게 어떠한 에너지도 없다는 사실만을 확인시키고 죄책감을 가중시켰다고 하였다. 면담을 마치면서 나는 그녀에 대한 이해가 여전히 턱없이 부족하다는 사실을 알게 되었다.

그녀의 동의하에 나는 그녀에 대한 평가를 내게 의뢰한 사회복지사에게 전화를 걸어 어떤 치료자가 그녀에게 어울린다고 생각하는지에 대한 의견을 물었다. 놀랍게도 사회복지사는 자신이 보기에 그녀가 제대로 된 심리치료를 한 번도 받아본 적이 없고, 단지 지금까지 기독상담을 받아왔을 뿐인데, 이들 상담가들은 그녀에게 성경의 권위와 설득을 통해 그녀가 무엇을 느끼고 행동해야만 하는지를 알려주었다고 했다. 그녀는 보다 숙련된 치료자에게 가길 원했지만 너무도 독실한 신자였기 때문에 세속적인 치료자는 그녀의 신념을 제대로 이해할 수 없을 것이라고 두려워하면서 이를 단념하였다. 어머니가 그녀를 돌보지 않는 것에 대해 은밀히 감추는 방식으로 대처해온 것과 마찬가지로(아마도 내가 그녀를 내 환자로 받아들이지 않은 상황과 비슷하여 이런 반응이 강화된 것처럼 보이는데) 그녀는 이러한 사실에 관한 어떠한 언급도 내게 하지 않았던 것이다.

치료자는 내담자의 내면세계를 잘 파악할 필요가 있다. 관대한가 아니면 인색한가, 다른 사람을 휘두르려고 하는가 아니면 뜻대로 하도록 내버려두는가, 지나치게 간섭하는가 아니면 거리감을 두는가, 장점을 인정하는가 아니면 과소평가하는가, 착취적인가 아니면 지지적인가, 제멋대로인가 아니면 다른 사람의 뜻에 잘 따르는 편인가, 후덕한가 아니면 잘못을 그냥 넘어가지 못하는가, 비판적인가 아니면 수용적인가, 온화한가 아니면 냉담한가, 적극적인가 아니면 수동적인가, 참는 편인가 아니면 표현하는 편인가, 열정적인가 아니면 무덤덤한가, 관계에 적극적으로 참여하고자 하는가 아니면 회피하고자 하는가, 예상할 수 있는 방식으로 행동하는가 아니면 제멋대로인가, 금욕적인가 아니면 탐욕적인가, 어린 시절의 정서적 환경에 대한 내담자의 반응은 어떠한가, 어떤 갈등이 반복되었는가 등을 잘 파악해야 한다. 그 개인의 대인관계와 관련된 지난 시간의 세세한 흔적들은 현재의 관계에 고스란히 남아 있으며, 이는 치료자가 치료적 관계의 성격을 결정하고, 치료에 영향을 미치기 위해 반드시 해결해야만 하는 영역이다.

이는 비록 중점을 두는 부분이 다소 다르긴 하지만, 전혀 다른 집단을 대상으로 한 연구를 통해서도 공통적으로 개념화되어왔다. 이들 중 어떤 연구들은 서로 간에 영향을 주고받기도 하였으며, 독립적이거나 혹은 비주류의 이론적 가정에 토대를 둔 몇몇 서로 다른 연구들은 차후에 자신들의 연구 결과가 유사한 관계 현상을 설명한다는 사실을 발견하기도 하였다. Malan(1976)의 '핵심 갈등(nuclear conflict)', Gill과 Hoffman(1982)의 '치료자와의 관계 경험(patient's experience of the relationship with the therapis)', Bucci(1985)의 '참조 집단(referential set)', Stern(1985)의 '일반화된 상호작용 표상(Representations of Interactions that have been Generalized ['RIGs'])', Henry, Schacht와 Strupp(1986)의 '순환되는 부적응적 양상(cyclical maladaptive pattern)', Tomkins의 '핵심 장면(nuclear scene; 참고: Carlson, 1986)', Weiss, Sampson과 그 동료들(1986)의 '고차적 정신 기능 가설(higher mental functioning hypothesis)', Dahl(1988)의 '반복적이고 부적응적인 기본적인 정서구조 틀(fundamental repetitive and maladaptive emotional structure frames)', Horowits(1988)의 '개인적 심리도식(personal schema)', Lachmann과 Lichtenberg(1992)의 '표본 장면(model scenes)', Luborsky와 Crits-

Christoph(1998)의 '핵심적인 갈등관계 주제(core conflictual relationship theme)', Bretherton(1998)의 '표상(representations)'의 개념들이 이에 해당된다. Lorna Smith Benjamin(1993)이 제시한 사회적 행동의 구조적 분석(Structural Analysis of Social Behavior)은 진단에 있어서 관계양상이 매우 중요하다는 점을 강조하는 대표적인 경험적 연구다. 정신분석에 근거하지 않는 문헌에서도 이렇듯 반복되는 양상이 강조된다는 사실을 발견할 수 있는데, Klerman과 그의 동료들(Klerman, Weissman, Rounsaville, & Chevron, 1984)의 '대인관계치료(interpersonal psychotherapy)'에 대한 연구가 그 예다.

반복적 대본(틀, 줄거리, 인지도, 개인녹취록, 주관적 구성체—이들 은유 중 어떤 것을 선택해도 무관하다)이 개인의 심리 및 병리를 이해하는 데 핵심적이라는 사실이 밝혀지기 훨씬 이전에, 치료자들은 그들 내담자의 내면세계 및 외부적 관계와 관련된 몇몇 주제들이 반복적 속성을 지닌다는 사실에 주목하였다. 매 시간마다 내담자의 세계에 몰입하는 과정에서 치료자는 반복적으로 권위, 의존성, 친밀함, 성, 권력, 감정 및 관계의 다양한 측면들에 대해 그 개인이 지니고 있는 독특한 가정의 집합을 촉발하는 역할을 해왔다. 오늘날 정신역동에 토대를 둔 많은 임상문헌에서는 반복되는 대인관계양상을 "내면화된 대상관계(internalized object relations)"로 명명한다(예: Bollas, 1987; Horner, 1991; Kernberg, 1976; Ogden, 1986; Scharff & Scharff, 1987, 1992). Sandler와 Rosenblatts (1962)의 개인의 주관적인 '표상적 세계(representational world)' 개념과 Atwood와 Stolorow(1984)의 '주관성 구조(structures of subjectivity)'에 대한 강조는 개인 심리의 이러한 측면을 파악하고자 하는 시도라는 점에서 서로 관련된다. 관계의 주제를 이해하기 위한 일반적이고 단순화된 접근법은 '게임' '대본'과 같은 보편적 개념들을 기술한 Eric Berne (1974)의 '교류 분석(transactional analysis)'을 통하여 살펴볼 수 있다.

환자와 치료자 간에 그리고 환자와 그의 인생에서 중요한 사람들 간에 자꾸 언급되는('훈습된') 주제들은 심리치료를 통해 한동안은 내담자와 치료자 모두에게 고통스럽지만 곧 익숙한 반복적인 드라마가 된다. 인간은 누구나 하나의 이야깃거리를 지니고 있으며 일생을 통해 이를 다양한 형태로 반복한다고 Oliver Wendell Holmes[역자주]가 말했듯이, 모든 내담자들은 치료를 통해 탐색하고 다양한 삶의 영역으로 확장시키고자 하는 하나의 주요한 인간관계 영역을 지니고 있는 것 같다. 이들 중 상당수는 적응적이고 건강하며, 지속적이고 해소되지 않는 갈등이 실제로 드러나서 핵심적 주제에 문제가 발생하는 경우에만 치료를 찾는다. 예컨대, 친밀함을 갈구하지만 타인과 거리를 두는 방식으로 행동하고, 억압으로부터 벗어나고자 하지만 자신의 충동성을 두려워하며, 자율성을 원하면서도 막상 주체로서 행동하게 되면 수치심과 의구심을 느끼는 경우가 이에 해당된다.

역자주: 미국의 시인, 수필가이자 생리학자.

전이를 통해 드러나는 관계주제들

때로 전이현상은 어린 시절의 양육자에 대한 태도가 그대로 전치된 것으로 잘못 이해되곤 한다. 하지만, 실제로 전이는 이보다 훨씬 더 복잡한 과정이다. 임상장면에서는 전반적 분위기와 그 강도, 방어의 구성체들이 전이될 수 있다. 치료자는 Freud가 가장 중요하다고 손꼽은 "이 사람에게 나는 누구로 여겨지는가?"와 "전이된 이미지가 전반적으로 긍정적인가 아니면 부정적인가?"라는 질문에만 국한될 필요가 없다. 전이를 평가하는 데는 다음의 두 단계의 과정이 따른다. 즉, (1) 반복적으로 나타나는 양상을 어떻게 설명할 수 있는가와 (2) 내담자에게 이 양상은 어떤 근원, 의미, 동기 및 강화요인을 갖는가가 이에 해당된다.

관계의 성애화 경향(the tendency to sexualize relationships)이라는 매우 보편적인 양상을 중심으로 설명하도록 하겠다. 이러한 경향성은 초기 면담 동안 분명히 드러난다. 예컨대 양성애적 성향을 지닌 여성 내담자가 남성 치료자에게 치료를 받는다고 하자. 이러한 성애화 경향성은 양성애적 남성 환자와 여성 치료자 사이에는 잘 관찰되지 않는다는 사실을 잠시 짚고 넘어갈 필요가 있는데, 아마도 이는 서구 문화에서 높은 지위의 여성과 낮은 지위의 남성이 성적 관계를 맺을 가능성이 거의 없다고 인식되기 때문일 것이다. 또한 이러한 양상은 환자가 치료자와 동일한 성별을 지닌 동성애자인 경우에 전이과정을 통해 나타나기까지 어느 정도 시간이 걸린다. 특히, 내담자가 사회적으로 경멸받을지도 모르는 자신의 열망을 억제하여 치료자가 자신을 양성애자로 여기게끔 행동하는 경우에 더욱 그러하다.

비록 흔하긴 하지만, '분석가와 사랑에 빠지는' 현상은 불가피하지 않을 뿐만 아니라 쉽게 이해되지도 않는다. Freud는 이러한 반응을 이해하고자 했던 최초의 인물이다. 그는 성적 전이에 대해 성적 갈구가 유아기의 대상에서 현재의 대상으로 전치된 현상으로 설명하였다. 즉, 치료자와의 관계에서 성에 집착하는 양성애적 여성은, 아버지와의 관계에서 의식적으로 느끼다가 오이디프스기를 벗어날 무렵 억압하기 시작했던 감정을 재경험하는 것으로 이해되었다. 하지만, 분석가들은 성적 전이가 이보다 많은 함의를 가지고 있다는 사실을 밝혀왔다. 치료적 관계의 성애화(sexualization or erotization)는 결코 단순하게 이해될 수 없다[반면, 치료장면에서의 어떤 사랑은 있는 그대로의 모습으로 이해될 수 있고 갈등적이지 않은 경우도 있다. Bergmann(1987)이 주장했듯이, 치료자를 사랑하게 되는 경험은 자연스럽고 치료적으로 필수적인 영역이다. 실제로 분석적 심리치료는 이러한 감정을 통해 효과를 거두기도 한다. 치료자가 내담자에게 감정적으로 보다 중요해질수록, 너무도 사랑했던 그리고 마음에서 절대 지워지지 않는 내면화된 초기 양육자가 미치는 부정적인 효과들을 중화시킬 수 있는 보다 큰 영향력을 갖게 된다.].

오늘날의 치료자는 치료장면에서 내담자가 보이는 성애화 경향을 이해하는 데 다양한 가능성들을 고려한다. 나는 치료장면을 포함한 모든 관계에서 생기는 잠시 스쳐가는 성적인 감정이 아닌, 치료자의 사랑을 얻는 환상에서 좀처럼 벗어나지 못하는 경우를 언급하고자 한다. 예컨대, 내담자가 치료자에게 지속적으로 느끼는 성적 매력은 강렬하고 유혹적인 어머니와의 동일시를 반영할 수 있다. 이와는 반대로 권력은 남성의 특권이며 이를 함께 나누기 위해서는 그를 유혹해야만 한다는 무의식적인 확신이 구체적으로 실현된 결과일 수도 있다. 또는 수동에서 능동으로의 변환(passive-into-active transformation; Weiss 등, 1986)을 통해 유아기에 괴롭힘을 당하면서 생성된 불안에 대처하고자 하는 시도일 가능성도 있다. 또는 치료자로 하여금 그 전문적 역할을 할 수 없도록 꾀어 냄으로써 자신이 그토록 미워하는 부모를 골탕먹이려는 속셈과 관련될 수도 있다. 남성과의 성적인 관계는 정서적으로 결핍된 소녀가 양육과 따뜻한 보살핌에 대한 자신의 요구를 충족시킬 수 있는 방법이 될 수 있을 것이다. 또는 자신이 동성애자가 아니라는 사실을 밝히고자 하는 방어적 요구를 나타내거나 성적 억압을 이겨낼 수 있다는 마음속에 소중하게 자리잡은 승리감의 표현일 가능성도 있다. 또한 금지된 대상이 아니면 그 누구와도 성적인 감정을 느낄 수 없는 전반적 양상을 나타낼 수 있다. 아니면 자신의 인생과 감정이 곧 소멸되거나 죽어버릴 것만 같은 상황으로 몰고가고자 하는 필사적인 시도일 수 있다. 지속적인 성적 전이는 이들 중 혹은 이 밖의 다양한 역동의 발현일 수 있으며, 성적 태도는 여러 다양한 무의식적 태도의 조합을 통해 결정된다(Gabbard, 1994, 1996을 참고하시오.).

치료자가 환자를 성적으로 농락한 사례의 빈도에 대한 경험적 연구(Pope, 1989)와 관계의 적정선을 침해하는 것에 대한 분석적 연구(Gabbard & Lester, 1995)는 이 문제의 중요성을 입증하였다. 이러한 문제가 존재한다는 사실은 많은 치료자들이 내담자의 성애화가 갖는 복잡한 의미를 제대로 이해하지 못하고 내담자의 유혹을 그들이 본래 가지고 있던 갈망을 반영하는 것으로 해석하고 있음을 보여준다. 하지만, 치료자의 자기애적 성향으로 인해 발생한 성적 관계가 아니더라도, 성에 집착하는 환자들이 이로부터 벗어날 수 있도록 돕고 문제를 해결할 수 있도록 치료할 수 있는 방법을 파악해야만 한다. 치료적 관계를 성애화하는 것은 윤리적 청렴결백이나 일반적으로 통용되는 형식 이상의 치료적 개입을 요구한다. 해석이나 직면, 한계설정이나 갈등의 묵인 중 어떤 방법으로 대처할 것인지의 여부는 치료자가 성적 관계에 놓인 특정 개인의 주된 관계적 의미를 어떻게 평가하는지에 달려 있다.

내담자가 타인과의 관계에 접근하는 방식은 초기 면담에서 잘 드러나며 전반적인 사례이해의 필수적인 요소가 된다. 사례이해의 정확성은 자신의 주관성을 통해 환자의 관계양상이 지니는 다양한 의미를 이해하는 치료자의 능력에 부분적으로 달려 있다. 섬세한 치료자는 핵심적인 특정

관계양상을 반영하는 개인력상의 정보를 활용할 뿐만 아니라, 자신의 내적인 감정반응을 치료적으로 사용하기도 한다. 이를 설명하기 위해 관계를 성애화하는 한 개인의 예를 계속해서 들어보도록 하겠다. 자신을 유혹하는 환자에 대한 주된 주관적인 반응은 즐거움, 공포, 초조함, 성적 흥분 혹은 자기애의 고양이 되기 쉽다. 이들 각각의 반응들은 성애화가 특정 환자에게 갖는 다양한 의미를 반영한다.

면담자의 반응은 자기 자신의 관계양상과 내담자가 미친 정서적 영향의 조합이기 때문에, 잘 훈련된 치료자들은 환자가 관계 속으로 들어온 바와 치료자 자신에게서 비롯된 바를 분류하기 위해 노력한다(Roland, 1981). 실제로 오늘날의 많은 정신분석학자들(예: Orange, 1985)은 치료 과정에 참여한 치료자와 내담자의 주관성에 토대를 둔 전이의 '공동 구성(co-construction)'을 강조한다. 정신분석적 수련 기관들이 자기분석을 강조하는 이유 중 하나도 자기 자신의 양상을 인식함으로써 내담자가 유도한 바와 치료자가 대인관계 상황에서 일반적으로 느끼는 바를 구분할 수 있기 때문이다.

수년에 걸쳐 나는 분석가들이 내담자가 '자기 자신의 것'을 휘저어놓을 경우, 무엇이 자신에게 속한 것인지를 확인해야만 한다는 요구를 치료의 초심자들에게 지나치게 강조해왔다는 결론을 얻었다. 만약 이것이 환자가 어떤 잠재된 정서를 촉발시켰을 때 취할 수 있는 유일한 방법이라면 치료자는 자기 분석 속에서 길을 잃고 두 사람 간의 정서적 어려움을 해결하기 위해 오직 자신의 갈등을 다루는 데만 몰두할 것이다. 이는 그릇된 생각인데 왜냐하면 완전한 자기 지식과 자기 통제는 얻을 수 없을 뿐만 아니라 환자는 치료자가 아닌 자신의 갈등을 해결하기 위해 치료를 받으러 온 것이기 때문이다. 요컨대, 이는 치료자로 하여금 그들 관계에 미치는 정서적 영향에 주의를 기울이는 것을 방해하고, 따라서 두 사람 모두 환자가 관계 속으로 들여온 바를 깊이 이해하지 못하게 한다. 치료자가 양자 관계에서 일어나는 일들에 정서적으로 관여하는 것도 중요하지만 진단적 목적을 위해 가장 필수적인 것은 환자가 관계에 가져오는 바가 무엇인지에 대한 인식이다.

또한 나는 내담자와의 관계에서 무언가를 느꼈다는 사실이 그 내담자가 그 상황에 그러한 감정을 '가져왔다'는 것을 자동적으로 의미하지 않는다는 주의를 덧붙이고자 한다. 역전이 반응의 진단적 가치를 인정하면서 몇몇 치료자들은 자기 자신에게 느껴지는 모든 불유쾌한 마음 상태를 자동적으로 환자의 탓으로 그럴듯하게 돌리는 경향을 빈번하게 보인다 (예: "제가 지금 화가 난 걸 보니 당신이 저를 화나게 하려고 일부러 그러시는 게 틀림없군요." 또는 "혼란스럽군요. 이건 당신이 실제로 느끼는 감정인 게 틀림없어요."). 치료자의 주관성이 내담자에 대해 많은 부분을 얘기해줄 수 있다고 하지만, 훈련하고 내성하며 한 가지 이상의 가능한 설명들에 주의를 기울일 필요성은 여전히 남아 있다.

수년 전 나는 나를 만나자마자 "Nance."라고 친근하게 부르고, 날 위해 사무실 문을 잡아주며, 내 옷차림을 칭찬해주던 한 남자와 접수면접을 한 적이 있다. 마치 희롱하는 듯한 그의 태도가 나는 짜증스러웠으며 "당신의 그런 행동은 이런 전문적인 상황에 너무도 부적절하다구요."라는 식으로 그에게 신경질적이면서도 판단적인 방식으로 대하고 싶은 마음이 든다는 사실에 주목하였다. 그의 유혹을 이해하기 전까지는 어떠한 반응도 행동화하고 싶지 않았기 때문에, 나는 경계를 유지하면서도 여전히 따뜻한 태도를 취하기 위해 노력하면서 그의 개인력과 관련된 정보들을 계속해서 수집해나갔다. 이를 통해 나는 그의 어머니가 극단적으로 지배적이고 심지어 가학적인 방식으로 그를 다루었다는 사실을 알 수 있었다. 그의 희롱하는 듯한 태도는 강하게만 보이는 여성에게 우위를 표현하는 기능적 역할을 하는 것으로 이해되었다. 나의 짜증스러움은 나를 자신보다 한 수 아래에 두려는 그의 노력에 대한 방어적 반응이었다. 한 시간이 지난 후 내가 추근거리는 그의 경향성을 판단적이지 않은 방식으로 언급했을 때, 그는 마치 중요한 무기를 들켜서 빼앗긴 사람처럼 반응하였다. 이후 그는 나머지 면담 내용에 주의를 기울이기 어려울 만큼 졸기 시작하였다. 그는 자신에게 관심을 기울이는 여성과의 관계에서 반복되는 양상을 좀처럼 설명하려고 하지 않았다(이 여성들은 모두 그에 비해 강한 이들이었다.). 처음에 그는 그녀들을 압도하려고 했으며, 별 다른 효과를 거두지 못하는 경우에는 그녀들의 존재에 참을 수 없는 염증을 느꼈다. 나는 그를 치료하기 시작했지만, 두 사람 모두 이러한 역동을 우리의 치료적 관계 내에서 다루기 어렵다는 결론을 내리고—계속해서 잠에 빠져드는 사람을 치료한다는 건 쉬운 일이 아니다—그가 여성과 관계 맺는 양상에 대해 보다 편하게 이야기를 나눌 수 있는 남성 치료자에게 의뢰하였다.

수년 동안 치료를 함께 해왔던 또 다른 남성 내담자는 보다 미묘하고 점진적인 방식으로 우리들 사이에 성적인 분위기를 조성하였다. 그와의 치료 회기 동안 내가 성적인 공상에 몰두해 있다는 사실을 자각하면서 나는 성적 흥분과 공포로 뒤섞인 혼돈을 느꼈다. 또한 이러한 감정들을 무시하고, 우리 사이에 어떠한 성적인 감정도, 유혹도 없는 듯 그를 대하고 싶은 강한 소망도 느꼈다. 얼마 후, 나는 내가 지속적으로 느끼고 있는 '감정적 흔들림'을 다루지 않은 채 그를 치료하는 것이 진실하지 못하다고 느끼고, 우리가 마치 공모라도 하듯이 서로 회피하고 있는 성적인 주제를 다루어야 한다는 생각에 도달하였다(참고: Davis, 1994). 처음에 그는 이를 부인하였으며, 이후에는 두려움과 수치심을 느끼는 것 같았다. 초기 면담에서 그는 성적으로 학대받았다는 사실을 말하지 않았지만 어머니와의 반복되는 경험에 대한 강한 연상을 가지고 있었다. 그의 어머니는 그가 3~7세에 이르기까지 의례적이고 가학적이며 성적인 방식으로 관장(灌腸)을 하였다. 어머니가 정기적으로 행한 이 특별하고 비밀스러운 행위로 인해 그는 외상을 입은 동시에 흥분을 느꼈다. 그들 사이에는 이 비밀스러운 의식을 절대로 발설하지 않는다는 암묵적인 계약이 있었다. 나의 흥분, 공포 그리고 성적인 분위기를 무시하고 싶은 소망은 모두 이렇듯 복잡한 대인관계 역동을 반영하는 것으로서, 이후에 그가 여러 대인 관계에서 나타내는 문제라는 사실이 보다 분명해졌다.

치료장면에서 성적인 분위기를 조성했던 또 다른 내담자는 근본적으로 다른 감정반응을 불러일으켰다. 그는 심하게 억제된 분열성 성격의 내담자였는데, 36세가 될 때까지 여성들과 진지한 관계로 발전할 수 있는 수많은 기회가 있었음에도 불구하고 여전히 독신으로 남아 있었다. 그는 공상 속에서 많은 여성들을 함부로 대하는 자기 자신에게 뭔가 문제가 있다고 느끼고 치료를 받기 위해 찾아왔다. 그의 정신세계에서는 전혀 죄책감 없이 바람을 피울 뿐만 아니라 아들에게까지 함께 매춘부를 찾아나서도록 강요했던 아버지에 대한 역동일시(counteridentification)가 중요한 위치를 차지하고 있었다. 그에게 있어서 성적 관계는 여성을 함부로 농락하는 강박행동을 포함하여 아버지의 성도착적인 요구에 복종하는 것을 의미했다. 그 내담자는 자신의 어머니를 사랑했기 때문에, 이러한 아버지의 요구를 거절했었다.

면담이 끝날 무렵 나를 어떻게 생각하는지에 대해 질문하자 그는 내가 매력적으로 느껴진다고 하였다. 나의 주관적인 반응은 말 그대로 즐거움 자체였다—이는 칭찬받았을 때 느끼는 자기애적 고양뿐만 아니라, 그가 아버지의 성적 행동과는 구분되는 성적 경향성을 느끼고 이를 명명할 수 있는 역량을 지녔다는 사실에 대한 모성애적인 기대 때문이었다. 다른 성적 전이와는 달리, 치료 관계에 대한 그의 심리적 성애화는 무언가(이 전 예에서 나타난 권력과 관련된 이슈나 학대에 대한 기억)에 대한 저항이 아 닌 것으로 파악되었다. 오히려 이는 친밀감을 향한 성장 잠재력이 싹트 고 있음을 의미하였다. 결과적으로 그는 수년 동안 좋아하고 존경해온 여성과 성적인 관계를 맺을 수 있게 되었다. 이 내담자의 경우, 그에 대 한 나의 초기 역전이는 부분적으로 유익한 것으로 여겨지는데, 이를 통 해 갈등적이거나 저항적이지 않은 건강한 발달과정이 진행될 수 있었기 때문이었다(참고: Trop, 1988).

나는 이번 장에서 논의하고자 하는 현상을 설명하기 위해 성적으로 변 형된 관계를 예로 들었다. 이는 치료자가 가장 다루기 힘들어 할 뿐만 아 니라 오늘날 치료를 공부하는 학생들이 내담자에 대한 자신의 성적 반응 을 인식하고 탐색하기를 주저하기 때문이다(아마도 우리의 훈련 프로그램 은 성적인 관계를 억제해야 한다는 사실을 지나치게 강조하기 때문에, 치료자 는 성적 흥분을 인식하는 것조차 공포스럽게 여길 것이다.). 모든 대인관계 역 동과 이에 따른 정서반응의 전이에 동일한 원리가 적용될 수 있다. 내담 자가 자극하는 감정에 완전히 개방적인 치료자는, 자극되는 감정이 성적 흥분, 미움, 가학성, 수치심, 지루함, 경멸 그리고 질투 그 무엇이라고 하더라도, 치료실 내에서 전체 드라마[Freud의 은유적 용어로는 "가족 연애 사(family romance)"로 표현되는]가 펼쳐지고 치료과정을 통해 결과적으로 극의 새로운 반전과 등장 인물 그리고 문제해결이 나타날 수 있음을 알게 될 것이다.

전이 주제가 정신분석과 심리치료에서 갖는 함의의 비교

전통적 정신분석치료에서는 분석가와 분석을 받는 사람 사이에서 핵심적 갈등 관계가 점진적으로 재생성되는 것을 전이 신경증(transference neurosis)이라고 하였다(Freud, 1920). 분석적 상황을 통해 관계양상의 문제들이 구체적이면서도 정서적으로 매우 강렬한 방식으로 드러나기 때문에, 정신분석이 치료를 위해 병을 만들어낸다는 빈정거림도 전혀 틀린 말이라고는 할 수 없다. 실제로 상호 동일시(mutual identification)와 전이 신경증의 훈습(working through)은 정신분석을 다른 치료와 완전히 구별짓는 질적인 특성이 된다. 전이 신경증이 분명히 드러날 수 있도록 하는 기법상의 절차들(침상 사용, 자유연상, 잦은 회기 빈도, 무제한적 치료 시간)은 사실 충분한 분석이 일어날 수 있도록 하는 조건에 불과하다[주지하다시피, 의욕적으로 분석 작업에 임하는 건강한 사람들 중에 어떤 이들은 주당 2회기의 치료를 통해 자신의 전이 신경증을 모두 드러내고 치료적 변화를 보이는 반면, 또 어떤 이들은 주당 5회기의 분석을 받는데도 분석적 협력관계를 통해 핵심 관계양상이 충분히 반복되는 경험을 하지 못할 수 있다. 지금껏 '분석가능성(analyzability)'에 대해 각별한 관심을 기울여왔음에도 불구하고, 치료 초반에 내담자의 유형을 신뢰롭게 식별할 수 있는 방법은 여전히 밝혀지지 않았다(Etchegoyen, 1991; Greenson, 1967).]. 이처럼 어린 시절의 정서적 관계로 다시 빠져드는 통제된, 그러면서도 퇴행적인 경험을 통해, 치료자와 내담자는 한 개인의 대인관계주제와 반복이 갖는 영향력을 통찰하고, 그 이유를 깊이 이해하며, 그것이 억누르고 있는 갈등을 새롭게 해결할 수 있는 방식을 발전시킬 수 있게 된다.

전통적 분석은 높은 자아강도와 동기수준 그리고 자신의 주관적 세계에 대한 심도 있는 접근에 전문적 또는 개인적인 관심을 가진 사람들이 선택하는 치료인 것으로 널리 알려져 있다. 이는 경계선 내지는 정신증적 범위의 성격구조를 보이는 사람들 또는 비록 신경증적 범위 내에 있다고 하더라도 특정 유형의 정신병리(예: 해리 증상, 편집증적 경향성)를 지닌 사람들에게는 최선의 치료법이 아니다. 또한 정신분석이 비록 이상적이긴 하지만 실효를 거두지 못하는 상황들도 많다. 보다 덜 집중적인 치료에서는 전이 신경증보다는 전이반응(transference reaction)을 통해 작업한다. 하지만 그 목적이 치료장면에서 반복되는 갈등을 자각하고 이를 해결할 수 있는 다양한 해법들을 고안하는 데 있다는 점에서는 서로 동일하다.

정신역동적 치료는 전통적인 정신분석보다 어렵다. 정신분석은 관계양상이 자연스럽고도 점진적으로 드러날 뿐만 아니라, 주된 대인관계 문제에 초점을 맞추어야 한다는 압력으로부터도 비교적 자유로울 수 있기 때문이다. 빈도가 낮거나 시간이 제한된 상황 혹은 분석으로 인해 통제되지 않은 방식으로 지나치게 퇴행될 우려가 있는 환자를 치료하는 경우, 치료자는 역동의 결과가 고통스럽게 드러나기 이전에 사례이해를 할 수 있도록 주의를 기울여야 한다. 즉, 치료 초반에 환자의 관계양상을 전적으로 틀리게 파악할지도 모른다는 위험 부담을 기꺼이 감수하고서라도 치료적 개입에 보다 적극적이어야 한다. 정신분석이 역동지향적 치료에 비해 본질적으로 우수하다는 편견의 잔재가 남아 있음에도 불구하고 [이러한 편견은 정신분석가의 자기 만족에 도움이 되기는 하지만 임상 결과와는 단지 간접적인 관련성만을 지닐 뿐이다(Wallerstein, 1986)], 오늘날의 임상가들은 제한적인 치료-표현적 치료 및 지지적 치료를 포함한-의 실시가 보다 어렵고 많은 독창성을 요구하며 내담자의 요구를 보다 잘 충족시킬 수 있다는 사실을 인정하고 있다.

전이에서 현저히 결여된 관계양상

세심한 치료자라면 치료적 양자관계에서 되풀이되는 관계 특성뿐만 아니라, 어떤 종류의 관계가 내담자의 경험에서 결여되는지도 감지할 것이다. 이는 어떤 관계 패러다임이 존재하는지를 명료화하는 것보다 더욱 어려운 문제인데, 환자가 말로 표현할 수 없는 결핍되고 부족한 영역으로 공감적 도약(empathic leap)을 해야 하기 때문이다. 죽만 먹고 자라서 영양실조에 걸린 사람은 뭔가 잘못됐다는 사실을 알 수는 있지만 먹어보지 못한 샐러드라는 개념에 대해서는 알 길이 없다. 사례이해에서 중요한 측면은 어떤 종류의 관계가 경험에서 결여되었는지를 평가하고 그와 관련된 정서를 확인시킴으로써 환자가 상실을 애도하고 이전에는 미처 상상치 못했던 역량을 습득할 수 있도록 돕는 것이다. 환자의 경험에서 문제시되는 것뿐만 아니라 결여된 바에 대해 공감적 도약을 하는 것은, 자기심리학자와 상호주관론자의 결핍(deficit)에 대한 이론(예: Kohut, 1977; Ornstein & Ornstein, 1985; Stolorow, Brandschaft, & Atwood, 1987; Stolorow & Lachmann, 1980; Wolf, 1988)이 발전하게 된 최근에 이르러서야 일반적으로 받아들여지게 되었다. 그들의 공헌 이후로 치료자들은 이전에 공감하지 못했던 환자들의 정서적 요구와 어려움들을 이해할 수 있는 틀을 갖게 되었다.

나는 1950년대와 1960년대의 수많은 심리학자들이 어머니의 잘못에서 기인한 것으로 여겼던 많은 정신병리가, 실제로는 지나친 모성과 충분치 못한 부성이라는 자녀양육의 문화적 풍토를 반영하는 임상장면의 산물이 아닌가라는 의구심을 오랫동안 품어왔다. 정서적 부재(emotional absence)가 두드러지는 아버지를 둔 사람들이 치료장면에는 내면화된 어머니의 문제를 가져오곤 하였다. 환자들은 어머니 때문에 혼란스럽다고 말하지만, 만일 그 자리를 아버지가 좀 더 차지했더라면 어머니를 그렇게 부정적이거나 과도한 영향력을 지닌 존재로 인식하지 않았을 것이라는 사실에 대해서는 알지 못하였다. 아마도 그들은 어머니로부터 벗어나기 위해 그렇게 많은 에너지를 쏟을 필요가 없었을 것이다. 아버지의 부재(omission)보다는 어머니의 존재(commission)를 비난하는 것이 더욱 분명하고 덜 고통스럽기 때문이다. 또한 치료자들은 아버지와 같이 전이되지 않는 바를 다루기보다는, 어머니와 같이 반복적으로 관찰되는, 전이된 바를 다루고자 하는 강한 경향성을 나타낸다.

내담자와 치료자와의 관계에서 어떤 관계양상이 드러나는지를 자각하는 것 못지않게, 어떤 관계양상이 드러나지 않는지를 평가하는 것도 중요하다. 초기면접에서 자신의 우울상태가 곧 40대에 접어든다는 사실과 관련되어 있다고 말하는 남자 내담자를 면담하면서, 나는 그가 이미 말했던 바를 자꾸 되풀이하는 경향을 지니고 있다는 사실을 알아차렸다. 이에 대해 "아마도 내가 당신의 얘기를 제대로 듣지 않는다고 여기는 것 같군요."라고 언급하자 그는 내가 무슨 뜻으로 그런 말을 했는지에 대해 따져 물었다. 이에 대해 나는 "분명하진 않지만 마치 내가 당신의 말을 부주의하게 듣는다고 여기는 것처럼 했던 말을 되풀이하는 경향이 있어요. 내 생각에 당신의 부모 중 매우 산만하거나 자신의 생각에만 골몰하는 분이 계셔서 아마도 당신은 이미 했던 이야기를 여러 번 상기시키는 데 익숙해져 있는 것 같아요."라고 설명하자 그는 "그럼 대부분의 부모가 자녀의 말에 귀를 기울인다는 뜻인가요?"라고 반문하였다. 즉, 이는 그에게 전혀 새로운 개념이었던 것이다. 모든 사람들이 자신의 가족을 준거로 삼기 때문에, 때로는 성인기 후반에 이르러서야 그동안 가족 내에서 결여되어 왔지만 한 번도 의식적으로 인식하지 못했던 것들에 대해 깨닫게 되기도 한다.

외상과 해리를 연구하는 오늘날의 학자들(예: McFarlane & van der Kolk, 1996) 또한 최근에 비슷한 주장을 하고 있다. 어린 시절의 외상 경험—예컨대, 성적 학대나 신체적 학대 또는 질병과 같은 건강상의 문제—을 겪은 이들의 심리상태를 제대로 설명하기 위해서는 이들을 소홀하게 대하는 것이 어떤 역할을 하는지에 대해 이해해야만 한다. 그들의 어린 시절에 없었던 것은 있었던 것만큼이나 중요하다. 만일 누군가가 아동이 자신에게 닥친 일을 이해하고 정서적으로 처리할 수 있도록 충분한 시간을 함께 보낸다면, 대부분의 경험은 외상이 되지 않을 수 있다. 적어도 아동이 표현 능력을 지니게 되는 두 살 이후부터는, 외상 자체보다 가족들이 이를 경시하고 부인하는 분위기가 오히려 병리의 원인이 된다. 어떤 사람이 학대의 희생자를 면담할 때, 그들에게 가해진 공포스러운 상황을 파악하는 데 집중하게 된다. 하지만, 치료자는 보고된 사건에서 결여된 것이 무엇인지도 주목해야 한다. 예컨대, 학대당한 아이의 말을 경청하고 위로하며, 어떤 일이 일어났는지 언어화하도록 돕고, 그런 경우에 대처하는 방식을 제시해주는 사람이 아무도 없을 수 있다. 이러한 점들은 치료자와의 지속적인 관계 속에서 좀 더 관심 있게 다루어져야 할 것이다.

치료장면 밖에서의 관계주제

전이 내에서 존재하는 바와 부재하는 바는 뚜렷하게 식별되지 않으며, 특히 접수면접에서는 더욱 그러하다. 내담자의 과거—가족력, 사회적·성적·직업적 경험 및 이전 치료력—를 상세하게 들여다보는 한 가지 중요한 이유는 수년 간 여러 상황에 걸쳐 다양한 형태로 반복된 관계양상을 식별하기 위함이다. 되풀이되는 주제를 인식함으로써 치료적으로 어떤 점을 강조해야 하는지를 확인할 수 있을 뿐만 아니라 치료적 동맹을 확고하게 하여 내담자가 꾸준히 치료장면을 찾게 할 수 있다.

이와 관련하여 특히 중요한 사항은, 이전에 다른 전문가들과 여러 차례 문제해결을 시도하였으나 실패했던 내담자로부터 그 치료자들에 대한 설명을 듣는 것이다. 내담자가 운이 없어서 서툴고 무능한 치료자를 만났을 가능성도 있지만, 면담자가 가정해야 할 최선의 가설은 이전 치료자에게 일어났던 일이 자신에게도 일어날 수 있다는 사실이다. 내담자가 이전 치료에 대해 불평하는 것이 무엇인지 정확히 가려내는 일은 두 가지 이유에서 매우 중대하다. 첫째로, 치료자가 내담자의 불평을 충분히 이해하게 된다면, 이전 치료자들의 실수들을 피할 수 있을 것이다. 가령 이전 치료자들이 어떻게 해서 곤란한 문제에 봉착하게 되었는지 확인함으로써 그러한 상황을 다루기 위해 어떤 준비를 해야 하는지에 대해 미리 알 수 있다. 더욱 중요한 또 다른 이유는, 이러한 준비에도 불구하고 다른 전문가들이 범한 동일한 실수(실제로 그렇지 않더라도, 적어도 내담자의 입장에서는 실수로 여겨지는)에 충분히 '걸려들' 수 있기 때문에, 이전 치료의 실패 양상을 꼼꼼히 검토하는 과정에서 내담자에게 동일한 일이 이번 치료에서도 일어날 가능성이 높다고 미리 알릴 수 있는 기회를 얻게 된다. 내담자는 이번 치료에서 도망치지 않게 스스로를 잘 다스릴 것인가 아니면 분노와 실망을 드러낼 것인가?

이전에 여러 명의 치료자들을 경험한 환자로부터, 어느 누구도 그전까지는 이토록 고통받는 자신을 진실로 이해해주지 못했으며 나야말로 최후의 희망이라는 사실을 듣게 될 때, 이내 허영심에 빠져들게 된다. 앞서 만났던 전문가들과는 달리 나는 그들에게 도움을 줄 수 있다는 사실을 확신시키고 싶은 간절한 바람을 갖는다. 하지만, 수년에 걸친 치료를 통해 나의 오만한 콧대는 꺾였다. 내면의 반응을 변화시킬 만큼 충분치는 않지만, 행동화만큼은 피할 수 있게 되었다. 나 또한 실수를 할 수 있으며, 내가 한 잘못이 다른 사람들이 저지른 잘못과 어떤 면에서는 비슷할 수 있고 이러한 실수를 통해 내담자와 내가 어떤 중요한 것을 함께 이해하고 건설적으로 반응하는 방법을 찾을 수 있다는 확신을 갖게 되었다. 이러한 교류를 가짐으로써 나와 환자는 모두 비현실적인 요구로부터 벗어날 수 있을 뿐만 아니라 실망스러운 상황에서도 절망이 아닌 무언가 의미 있는 것을 얻을 수 있음을 알게 된다.

치료자로서 첫 발을 내딛었을 무렵, 나는 정신병질적 성향을 지닌 사람들을 치료하는 데 관심을 가졌었다. 그러한 환자들을 다루는 데 필요한 독특한 스타일―다른 환자들을 대할 때처럼 부드럽고 공감적으로 접근하는 것이 아니라 보다 거만하고 거칠게 말하며 단도직입적인 어조를 사용하는 등의―을 소화해낼 수 있을 만큼 치료의 영역을 넓히는 것이 즐거웠다. 나는 이들의 치료에 실패했던 다른 치료자들의 순진무구함을 비웃었다. 반사회적인 내담자가 치료자를 얕보지 않도록 하는 것이 매우 중요하다고 배웠기 때문에, 그들의 '표적'으로 폄하되지 않기 위해 이들 내담자들이 시도하는 모든 조종에 열심히 주의를 기울였다(Bursten, 1973을 참고하시오.). 어느 정도까지는 효과를 거두었지만 나는 곧 내가 아무리 영리하게 굴더라도 반사회적 내담자들이 나를 성공적으로 조종하는 방법을 찾는다는 사실을 알게 되었다. 따라서 가장 중요한 치료적 의사소통이란 "시도해봐라—당신은 나를 속일 수 없을 것이다."가 아니라, 오히려 "들어봐라. 당신이 나를 속이기를 원한다면 당신은 분명히 그렇게 할 수 있다—내게는 진실과 그럴 듯해 보이는 거짓을 분간할 수 있는 혜안이 없다—하지만 당신이 이곳에서 시간을 보내고 있는 이유가 그것 때문인가?"라고 말하는 것이라는 결론을 내리게 되었다. 특별한 기술이 부족한 이전 치료자들 또는 상상 속의 다른 치료자들과의 경쟁은, 내면적으로는 허용될 수도 있지만, 만일 행동화된다면 매우 부정적인 결과를 초래할 수 있다.

사회적, 성적 및 직업적 영역의 개인력 조사를 통해 드러나는 대인관계양상은 치료에서의 문제를 예측하고 예방적인 조치를 취하는 데 도움이 된다. 예로서 사회적으로 위축되는 것처럼 보이거나 타인에게 노출된다고 느껴질 때 또는 자신의 깊은 애착이나 의존성을 알아채게 될 때마다 관계(친구, 일자리, 성관계 파트너)로부터 떠나게 된다고 보고하는 내담자의 경우를 들 수 있다. 이러한 양상은—환자와 남겨진 사람들 모두의 입장에서—고통스러운 외로움과 관련되며, 분석적 치료를 통해서만 깊이 있는 치유가 가능한 난제 중 하나다. 강렬한 관계를 맺게 될 때마다 회피하고 싶은 생각을 극단적이고 자동적이며 강박적인 방식으로 떠올린다면, 이를 무분별하게 행동화하지 않도록 내담자와 직접적인 계약을 맺는 것이 치료자의 의무다. 특히, 치료로부터 도중하차하는 양상이 나타난다면—이유야 어떻든 간에(돈과 시간이 가장 흔한 이유가 된다) 갑작스럽게 치료를 종결하기로 결심한다면—두 당사자는 이를 다루기 위해 약속된 회기만큼은 계속해서 진행해야 한다는 계약을 맺을 수 있다. 내담자가 어떻게 해서든 떠나기로 결심한 경우라도 적어도 그가 단지 감정적인 압력에 이끌려 행동하기보다는 이에 대해 표현하면서, 이러한 경험을 통해 중요한 무언가를 배울 수 있다. 운 좋게도, 이후의 치료자는 내담자의 확장된 자기인식(self-knowledge)을 통해 치료 효과를 배가시킬 수 있을 것이다.

성적 양상은 대단히 긴장되고 응축된 형태로 관계의 주제를 내포한다. 임상 경험에 비추어볼 때, 되풀이되는 성적 모티브는 개인의 삶에서 지배적인 대인관계양상을 나타내거나, 개인의 전반적인 경험 세계와는 통합되지 않고 성관계에서만 관찰되는 개별적인 관계주제를 나타내기도 한다. 면담자가 자신의 성(sexuality)에 대해 편하게 이야기하는 상황에서 내담자는 자신의 사적이고 수치심에 가득 찬 성생활이 표현해서는 안 될 만큼 이상하거나 괴팍하지 않다는 사실에 안도하게 된다. 성에 대한 임상가의 솔직함과 위안은 내담자의 진솔한 자기개방을 촉진하며, 애정과 관련하여 겪는 어려움이 개선될 수 있으리라는 희망을 불러일으킨다. 이를 명시적으로 언급하는 데 곤란을 겪는 치료자들은 믿을 만한 친구들에게 성적 행위와 신체 부위를 큰 소리로 명명하는 것을 연습해야 한다. 나의 자문 집단 중 몇몇은 이를 위해 따로 모임을 가진 적도 있었다. 구성원들은 대체로 흥분, 불편, 당혹, 유쾌함이 뒤섞인 경험을 했지만, 그 훈련은 치료자에게 필수적인 언어적 탈억제(verbal disinhibition)에 도움이 되었다.

솔직해야 한다는 지침은 여성 및 남성 동성애자, 양성애자, 성전환자는 물론 성도착증과 강박적 행위(최근에 유행하는 말로 '섹스 중독')와 같은 성적인 문제를 지닌 내담자를 면담하는 데 매우 중요하게 적용된다. 최소한 이들은 정신건강 전문가가 자신의 성적 기호에 놀라지 않는다는 점을 알 수 있어야 한다. 이상적으로는 면담자가 성적 다양성을 진심으로 인정하고 존중한다고 느껴야 한다. 가령 남성 동성애자에게, "당신은 구순 성교나 항문 성교 중 어떤 걸 선호하나요?" "어떤 체위를 선호하나요?"와 같은 질문을 함으로써 관계의 중요한 문제를 확인할 수도 있다. 양성애자의 경우, 여성과 남성과의 각각의 경험에서 만족감의 차이를 조사하는 것이 도움이 된다. 비록 예민한 사적인 영역을 침해하게 될지라도 치료자의 어조가 솔직하면 할수록 더욱 좋으며, 지나치게 강압적으로 느껴지는 질문에는 대답하지 않아도 된다고 내담자에게 말해주는 것이 사려깊다. 또한 내담자가 선택하는 성적 용어를 그대로 반영해주는 것도 중요하다.

인간의 모든 동기가 성적인 특성을 지닐 수 있기 때문에, 개인의 특정한 성적 양상에 대한 이해는 그에 대해 많은 것을 설명해준다. 어떤 이들은 자신의 의존성에 성적 특성을 부여한다(다른 요소를 제외한 채 성관계에서 입맞추거나 껴안으려고만 한다.). 다른 이들은 공격성에 성적 특성을 부여한다(지배와 복종의 측면에 가치를 둔다.). 또 다른 이들은 주로 자기애적 욕구를 충족시키기 위한 수단으로 성관계를 이용한다(과시적이고 관음증적인 측면을 중요하게 여기거나 또는 자신의 욕망이 마술적으로 알려지거나 말없이 충족되는 환상 또는 상대방을 좌절시키고 창피를 주는 공상에 가치를 둔다.). 특히, 성기와 관련해서 신체적인 고통을 당한 아동기 경험이 있는 경우(성적 학대, 사고 또는 수술), 때로는 지속적이고 괴로운 고통이 오르가슴에 없어서는 안 될 요소가 될 수 있다. 어떤 상황에서도 관계주제는 성적인 영역을 통해 구체적으로 드러난다.

장기치료와 단기치료에서
관계양상이 지니는 함의

내담자가 도중에 치료를 그만두는 위험이 없는 경우라면, 시간적 제약이 없는 치료에서는 시간의 경과와 함께 관계의 핵심적 주제가 분명히 드러날 것이다. 초기 면담에서 몇몇 핵심적인 대인관계의 모티브를 놓치더라도 언젠가는 틀림없이 명료하게 나타날 것이기 때문에 큰 실수는 되지 않는다. 하지만, 시간이 제한된 치료에서는, 주된 갈등적 관계양상에 주의를 집중할 수 있는 치료자의 능력이 짧은 시간을 효과적으로 사용하는 데 매우 결정적인 역할을 한다. 단기 역동치료에 관한 경험적 문헌에 친숙하지 않은 독자들에게는 나의 동료들인 Stanley Messer와 Seth Warren(1995)의 연구를 추천한다. 이들은 시간 제한적인 분석적 치료에 대한 오늘날 대부분의 주된 접근이 환자의 핵심적인 관계역동에 대한 이해를 반복적으로 강조한다는 사실을 언급하였다.

장기치료 및 정신분석에서 관찰되는 변화를 향한 동기 중 하나는, 환자 스스로가 동일한 상호작용에 대한 설명이 반복되는 것을 인식하고, 애석하게 여기며, 심지어는 싫증을 느끼게 된다는 사실이다. 자신의 치료자에게 이전의 동일한 양상을 행동화했다고 또 다시 털어놓는 것보다는 차라리 새로운 방식을 시도하는 것이 더 손쉬워진다. 자신의 불합리함이 뻔하게 드러나 보이는 상황에서 핵심적인 '신경증'을 지겹도록 명명하고 기술하는 일은 두 당사자에게 모두 권태와 격분을 불러일으켜, 결국에는 새로운 행동을 감행하게 한다. 심리치료에서 이러한 동기 부여의 측면은 아직까지 연구가 많이 되지 않은 영역 중 하나다. 그러나 이는 치료자가 그 양상을 식별하고, 명명하며, 계속해서 말할 수 있는 안전한 환경을 만들어낼 때에만 가능할 수 있다. 따라서 관계 역동을 언어로 보다 일찍 포착할수록 내담자가 이를 다른 사람들과 관계 맺는 더욱 건강한 방식으로 바꿀 수 있게 보다 신속한 도움을 줄 수 있게 된다.

요 약

이 장에서는 환자 개인의 주관적인 삶을 지배하는 반복적인 대인관계 주제를 어떻게 그리고 왜 이해해야 하는지를 논의하였다. 이러한 관계양상은 극적인 사건과 갈등으로 구성되기 때문에, 단순히 내면화된 대상이 아니라 내면화된 대상 관계라는 측면에서 이해하는 것이 적절하다는 점을 강조하였다. 반복적인 상호작용 양상에 관한 경험적·임상적 문헌들을 언급하였으며, 반복적 양상이 치료 관계 안팎에서 어떻게 드러나는지를 탐색하였다. 또한 그러한 양상이 환자와 치료자에게 어떻게 인식되며 치료적으로 어떻게 다루어지는지의 관점에서, 정신분석과 심리치료 그리고 장기 및 단기 역동치료를 비교하였다.

개인력을 잘 조사함으로써 치료의 핵심적 주제를 어떻게 찾아낼 수 있는지를 보여주고자 했다. 이러한 주제를 신속하게 이해하고 파악하게 되면, 환자가 치료적 관계를 떠나는 일을 방지할 수 있다. 치료자와 환자의 관계에서 드러나는 관계양상과 관련하여, 치료자가 자신의 주관적 느낌을 전문가적인 방식으로 활용하는 것이 진단과정에 중요하다는 점을 강조하였다. 또한 내담자에게 결여되어 있는 대인관계 방식을 인식하는 것이 중요함을 강조하였다.

마지막으로, 핵심적인 관계양상이 계속해서 되풀이되는 것을 파악함으로써 변화에 대한 내담자의 동기를 어떻게 유발할 수 있는지에 대해 간략하게 언급하였다.

제9장
자존감의 평가

　자존감(self-esteem)은 정신분석가들이 건강한 자기애(narcissism)라 부르기도 하는 것으로, 사람마다 현저한 차이를 나타내는 정서적 영역의 하나다. 단기로든 장기로든 심리치료를 하고자 한다면 자존감 영역에서 내담자가 지니는 개인적 특성을 이해할 필요가 있다. 내담자의 자존감이 얼마나 안정적인가? 무엇에 기반을 두고 있는가? 무엇 때문에 자존감이 상처를 받는가? 상처받을 경우 어떻게 회복되는가? 자존감을 뒷받침하고 있는 포부수준이 얼마나 현실적인가? 한 사람의 자존감을 뒷받침하는 특수한 조건은 그 사람에게는 너무나 당연해서 논리적으로 잘 설명되지 않으며, 마치 물고기에게 있어 물이 그러하듯이 늘 익숙하고 잘 자각되지 않는다. 자신에 대해 긍정적 또는 부정적 감정을 느끼는 방식은 매우 일상적이고 지속적으로 사용되어온, 좀처럼 자각되지 않는 심리구조의 한 측면이기 때문에, 이와는 다른 방식으로 자신을 평가할 수 있다는 것을 사람들은 상상하기조차 어렵다. 자존감은 본질적으로 내면적 현상이기 때문에 그 특성은 내담자의 행동과 언어적 보고에서 추론해야 한다.

자존감 문제에 대한 이해의 중요성

자존감의 유지와 고양은 모든 인간 활동의 중심적인 동기다. 사람들은 자신의 가치관에 반하는 행동을 하고 있음을 자각할 때 견디기 어려운 수치심과 절망감을 느끼게 된다. 그러한 고통을 겪으니 차라리 자신이나 타인을 위험에 처하게 하는 행동을 택할 수도 있다. 또는 보통 사람들이 상상도 못할 위대한 업적을 이루어내기도 한다. 예를 들어, Freud는 자신의 저항을 불도저처럼 밀어붙여 본인의 무의식을 파헤칠 수 있었다는 점에서 정신분석 추종자들로부터 지나칠 정도로 이상화되어왔다. 그러나 Freud의 자존감 구조를 살펴보면 그의 성취는 그렇게 이해하지 못할 만한 것이 아니다. 그의 가치체계에서는 위선과 자기기만의 정복자로서 두려움 없이 진리를 밝히겠다는 강한 신념이 중요한 위치를 차지하고 있었다. 다른 사람이라면 몹시 역겨워할 자신의 심리적 측면을 파헤치는 것이 Freud에게는 오히려 커다란 즐거움이었다. 파헤쳐진 자신의 내면세계가 아무리 수치스러운 것이라 해도, 용감하게 진리를 말하는 자로서의 자기상에 대한 자부심으로 그러한 수치심은 얼마든지 상쇄될 수 있었다.

문화가 같으면 가치관도 공유될 수 있다. 이를 통해 얼핏 이해하기 어려워 보이는 행동도 평범한 것으로 보일 수 있다. 예를 들어, 현 미국 중산층 사회에서 젊고 아름다운 외모를 통해 자존감을 느끼는 사람은 나이가 들면서 겪게 될 자기애적 고통에 직면하기보다는 성형수술을 받으려고 할 것이다. 용감한 행동에서 자존감을 느끼는 군인이라면 수치심을 느끼며 적에게 굴복하기보다는 죽음을 택할 것이다. 타이타닉호가 침몰할 때, 자존감에서 중요한 것은 무엇인가에 대해서 에드워드식^{역자주 1} 사고방식을 교육받은 Benjamin Guggenheim^{역자주 2}은 구명조끼를

옆에 벗어놓고 비서와 함께 흰 넥타이와 연미복을 입은 다음 "우리는 최대한 잘 갖추어 입었고 신사로서 물에 잠길 준비가 되어 있다."고 외쳤다고 한다(Butler, 1998, p. 123).

역자주 1: 영국 에드워드 7세 시대에는 예술과 패션에 대한 심미적 태도가 풍미했다고 한다.
역자주 2: 미국의 유명한 백만장자이자 사업가로, 타이타닉호 침몰 당시 일등 칸에 탑승했었다고 한다.

나는 예전에 개인적 불편함을 감수하고 위험을 무릅쓰면서까지 타인의 생명을 구하고 병을 치료하며 위험에서 구해주고 도와주는 데 일생을 바쳐온 사람들을 연구한 적이 있다(McWilliams, 1984). 이 연구에서 나는 이들이 선한 일을 하지 못하면 우울증에 빠진다는 사실을 발견하였다. 내가 아는 한 여성은 유방암 진단을 받고 매우 우울해졌는데, 이는 죽음이 두려워서가 아니었다. 그녀에게는 정기적으로 혈액을 기증하는 일이 매우 중요한 가치였는데, 유방암으로 인해 이 일을 계속할 수 없게 되었기 때문이었다. 타인이 왜 저런 행동을 하는지 이해하기 어려운 경우가 생긴다면 이는 그와 나의 자존감 유지방식이 서로 다르고 상대방의 방식은 나로서는 상상하기 어려운 것이기 때문이다. 치료자들은 "하루 종일 앉아서 사람들의 문제를 들어주는 것이 힘들지 않으세요?"라는 질문을 많이 받는다. 그런 질문을 하는 사람은 아마도 가치관의 중심에 남을 돕는 일이 포함되어 있지 않을 것이다. 그렇기 때문에 타인의 강렬한 부정적 감정을 하루 종일 받아들여야 하는 불편함을 남을 돕는다는 즐거움으로 얼마든지 이겨낼 수 있음을 상상하지 못하는 것이다.

영웅적이고 '자기희생적인' 행동뿐 아니라 파괴적이고 악한 행동의

경우에도, 자존감 유지방식이 나와 다른 사람을 이해하기 어렵기는 마찬가지다. 독립적이고 강해 보여야만 자존감을 유지할 수 있는 사람은 배우자에게 당신이 필요하다고 표현하기보다 배우자를 구타하는 쪽을 택할 것이다. 타인에게 힘을 행사하는 것이 자존감 유지에 중요하다고 생각하는 사람은 아무것도 하지 못하면서 수치심을 느끼는 것보다는 살인을 택할 것이다. Timothy McVeigh[역자주]가 오클라호마 시 연방정부 건물을 파괴하고 그 안의 무고한 사람들을 죽인 이유는, 정부에 대한 증오심 뿐 아니라 자기 신념에 맞게 행동하지 못하면 자존감을 유지할 수 없다는 믿음 때문이었다. 자존감 유지방식이 이들과 다른 사람에게는 위와 같은 행동이 참으로 이해하기 어려울 것이다.

　　내담자의 자존감 구조가 어떠한지 아직 모를 때, 치료자는 자신이 자존감을 느낄 수 있는 일에서 내담자도 자존감을 느낄 것이라고 투사하게 된다. 자존감은 자기나 타인의 모습 가운데 자신이 존경하고 이상화하는 특성들과 밀접한 관련이 있다. 그러나 가족과 하위문화마다 이상으로 삼는 것이 매우 다르고, 자존감이 지지되고 유지되는 방식도 놀라울 정도로 다르다. 자신의 지적인 면에 대해 자부심을 느끼는 여성이 있는 반면, '상아탑에 갇혀 상식이라고는 없는 편협한 지식인'에 대해 경멸을 느끼는 사람도 있다. 자신은 옷을 갖춰 입느라고 고심하지만, 정작 이웃들은 외모가 무슨 의미냐며 그 사람을 비웃을 수도 있다. 예전에 치료했던 환자 가운데 신에 대해 불가지론의 입장을 취하면서 자부심을 느끼는 한 여성이 있었다. 그녀는 교제 중인 남성이 성적으로 너무 절제된 행동을 보이는 것 때문에 혼란스럽고 힘들다고 털어놓았다. 그녀는 그가 자신을 별로 좋아하지 않기 때문이라고 생각했지만, 성적인 절제를 제외한 나머지 행동을 보면 그가 그녀를 좋아하는 것이 분명해 보였다. 그가 가톨릭 집안에서 자랐고 요즘도 매주 미사에 참석한다는 사실을 들어 나는 이렇게 생각할 수도 있음을 제안해보았다. "종교적인 가치관 때문에 혼전 순결을 지켜야 한다고 생각하는 것 아닐까요?" 하지만, 그녀는 "요즘 같은 세상에, 그리고 그 나이에 그런 생각을 하는 사람이 어디 있어요!" 하고 반박했다. 하지만, 그는 정말로 그렇게 생각하고 있었다. 그리고 종교적 가치관에 따라 행동하는 것이 그의 자존감에는 매우 중요한 일이었다. 그녀에게 아무리 매력을 느낀다 해도 결혼하기 전에 그녀와 성관계를 한다면 그의 자존감은 저하될 것이 분명했다.

자존감에 대해 가장 효과적으로 알아볼 수 있는 방법은 아마도 "○○ 씨는 사람의 어떤 점을 높이 평가합니까?" 하고 물어보는 것이다. 이에 대한 대답을 통해 그 사람이 자기 자신을 어떤 식으로 평가하는지 알 수 있다. "어떤 일을 했을 때 자부심을 느낍니까?" 또는 "스스로에게 실망할 때는 어떤 때입니까?"라고 구체적으로 묻는 것이 유용한 경우도 있다. 아울러 "○○ 씨는 자신과 자신의 삶에 대해서 전반적으로 긍정적인 편입니까, 아니면 실망스럽다고 생각하고 자기비하를 하는 편인가요?"라고 물어봄으로써 전반적인 자존감 수준을 파악할 수도 있다. 치료가 오래 진행되었음에도 자신의 수치스러운 면을 잘 드러내지 못하는 내담자라 할지라도, 일단 치료자로부터 수용되고 인정받고 있다고 느끼게 되면 자신에 관한 가장 수치스러운 감정까지 고백할 수 있게 된다.

이 시점에서 자존감에 대한 깊이 있는 정신분석적 이해와 요즘의 대중문화가 추구해온 피상적 이해 간의 차이를 언급하는 것이 좋겠다. 후자의 경우 요즘 유행하는 학점 인플레나 사회적 승진과 같은 이슈에 잘 드러나 있다. 사소한 일로 타인을 칭찬하고 보상해주면 그의 자존감이 높아지는 것이 아니라 오히려 속았다는 느낌이 들거나 자기기만에 빠지게 된다. 값싼 칭찬을 들으면 그것이 말이 안 된다는 사실을 알면서도 기분이 좋아지기도 하고, 칭찬은 받았어도 자신이 별것 아니라는 수치심을 느끼기도 한다. 일반적으로 칭찬을 해준 사람도 경멸하게 된다. 아이들은 너그러운 선생님보다 까다로운 선생님이 칭찬을 할 때 더 고마워한다. 기준이 높은 사람이 하는 칭찬이 더 의미 있다는 사실을 아는 것이다.

타인에게 좋은 반응만 보여줌으로써 자존감을 '지지하는' 것은 그 사람이 합리적인 수준의 자존감을 갖게 하는 데 도움이 되지 않으며, 그의 자존감을 보호해주지도 못한다. 단지 스스로에 대해 착각하게 만들 뿐이다. 그 사람이 정말 그 말을 믿는다면 자기에 대한 기준을 낮게 두게 될 것이고, 그러면 이렇게 복잡한 세상에서 성공을 거두고 긍정적 감정을 느끼게 될 확률이 적어질 것이다. 정신분석을 받는 동안 자존감이 고양되는 이유 중 하나는, 치료자가 모든 것을 좋게 볼 수 있도록 도와주어서가 아니다. 내담자가 자신의 수치스러운 약점과 단점을 드러냈지만, 분석가는 이를 알고도 그를 외면하지 않았기 때문이다. 내담자에게 아무런 문제가 없다고 말해주거나 그것은 결점이 아니라고 왜곡해준 것이 아니라, 그런 결점을 모두 잘 알면서도 내담자를 수용해준 것이다. 피상적인 정서적 지지만으로 자존감이 유지될 수 있다면, 친구가 있는 사람은 심리치료가 필요 없을 것이다.

자존감에 대한 정신분석적 관심

　정신분석에서는 1970년대에 들어서야 비로소 자존감을 핵심 주제의 하나로 다루기 시작했다. 이 시기에는 내적 가치기준을 통해 자존감을 합리적이고 일관적으로 조절하기 어려운 병리적 자기애에 관한 연구와 저작이 매우 활발하게 이루어졌다. 내적 역동의 갈등에 기인하는 전통적 Freud식 문제 대신에, 막연히 공허하고, 의미가 없는 것 같고, 자신이 어떤 사람인지 모르겠고, 자신을 좋아하기 어렵고, 타인은 "다 가졌다." "이런 것도 가졌다."고 생각되어 시기심이 든다고 호소하는 내담자들이 점점 많아지고 있었다. 이러한 내적 중심감의 문제는 외적으로 분명하게 드러나기도 하고, 웅대한 자기표상[Wilhelm Reich(1933)가 "남근기적 자기애(phallic narcissism)"라고 명명한 현상과 유사함]에 가려져 있기도 했다. 우리가 현재 살고 있는 문화는 초기 정신분석 이론가들이 살았던 사회보다 훨씬 빠르게 변하고 있고, 조망도 국제적이며, 언제든지 변할 수 있는 유동적인 것이고, 이미지와 질주를 강조하며, 개인은 모두 미미한 존재로 묻혀 있다. 때문에 자신이 어떤 사람인지, 자신이 왜 중요한 사람인지에 대해 안정된 느낌을 갖기가 더욱 어려운 것이다.

　그러나 자존감의 문제가 최근에만 다루어진 것은 아니다. 초기 Freud 학파에 속해 있던 분석가 가운데 Adler(예: 1927)는 열등감을 반영하는 심리적 문제에, Rank(예: 1945)는 개인의 의지에 관심을 두었다. 이를 통해 두 사람은 자기(self)의 문제를 다루었고, 개인의 안녕에 안정적 자존감이 핵심적 역할을 한다는 데 대한 저술을 남겼다. Freud는 내면에 자존감의 문제가 별로 없었기 때문에 자기애적 문제에 대한 공감이 부족했던 것 같다. 때문에 신경증적 상태에 가장 큰 관심을 두었고, 이에 비해 자존감 조절의 문제는 다소 주변적인 것으로 간주했던 것으로 보인다.

초자아에 대한 정신분석적 초점

고전적 정신분석, 특히 자아심리학 전통에서는 초자아 개념을 통해 자존감을 다루고 있다. Freud식 발달 모형에서 아동은 경쟁심을 느끼는 부모와 동일시함으로써 자신의 성적, 공격적 충동을 해결한다. "나는 엄마를 가질 수는 없지만 아빠처럼 되면 엄마 같은 사람을 가질 수 있다."고 타협함으로써, 이루어질 수 없는 소망과 좌절의 소용돌이에서 벗어나게 된다. 부모처럼 된다는 것은 부모의 가치관을 내면화하고, 부모가 세워 놓은 기준에 맞게 행동할 때 자존감을 느끼게 됨을 의미한다. 자기애가 중심 주제로 부상하기 전에는, 초자아가 어떻게 생겨나는지, 오이디푸스 이전에는 초자아가 어떻게 영향을 받는지, 초자아가 합리적인지 혹은 지나치게 엄격한 것인지에 대한 임상적 관심이 매우 높았다(예: Beres, 1958). 여기에는 초자아가 지나치게 엄격하여 스스로에 대해 긍정적인 감정을 느끼기 어려운 우울증 및 강박증 환자와의 치료경험이 주된 근간이 되었다.

후에 경계선 상태에 대한 임상적 관심이 높아지자, 개인이 '통합된 (integrated)' 초자아를 가지고 있는가 하는 질문에 많은 관심이 기울여졌다. '통합된' 초자아라고 하는 것은, 대부분의 사람은 전반적이고 단일하며 대체로 합리적인 자기판단의 가치관, 즉 성격의 자연스러운 일부에 포함된 윤리적 잣대를 내면화하고 있다는 임상적 관찰에 근거하고 있다. 따라서 보통 사람들의 양심과 도덕적 열망은 자신이 누구인가에 대한 일관된 감각에 통합되어 있다고 볼 수 있다. 그러나 경계선 성격구조를 가진 사람들은 자신을 전적으로 좋게 느꼈다가 다시 전적으로 나쁘게 느끼기를 불규칙하게 반복한다. 그들은 불일치하는 것 간의 긴장감이 전혀 없는 전체적(totalistic)인 '자아상태(ego states, Kernberg, 1975)'에 들어간다. 예를 들어, 자신이 원하는 것과 양심이 허용하는 것 간의 차이를 인식하거나 여기서 초래되는 긴장감을 느끼지 못하는 것이다.

분석가들이 이해한 바에 따르면, 도저히 동일시를 통해 오이디푸스 갈등을 해결할 수 없을 정도로 문제가 많은 양육자와의 아동기 경험이 개인의 기질과 결부되어 경계선 성격으로 발전한다('전통적인' 방식으로 오이디푸스 갈등의 해결이 가능하려면 애정 대상인 양육자가 이상으로 삼을 만한 사람이어야 한다.). 따라서 경계선 성격구조를 가진 사람들은 자기가 하는 일은 모두 옳다는 감정과 모두 그르다는 극단적 감정 사이를 오가게 된다. 합리적 도덕 기준을 따르는 한 자신이 충분히 괜찮은 사람이라는 통합된 느낌이 결여되어 있는 것이다. 때문에 자존감을 일관성 있게 유지하는 것이 불가능하며, 내적 충분감을 회복하기 위해 극단적인 방법에 의지하기도 하는 등 심한 고통을 겪는다.

Erikson의 정체성 연구(예: 1968)는 경계선 역동을 가진 환자들의 문제를 이해하는 데 큰 도움을 주었다. '정체성 위기(identity crisis)' 개념은 너무 잘 알려져 있어서, 1950년대에 Erikson이 처음 도입했을 때는 완전히 새로운 개념이었다는 사실이 종종 잊혀지기까지 한다. 1장에서 언급한 바와 같이, 안정적이고 친밀한 사회에 살면서 자기 역할이 잘 정의되어 있고 이 역할을 자타가 공인해주는 사람에게는 정체성이 문제되지 않지만, 규모가 크고 서로 모순되는 메시지가 범람하며 끊임없이 변화할 것을 요구당하는 현재 우리 문화에서는 정체성이 점점 더 큰 문제가 되고 있다. 이런 세상에서는 정체성의 기반을 안정적인 역할에 둘 수가 없다.

요즘 같은 추세라면 앞으로는 사람들이 직업을 평균적으로 여섯 번 정도 바꿀 것이라고 한다! 역할을 찾는 대신에 스스로가 통일감과 신뢰감을 느낄 수 있는 지속적인 내적 가치를 내면화할 필요가 있다. 20세기에 들어오면서 삶이 더욱 복잡해지고 위험해져서 정신분석 이론은 사람들이 어떻게 내적 일관성과 가치감을 유지하는지에 더욱 초점을 맞추어왔다.

인본주의와 실존주의 심리치료, 자기심리학 및 상호주관주의자

앞에서 살펴본 바와 같이 20세기 중반의 전통적 정신분석 문헌에서도 자기감, 자기인정 및 그 부재의 문제를 다루기는 하였으나 이에 대한 이해 정도는 상당히 부족하였다(Menaker, 1995를 참고하시오.). 그 틈으로 Carl Rogers, Abraham Maslow, Gordon Allport 같은 '제3세력' 심리학자들과, Victor Frankle, Rollo May 등의 실존주의 분석가들이 등장하게 되었다. Rogers의 심리치료와 인본주의치료가 그 당시 가장 호소력 있었던 부분은, Rogers가 내담자의 자존감에 대해 그리고 심리적 도움을 구하러 온 사람의 자기가치감이 얼마나 취약한지에 대해 깊이 공감하였다는 점일 것이다. Rogers의 책을 보면(예: 1951) 동시대의 정신과 의사들이 지나치게 해석적인 치료를 하고 있는 데 대해 Rogers가 상당히 분개하고 있음을 알 수 있다. 아무리 내담자의 역동을 정확하게 이해했다 하더라도(특히 정확히 이해했을 경우에) 자신의 치료적 개입이 취약한 환자에게 얼마나 상처를 주는지를 의사들이 고려하지 않았기 때문이다. 자존감에 대한 Rogers의 강조는 다양한 이론적 지향을 가진 여러 세대의 치료자에게 영향을 미쳤고, 이후 Kohut 및 다른 분석가들이 정신역동적 틀을 통해 Rogers와 유사한 관찰을 하기 시작했을 때 그 이론적 근간이 되었을 것으로 추정된다.

2차 세계대전과 홀로코스트라는 대재앙의 영향을 많이 받은 실존주의적 정신분석가들 역시 20세기 중반에 들어 자기감과 자존감의 문제를 강조하였다. Victor Frankl(1969)은 평상시 적응에 도움이 되었던 심리적 특성이 반드시 집단 수용소에서의 실존적 공포를 초월할 수 있게 해주는 것은 아니었다고 지적하였다. 포로 수용소 경험이 있던 Bruno Bettelheim^{역자주}과 마찬가지로, 그는 성욕과 공격성을 다루는 능력보다 자존감을 유지하는 능력이 심리적 생존과 훨씬 더 높은 상관이 있음을 지적하면서, 극단적 환경에 적응하는 방식이 사람마다 얼마나 크게 다른지를 설명하였다.

역자주 : 미국의 아동심리학자.

자기애에 관한 Kohut의 업적과 유아기 및 아동기에 대한 동시대의 경험적 연구에 힘입어, 정신분석 내에서도 자기(self)의 핵심적 역할을 발달이론과 임상기법에 반영하게 되었다. 개인적 정체성, 정체성을 확고히 하는 수단, 자기가 누구인가에 대한 분명한 감각을 갖는 능력, 자존감을 유지하고 회복하는 개인의 전략 등이 추동과 방어 같은 개념을 대체하는 분석의 주요 범주가 되었다. 자기심리학자들과 상호주관주의적 분석가들이 사람의 심리에서 핵심이 무엇인가에 대한 이해를 재구성해왔고, 때문에 요새는 초기 프로이트 이론이 정신분석에서 주변적인 이론처럼 보이기도 한다. 자기(self)의 발달 및 그 과정에 대한 이해가 임상적으로 어떤 함의를 갖는지에 대해 살펴보려면, 철학적으로 내용이 풍부하고 경험적 연구로서도 훌륭한 Irene Fast의 '자기화(selving)'에 대한 연구(1998)가 도움이 된다.

이런 변화가 주류 정신분석에 영향을 미침에 따라, 어떻게 불안을 조절하는가 대신에 자기연속감과 자기가치감을 어떻게 유지하는가의 관점에서 증상과 증후군을 재개념화하는 문헌들이 주를 이루게 되었다. 중요한 예로 Stolorow가 1975년에 저술한 가학증과 피학증(이전에는 추동과 불안의 관점에서만 이해되었다)의 자기애적 기능에 대한 논문을 들 수 있다. 이러한 이론적 발달과 함께 정신분석의 기법도 개선되고 재정의되었다. 상호주관주의적 이론가들과 자기심리학자들은 치료자의 객관성과 해석이 아닌 주관성과 공감적 조율을 강조하였다(Rowe & MacIsaac, 1989; Shane, Shane, & Gales, 1997; Stolorow 등, 1987; Wolf, 1988). 이러한 기법의 발달에 따라 치료 과정에서 환자가 필연적으로 자기애적 상처를 입을 수밖에 없음을 인식하게 되었고, 이러한 자존감의 임상적 위기를 어떻게 다룰 것인지에 대한 이론들도 나오게 되었다.

이 분야에 있어서는 대부분의 임상가들이 이론가에 앞서 있었다. 전업 분석가로 일하고 있는 치료자라면, 환자의 자기애적 요구에 민감하게 대응하지 못할 경우 조기종결되거나 치료자의 공감실패를 보상하는 데 치료시간이 허비된다는 사실을 아마 잘 알고 있을 것이다. Kohut의 『자기의 분석(The Analysis of the Self, 1971)』이 용어가 어려웠음에도 1970년대 초반 치료자들 사이에서 바로 인기를 얻을 수 있었던 것은 아마도 당시 치료자들이 이미 하고 있던 작업에 대해서 훌륭한 이론적 틀을 제공했기 때문일 것이다. 정상적인 동정심과 직관력을 가진 치료자들은 자신이 수련받은 엄격한 정신분석기법에는 어긋난다는 사실을 알면서도 이미 공감적인 이해와 조율 등을 해오고 있었다(많은 경우 그들은 '규칙을 어기고 있음을' 걱정하였고, 내 동료 중 한 사람인 Stanley Moldawsky는 이를 '정통 위원회(Orthodox Committee)'에 대한 분석가의 맹종이라고 칭하였다.). Kohut의 개념화에 따르면, 치료자가 자기공개를 하거나, 작은 선물을 그냥 받거나, 내담자를 지지하고 칭찬해주는 것은 '정도를 벗어나거나(Eissler, 1953)' 치료기법에서 '일탈한 것'이 아니라 치료자의 존중과 이해를 잘 표현하는 것이라고 했다. "첫째, 환자에게 해를 입히지 말라." 는 Hippocrates의 원칙을 심리치료 영역에 가장 잘 맞게 적용한다면, 아마도 "첫째, 내담자의 자존감을 보호하라."가 될 것이다.

자존감 평가의 임상적 함의

심리치료에서는 다양한 방식으로 자존감 문제를 다루어야 한다. 첫째, 내담자의 가치관이 치료자와 충분히 비슷한지, 적어도 치료자가 이해는 할 수 있는지, 그래서 치료에서 양자가 효과적으로 치료작업을 할 수 있는지를 무엇보다 먼저 고려해야 한다. 둘째, 치료자는 내담자가 치료를 계속할 수 있도록 내담자의 자기가치감을 충분히 보호해야 한다. 내담자의 자존심에 최소한의 상처만 남길 수 있도록 치료자의 생각을 효과적으로 전달하는 방법을 배워야 한다. 셋째, 내담자의 자존감이 비현실적이고 부적응적인 데에 기반을 두고 있을 때 내담자의 자기평가 방식을 어떻게 변화시킬 수 있는가라는 어려운 문제도 다루어야 한다. 넷째, 내담자가 어떤 행동을 통해 자부심을 느낄 수 있는지 배우지 못했다면 자신의 가치관을 정의하고 명료화할 수 있도록 치료자가 도와주어야 한다. 다섯째, 자신의 자존감을 고양시키기 위해 타인의 자존심을 손상시키는 사람들을 어떻게 다룰 수 있는지 알아야 한다. 다음에서 위의 다섯 가지 사항에 대해 자세히 살펴보도록 하겠다.

자존감의 측면에서 내담자와 치료자가 잘 맞는가

일단 치료자가 되면 모든 내담자를 잘 다룰 수 있어야 한다거나 혹은 적어도 자신이 수련받은 종류의 문제를 가진 내담자들은 모두 치료할 수 있어야 한다는 무언의 압력을 대부분의 치료자들이 느끼게 된다. 하지만, 임상경험을 몇 년 해보면 자신과 잘 맞는 내담자가 있고 다른 치료자에게 의뢰하는 것이 더 나은 내담자가 있음을 쉽게 알게 된다. 예를 들어, 외상경험을 가진 내담자를 돕는 데 유능한 치료자가 있는가 하면 이런 사람은 아예 내담자로 받지 않는 동료들도 있다. 경계선 성격장애 환자의 강렬함에 오히려 힘이 나는 치료자가 있는 반면, 이를 견디기 어려워하는 사람도 있다. 정신분열증 환자, 정서적으로 지체된(retarded) 환자, 학습장애 환자, 노인 환자 등에 특별한 재능과 친화력을 보이는 치료자들도 있지만, 이런 환자들을 어떻게 심리치료할 수 있는지 상상하기조차 어려워하는 치료자도 있다. 치료자들이 이런 편향을 갖게 되는 것은 특정한 수련을 받았거나 특정 기법만을 유능하게 구사할 수 있기 때문만은 아니다. 치료자마다 성격, 특히 자존감을 유지하고 회복하는 방식이 다르기 때문이다.

몇 년 전에 나에게 치료를 받았던 한 사회복지사는 정서적으로 심하게 지체된 환자들을 돕는 데 매우 유능하였다. 대부분의 치료자에게는 이런 환자들이 별로 매력이 없다. 그럼에도 그녀가 이들에 대해 특별한 사명감을 느끼게 된 것은, 심한 우울증에 알코올중독으로 도저히 그녀가 '도울 수 없었던' 어머니로 인해 그녀가 자존감에 심한 상처를 입었었기 때문이었다. 대부분의 사람들이 '도울 수 없다고' 생각하는 환자들을 치료함으로써 그녀는 아동기의 부적절감을 보상하고 상처입은 자존감을 치유하고 있는 셈이었다. 한 번은 이타주의를 연구하면서, 정신병리가 동반된 범죄자들을 심리치료하는 여성을 면담한 적이 있었다. 이런 환자들은 치료자에게 별 매력이 없을 뿐 아니라 때로 위험할 수도 있다. 그녀의 자존감 구조는 독실한 감리교 신자이자 고위관료인 아버지와의 동일시를 반영하고 있었다. 그녀의 아버지는 "가장 미소한 형제 중의 하나에게 베푼 것 모두가 내게 한 것이니라."라는 마태오 복음의 말씀을 늘 강조해왔다. 그녀는 자기 일에서 큰 만족을 얻었고 수감자들도 모두 그녀를 좋아했다.

우리가 심리치료를 해나갈 수 있는 정서적 동력은 타인을 치료하면서 우리 자신의 자존감이 지지되고 회복될 수 있다는 점이다. 이를 인정한다면, 내담자의 자존감 충족 방식이 치료자와 아주 다를 때 치료가 어려울 수 있음을 이해할 것이다. 예를 들어, 반사회적 성향을 가진 내담자는 편안하고 효과적인 치료를 하기 어려운 사람들이다. 치료자들은 대개 애정적이고 따뜻하게 행동하는 데서 자존감을 느끼고, 타인과 진실한 관계를 맺기 위해서라면 권력이나 금전적 이득은 거부하려고 한다. 따라서 반사회성 환자처럼 타인의 진심이나 애정을 평가절하하고 돈과 권력을 통해 자존감을 얻는 사람에게는 치료자가 상당한 불편감을 느끼게 마련이다. 정서적 이질감이나 경멸을 느끼는 내담자와 심리치료 작업을 하기란 쉽지 않다. 자존감 구조에 권력과 관련된 부분이 없는 치료자는 반사회성 내담자를 치료하지 않는 편이 낫다. 마찬가지로 많은 임상가들이 자기(self)의 장애를 가진 환자들을 꺼린다. 자기애적인 사람들은 타인에게 어떻게든 감명을 주려고 하기 때문에 자기평가기준이 좀 더 내적인데 있는 치료자에게는 불편감을 줄 수 있다. 때로는 이런 내담자들이 치료자의 자각되지 못한 자기애에 대한 무의식적 수치심을 자극할 수도 있다. 치료자와 환자 간의 가치관과 신념 차이의 문제는 환자의 정신병리적 특성에만 국한되는 것이 아니다. 예를 들어, 지나치게 종교에 매달리는 것을 경멸하고 이에 자부심을 느끼는 치료자는 신앙심이 깊고 신과의 친밀한 교류에서 자존감을 느끼는 환자를 치료해서는 안 된다. 또한 성적 정절을 중시하는 치료자는 여러 사람을 성적으로 정복함으로써 자존감을 유지하는 환자를 이해하고 치료하기 어려울 것이다.

이는 임상가가 환자를 제대로 공감할 수 없기 때문만은 아니다. 위와 같은 상황에서는 내담자가 치료자를 동일시하고 치료적으로 이용할 수 있는 가능성도 줄어들기 때문이다. 나의 경우를 예로 들어보겠다. 내가 받는 치료비는 보통 수준이고, 그중 일정시간은 치료비를 아주 싸게 받는다. 이는 내가 집에 사무실을 가지고 있어 유지비용이 적게 들고, 남편이 돈을 잘 벌기 때문에 가능하다. 또한 내가 경제적으로 부족함이 없는 집에서 자라 돈 걱정을 많이 해보지 않아서이기도 하다. 그러나 가장 중요한 이유는 내가 중산층이나 부유한 사람만을 치료대상으로 하고 싶지 않기 때문이다. 이는 너무 욕심부리지 말고, 다른 것에 우선하여 돈을 좇지 말며, 어려운 사람들을 도울 기회를 저버리지 말라는 나의 이상적 자아의 일부를 반영한다. 내가 경제적으로 풍요롭고 이상주의적이었던 1960년대에 성인이 되었다는 점도 관련될 것이다(냉소적인 친구와 동료들은 나에게 피학적인 면도 있어서라고 하는데, 그들 말이 맞다면 이는 개선의 여지가 없을 정도로 완전히 나의 일부가 되어 있다.).

그러나 과거와 현재의 상황이 나와 다른 사람들에게, 자존감 유지에 돈이 매우 중요할 수 있다는 사실은 나도 잘 이해할 수 있다. 나도 돈 문제에 대해 관대하려고 노력은 하지만, 돈이 있는 것이 더 좋다. 돈 벌기를 좋아하는 사람을 공감하는 것이 나는 별로 힘들지 않다. 그래서 돈을 중시하는 사람과 치료 작업을 하는 것이 어려울 수 있다는 생각은 하지 못했었다. 하지만, 문제는 내가 아니라 내담자들이었다! 그들은 내가 치료비를 비싸게 받지 않는 것에 대해 내가 능력이 별로 없거나, 스스로 돈을 많이 받을 자격이 없다고 느끼거나, 지나치게 자기패배적이거나 혹은 그렇게 함으로써 돈을 중시하는 사람에 대해 도덕적 우월감을 가지려 한다고 생각해버렸다. 그래서 나는 금전적 가치에서 자존감을 느끼는 사람에게는 치료비를 많이 받거나, 치료비도 비싸고 상담실도 호화롭게 꾸며놓아 상업적 성공을 거둔 것이 드러나 보이는 치료자에게 이들을 의뢰하기로 결심했다.

다시 말하면, 보통 정도의 치료비만 받음으로써 치료자와 내담자 간에 무슨 대단한 차이가 있는 것이 아님을 나타내려는 나의 본심이 일부 환자들에게는 잘 이해되지 않을 수 있음을 인정해야 했다. 치료비가 비싸지 않으면 당연히 더 좋아할 것이라고 생각했기 때문에 처음에는 좀 놀라웠지만, 곰곰이 생각해보면 그들의 태도도 이해가 되었다. 이는 자기상을 유지하는 방식의 차이인 것이다. 돈을 중시하는 내담자들은 자존감을 유지하기 위해 나를 평가절하하거나, 돈에 무관심한 것에 대해 나를 이상화하거나 둘 중 한 가지 입장을 택해야 하고, 후자의 경우에는 도덕적 열등감이라는 부작용이 따른다. 이는 협력적인 치료작업을 진행하는 데 좋은 정서적 조건이라고 할 수 없다.

개업 임상가의 치료비 책정에 관한 연구를 보면(Lasky, 1984; Liss-Levinson, 1990) 내가 하는 방식은 대부분의 여성 치료자들이 전형적으로 취하고 있는 방식이다. 스스로 책정한 치료비에서 이렇게 성차가 나는 것은 여성 치료자의 자존감이 남성보다 더 취약하기 때문이라고 개탄하는 사람도 있다. 여성의 자존감이 남성만큼 높다면 치료비도 그만큼 높게 책정하리라는 주장이다. 그러나 나는 이러한 성차를 여성의 정서적 현실과 여기에서 파생되는 자존감 구조의 관점에서 이해하고 싶다. 여성은 보편적으로 중요하다고 인정되는 일을 하면서도 돈을 받지 않는 경우가 많다. 야심도 있고 돈도 잘 벌던 여성이 아이를 키우기 위해 집에 들어앉거나 일하는 시간을 줄여야 한다면, 자기의 가치를 판단하는 기준을 돈으로 할 경우 만성적인 우울에 빠질 수밖에 없다. 남성보다 치료비를 덜 받는 것은 여성 치료자가 스스로를 평가절하해서가 아니라 여성의 자존감 구조가 돈과 관련되는 정도가 남성보다 덜하기 때문이라는 것이 나의 생각이다(참고: Liss-Levinson, 1990).

치료자가 정서적으로 스트레스를 받으면 심리치료를 잘 하기 어렵다. 이상적인 상황이라면 우리는 각자가 하는 치료의 성격에 대해 의사결정할 수 있는 충분한 직업적 자율성을 갖는다. 그렇지 못할 경우 최선의 방법은 치료자가 자기에 관한 지식(self-knowledge)에 의존함으로써 치료 작업을 향상시키는 것이다. 정신분석 과정은 외현적으로 드러나지 않는 성격의 측면과 자존감 구조를 파악할 수 있게 해준다. 분석을 받음으로써 자신이 윤리적이고 준법적인 줄만 알았던 사람이 자기 내면에 범죄자에 대한 동경이 있음을 알게 된다. 관대한 사람도 자신에게 탐욕이 있음을 발견할 수 있다. 성적인 면에서 보수적인 사람도 자신의 욕정을 볼 수 있게 된다. 정직을 중시하는 사람들도 자신이 크고 작은 방식으로 자기와 타인을 기만하고 있음을 알게 된다. 자기에게는 별로 중요하지 않은 일에 어떤 사람들은 자존감이 크게 좌우될 수 있다는 사실은 이해하기 그리 어렵지 않다. 집중적인 치료를 받지 않더라도, 치료자는 자기의 모습이 아니라고 생각했던 자기의 일부(disowned part of self)를 이해하려고 노력할 수 있다. 그 보상은 치료자 스스로 자신에 대한 통찰을 힘들여 얻을 때마다, 자신이 도움을 줄 수 있는 환자의 범위가 점점 늘어난다는 것이다.

내담자의 자존감을 손상시키지 않고 중요한 정보를 전달할 수 있는 방법은 무엇인가

치료자가 내담자에게 하는 말은 본질적으로 상처가 될 수밖에 없는 것이 많다. 때문에 내담자의 자존감을 보호하면서 치료적 개입을 할 수 있는 방법을 찾아내야 한다. 스스로는 잘 알지 못하는 자기 모습에 대해 타인이 얘기를 해준다면, 우리는 움츠러들거나 위축될 수밖에 없다. 무언가를 배운다는 것은 좋은 일이지만, 누가 나를 가르친다는 것은 수치감을 줄 수 있다. 따라서 모든 심리치료적 해석은 자기애적 상처를 남긴다. 치료기법을 배울 때 가장 중점을 둘 부분은, 내담자가 변화되기 위해 알아야 할 사실을 자존감의 상처를 최소화하면서 전달하는 방법이다. 이런 기술을 요령(tact)이라고도 하지만(Greenson, 1967), 어떤 경우에 자존감이 높아지고 어떤 경우에 손상되는지 이해하는 데 훨씬 구체적인 노력이 요구되는 환자들은 요령만 가지고는 그들의 감정을 충분히 보호해줄 수가 없다.

고전적 분석기법에서는 가능한 한 내담자 스스로 통찰과 해석을 하도록 한다(Fenichel, 1945; Strachey, 1934). 분석가는 내담자의 저항을 없애주는 역할만을 할 뿐이다. 분석가가 자신의 생각(preconception)에 따라 환자의 생각과 말에 의미를 부여할 가능성이 적어지기 때문이다. 잘 된 분석이라면 치료자와 내담자 모두 내담자의 무의식에서 도출되어 올라오는 내용에 종종 놀라는 경우가 생겨야 한다(Reik, 1948). 스스로 자기 모습을 이해했을 때 느껴지는 자기애적 고양을 통해 예전에는 이런 모습을 몰랐음을 인정하는 자기애적 상처가 보상될 수 있다.

자기심리학 이론을 따르는 임상가들은 고전적인 분석가보다 환자의 자존감을 보호하는 데 훨씬 더 유능하다. 이들은 치료자와 내담자의 관계가 상하 수직관계로 느껴질 수 있다는 사실을 잘 간파하고 공감수준을 높였기 때문이다(예: Shane 등, 1997; Wolf, 1988). 내면에 숨겨진 욕망을 발견하도록 하는 정신분석기법이나 저항 분석을 참기 어려워하는 내담자가 점점 많아지고 있던 시점에서 자기심리학적 흐름이 급류를 타게 된 것도 우연이 아닐 것이다. 모든 치료자들은 공감적이고 지지적으로 느껴질 것이라고 기대하면서 한 말에 대해 내담자가 심한 비난을 받은 것처럼 반응해서 놀란 적이 있을 것이다. 이러한 현상은 자기애적 혹은 경계선적 심리구조를 가진 환자들에서 특히 현저하게 나타난다. 실제로 위와 같은 반응은 이러한 성격구조의 진단적 지표가 되어왔다.

자기애적 혹은 경계선적 문제를 가진 사람들이 20세기 후반에 들어서면서부터 점점 증가하고 있거나, 아니면 적어도 치료자를 찾는 빈도가 늘어나고 있는 것 같다(이전에 언급했듯이 현대 문화의 많은 측면을 고려하면 이러한 현상은 잘 이해될 수 있다.). 신경증 수준의 내담자는 치료자가 자신을 돕기 위해 이런 말을 하는 것임을 이해함으로써 미처 깨닫지 못하고 있던 자기 모습에 대한 얘기를 들어야 하는 고통이 상쇄되지만, 경계선 및 자기애적 환자들은 치료자가 자신을 공격하는 것처럼 느낀다. 따라서 치료자에게 심한 비난을 받은 것 같은 느낌을 어떻게 감소시킬 것인지, 내담자의 자존감을 어떻게 보호할 것인지 그리고 치료자가 내담자를 이해하고 도우려는 과정에서 어쩔 수 없이 내담자가 자존감의 상처를 입었을 때 이를 어떻게 보상할 것인지 등의 기법을 많은 문헌에서 다루고 있다.

20세기 말 1인(one-person) 정신분석에서 2인(two-person) 정신분석으로 초점이 크게 옮겨진 것은(Aron, 1990; Mitchell & Black, 1995) 부분

적으로는 자존감 문제에 대한 임상적 관심에 의해 동기화된 것이다. 내담자의 내면이 투사되는 객관적 제삼자의 역할을 취하는 대신 분석가가 치료자와 내담자 사이에 일어나는 일에 참여하고 기여하고 있음을 인정할 때, 내담자는 양자 간에 일어나고 있는 일에 대한 수치심의 짐을 덜수 있다. 전이가 함께 만들어지는 것이며 모든 상호작용에 양자가 개입함을 상호주관주의자들이 그토록 강조하는 이유는, 분석가가 치료 중에 일어나는 힘겨운 정서상태에 자신이 기여한 바에 대한 책임을 질 때 환자의 자존감이 상처입을 가능성이 상당히 줄어들기 때문이다.

자기심리학과 상호주관주의자들이 제안하는 기법 외에도, 내담자의 자존감을 손상시키지 않고 중요한 정보를 내담자와 어떻게 나누어야 하는지에 관해 배우고자 하는 치료자들을 위해서는 다음과 같은 유익한 자료들이 많이 있다. 지지적 심리치료에 대해 최근에 출간된 저서나(예: Pinsker, 1997), 경계선 및 자기애적 환자에 대한 치료(예: Kernberg, Selzer, Koenigsberg, Carr, & Appelbaum, 1989; Meissner, 1984), 약물남용 환자 치료(Levin, 1987; Richards, 1993)에 대한 문헌에는 치료자가 내담자의 상처를 최소화하면서 변화를 도모할 수 있는 방법에 대한 풍부한 내용이 담겨 있다. Lawrence Joseph(1995)의 『공감과 해석의 균형(Balancing Empathy and Interpretation)』은 성격장애와 취약한 자존감을 가진 사람을 치료할 때 직면하게 되는 기법상의 어려움에 대해 논의하고 있다. Sue Elkind(1992)는 자신의 저서에서 내담자가 상처를 받아 치료가 교착상태에 빠졌을 때 치료적 관계에 도움이 되는 과정에 대해 잘 설명하고 있다.

책 소개에 덧붙여 자존감에 문제가 있는 내담자에게 적용할 수 있는 기법을 한 가지 소개하겠다. 자기애적 취약성을 가진 내담자에게 잠재적 상처의 가능성을 감수하면서 중요한 얘기를 해주는 방법은, 자신이 존중되고 수용된다는 느낌을 가질 수 있는 말을 같이 해주는 것이다. 이런 말이 피상적이고 가식적이라는 인상을 주지 않으려면 진심에서 우러난 것이어야 한다. 내담자에게서 칭찬할 거리는 쉽게 찾을 수 있다. 예를 들어, 나는 다음과 같이 말하곤 한다. "○○ 씨는 참 재미있는 분이군요. 그렇게 많은 것을 이루어냈고 논리도 정연하신 분인데, 어떤 상황이 닥치면 완전히 얼어버리시네요." "만약 다른 곳에서 ○○ 씨를 만났다면 ○○ 씨가 불안이 많은 분이라는 사실을 전혀 몰랐을 거예요. 겉으로는 아주 자신감 있어 보이시거든요. ○○ 씨가 말을 하지 않으면 알 수가 없을 거예요." 아무리 공감어린 어조로 요령 있게 말한다고 해도 그냥 단순하게 "완전히 얼어버리실 때가 있네요." "불안이 큰 문제시군요." 하고 말하는 것보다는 앞의 경우처럼 칭찬하는 말도 함께 하는 것이 상처나 수치심을 감소시킬 수 있다.

이러한 방식을 적용할 때는 환자의 자존감이 구체적으로 어디에 기반하고 있는가를 알 필요가 있다. 똑똑하다는 것에 자부심을 가진 여성은 지적인 면을 함께 인정받을 때 단점에 대한 지적을 수용할 수 있다("이렇게 머리가 좋은 분한테는 머리만으로 정서적 어려움을 해결할 수 없다는 것이 속상하시겠지요."). 예리함과 민감성을 자부하는 남성의 경우 이를 치료자가 함께 인정해준다면 자신의 겪고 있는 문제에 본인의 탓도 있음을 받아들일 수 있을 것이다("좀 둔한 사람 같으면 부부간에 문제가 있는 것이 덜 힘들겠지만, ○○ 씨처럼 민감하신 분은 이를 직면하고 해결하는 것을 중요하게 생각하시지요."). 따라서 개인의 자존감을 세워주는 것이 무엇인지 파악하는 것은 기법상에 매우 구체적이고 실용적인 함의를 갖는다.

내담자의 부적응적 자존감 양식을 어떻게 수정할 수 있는가

종전의 자존감 보호방식이 이제는 더 이상 효력이 없는데도 이를 포기하지 못해 치료를 받으러 오는 경우가 매우 많다. 다른 일을 찾아 자긍심을 회복하려는 노력은 하지 않고 왕년의 화려했던 날들만 곱씹고 있는 이전의 축구 영웅을 우리는 모두 잘 알고 있다. 젊어서 아주 미인이던 여성은 젊고 매력적인 외모를 통해서만 자존감을 유지할 수 있기 때문에, 나이가 들면서 우울해지거나 약물에 빠질 수 있다는 것이 현실적 근거가 있는 하나의 문화적 고정관념이기도 하다. 특히, 젊은 사람들의 경우, 자존감을 느낄 수 있는 원천을 넓힘으로써 나이가 들어도 자존감과 자긍심을 유지할 수 있도록 돕는 것이 필요하다. 천재소년, 촉망받는 유망주, 스포츠의 달인 혹은 섹시한 미녀와 같은 역할을 잃게 될 때 이것이 좀 더 지속적인 자부심의 원천과 대체될 수 있도록 예방적인 작업을 해야 한다.

예기치 못한 사고로 인해 개인의 자존감 유지 전략이 무너지기도 한다. 이전에 내가 치료했던 한 여성은 매우 양심적으로 생활하고 남을 열심히 도움으로써 자존감을 느끼는 사람이었다. 그녀에게는 그렇게 될 수밖에 없는 과거력이 있었다. 그녀의 어머니는 넉넉하지 못한 가정형편에 형제까지 많았지만, 그중 가장 머리가 좋았기 때문에 집안에서 대학에 갈 수 있게 해주었다. 그런 상황에서 갑자기 이 내담자를 임신하게 된 것이다. 가족들이 찾은 해결책은, 머리가 덜 좋은 이모가 내담자를 키우되 아이에게 정상적인 가족을 제공해야 하므로 이모가 결혼을 서두르도록 하는 것이었다. 아이 때부터 이 내담자는 자기의 존재가 어머니에게는 끔찍한 골칫거리였고 이모에게는 큰 짐이 되었음을 알아차렸다. 게다가 이러한 사실은 이모와 이모부(그때는 그녀가 엄마, 아빠로 불렀던)가 낳은 다른 자녀들에게는 비밀에 부쳐졌고, 그녀는 수치스러운 비밀을 혼자 간직한 채 외톨이가 된 것 같은 고독감을 느껴야 했다. 때문에 아무런 대가 없이 남을 도움으로써 자신의 존재가 이 세상에 손해가 아닌 보탬이 되고 있음을 증명하는 것이 그녀에게는 매우 중요한 일이었다.

50대 중반까지는 이런 식으로 아동기 갈등을 해결한 것이 상당히 효과적이었다. 그녀는 헌신적인 어머니였고 신뢰로운 이웃이었고 양심적인 친구였으며, 그녀가 일하는 큰 회사의 모범적인 사원이었다. 그녀는 성인기의 대부분 동안 자긍심과 자존감을 잘 유지해왔다. 그러나 상사가 새로 부임하고 나서 스트레스가 극심해졌고 이 문제로 치료를 받으러 오게 되었다. 그녀는 거의 탈진한 상태였고 절망에 빠져 있었다. 공황발작에 심장의 통증과 심박곤란이 동반되어 있었고, 두 명의 내과의사가 심장질환이 있을 수 있다고 진단을 내렸다. 30년간 열심히 봉사해왔지만, 월급을 많이 받는 직원들을 감원하기 위한 구조조정 과정에 그녀라고 예외일 수는 없었다(그녀가 상황을 피해의식적으로 해석한 것은 아니었다. 나는 다른 경로를 통해 이것이 사실임을 알고 있었다). 새로 온 상사는 그녀가 하는 일마다 트집을 잡았고, 열심히 하면 할수록 트집은 더욱 심해졌다. 그녀가 자신의 가치를 증명해왔던 방식은 이제 그녀가 나가주기를 바라는 조직 내에서는 효력을 발휘하지 못했다. 그러나 그녀는 자존감 유지방식을 바꾸어 다르게 대처해볼 수가 없었다. 일을 줄이고 잠시 자중하면서 추이를 지켜본다거나, 다른 직원들과 연계하거나, 소송을 준비하거나 혹은 일을 그만두고 더 좋은 직장을 찾아보거나 하지 못했다. 그저 더 열심히 일할 뿐이었다. 상사의 부당하고 지나친 요구에 마냥 자신을 희생하는 것이 아니라 그와는 좀 다른 방식으로 자존감을 찾을 수 있도록 하는 것이 치료에서 가장 힘들고도 중요한 부분이었다.

이 내담자는 다소 자기희생적인 성격구조를 가지고 있어서, 윗사람들이 대체로 호의적이기만 하면 별로 문제될 것이 없었다. 사람들이 심리치료를 찾게 되는 많은 경우가 그러하듯이, 운명은 늘 해오던 방어가 효력을 발휘하지 못하는 상황에 그녀를 던져놓은 것이었다. 자기패배적 성격구조를 이해하기 위해서는 어떤 방어를 구사하는가와 함께 어떤 식으로 자존감을 충족시키는가를 살펴보는 것이 도움이 된다. 피학적 성격을 가진 사람은 자기희생과 타인에 대한 배려를 통해 자존감을 느낀다. 다른 성격장애도 이처럼 자존감 추구방식의 관점에서 기술할 수 있다. 예를 들어, 반사회적 성격장애는 짜릿함을 추구하거나 권력을 가짐으로써 자존감이 고양된다. 자기애적 성격은 타인의 인정과 존경을 통해 자존감을 유지한다. 정신분열성 성격장애 환자는 창조적인 진실성을 갈망하고, 우울증적 성격인 사람은 타인에게 근본적으로 수용되고 친밀해지기를 소망한다. 강박적인 사람은 통제감을 추구한다.

이렇게 급변하는 세상에서 자존감을 충족시키는 기반을 한 가지만 갖는 것은 위험하다. 내담자의 성격에 융통성이 없고 경직되어 있을 때, 임상가는 직관적으로든 의식적으로든 내담자가 자존감을 느낄 수 있는 기준을 넓히려고 노력해야 한다. 반사회적인 사람이 정직한 행동을 통해서도 자부심을 얻고, 자기애적인 사람이 자신의 내적인 목소리에 관심을 기울이며, 정신분열성 성격을 가진 사람이 어느 정도의 사회적 위선을 참아냄으로서 기쁨을 느끼고, 우울한 사람이 용기를 내어 분노를 표현해보면서 자부심을 느끼며, 피학적인 사람이 자기주장을 할 수 있고, 강박적인 사람이 상황을 흘러가는 대로 놓아두면서 기쁨을 얻을 수 있도록 도와준다. 자신의 가치를 평가하는 방식에 부합하지 않는 태도와 행동도 지닐 수 있음을 인식하도록 도와주고, 더 나아가서는 그런 태도와 행동을 지녔다는 것에 대해 자부심을 느끼고 즐길 수 있는 정도가 되도록 치료적 노력을 기울여야 한다(Hammer, 1990; Silverman, 1984).

그러나 이는 쉬운 일이 아니다. 자신이 가진 핵심원칙이 도전을 받게 되면, 내담자는 좀 더 융통성을 길러야겠다는 결심을 할 수도 있지만 한편으로는 치료자가 도덕적으로 타락했다는 생각을 가질 수도 있다. 개인이 내면화하고 있는 기준에 의문을 던지게 되면, 그런 기준을 내면화하게 해준 초기 애정대상, 즉 심리적 분리가 증가될 경우 소외감과 위협감을 느끼게 되는 내면화된 양육자를 치료자가 비판하고 있는 셈이 될 수 있다. 따라서 자존감의 기반을 확장하는 방법을 제안하려면 먼저 내담자가 기존에 자존감을 느끼고 수치심을 회피하는 방식에 대해 치료자가 깊이 이해하고 있음을 전달해야 한다. 이를 위해서 "○○ 씨에게는 통제감이 아주 중요하신 것 같네요." "인정을 받지 못할 때 매우 우울해지시는 군요."와 같이 언급할 수 있다. 그러나 내담자의 특성을 이처럼 간단히 반영해주는 말에도 다음과 같은 암묵적인 의미가 함께 전달된다. "그렇게 많이 통제하려 하지 않아도 괜찮을 수 있습니다." "인정받지 못해서 실망했어도 이를 더 빨리 떨쳐버릴 수 있습니다." Freud 구조이론의 용어로 설명한다면, 내담자는 자신의 초자아에 동조되어 있던(syntonic) 것을 이제는 낯선 것으로 느껴보는 시도를 하는 것이다. 내담자가 자신이 자존감을 느끼는 방식에 대해 객관적으로 조망할 수 있게 되는 과정은 느리게 진행된다. 그러나 치료가 잘 되었을 때 나타나는 가장 긍정적인 결과 가운데 하나는 자존감을 충족할 수 있는 원천이 다양해지고 자존감이 유연해지는 것이다.

우울한 사람들은 '좋은' 생각만 하고 '좋은' 감정만 느껴야 자존감이 유지됨을 임상장면에서 흔히 볼 수 있다. 우울한 내담자는 시어머니가 죽어버렸으면 좋겠다는 생각을 했다고 털어놓으며 "너무 끔찍하지 않아요?" 하고 되물을 것이다. 이때 치료자는 아주 적극적인 교육을 해야 한다. 적대적 태도를 갖는 것은 정상이고, 사람을 판단할 수 있는 유일한 합리적 근거는 그가 어떤 행동을 했는가이지 어떤 감정을 느꼈는가가 아니며, 잠시 어떤 소망을 가졌다고 해서 판단을 받아야 한다면 지옥은 사람이 너무 많아서 차고 넘치게 될 것이라고 말해준다.

치료자가 약간 비꼬는 듯한 형식을 취해 내담자의 초자아에 도전하는 것이 도움이 되기도 한다. "아, 깜박했네요. ○○ 씨는 너무 '좋은 사람'이어서 당신에게 비열하게 구는 사람도 미워하지 못하시지요." 이러한 말은 내담자를 화나게 할 수도 있으나 그것이 꼭 나쁜 것만은 아니다. 치료자가 내담자의 분노를 환영하게 되면, 부정적인 감정의 표현이 오히려 친밀감을 증가시키고, 진실하게 대하는 것이 피상적으로 예의만 갖추는 것보다 나으며, 반드시 거절을 유발하지는 않는다는 사실을 내담자가 배울 수 있다. 내담자는 치료자가 자신을 공격했다고 느낄 수도 있지만, 공격을 받은 것이 자기 전체가 아니라 자신의 자기패배적 특성임을 인식할 수 있다. 이러한 종류의 지지는 우울한 사람들에게 긍정적 피드백과 교육만을 제공하는 것보다 훨씬 더 효과적이다. 자존감을 느끼는 기준이 잘못되어 있을 경우, 일단 치료적 관계가 잘 성립되어 있다면 치료자가 그 기준에 대해 비꼬는 질문을 던지는 것이 상당히 치료적일 수 있다.

환자가 합리적인 자존감의 근거를 가지도록 어떻게 도울 수 있는가

약한 초자아를 강화하는 것보다 강한 초자아를 느슨하게 하는 것이 더 쉽다는 사실을 임상가들은 지난 수십 년간의 경험을 통해 잘 알고 있다.

비현실적일 정도로 엄격한 내적 기준을 가지고 이를 지킴으로써 자존감을 유지하는 사람들이 있다. 치료자는 이들이 시간이 지남에 따라 자신에게 좀 더 너그러워지도록 도울 수 있다. 치료자가 보이는 비판단적인 태도를 동일시하고, 자신의 엄격한 기준이 매우 유아적이고 흑백논리적임을 인식하는 것이 도움이 된다. 한 영역에서는 좀 더 너그러워지고 다른 영역에서는 좀더 엄격해짐으로써 자존감 구조를 재구성할 수도 있다. 예를 들어, 치료를 통해 좀 더 '이기적인' 태도를 취하게 됨으로써 생기는 자기애적 상처는 스스로에게 솔직해지는 것에 대한 자부심을 통해 극복될 수 있다. 한편 일시적인 쾌락과 흥분을 추구하거나 권위적 대상을 좌절시키거나 타인을 비난하는 데서 자존감을 충족시키는 사람들에게는 좀 더 장기적인 자존감을 가질 수 있는 다른 영역을 찾아보도록 하는 것이 상당히 어려운 작업이다. 자기애적이고 충동적인 사람을 치료하는 데 있어 어려운 점 가운데 하나는, 이들이 자존감을 추구하는 방식이 궁극적으로는 만족을 주지 못하는 자기패배적인 것임에도 불구하고 다른 방식은 상상조차 하지 못한다는 것이다.

"하고 싶으면 하라."는 말은 진정으로 충만한 삶을 위해서는 별로 효과적인 장기처방이 못 된다. 독립헌장에 보장된 행복을 추구하는 우리들은 자신이 원하는 것을 충분히 가져야만 자존감이 유지되고 긍정적인 기분을 갖게 될 것이라고 믿는다. 그러나 정신분석적 연구에 따르면 인간의 소망은 끝이 없으며, 그 소망들도 서로 모순되는 경우가 많다. 자신의 삶에 만족하는 방법은 돈이든 경험이든 명예든 무언가를 축적하는 것이 아니다. 인간의 욕심으로는 '충분히' 가질 수가 없는 법이기 때문에, 자신이 현재 가지고 있는 것을 즐기는 방법을 찾아야 한다. 너무 청교도적으로 생각하지 않으면서 만족을 지연할 수 있는 능력은 그 나름의 보상이 있다. 당장의 짜릿함을 추구하기보다는 도덕적으로 타락할 수 있는 일을 포기함으로써 좀 더 장기적인 자존감을 느낄 수 있다.

　내적인 원천이 없는 상태에서 외적인 원천에서만 자존감을 찾고자 한다면, 정서적 충족과 자부심을 지속적으로 느낄 수 없는 공허한 모험들로 인생을 낭비하게 될 것이다. 환자 자신도 이를 어느 정도는 인식하는 경우가 많다. 자기애적인 사람들은 자신의 삶의 방식에 공허감을 느끼기 시작하는 40대에 이르러 심리치료를 찾는 경향이 있다. 반사회적인 사람들도 위험한 젊은 시절을 무사히 넘기면 좀 더 준법적인 시민으로 성숙하는 것으로 알려져 있다. 신과 관계 맺기에 대한 12단계 프로그램^{역자주}에서 강조하는 바를 살펴보면, 도덕적인 권위자상을 내면화하지 않고는 충동성을 극복하고 자기통제를 획득할 수 없다는 사실이 널리 인식되고 있음을 알 수 있다.

> 역자주: '12단계'로 불리는 계획을 이용하여 여러 종류의 중독 및 강박 행동에서 회복하려는 자조 모임. 현실인정, 강력한 초월적 힘에 대한 믿음, 그 힘에 의지하기로 결심, 스스로의 다짐, 스스로의 잘못된 점을 신과 자기와 타인에게 맡기기, 이런 점들을 신이 모두 없애주시도록 내 맡기기, 겸허하게 이를 신에게 청하기, 우리가 해를 입힌 모든 이를 기억하고 치유해줄 결심하기, 가능한 그런 치유를 실행하기, 우리가 잘못할 때마다 즉각 수용하기, 기도와 명상으로 신의 존재를 계속 인식하기, 그 결과 영적 각성에 이르기의 12단계로 이루어진다.

　자기애적인 사람들은 비판에 과민하기 때문에 자존감을 다른 방식으로 추구해보도록 제안하기가 더욱 어렵다. 그러나 예를 들어, 오늘은 더 일할 기분이 아니어서 아무 말도 없이 그냥 회사를 나와버렸다는 얘기를 들었을 때, 치료자가 다음과 같이 말함으로써 일종의 씨뿌리는 작업을 할 수 있다. "기분이 좋으셨겠네요. 하지만, ○○ 씨의 자존감은 어떡하지요? 그냥 끈기 있게 일을 계속했다면 스스로가 좀 더 대견하지 않았을까요?" 이 경우 치료자가 내담자의 행동을 직접적으로 비판하지 않고 내담자 스스로 자기평가를 해보도록 하고 있음을 주목할 필요가 있다.

내담자의 자존감이 타인에게 미치는 피해를 감소시키려면
어떻게 해야 하는가

자기애적 병리가 심한 사람, 반사회적인 사람과 중독문제를 가진 사람들 대부분은 자신뿐 아니라 타인에게도 해가 된다. 치료자는 치료작업의 일부로 이들이 사회적으로 바람직한 영역에서 자존감의 원천을 찾도록 도와야 한다. 한 예로 인지행동 치료자들은 분노조절 훈련과 공감훈련 등을 통해 이러한 작업을 한다. 정신분석적 관점에서 보면, 이러한 치료의 목표는 문제행동을 통제하는 것뿐 아니라 자존감을 위한 가치관과 기준을 내담자가 동일시하고 싶어지도록 분위기를 조성하는 것이다(이들은 어린 시절 가치관이나 기준을 충분히 전달받지 못했다.). 즉, 치료를 통해 자존감을 조절하는 내적 구조가 수정되어야 한다.

전통적 치료가 실패했던 영역에서 12단계 프로그램이 성공을 거둔 이유 중 하나는 가치관과 자존감을 느끼는 명확한 기준이 부족했던 사람들에게 이를 제공했기 때문일 것이다. 전통적 치료에서 임상가는 환자에게 자신의 가치관을 부여하지 않으려고 노력한다. 이는 어느 정도 가치관이 잘 내면화된 환자에게는 문제가 없으나, 내적 기준이 결여된 환자에게는 전문가로서 직무유기를 하는 셈이다. 규율이 엄격한 종교와 종파가 그토록 호소력이 있는 것을 보면 많은 사람들이 삶에서 갈피를 잡지 못하고 있으며, 무엇이 좋고 나쁜지, 무엇에 근거해서 자존감을 느껴야 하는지, 무엇이 죄악이고 무엇이 잘못인지에 대해 분명하고 권위적인 지침을 갈망하고 있음을 알 수 있다.

남에게 피해를 주는 내담자를 개인심리치료를 통해 사회적으로 긍정적인 방향으로 인도하기는 상당히 어렵다. 반사회적인 사람의 경우, 오직 힘과 권력만을 추구하던 것에서 좀 더 양질의 자기애적 역동으로 변화시키는 것만으로도 상당한 치료적 성공이라고 할 수 있다. 예를 들어, 자신이 힘 있는 사람으로 느껴져야만 자존감을 유지할 수 있던 사람이 주변 사람들에게 좋게 보였을 때 자존감이 고양되는 사람으로 변화될 수 있다. 내가 치료했던 환자 가운데 오랫동안 마약상 일을 해온 한 남성이 있었다. 그는 종교단체에 가입함으로써 자신의 오랜 파괴적인 양상을 변화시킬 수 있었다. 종교 모임에서 그는 범죄자로서의 삶을 고백하였고 사람들은 그가 속죄한 것에 대해 존경을 표하였다. 지하세계가 아닌 곳에서 얻은 새로운 지위를 통해 그는 감옥에 갈 일이 없어졌음은 물론 상당한 만족을 얻게 되었다. 그래서 친사회적인 행동을 계속 유지할 수 있었다.

자기를 부정하고 낮춤으로써 자존감을 얻는 내담자보다 즉각적인 만족을 추구함으로써 자존감을 유지하려는 내담자에게 해석을 훨씬 더 천천히 해야 한다. 약물남용의 문제를 가진 충동적 혹은 반사회적 내담자들은 자존감을 내면에서 느껴보도록 하는 노력에 대해 도덕주의적이고 판단적이라고 거부해버리는 경향이 있다. 이는 전혀 정당성이 없는 것도 아니다. 혹은 이를 대놓고 거부하지는 않지만 수치심을 견디지 못하고 치료를 그만두어 버릴 수도 있다. 최대한 솔직하되 치료자는 좋은 행동을 감상적으로 추켜세워서는 안 되고, 이렇게 도덕적 문제를 가진 사람들이 세상을 돌아가게 하는 힘에 대해 보이는 냉소를 공감해야 한다. 지금 내담자가 자신을 잘 통제하고 있는 상태인가, 타인에게 약해 보이거나 어리석어 보일 수도 있는 위험을 무릅쓴 적이 있는가, 지금 이 문제행동이 다시 재발하여 내담자를 괴롭힐 것인가 등의 구체적인 사항에 계속 초점을 맞춰야 한다. 자신이 윤리적인 사람이라는 것에 대해 치료자가 자부심을 느끼고 내담자의 비윤리적이고 기만적인 태도에 전혀 흔들림이 없을 때, 이러한 치료자의 자부심은 결국에는 내담자에게로 스며들게 될 것이다.

요 약

이 장에서는 자존감의 개인차에 대해 살펴보았다. 자존감이 어떻게 유지되고 회복되는지, 자존감이 얼마나 견고한 것인지, 자존감을 지탱하는 기준이 얼마나 합리적이고 사회적으로 가치 있는 것인지에 대해 논의하였다. 초자아 형성에 관한 고전적 이론부터 치료자와 내담자의 이자관계에서 나타나는 자존감 문제에 관한 자기심리학적 이론까지 자존감에 대한 정신분석 이론들을 두루 살펴보았다. 환자에게 자기애적 특성이 있는지를 이해하는 것이 중요함을 강조하였고, 이와 관련된 여러 가지 임상적 주제들을 다루었다. 여기에는 환자와 치료자가 서로 잘 맞는지의 문제, 자존감의 상처를 최소화하면서 치료적으로 의사소통하는 문제, 자존감을 유지하는 부적응적 방식의 수정, 지속적인 자기만족을 위한 내적 기반이 결여된 환자의 치료, 타인에게 고통을 주면서 자존감을 추구하는 사람들의 파괴성을 감소시키는 문제 등이 포함되었다.

제 10 장
병리유발적 신념의 평가

사람들은 흔히 추동과 정서가 정신분석의 주된 관심사라고 알고 있지만, 분석이론에서는 경험의 인지적 측면, 특히 무의식적 수준에서의 인지에 대해서 깊은 관심을 기울여왔다. 개인의 성격과 병리를 이해하는 데 있어서 인지를 중요하게 여기지 않았다면, 아마도 무의식적 사고의 의식화 혹은 해석과 같은 기법은 정신분석에서 그다지 큰 조명을 받지 못했을 것이다. Freud의 본래 모델(예: 1911년)에서, 무의식 내에 원시적인 추동과 정서 외에도 '일차과정적 사고(primary process thought)'라고 칭하는 정신작용을 가정하였다. 일차과정적 사고는 아주 어린 시절에 주변 환경을 이해했던 비언어적인 방식의 잔여물이라고 할 수 있다. Freud에 따르면, 이러한 원시적 인지양식은 비합리적이고, 비논리적이며, 자기중심적이고, 현실원리보다 쾌락원리를 따른다는 점에서 욕망의 지배를 받는다. Piaget*의 연구에서 흥미롭게 적용된 바와 같이, Freud 는 일차과정적 사고의 상징적이고 심상적인 특징과 더불어 마술적이고 소망-충족적인 속성을 강조하였다. Freud가 빅토리아 시대의 상식을 뒤 흔들어놓은 것은 아이들에게 성욕이 있다는 주장 때문만은 아니었다. 그 와 더불어, 우리가 아무리 '문명화'되었고 수준높은 교육을 받았다 하더 라도, 원시적이고 자기중심적인 사고의 잔재가 우리의 무의식 안에 존재 하며, 그것이 상상할 수 없을 정도로 강력하게 우리의 행동을 지배한다 는 주장이 당시 사람들에게는 충격적이었던 것이다.

Freud는, 보편적인 인지적 과정뿐만 아니라, 내면적 신념의 개인차와 이러한 신념특성이 개인의 독특한 심리와 어떤 관계를 맺고 있는지에 대 해서 설명하였다. 예를 들어, 그의 논문 『심리분석 작업 에서 만나는 몇 가지 성격유형(Some Character-Types Met with in Psycho-Analytic Work』(1916)에서 무의식적 신념의 강력한 영향력을 강조한 바 있다. Freud는, 다른 사람들에게 적용되는 법칙에서 자신만은 '예외'라고 믿 는 한 남자의 사례를 소개하면서, 자신이 신으로부터 특 별한 보호를 받고 있다는 이 남자의 신념을 특히 강조하 였다. Freud는 그 남자가 "유아기에 우연하게 유모로부 터 질병에 감염되는 희생자가 되었는데, 그 이후 평생 동안 그러한 불행에 대한 보상이 이루어져야 한다고 주 장(이러한 주장의 근거를 제시하고 있지는 못하지만)하고 있다."(p. 313)고 지적하였다. 또한 Freud는 "죄책감으 로 인한 범죄자(a criminal from a sense of guilt)"라고 명 명한 사람에 대해서도 유사한 인지적 설명을 제시하면

* Freud의 이론은 Piaget의 인지발달 이론에 직접적인 영향을 미친 것 같다. Piaget의 모델은 당시 심리학계의 주도 권을 쥐고 있던 편협한 행동주의를 해체 하는 데 결정적 역할을 했으며, 오늘날 의 심리학계를 이끌고 있는 인지-행동 적 관점의 기초적 역할을 했다. Piaget 는 Sabina Spielrein이라는 분석가에게 분석을 받았다고 한다. Sabina는 한때 입원까지 했던 환자였으며, 아마도 Carl Jung의 연인이었던 것으로 추정된다 (Carotenuto, 1983; Kerr, 1993). 후에 그녀는 Freud의 학생이 되어 그의 지도 를 받은 후 Freud와 같이 활동하였으 며, 죽음의 본능에 관한 이론 형성에 많 은 기여를 하였다. 이 빛나는 재능을 가 진 창의적인 여성은 1941년 나치에 의 해 살해되었다. 우리가 정신분석운동의 초기에 그녀가 담당했던 복잡한 역할에 대해서 알 수 있게 된 것은 그녀의 일 기와 편지들을 통해서다.

서, 자신은 범죄자이며 죄인이라는 기존의 신념에 맞추기 위해서 악행을
저지르는 사람이 있다고 주장하였다.

병리유발적 신념의 특성과 기능

현대의 정신분석적 연구자나 저술가 중에서, 무의식적인 병리유발적
신념(pathogenic beliefs)을 강조했던 사람으로는 Joseph Weiss, Harold
Sampson과 San Francisco 심리치료 연구그룹(예: Weiss, 1993; Weiss et
al., 1986)을 들 수 있다. 이들은 자신들의 주장을 "통제-숙달 이론
(control-mastery theory)"이라고 명명했으며 성공적인 심리치료에 대한
경험적인 연구를 통해서 다음과 같은 사실을 밝혀냈다. 즉, 내담자의 핵
심신념을 이해하는 것 그리고 내담자가 치료에 임하는 것은 자신의 신념
을 반증하려는 노력의 표현이라는 점을 이해하는 것이 치료의 변화과정
을 설명하는 데 중요하다는 것이다. Sampson과 Weiss 그리고 그의 동
료들에 따르면, 우리는 모두 체계적인 신념을 가지고 있으며 그 대부분
은 무의식적인 수준에 존재하는데 이러한 신념들은 자기이행적 예언
(self-fulfilling prophecy)처럼 작동한다. 만약 어떤 사람이 운 좋게도 긍
정적이고 적응적인 내면적 신념을 지니게 되었다면, 그는 그 신념대로
행복한 삶을 살게 될 가능성이 높다. 그러나 만약 어떤 사람이 자신의 부
정적 특성, 노력의 허망함, 친밀한 관계의 위험성, 배신의 필연성과 같은
내면적 신념을 지니게 된다면, 양질의 심리치료를 받지 않을 경우 평생
고통스러운 삶을 살 수밖에 없다는 것이다.

현대 정신분석모델이 인지의 역할에 주목하게 됨에 따라, 정신분석과

인지행동이론을 통합시키고자 하는 움직임이 활발하게 일어나고 있다. 대표적으로, Wilma Bucci(1997)는 이 방면에서 탁월한 성과를 이룬 연구자다. 그녀는 경험적 토대를 잃지 않고 어떻게 정신분석과 인지과학을 이론적 수준에서 통합시킬 수 있을지 논리적 근거를 제시한 바 있다. 앞서 언급하였던 Alen Schore(예: 1994년)는 신경생물학적인 수준에서의 통합 방안을 제시하였다. 임상적 수준에서 심리치료의 통합은 이미 오래전부터 많은 조명을 받아왔다(예: Arkowitz & Messer, 1984; Wachtel, 1977). 최근에 이와 같은 이론적·기법적 통합을 잘 살펴보면, 바로 인지가 정신분석가들과 인지행동치료자들을 결속시키는 다리 역할을 하고 있다는 것을 알 수 있다. 사실 Albert Ellis, Aaron Beck 및 다른 선구적 인지치료자들은 정신병리를 생성하고 유지시키는 데 있어 비합리적 신념을 강조했다는 점에서 Freud와 크게 다르지 않은데도 이러한 공통점은 별로 주목받지 못하는 것 같다. 이들 모두 비합리적 신념의 공략이 치료자의 주된 역할이라고 보았다. 이들 인지치료자들이 Freud나 여타 분석가들과 다른 점이 있다면, 파괴적 신념이 자리 잡고 있는 역동적인 무의식을 가정하지 않는다는 것이다. 말하자면, 인지치료자들은 정신구조를 가정하지 않고서도 비합리적 신념을 끌어내고 치료할 수 있다고 본다.

하지만, 현대의 인지행동치료자들(예: Balow, 1998) 중 일부는 최근 무의식이 뇌영상술을 통해 입증되고 있는 점에 주목하고 있는데 이는 상당히 고무적인 일이라 하겠다. 그러나 일각에서는 치료자들이 정신분석과 인지행동적 입장을 모두 익히는 것이 가능한지에 관해 회의를 품고 있다. 불행하게도 양쪽 모두에서 심도 있는 학문적 기반을 지닌 전문가가 되는 것은 오랜 시간이 요구되는 어려운 과제다. 각 접근의 엄청난 분량의 관련서적을 모두 섭렵할 수 있는 사람들은 그리 많지 않을 것이다.

현실적으로 치료자 각자가 지닌 기질, 수련 중에 만나는 우연한 사건들, 치료자 자신이 상담받을 때 어떤 접근에서 효과를 보았는가 하는 경험들이 합쳐져 한쪽 입장을 취하게 될 것이다. 뿐만 아니라, 정신분석적 입장과 인지행동적 입장은 그 강조점과 전제에 있어서 적지 않은 차이를 가진 것도 사실이다(Arkowitz & Messer, 1984; Messer & Winokur, 1980). 그럼에도 각 접근의 심리치료가 갖는 공통요인을 치료자들이 이해할 수 있다면, 이 방면이 상당히 풍부해질 것이라는 점은 분명하다.

정신병리에 대한 가족체계적 접근 역시 무의식적 신념의 작용을 중시하고 있다. 가족치료자들은 개인 내적인 신념뿐만 아니라, 가족원들을 묶는 신념도 주목한다. 예를 들어, '내가 분리되면, 어머니는 죽을 거야.' '엄마와 아빠가 싸우지 않게 만들려면, 난 아픈 사람이 돼야 해.' 등은 가족체계 안에서 개인이 품게 되는 신념들이다. '내가 만일 가족으로부터 분리되면, 가족 모두가 엉망이 될 거야.' 와 같은 총체적인 생각은 내담자를 희생양으로 만들고, 전체 가족을 역기능적인 패턴에서 헤어나오지 못하게 한다. 다양한 접근을 가진 체계지향적인 치료자들은 이러한 신념을 해체하여, 가족의 유연성과 성숙도를 증가시키는 개입전략을 개발해왔다. 이들은 대부분의 인지행동치료자들과 같이 무의식의 존재여부에 별로 관심을 갖지 않는다. 심지어 역기능적 신념이 의식될 수 있는지 여부도 별로 중요시하지 않는다. 체계지향적인 치료자들에 따르면, 역기능적인 생각들은 새로운 경험을 통해 수정이 가능하며, 그럴 때 가족의 치료도 이루어진다.

대다수의 사람들에게 핵심적인 병리유발적 신념은 자아동조적(ego-syntonic)인데, 그렇다고 의식할 수 없는 무의식적인 것은 아니다. 치료시간에 대부분의 내담자들이 그들의 병리유발적 신념을 별 생각 없이 선

뜻 이야기하는 것을 발견할 수 있다(예: "사람들은 믿을 수 없어요." "남자는 다 늑대에요." "내가 손만 대면 다 실패로 끝나요." "아무도 진정으로 다른 사람에게 신경 쓰지 않아요."). 그들은 단순히 정말로 그렇게 믿고 있기 때문에 병리유발적 신념을 쉽게 이야기할 수 있는 것이다. 치료자가 만일 그들의 신념에 의문을 제기하면, 내담자들은 맹렬히 자신의 신념이 정당하다고 주장하며 치료자를 설득하려 들 것이다. 거의 모든 치료자들이 다음과 같은 경험을 해보았을 것이다. 치료자가 내담자에게 그들의 신념을 환기시키려고 하면(예: "마치 당신은 스스로를 지구상에 존재할 가치도 없다고 믿는 것 같아요." "당신은 윗사람이면, 그의 직위를 막론하고 화가 나는 것 같습니다."), 내담자들은 "물론이죠!"라고 대답한다. 그토록 분명한 것을 이제야 깨닫는 치료자를 마치 바보인 냥 바라보면서 말이다.

따라서 무의식에 남아 있는 부분은 신념이 아니라 그 같은 신념이 애초에 만들어졌을 때의 대인관계 장면인 경우가 많다. 저자가 관찰한 바에 따르면, 내담자들은 자신의 신념이 초래된 기원과 함께 그 신념이 과거에 담당했던 역할을 깨달을 때 비로소 역기능적 신념을 수정할 수 있었다(이것에 대해서는 후에 더 논의하겠다.). 앞서 언급했던, 자신은 특별한 사람이라고 믿는 젊은 남자의 경우를 다시 살펴보자. 그는 아마도 Freud 나 다른 치료자에게 자신은 특별한 보호를 받는 것 같다는 느낌을 말로는 쉽게 표현할 수 있을 것이다. 하지만, 그가 깨닫지 못하고 있는 부분은 어린 시절 겪었던 고통으로 말미암아 보호받는 것을 당연하게 생각하고 있다는 점과 함께, 이러한 신념이 건강에 대한 불안을 피하는 마술적 방법으로 사용되고 있다는 점이다. 아마도, 그가 일단 이러한 마술이 터무니없다는 것을 깨닫게 되면, 자신이 특별한 사람이라는 신념도 단념할 수 있게 될 것이다.

우리가 흔히 '비합리적' 이라고 부르는 신념들은 처음 그것이 형성되었던 어린 시절에는 전혀 비합리적이지 않은 자연스러운 것이었다. 어린 아이들은 본래 자기중심적일 수밖에 없다. 그것은 아이들이 가진 지식이 매우 제한되어 있을 뿐만 아니라, 많은 부분 자신의 내적상태에 기대어 정보를 얻기 때문이다. 세상에는 아이들이 이해하기 어려운 것이 너무나 많다. 살기 위해서 일해야 한다는 사실도, 집 밖의 더 큰 세계가 어떤 요구를 하는지도, 정치적 사건들이 어떤 결과를 가져오는지도, 질병이나 죽음이 무엇을 의미하는지도, 성숙한 성이 무엇인지도, 약물중독의 악영향이 무엇인지도 알지 못한다. 즉, 어른들이 겪는 복잡한 분투를 이해하지 못하는 것이다. 그러나 아이들은 자신들이 경험하고 있는 고통만은 분명히 알고 있으므로 거기서 결론을 얻는다. 아이들은 자신이 할 수 있는 한도 내에서 자신이 처한 상황을 이해하려 애쓰고, 부족한 정보 속에서도 가장 좋은 대처방법을 나름대로 찾는다. 신중한 논리적 실증주의자들처럼, 주어진 정보를 가장 효과적으로 설명하는 이론을 도출해내는 것이다.

예컨대, 한 어린 소년의 아버지가 그가 세 살 때 사라졌다. 그의 부모님은 아이 때문은 아니었지만 이혼하였고, 아버지는 자신이 살았던 집에 손님으로 방문해야 하는 고통을 피해 떠나버렸다. 아이는 이런 사실을 전혀 알 수 없었다. 그래서 아이는 자신이 나쁜 아이라서, 아빠가 자신을 버렸다고 생각하게 되었다. 더 나아가서, 모든 남자 윗사람은 신뢰하기 어렵고, 윗사람과 친밀해지기에 앞서 그들이 자신의 나쁜 모습에 어떻게 반응할지 시험해봐야 한다고 믿게 되었다. 이후 아이는 평생에 걸쳐 자신의 결함마저도 끌어안고 사랑해줄 수 있는 아버지상을 찾기 위해 타인을 자극할 것이다. 결국 병리유발적 신념은 의식을 벗어나 무의식으로 내려가지만, 신념과 연합된 감정과 행동은 지속된다.

많은 내담자들이 자신의 병리유발적 신념을 정신분석치료의 통제된 퇴행상황이나 충격적인 의식의 전환상태(예를 들어, 사랑에 빠지거나 실연당할 때, 연극을 보고 감동받은 후 혹은 약물이나 다른 방법을 통해서 다른 의식 상태를 경험할 때)에서 새롭게 깨닫는다. 그 같은 상황에서, 사람들은 '그렇게나' 비논리적인 것을 자신들이 믿고 있었다는 사실에 깜짝 놀란다. 내 내담자 중 한 사람은 자신이 8세에 동맥류로 돌아가신 어머니의 죽음을 무의식적으로 아버지 탓으로 돌리고 있었다는 것을 깨닫고는 상당히 놀랐다. 유사하게 내 동료는 남성을 이기려 드는 여자는 망할 것이라고 믿고 있었다는 것("이성적이 아니라 본능적으로")을 알게 되었다고 설명한 적이 있었다. 사실 나도 분석을 받는 과정에서 그간 혐오해왔던 인종적 고정관념을 바로 나 자신이 내면화하고 있음을 발견하고서 수치스러워했던 기억이 있다. 나의 분석가가 인종적 고정관념의 문제에 대해 특별히 언급하지 않았음에도 불구하고 당시 나의 수치심은 상당했다.

사람의 마음속 깊숙이 자리 잡은 비합리적 신념은 무척이나 완고하다. 학습이론에 따르면, 철저히 학습된 후 간헐적으로 강화된 것은 소거되기가 매우 어렵다. 또한 복잡한 세상에서 하는 인생경험이라는 것이 거의 대부분 간헐적 강화다. 게다가 자기이행적 예언(Rosenthal, 1966) 또는 정신분석적 용어로 표현하면, 투사적 동일시(어떤 기대를 가지고 있는 사람은 자신이 기대한 바를 주변으로부터 촉발하는 경향이 있다는 것)에 의해서, 병리유발적 신념이 날이 갈수록 굳어진다는 것을 이해할 수 있다. 이처럼 확고한 유아적 신념이 심리치료를 통해서 수정될 수 있다는 것은 놀라운 일이다.

내담자의 부적응적인 신념을 정확하게 포착하는 것이 인지를 수정하는 작업에 있어서 핵심적인 일이다. 감정과 관련해서도 유사한 언급을 한 바 있는데, 치료자가 내담자의 역기능적 신념을 이해할 때, 엄격한 확인 작업을 거치지 않고 치료자 자신의 원시적이고 자기참조적인 신념을 내담자에게 투사해버리는 경우가 흔히 발견된다. 예를 들어, 죄책감이 많은 치료자가 죄책감이 결여된 내담자를 치료하는 상황을 생각해보자. 치료자는 아마도 그 내담자와 작업할 때, 모든 일을 자기 탓으로 돌리는 신념을 내담자의 것이라 생각하고 이를 공략하려 노력할지도 모른다. 만일 내담자가 치료자와 유사한 심리를 가지고 있다면 치료자의 이러한 태도는 도움이 되었을 것이다. 하지만, 내담자가 죄책감에 의해 행동하는 것이 아니며 오히려 모든 일에 대해 남을 탓하는 태도를 가지고 있다면, 치료자의 이 같은 개입은 도리어 내담자의 무책임감을 더욱 강화할 것이다.

마지막으로, 어떤 병리유발적 신념체계는 상당히 복잡해서 일목요연하게 정리되기 어렵다는 점을 강조하고자 한다. 이러한 복잡한 신념체계는 신념 간의 갈등이 핵심적인 특징이어서 치료자에게는 혼란스럽게 느껴진다. 예를 들어, 많은 정신분열증 내담자들은 사람들과 떨어져 고립되면 자신의 존재가 소멸되어버릴 것이라고 믿는다. 동시에, 사람들과 너무 가까워지면 사람들이 자신을 지배할 것이라는 생각도 갖고 있다 (Karon & VandenBos, 1981). 경계선 성격장애 내담자들은 치료자들에게 상반되는 추론을 불러일으키는 것으로 유명하다. 어떤 치료자들은 경계선 성격장애의 핵심신념이 '나를 위해주는 사람이 아무도 없다.'라고 생각하는 반면, 다른 치료자들은 이들의 핵심신념이 '나는 누구라도 내가 원하는 대로 조정할 수 있다.'라고 믿는다(그 결과, 어떤 치료자들은 경계선 내담자들의 바람을 지나치게 받아주는 반면, 다른 치료자들은 너무 엄격한 제한을 설정하기도 한다.). 전형적으로, 경계선 성격의 내담자들은 서로 역동적인 갈등상태에 있는 두 가지 신념을 모두 가지고 있다. 치료가 성공하기 위해서는, 두 가지 신념이 모두 다루어져야 한다(참조: Masterson, 1976). 치료자가 경계선 성격의 내담자들이 가진 병리유발적 신념들 중 한 가지 측면에만 주의를 기울이면, 이들의 퇴행이 강화되거나 반대신념이 더욱 확고해질 수 있다.

병리유발적 신념에 대한 가설 형성

내담자가 자신의 마음 깊숙이 자리 잡은 핵심신념에 대해 치료자에게 직접적으로 설명하는 일은 거의 없다. 자아동조적인 역기능적 신념을 가진 사람들이라 하더라도 이들의 병리유발적 신념은 우연히 드러나는 것이 일반적이다. 나의 경우 한 번은 내담자의 핵심신념을 알아차리는 데 3년의 시간을 소요한 적이 있었는데 그 경우를 잠깐 살펴보도록 하자. 어린 시절 그 내담자를 돌봤던 여자양육자들은 주변에서 애정어린 보살핌을 받지 못할 때마다 우울증을 겪곤 했었다. 그래서 내담자는 자신이 겪고 있는 우울증으로부터 나를 보호하기 위해서 자신이 치료자를 몸소 보살펴야 한다고 믿고 있었는데 나는 나중에야 그것을 알아챌 수 있었다. 예외적으로 아주 심한 편집증적 내담자들만이 비합리적 신념을 드러내놓고 이야기하며, 그러한 생각을 방어하는 데 별로 자의식을 보이지 않는데, 이런 경우라 할지라도 그들의 생각은 핵심신념이라기보다는 망상에 가깝다. 따라서 치료자들은 이보다 손상이 덜한 내담자들의 병리유발적 신념을 이해하기 위해서 내담자가 하는 일상생활에 대한 이야기,

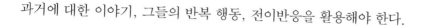

과거에 대한 이야기, 그들의 반복 행동, 전이반응을 활용해야 한다.

일상생활에 대한 이야기

주의 깊은 경청의 중요성은 아무리 강조해도 지나치지 않을 것이다. 사람들의 설명은 그들의 내적 신념을 알 수 있게 해주는 정보의 보고(寶庫)다. 예를 들어, "그를 믿기 전에 잘 알아봤어야 했는데…"라는 말의 이면에는, 신뢰라는 행위가 남을 믿어서는 안 된다는 그의 내적 목소리와 상충된다는 것을 암시해준다. "무언가를 기대할 때마다, 실망하게 돼요."라는 말은 최근 사건에 대한 객관적인 평가일 수도 있지만, 무엇인가를 즐겁게 고대하면 마술에 걸린 듯 좌절이 뒤따라온다는 신념을 의미할 수도 있다. 또한 어린 시절 심하게 방치되었던 한 여성은 치료자에게 "선생님은 꼭 아이들이 부모의 관심을 받는 것이 당연하다는 듯이 말씀하시네요."라는 말을 해서 그 여성의 내적 신념을 보여주었다.

내가 치료했던 한 남자는, 모든 일이 잘되면 어김없이 그 다음에는 기쁨을 누린 것에 대한 처벌을 받는다는, 매우 자아동조적인 신념을 가지고 있었다. 이것에 대한 그의 해법은, 어떤 것이든 처음에는 기뻐하지 않는 것이었다. 나는 그가 우연히 던진 "세상의 좋은 일에는 다 그 대가가 있는 법이죠."라는 말에서 그의 내적 신념에 대한 단서를 잡았다. 이 사람에 대해서는 뒤에 조금 더 논의하겠다. 또 다른 내담자는 늘 상담회기를 다음과 같은 말로 시작하곤 했다. "글쎄, 사는 게 늘 짜증이죠." 이 같은 모습에서, 자신은 삶을 즐겁고 만족스럽게 만들 수 없으며, 오직 전지전능한 윗사람만이 그러한 변화를 가져다줄 수 있을 것이라는 내적 신념을 읽을 수 있다. 더욱이, 현재 주변에 있는 전지전능한 윗사람으로 추정되는 내가 그의 삶을 만족스럽게 만들어주지 않는다면 이는 내가 무능해서가 아니라, 그를 보살피고 싶은 마음이 없어서라는 생각 또한 그의 내적 신념의 일부였다.

과거에 대한 이야기

자주 반복되는 극적인 행동패턴이 보이지 않는다 하더라도, 내담자의 과거사를 잘 들어보면 그의 어린 시절에 형성된 무의식적 결론에 대해서 알 수 있다. 이 과정에서 내담자가 어린 시절 자기중심적인 논리를 만들어 낼 수밖에 없었던 사정에 대해 치료자가 깊이 공감할 때, 병리유발적 생각은 보다 용이하게 파악될 수 있다. 예컨대, 입양아들의 대부분은 친부모가 자신을 버린 이유에 대해서 저마다 만들어낸 생각들이 적어도 한 가지씩은 있다. 남아를 선호하는 가정의 여자아이, 여아를 선호하는 가정의 남자아이들은(때로는 무의식적으로, 하지만 때로는 의식적이며 합리화되어) 반대성이 되었으면 더 좋았을 것이라는 신념을 갖고 있다. 또, 어린 시절 일차대상과 반복적으로 분리의 고통을 겪은 이들은, 사랑하는 사람들은 모두 떠난다는 신념과 함께, 자신이 나쁘기 때문에 버림을 받았다고 생각한다. 부당한 대우를 받는 사회집단의 일원들은 자신의 인종, 성, 성적 지향 때문에 주류 집단에 비해 열등하다는 잘못된 신념을 마음 깊숙이 품고 있다.

치료자는 내담자의 사회경제적인 지위, 부모의 피부색깔과 같은 간단한 신상정보를 수집하는 것이 중요하다. 이것은 하위문화가 다를 때, 인간관계, 권위, 사생활, 성, 친밀감, 신뢰, 양육, 그밖에 여러 기본적인 삶의 문제에 대한 신념이 서로 다르기 때문이다. 그 사람의 종교적 양육 환경은 그가 과거에 어떤 신념을 당연시하며 지내왔는지 알려준다. 예를 들어(Lovinger, 1984), 기독교 가정에서는 너무 의존적이고, 자립심이 없는 모습은 잘못된 것이라고 규정하며, 신념에 따라 용기 있게 행동(로마 가톨릭에 반기를 들고 새로운 시대를 열었던 Martin Luther가 그러했듯이)하라고 가르친다. 반대로 존속과 생존이 역사적으로 중요했던 유태인 가정에서는 가족으로부터 독립하여 떠나려는 자녀들이 죄책감을 느끼는 경향이 있다. 그래서 개신교인 내담자들은 스스로가 유약하고, 독립적이지 못하다고 느낄 때 자책하는 반면, 유대교 내담자들은 다른 이를 세심하게 보살피지 못한다고 생각될 때 자책한다.

치료자가 자신에게 낯선 문화와 종교를 가진 내담자를 치료할 때, 치료자들은 내담자로부터 그 문화와 종교에 대해서 배우거나, 그것이 아니면 다른 경로를 통해서라도 배워야 한다(Sue & Sue, 1990). 나의 지난 경험을 돌아볼 때, 내가 내담자가 속한 집단에 대한 무지를 솔직히 인정하고 배움을 청했을 때, 내담자들은 거의 예외 없이 이를 고마워하였고, 존중받는다고 느끼는 것 같았다. 내담자가 현재 영향받고 있는 문화와 사상에 관해 배울 때도 치료자는 마찬가지 태도로 접근해야 한다. 사람들은 자신이 기존에 지니고 있던 생각과 부합하는 집단에 끌리는 경향이 있기 때문에, 현재 몰두하고 있는 집단에 대해 배움으로써 내담자가 어린 시절부터 지녀왔던 신념에 대해서 파악할 수 있다(이와 같은 탐색의 또 다른 이득은 치료자가 교육을 받을 수 있다는 점이다. 나는 내담자들이 가르쳐 주지 않았더라면 쉽게 알기 어려운 새로운 세계들을 많이 접하게 되었다. 이슬람 신비주의, 무교회 기독신앙, 불교, 12단계 프로그램, 여러 만성질환의 자조집단들, 동물보호론자들, 군인들, 폭주족, 운동권 학생들, 경찰, 기독교 선교사 외에도 특정한 신조를 공표하고 지지하는 많은 집단들에 대해 알게 되었다.).

또한 내담자와 그가 속한 가족의 정치적 성향도 내담자의 내적 신념을 알려준다. 예를 들어, 미국 자유주의자들은 관용과 용서를 이상화하는 반면, 보수주의자들은 통제와 정의를 이상화한다(MacEdo, 1991). 어떤 정치적 입장은 기존의 권위에 떨쳐 일어나도록 하는 신념을 주입하는가 하면, 다른 한편에서는 순종과 질서를 강조하고 반체제 운동에 반감을 형성한다. 내담자의 정치적 태도는 그가 과거에 학습한 내용에 관해 많은 것을 말해준다.

반복되는 행동

많은 경우, 문제가 되는 내적 신념은 내담자의 반복되는 행동패턴을 통해서 드러난다. 예를 들어, 내가 치료했던 한 남자는 반복해서, 내 소견으로는, 강박적으로 아내를 배신하였다. 그는 자신이 여성의 아름다움을 숭배하기 때문에 그같이 행동하는 것이라고 설명했다. 여성의 아름다움을 감정하는 전문가인 그로서는 자신의 매력적인 팬들에게 성(性)의 환희를 가르쳐주지 않을 수 없다는 것이다. 그럼, 다음 흥분대상을 찾아서 부인과 연인을 배신했을 때 그들이 겪어야 하는 고통은 어떻게 생각하느냐고 그에게 물으면, 그는 그들이 자신의 매력을 진정으로 알아주는 남자를 만났는데 그와 같은 고통이야 작은 대가에 불과하지 않느냐고 반문하였다. 나는 이 사람이 여성에게 무의식적으로 상당한 적대감을 품고 있으리라 쉽게 짐작할 수 있었다. 하지만, 상당한 시간이 걸려서야 그는 자신이 한 행동의 이유를 완전히 이해하고 체험할 수 있었다. 그의 적대감은 그가 어린 시절 어머니로부터 버림받았기 때문에 생겨났다. 그는 무의식적으로 여성과 애착을 맺을 때 결국 버림받지 않을 수 없다고 믿고 있었기에, 여자들과 관계를 갖고 버림받기 전에 차버리는 행동을 반복했던 것이다. 자신의 행동과 어린 시절 갖게 된 신념과의 관련성을 알게 된 후에, 비로소 그는 여자들을 자기 편의대로 이용하는 것을 그만둘 수 있었다.

내가 만난 또 다른 내담자는 자신이 내린 결정은 모두 잘못된 것이라고 생각하는 습관을 가지고 있었다. 그는 중요한 결정이 있을 때마다 심하게 고민하곤 하였다(어떤 여성과 만날지, 만나서 무엇을 할지, 어떤 직업을 가질지, 어디로 휴가를 떠날지 등등). 일단 최종 결정을 내리고 나면, 곧 선택하지 않았던 다른 길이 옳았다고 확신한다. 그리고는 자신의 결정이 잘못되었다고 심히 괴로워하는 것이다. 우리는 치료 작업을 통해서 그러한 행동패턴의 기저에 놓여 있는 다음과 같은 세 가지의 병리유발적 신념을 알게 되었다. (1) 자율성을 행사하면 처벌을 받을 것이므로, 처벌받지 않으려면 자신이 스스로를 먼저 처벌해야 한다는 신념, (2) 그는 자신이 내린 선택이 가져온 좋은 결과를 즐길 만한 자격이 없다는 신념, (3) 가장 중요한 것으로 양가감정이 생기지 않는 완벽한 결정이 꼭 있을 것이라는 신념이 있었다. 그래서 최종 선택에 대해 양가감정이 느껴진다면 그것은 잘못된 결정이라고 믿고 있었다.

이 사람은 또한 앞에서 언급한 바와 같이 일이 잘 풀릴 때 그것을 기뻐하지 않도록 매우 조심하지 않으면, 상황이 재난으로 바뀌어버릴 것이라고 믿고 있었다. 나는 이러한 생각 기저의 마술적 사고를 다소 공격적인 태도로 개입했다. 운이라는 것은 좋기도 하고 나쁘기도 한 것인데, 좋을 때 좀 즐겼다는 이유로 운이 돌아선다는 증거는 어디에도 없다고 반박하였다. 비록 자신의 병리유발적 신념으로 인해 상당한 고통을 겪고 있었지만(더 정확하게는 많은 기회들을 괴로운 것으로 만들어서 누릴 수 있는 기쁨을 놓치고 있음), 그는 삶의 정상적인 조건에도 전지전능한 통제를 포기하지 않으려 몸부림치고 있었던 것이다.

전이반응

전통적인 장기치료에서 병리유발적 생각은 전이관계를 통해 느린 속도로 드러난다. 그렇게 파악된 병리유발적 생각은 그 강도가 강렬하여 치료자와 내담자가 같이 놀랄 정도다. 가령, 어린 시절에 학대를 받은 사람들을 치료하다보면, 그들이 어느 순간 치료자도 자신을 학대할 것이라는 생각에 압도되어 있는 것을 발견한다. 한 여성은 기능이 아주 좋은, 현실적인 사람이었는데, 치료 중 예민한 순간이 오면 마치 자기 몸을 보호하려는 듯 카우치 위에서 몸을 움츠렸다. 그녀의 아버지는 폭발적으로 화를 내곤 했는데, 그때마다 닥치는 대로 딸을 때렸다고 한다.

우울한 사람들은 자신은 나쁜 사람이라서, 누구라도 진짜 자기를 알면 떠날 것이라는 내적 신념을 갖고 있다. 이들은 보통 치료받을 때 한동안 치료자도 자신을 버릴 것이라고 굳게 믿으며 고통스러워한다. 나의 내담자 중 한 명도 이 시기를 거쳐갔다. 그녀는 처음부터 내가 치료를 오래 끄는 경향이 있다는 것을 알고 나를 선택했는데도, 그 시기가 되자 제발 종결은 말아달라고 애원하였다("선생님이 사람들과 오래간다는 것을 알아요. 하지만 전 아닐 것 같아요. 선생님이 저에 대해 새로운 것을 알 때마다 이제 더 이상 참을 수 없다고 결론 내리고, 혐오스러워하며 저를 떠날 것만 같아요.").

단기치료의 경우, 장기분석치료와 같이 병리유발적 신념이 드러나기를 기다릴 수 없으므로 치료자가 내담자의 내적 신념을 파악하기 위해 다소 비약적인 추론을 할 필요가 있다. 그리고 이러한 추론은 정확해야 한다. 치료자가 내담자의 내적 신념을 정확하게 이해할 때, 치료 개입의 효과가 좋으리라는 것은 두말할 나위도 없다. 병리유발적 생각은 작은 전이반응을 통해서 치료관계의 초반에도 비교적 분명히 드러난다. 내담자가 던지는 질문, 치료자와 눈맞춤을 피하는 양상 혹은 약속시간이나 치료비, 약속취소의 원칙을 의논할 때의 분위기 등의 단서들을 통해 내담자가 대인관계에 대해서 갖고 있는 생각을 알 수 있다. 예를 들어, "전 치료를 가능한 짧게 받고 싶습니다."라는 말은 단순히 시간의 부족이나 치료비용에 대한 걱정이 아닐지도 모른다. 누군가에게 의존하면, 상대방의 악의에 이용당할지도 모른다는 병리유발적인 신념을 의미할 수도 있다.

병리유발적 신념의 이해가 갖는 임상적 함의

치료자들은 가능한 빨리 첫 회기부터 내담자의 병리유발적 신념에 대한 타당한 가설을 세우는 것이 중요하다. 왜냐하면 치료 초기부터 내담자들은 치료자가 그들의 삶을 힘들게 만드는 병리유발적 신념의 부당성을 입증해주기를 무의식적으로 바라고 있기 때문이다(Weiss, 1993). 내담자의 병리유발적 신념에 대한 해석의 일환이든 아니든 간에, 치료자는 특히 초기회기에 내담자의 부적응적 신념을 강화하지 않도록 노력하는 것이 중요하다(치료동맹이 굳건해지는 이후의 회기에서, 내담자가 그러한 인지를 당연한 것으로 느끼게 된 과정을 분석하고 교정할 수 있다). 예컨대, 배려가 깊은 부모 밑에서 성장한 내담자라면 치료자의 주의깊은 침묵을 지지적인 배려로 느끼겠지만, 무시와 무관심 속에서 성장한 내담자는 동일한 치료자의 침묵을 냉담함으로 느낄 수도 있다. 남자들이 자신에게 무관심하다고 무의식적으로 믿고 있는 여성은 따뜻한 태도를 보여주는 남성 치료자에게서 안도감을 느끼겠지만, 지나치게 간섭을 하고 유혹적인 아버지를 둔 여성 내담자는 치료자의 동일한 태도를 자신의 경계를 침범하는 위협적인 것으로 오해할 수 있다.

불안장애와 공포증에 있어서, 주어진 상황을 '비합리적으로' 두려워하게 만드는 병리유발적 신념이 분명한 경우도 있고 좀 더 미묘한 경우도 있다. 행동적 둔감화 기법을 적용하든지 아니면 정신역동적 숙달법(psychodynamic mastery)을 사용하든지 간에, 치료계획을 세울 때는 공포상황에 연합된 병리유발적 신념의 속성을 정확히 파악하는 것이 중요하다. 예전에 나는 광장 공포증을 지닌 한 여성을 치료한 적이 있는데, 그녀가 밖에 나가는 것을 두려워하는 것은 자신이 다른 사람들에게 불안에 떠는 정신병자로 보이게 되어 경멸의 대상이 될까봐서 그런다고 생각했었다. 그러나 함께 치료를 해나가면서, 실상 무의식적 수준에서는 아무도 바라봐주지 않을지도 모른다는 두려움이 두려움의 본질이라는 것을 깨닫게 되었다. 따라서 내담자는 부정적인 시선에 둔감화되어야 하는 것이 아니라 오히려 아무도 주목하지 않는 상태에 둔감화되도록 치료해야 했다(Freud는 소망이 공포 뒤로 모습을 감추곤 한다는 사실에 주목하였다. 사람들이 자신을 비판적으로 바라볼 것이라는 내담자의 두려움 뒤에는 실상 보이고 싶고 알리고 싶은 소망, 즉 과시욕구가 있었다.). 어린 시절 알코올중독자인 부모에 의해 극단적으로 방치되었던 그 내담자에게 있어서, 주목받지 못하는 것은 생존의 위협과도 같은 것이었다. 실제치료에서, 이 내담자는 타인의 비판에 둔감화시키는 프로그램보다 낯선 사람의 무관심에 둔감화시키는 프로그램이 더 효과적인 것으로 입증되었다.

정신분석적 저술을 통해서, "교정적 정서경험"(Alexander, 1956)이 그러한 경험을 구성하는 모든 요소들에 대한 충분한 분석 없이도 지속적인 치료효과를 나타낼 수 있는지에 관한 논쟁이 오랫동안 지속되었다. 이러한 논쟁의 발단은, 환자가 근본적으로 재양육될 수 있는가라는 주제에 대해서 1900년대 초기에 Freud와 Ferenczi가 다른 견해를 나타내면서부터다. 그리고 이후에는 이와 유사한 논쟁이 이루어지곤 했는데, 최근에는 관계지향적인 분석가와 전통적인 정신분석을 지향하는 분석가들 사이에서 재현과 해석(enactment versus interpretation) 중 어떤 것이 더 치료적으로 중요한가라는 논쟁으로 다시 부각되었다(Mitchell & Black, 1995). 이러한 논쟁에 대해서 어떤 입장을 지니든 간에, 대부분의 분석적 치료자들은 내담자의 병리유발적 기대와 반대되는 방식으로 행동하려고 노력해왔는데, 이러한 행동을 내담자들은 자신의 기대와 일치하는 것으로 재해석하여 받아들인다는 것을 발견하게 되었다. 바로 전이의 영향력 때문이다. 이러한 전이관계를 내담자가 확고하게 만들기 전에 그러한 전이관계를 충분히 분석해주는 것이 좋은지 여부는 논란거리지만, 치료자가 내담자의 기대를 교정하려는 입장을 취해서는 안 된다고 주장하는 사람은 아무도 없을 것이다.

병리유발적 신념은 쉽게 변화되지 않는다. 굿 윌 헌팅(Good Will Hunting)이라는 영화를 보면, 치료자가 어린 시절 학대받은 젊은이에게 "그건 너의 잘못이 아니야."라고 반복해서 말하는 모습이 나오는데, 이 장면에서 많은 사람들이 감동을 받는 것 같다. 이 장면에 대한 대중의 반응을 보면 이제 대중들도 다음과 같은 사실, 곧 불행한 어린 시절을 겪게 되면 자기에 대한 비합리적인 부정적 신념이 한 사람의 정신병리에 굳게 자리 잡는다는 것을 이해하고 있는 것 같다. 그러나 이와 함께 이 영화의 한 장면처럼 부정적 신념에 대한 공격이 심리치료의 본질적 부분이라고 잘못 이해하는 사람들도 있는 것 같다. 치료자들 역시 치료가 내담자의 신념에 도전하는 얘기만을 반복하면 되는 쉬운 작업이기를 바라고 있다. 그러나 만일 사람들의 병리유발적 신념이 열정적으로 설득하여 바뀔 수 있는 성질의 것이라면 심리치료는 필요치 않을 것이다. 사람들은 모두 자신의 비합리적인 면을 직면시켜줄 친구나 친척, 윗사람이 있다. 그럼에도 우리는 마치 꼬마들이 담요나 곰인형에 고집스럽게 집착하듯, 자신의 신념에서 놓여나지 못하고 있는 것이다.

앞서 언급한 바 있는데, 비합리적인 신념은 일단 의식화되면 변화가 용이하다. 그래서 치료자는 내담자의 과거 대상과 다른 방식으로 행동할 뿐만 아니라, 내담자로 하여금 기저의 역기능적 신념이 무엇인지 깨닫도록 도와야 한다. 이때 비로소, 내담자들은 그러한 기대가 허물어지는 과정을 인식할 수 있다. 그렇지 않으면, 내담자들은 마치 새 포도주를 낡은 자루에 담는 것과 같이 부질없는 정보처리 과정을 계속 수행할 뿐이다. 예를 들어, 한 착한 치료자가 우울한 여성에게 단순히, "당신은 스스로를 참 나쁜 사람이라 여기는 군요. 사실 당신은 아주 좋은 분입니다."라고 말한다고 하자. 이런 얘기로 내담자가 자신이 나쁜 사람이라는 신념을 재고하지 않는다. 오히려, 치료자를 (자신과 달리) 참 착한 사람이라고 생각하거나, 자신의 가식에 속는 바보라고 생각할 것이다. 치료자들이란 오직 돈에만 관심이 있다고 여기는 편집증적 내담자에게 치료자가 치료비를 감해준다고 해보자. 이런 제안을 받았다고 해서 그가 타인의 동기를 의심하는 자신을 되돌아볼 가능성은 거의 없으며, 오히려 치료자가 장기적으로 이익을 챙기려고 한다고 여길 공산이 크다.

그러나 내담자들이 오늘의 병리유발적 신념이 만들어진 상황을 이해하면, 그 신념이 쉽게 의식화되고 변화될 수 있다. 거기에는 세 가지 이유가 있다. (1) 내담자가 지금까지 품어왔던 유해한 신념의 아동기적 기원을 이해할 때, 그는 지난 과거와 현재의 차이점을 깨닫게 될 것이고, 예전의 신념이 아직도 유용한가를 평가할 수 있다. (2) 병리유발적인 신념이 만들어진 이유를 이해할 때, 그 사고의 비합리성을 보다 쉽게 인정할 수 있다. (3) 역기능적 신념 속에 담긴 유아적 공포를 알게 되면, 현재 시점에서 적응적 행동을 시도하면서 느끼는 불안을 견딜 수 있게 된다. 치료자가 내담자의 비합리성을 깊이 이해하고, 비논리적인 신념을 만들 수밖에 없었던 사정에 연민을 보일 때, 내담자는 방어를 내려놓고, 위험스럽지만 과감히 부정적 신념에 맞설 수 있다.

나는 위와 같은 생각이 망상의 치료에도 적용될 수 있다고 믿는다. 이 점에서 Bertram Karon(1998)도 뜻을 같이 한다. 정신병적 내담자도 망상의 아동기적 기원을 이해하면 그 망상을 포기할 수 있다. 단, 변화에 따르는 공포심을 견딜 수 있을 정도로 충분한 지지가 전제되어야 한다. 나는 임상경험을 통해 이를 깨달았는데, 정신병 내담자들을 치료하기 위해 헌신적으로 노력하고 있는 나의 동료들도 뜻을 같이 하였다. 그들은 오늘날 정신병 내담자들을 약물처방을 통해 단순히 '관리하려는' 시도에 반대하고 있다. 이들은 심한 정신병을 앓고 있는 사람들의 고통스러운 세계를 이해하고, 고통받는 인간에게 치료자들이 마땅히 보여야 할 헌신과 공감적 관심을 기울이기 위해 많은 노력을 하고 있다.

여기서 간단하게나마 Weiss와 Sampson 및 그의 동료들이 치료작업에 미친 업적을 살펴보도록 하겠다. 많은 치료이론들과 달리, 이들은 치료자들의 경험뿐만 아니라, 광범위한 치료이론 및 정신분석에 대한 경험적 연구, 내담자들에 대한 인터뷰 자료를 토대로 이론을 구성하였다. 그 결과, 이들의 생각은 분석가 중심적이라기보다는 내담자 중심적이다. 기존의 여러 치료이론들(예: Etchegoyen, 1991; Greenson, 1967)은 치료과정을 치료자의 시각에서 기술해왔다. 이러한 입장에 따르면, 내담자들은 의식수준에서는 변화를 원하지만, 저 깊은 무의식적 수준에서는 변화의 결과에 대한 두려움 때문에 저항하고 있다는 것이다. 따라서 치료자들은 분석을 통해 그 같은 내담자들의 저항을 서서히 밀어내야 한다. 치료자의 입장에서 본 치료과정을 요약해보면 이러하다. '나는 내담자들이 원하는 것보다 빠른 변화를 원한다. 그러므로 나의 시도에 반대하는 내담자의 저항을 먼저 해결해야 한다.' 치료자는 변화를 방해하는 힘이 지지하는 힘보다 더 크다고 느낀다. 그리고 이 같은 방해세력에 대해 치료자가 맞붙어 싸워야 한다고 생각한다.

San Francisco 심리치료 연구그룹은 변화의 두려움과 소망에 대한 이러한 대립을 전혀 다른 시각으로, 내담자의 입장에서 기술하였다. 이는 근본적으로 강조점이 정반대인 접근이다. 이들에 따르면 내담자들은 변화를 원할뿐더러, 변화를 가져오는 계획마저도 가지고 있다는 것이다. 의식적인 요소와 무의식적인 요소를 모두 포함하는 그 같은 계획을 통해서, 내담자는 스스로 느끼기에도 문제가 되는 뿌리깊은 병리유발적 신념을 해체하려고 한다. 다음은 내담자의 입장에서 본 치료과정이다. '나는 치료자와 함께 나의 뿌리깊은 신념의 비합리성을 들여다볼 필요가 있다. 이를 위해서 비합리적인 신념을 안전하게 내려놓을 수 있는지 시험해봐야겠다. 난 사실 빠른 변화를 원하고 있다. 나는 이 같은 시험을 통해서 변화할 수 있는 용기를 얻을 수 있을 것이다.' 다시 말하자면, 내담자의 입장에서 변화를 향한 압박은 당연한 것이다. 변화를 가로막는 요인들은 문제이기는 하지만, 불가항력적인 것은 아니다.

시험 통과하기

이런 식으로 생각한다면, 분석적 심리치료란 내담자의 계속되는 시험을 통과하는 과정이라고 할 수 있다. Sampson과 Weiss는 이러한 시험을 두 가지 종류로 정의하였다. 하나는 전이시험(transference test)이고, 다른 하나는 수동-능동 전환시험(passive-into-active transformation)이다 [참조: Racker(1968)가 말한 유사한 역전이와 상보적인 역전이는 정서적인 면에 초점을 둔 유사개념이다.]. 전이시험에서 내담자는 치료자가 자신의 병리유발적 신념을 만든 초기대상처럼 행동하는지를 시험하려 한다. 수동-능동 전환시험에서, 내담자들은 치료자로 하여금 자신이 어린 시절에 받았던 그 대우를 똑같이 경험하도록 행동한다. 그리고 과연 치료자가 그 상황에서 어떻게 대처하는지, 자신이 어린 시절 동일한 상황에서 만들어 낸 그 신념에 의지하지 않고 견뎌낼 수 있는지를 면밀히 지켜본다.

여기에서 한 여성 내담자의 치료 사례를 살펴보자. 이 내담자는 화를 잘 내는 억압적인 아버지에게 늘 혼이 나면서 자랐다. 성장하면서 그녀는 자신은 비판받아 마땅한 존재라는 신념을 형성하였고, 그러한 비판에 묵묵히 따라왔다. 치료과정 중 내담자는 (1) 치료자가 자신을 호되게 비판할지도 모른다고 두려워하거나 (2) 반대로 아버지가 그러했듯이 치료자를 비판하는 역할을 취할 수 있다. 어떤 경우든, 내담자는 치료자에게서 자신이 어린 시절 만들어내었던 역기능적 신념들에 반하는 행동을 보기를 기대한다. 전자의 시험에 대한 치료적인 반응은, 내담자가 마치 치료자를 아버지처럼 느끼고 있다고 해석해주는 것이다. 치료자가 이 과정에서 윗사람처럼 평가적으로 말하기보다는, 조용히 물어보는 방식으로 접근한다면, 내담자는 어린 시절의 경험과 치료자와 겪는 새로운 경험이 다르다는 것을 깨달을 것이다. 후자의 시험에서 치료자는 내담자가 자신의 결점을 드러내었다는 생각에 휘둘리지 말고, 내담자의 도발에 방어적이지 않은 방식으로 반응해야 한다. 전자를 해석적 개입이라고 한다면, 후자는 재현(enactment)이다.

Sampson과 Weiss가 처음에 자신들의 통제-숙달이론이라는 상품을 정신분석사회에 내놓았을 때, 이들은 매우 정치적으로 기민하였던 것으로 보인다. 이들이 새로운 기법을 적용하여 내담자의 병리유발적 신념을 교정한 예라고 제시한 것의 상당수가, 일반적으로 널리 통용되는 기법으로도 충분히 수정할 수 있는 것이었다. 이와 같은 전략을 통해서, 이들은 새로운 개입의 '거친' 면들이 가져올 수 있는 결과에 대해 경고하는 일을 교묘히 피해갔다. 여기 전통적인 치료기법으로 내담자의 시험을 통과할 수 있는 평범한 치료 사례들을 살펴보자. 한 남자가 자신에게는 특권이 있기 때문에, 다른 사람들이 자신을 섬겨야 한다고 믿고 있다. 치료자는 이러한 내담자에게 치료비를 제때 지불하도록 하는 방법으로 내담자의 신념을 수정할 수 있다. 보다 더 미묘한 예를 들어보자. '나는 어떤 사람의 정보라도 마음대로 이용할 수 있다. 이것은 나의 안전을 지키기 위해서 어쩔 수 없는 것이다.'라고 무의식적 수준에서 믿고 있는 한 여성이 있다. 이 경우, 치료자가 자신의 사적인 정보를 가능한 공개하지 않는 고전적인 방법으로 치료할 수 있다. 치료자가 전통적인 치료기법을 통해 접근할 때 대다수의 내담자들은 그들의 비합리적인 신념을 재고한다. 가령, 치료자의 비판단적인 경청이나 보살핌, 잊지 않고 기억하기와 같은 전통적인 방법들은 솔직해지는 것의 위험성과 관련된 병리유발적 신념을 감소시킬 수 있을 것이다.

그러나 앞의 예와 달리 새로운 치료기법을 적용하는 것이 필요한 내담자들도 있다. 제때 모든 빚을 갚는 데 집착하는 강박적인 한 남자가 있다고 하자. 그는 이런 방식으로 누구에게도 신세지지 않으려 한다. 이런 경우, 치료자가 치료비가 밀리는 것을 용인해준다면, 이 내담자에게는 상당히 치료적일 것이다(더불어, 타인들에게 이런 배려를 받으면, 어떤 일이 일어날 것이라고 생각하는지 그의 파국적 환상들이나 고통이 함께 분석되어야 한다.). 또 한 여성은 다른 사람에 대해서 알 자격이 없다고 스스로 생각하고 있다. 치료자가 만일 "당신은 부모로서 갖는 심정이나 아이들에 대한 말씀은 많이 하시는데, 제게 아이가 있는지는 한 번도 묻지 않으시는군요."라고 말한다면 이 내담자의 마음은 흔들릴 것이다. 치료자에게 사적인 질문을 꺼리는 내담자의 행동을 탐색하면서, 치료자가 이와 같은 질문을 던지거나, 내담자가 던진 사적인 질문에 기꺼이 대답해줌으로써, 윗사람에게 질문할 만한 자격이 없다는 내담자의 병리유발적 신념을 상당부분 중화할 수 있다.

시험을 만들어내는 내적 신념을 노출시키고 이해하기

앞서 언급한 바와 같이, 병리유발적인 신념의 치료는 단지 치료자가 내담자의 시험을 통과하는 것으로 그치는 것이 아니다. 치료자들은 그와 같은 시험을 만들어내는 내적 신념이 무엇인지, 그러한 신념이 어디서 기원하는지, 그것이 원래 내담자를 지켜주는 데 어떤 역할을 했는지, 지금은 내담자에게 어떻게 해가 되는지를 내담자들이 볼 수 있도록 도와야 한다. 그렇게 하지 않으면, 치료를 그만두었을 때 그동안 쌓아온 치료적 진전이 수포로 돌아가게 된다. 달리 말하자면, 기저의 역기능적 신념을 검토하는 것이 중요한 훈습과정의 일부인 것이다. 설사 단기치료라 하더라도 치료자가 내담자의 기대를 반증하는 방향으로 행동하는 것에 더해,

역기능적 신념의 존재와 그 기원을 같이 검토하는 것이 필요하다.

이와 관련하여 예를 하나 들어보자. 우울한 성격을 가진 사람들은 남들이 자신을 알게 되면 떠날 것이라고 믿는데, 이러한 신념과 다르게 행동하는 치료자를 보면 안도하고 따뜻하게 반응할 것이다. 우울한 사람들은 어린 시절 잘못된 분리 경험을 거치면서, 자신이 나쁘고, 요구적이어서 버림받았다고 생각하고 있다. 우울한 사람들을 거절하지 않으려는 치료자의 행동은 단기적으로는 내담자들에게 위안을 줄 것이다. 하지만, 장기적으로는 자기가치감을 심어주거나 병리유발적 신념을 허무는 것이 아니라, 나쁜 사람을 떠나지 않는 치료자에 대한 이상화를 심어주는 것으로 끝날 수도 있다. 내담자는 자신이 스스로의 욕구를 누르고 착하게 행동하면 버림받지 않을 것이라는 역기능적 신념을 떠받치는 마술적 환상을 갖고 있는데 이와 같은 치료로는 마술적 환상에 아무런 변화도 가져올 수 없다. 자신을 폄하하는 내적 신념이나 유아기적 전지전능 환상이 노출되고 점검되지 않는다면, 치료가 끝난 후 내적인 신념은 다시 부활할 것이다.

병리유발적인 신념을 다루는 일은 항상 수년 간의 정신분석치료를 요하지는 않는다. 내가 분석했던 한 남자의 경우, 일주일에 한 번씩 몇 개월을 만났지만 치료가 순조롭게 진행되었다. 그는 열네 살에 어머니를 암으로 잃었다. 그는 어머니가 돌아가신 것이 아동기에 자신이 어머니로부터 정서적으로 분리했기 때문이라고 믿고 있었다. 그가 처음 치료자를 찾은 이유는 부인과 그 사이의 경계 문제 때문이었다. 그는 부인에게 지나치게 밀착되어 있었다. 치료 시 어머니에 대해 무의식적으로 품었던 죄책감이 밖으로 드러나자 죄책감이 한결 가벼워졌다. 그리고 곧 자신이 아동기에 정상적인 분리를 했든 하지 않았든 어머니는 돌아가신다는 사실을 깨닫게 되었다. 이러한 깨달음에 이르자 그는 결혼생활에서도 훨씬 독립적으로 변했다. 아내가 자신과 분리된 사람이라는 것을 인정하게 되었고 자신의 '이기적인 면'에 대한 걱정도 누그러졌다.

어린 시절에 갈등을 거치면서 형성된 신념의 지속적인 악영향에 대해 정신분석이론만 주목했던 것은 아닌 것 같다. 현대 인지심리학적 용어로 기술된 『배반의 외상(betrayal trauma)』이라는 Jennifer Freyd(1996)의 책에서도 이와 유사한 논의를 발견할 수 있다. Freyd는 학대받는 아이들이 누군가에게 의존하고 있기 때문에, 학대의 이유를 자신에게서 찾는다고 말한다. 즉, 학대받는 아이들은 자신에게 그럴 만한 이유가 있기 때문에 학대받는다고 믿는 것이다. 그렇게 생각하지 않으면, 잔인하고 신뢰할 수 없는 사람들의 손아귀에 자신들의 생존이 내맡겨져 있다는 셈인데, 이는 아이들에게 견딜 수 없이 공포스러운 일이다. Freyd는 이같이 외상과 관련된 기억의 문제를 과학적인 뒷받침을 통해 설득력 있게 주장하고 있다. 외상 희생자들에 대한 그녀의 치료 작업은 매우 타당해 보인다.

우리의 이론적 접근이 서로 다르긴 하지만, Freyd와 저자는 아동기의 신체적, 성적 학대의 피해자들에 대해서 동일한 결론을 내리고 있다.

"대부분의 아이들처럼, 너도 네가 무언가를 잘못했기 때문에 학대받는 것이라고 믿고 싶어하지. 그런 신념은 너에게 희망을 줄 수 있어. 넌 무엇이 잘못되었는지 이해할 수 있고 그 이해를 토대로 상황을 바꾸어보려고 노력할 수 있지. 그러다 보면 어쩌면 학대는 끝날지도 모른다고 생각해. 이런 신념에 매달리는 것이 전혀 통제할 수 없고, 파괴적인 사람에게 의존하고 있다는 끔찍한 사실보다는 차라리 낫게 느껴지는 거야."

어린 시절 심한 학대를 받은 사람을 치료할 때, 치료자가 내담자의 시험을 통과하는 것만으로는 불충분하다. 전이시험 앞에서 내담자를 학대하지 않고, 수동-능동 전환시험을 맞아 내담자의 학대에 치료자가 굴복해서도 안 된다. 그리고 그에 더해, 외상의 잔재인 강력한 내적 인지들을 발굴하여 해체해야 한다. 이것은 외상적인 것이든 아니든 어린 시절의 어려움에 의해 야기된 모든 역기능적 신념을 탈학습시키는 과정에서 적용되는 원칙이다.

　마지막으로, 내담자의 시험을 통과하는 것이 그리 간단하지 않은 사례를 통해서 해석의 중요성에 대해 살펴보고자 한다. 어떤 시험에서는 이면의 무의식적 신념들이 아주 복잡하게 얽혀 있어서 치료자가 어떻게 행동해도 반치료적이 될 수밖에 없는 경우가 있다. 대학원 수련 과정에서는 미처 다루지 못하지만, 현장에서 아주 흔하게 만나는 경우를 살펴보자. 경계선 성격장애나 외상을 경험한 여성이 치료자에게 포옹해달라고 말했다. 내담자는 이러한 요청을 통해 다른 사람들이 자신을 혐오한다는 신념을 반증하고 싶어한다. 그러나 동시에, 그녀는 권위를 가진 사람들은 음탕하고 자기애적이라서 자신을 이용할 것이라는 또 다른 강력한 신념도 반증하고 싶어한다. 치료자는 어찌할 바를 몰라, '내가 만일 포옹하지 않으면, 상처받겠지. 자신은 혐오스럽다는 신념이 강화될 테니까. 그러나 내가 포옹하면, 자기를 이용한다고 생각하고 두려워할텐데…. 경계를 유지할 수 있다는 신뢰도 저버리게 되고 말이야.'라고 생각할 것이다.

　이런 시험을 쉽게 통과할 수 있는 간단한 방법은 없다. 그러나 복잡한 한 가지 방법이 있는데 그것은 다음과 같다. 치료자는 내담자에게 그가 힘든 덫에 걸려든 것처럼 느껴진다고 말한다. 즉, 내담자에게 포옹을 해도 상처가 되고 포옹을 하지 않아도 상처가 되는 상황에 빠져든 것 같다고 말한다. 그러고 나서 포옹에 대한 요구 이면에 서로 갈등하는 것으로 보이는 신념들에 관해서 언급한다. 내담자가 이러한 설명을 그다지 달가워하지는 않겠지만, 이러한 설명을 통해 치료자는 노골적인 거절을 하지도 못하고 유혹을 하지도 못하는 진퇴유곡의 상황을 면할 수 있게 된다. 내담자는 당장에는 욕구가 좌절되어 분노를 느끼겠지만, 이를 치료자와 훈습해나감으로써 결국에는 많은 도움을 받을 수 있을 것이다. 치료자가 이같이 무력한 딜레마 상황을 만날 때마다('무엇을 해도 잘못되는' 상황), 기저의 갈등을 빚는 각각의 병리유발적 신념을 찾아내어 해석하는 것이 매우 중요하다. Sampson과 Weiss는, 이러한 사례의 경우, 해석이 시험을 통과하는 방법이라고 말할 것이다.

요 약

이 장에서 나는 내담자의 의식적 인지와 무의식적 인지를 평가하는 방법을 소개하였다. 먼저 무의식수준의 역기능적 신념에 관한 정신분석적 관점을 간단히 개관하였다. 이러한 생각들을 인지행동적 입장 및 가족치료적 입장과 관련시켜, 내적 신념이 개인이나 가족체계에 어떤 영향을 미치는지 살펴보았다. 현대의 인지과학과 정신분석을 접목시키는 방안에 대한 전망도 다루었다. 병리유발적 신념이 어린 시절의 문제를 해결하는 기능을 했기 때문에 오늘날 변화시키기가 쉽지 않다는 사실을 특히 강조하여 논하였다. 특히, 역기능적인 신념의 정확한 포착이 중요하다고 역설하면서, 내적 신념을 추론하기 위한 방법으로 일상생활 이야기, 성장과정에 대한 묘사, 반복되는 행동, 전이반응을 탐색하는 방법을 제시하였다.

San Francisco 심리치료 연구그룹의 이론을 인용하여, 병리유발적 신념의 정확한 추론이 어떤 임상적 함의를 갖는지도 살펴보았다. 특히, 내담자들이 치료과정에서 자신의 무의식적 신념의 타당함을 시험한다는 점을 설명하면서 전이시험과 수동-능동 전환시험을 통과하는 방법을 여러 가지 예를 들어 제시하였다. 시험이면의 신념, 신념의 기원, 어린 시절에 담당했던 기능, 오늘날 야기하는 역기능을 내담자가 이해할 수 있도록 돕는 것이 중요하다고 언급하면서, 마지막으로 치료자의 창의성을 시험하는 복잡한 병리유발적 신념에 대해서 다루었다.

맺음말

    한 사람에 대한 일반적 인상을 형성하는 일에서 출발하여 그 사람의 핵심적인 역동을 파악하는 과정은 항상 쉽게 이루어지지는 않는다. 사례이해는 질병을 분류하는 것 이상의 작업이다. 사례이해는 DSM과 같이 정신장애를 기술적으로 분류하는 일보다 더 복잡한 일일 뿐만 아니라 『정신분석적 진단(Psychoanalytic Diagnosis)』에서 설명한 대로 심층적인 정신분석적 성격평가 그 이상의 일을 하는 것이다[Westen(1998)을 참고하시오.]. 사례이해는 주관성이 개입되고, 추론이 이루어지며, 개인마다 각기 달리 이루어지고, 여러 가지 정보를 통합하는 과정이다. 이러한 과정에는 개인의 독특한 내면적 삶을 이해하고, 그 내밀한 세계의 다양한 측면을 공감하며, 그 사람의 입장에서 삶을 영위하는 방식을 이해하려는 노력이 필요하다. 이 책에서 제시한 여러 가지 물음들을 임상적 면담에서 정면으로 다루는 것은 조심해야 한다. 왜냐하면 환자의 심리상태를 느끼고 공감하려는 과정에서 치료자가 혼란스러움과 애매모호함에 빠져들 수 있기 때문이다.

앞의 여러 장에서, 치료자가 내담자의 이야기를 경청하는 동안 마음속으로 제기하는 주요한 물음들에 대한 여러 가지 대답이 지니는 치료적 의미를 강조하였다. 이제부터, 사례를 이해하는 과정 — 일종의 예술적 과정이라고 할 수 있다 — 과 관련된 주제에 대해 살펴보고자 한다. 내담자에 관해 숙고하거나 역동적 사례이해에 근거한 보고서를 작성하는 일에 있어서 독자에게 도움이 되기를 바란다. 치료자는 접수면접이 끝난 후에 내담자에 대한 자신의 주관적인 느낌을 살펴보는 시간을 잠시라도 갖는 것이 좋다. 면담을 하면서 자신의 마음속에 어떠한 시각적 심상이 떠올랐는가? 예컨대, 치료자는 내담자를 도자기로 만든 인형, 개구쟁이인 작은 소년, 불빛 앞에 선 사슴, 막 분출하려는 화산처럼 느낄 수 있다. 내담자가 치료자에게 어떤 감정을 얼마나 강하게 촉발했는가? 치료자의 몸이 긴장되지는 않았는가? 그렇다면 신체의 어느 부분이 긴장되었는가? 내담자의 경험 중에서 치료자의 경험과 매우 유사하다고 느낀 부분은 무엇이며, 이질적이라고 느낀 부분은 무엇이었는가? 내담자를 볼 때 특별히 떠오르는 사람이 있는가? 내담자를 만나면서 머릿속에 스쳐지나가는 노래가 있지는 않았는가? 있었다면, 그 노래의 가사는 어떤 것인가? 내담자를 치료하면서 불안하게 느껴지는 일은 무엇인가? 마음속에 떠오르는 심상과 감정을 종합하여 표현한다면, 어떤 단어가 떠오르는가? 이처럼 잠시 동안 자신의 직관적 느낌을 자유롭게 느껴보라.

효과적 치료를 위한 적절한 공감을 하기 위해서, 치료자는 자신과 내담자 간에 어떤 유사점이 있는지를 생각해보는 것이 중요하다. 슈퍼바이저들은 치료자가 내담자와 과도하게 동일시하지 않도록 경고하고 있지만, 나는 과소동일시(underidentification)가 과잉동일시(overidentification) 보다 훨씬 더 심각한 문제라고 생각한다. 과잉동일시는 내담자에 의해 양해될 수 있고 치료자 스스로 수정할 수 있다. 과잉동일시는 누구나 동등하다는 입장("너와 나는 상당히 많은 공통점을 가지고 있다.")을 반영하기 때문에, 불쾌하거나 굴욕적인 일이 아니다. 오히려, 내담자가 과거에 겪은 정서적 경험을 공감하지 않고서는 치료자가 내담자의 주관적 세계를 충분히 이해할 수 없다고 생각한다. 훌륭한 배우들은 이러한 사실을 잘 알고 있다. 그가 맡은 역할에 생명력을 불어넣기 위해서는, 그 배역에서 자신을 공명시킬 수 있는 무언가를 발견해야만 한다. 만일 내담자가 치료자를 인간적인 공통점과 유사성에 대한 공감능력이 없는 사람으로 인식한다면, 내담자는 자신이 충분히 이해받을 것이라는 희망을 포기할 것이다.

두 사람이 동일한 진단을 받는다 하더라도 실은 서로 다른 내면세계를 지니고 있을 수 있다. 이러한 경우를 예시하고 아울러 역동적 사례이해가 어떻게 활용될 수 있는지를 보여주기 위해, 내가 수년간 분석치료를 했던 두 여성인 Amanda와 Beth의 사례를 비교하여 대조해보고자 한다. 두 여성은 모두 우울증상 때문에 나를 찾아왔는데, 한 사람은 기분부전장애로 진단될 수 있었고 다른 사람은 우울성격을 지니고 있었다. Amanda와 Beth는 모두 의료기관에서 일하고 있었으며(간호사와 물리치료사), 자신의 업무와 관련해서 상당한 심리적인 섬세함을 지니고 있었다. 두 명 모두 수년 전부터 동성애자였으며, 나에게 치료를 받으러 왔을 때에는 각자가 헌신하고 만족해온 파트너와 수년 동안 함께 살고 있는 상태였다. 두 사람 모두 알코올중독 문제가 심한 가정에서 태어났다. Amanda와 Beth는 신경증적인 수준과 건강한 수준의 경계에 속하는 성격구조를 보인다는 점에서도 유사했다. 이들은 자신에 대한 회의를 두려움으로 표현하였으며, 이들을 깊이 이해할수록 기본적으로 경계선 성격구조를 지니고 있다는 것을 알게 되었다. 두 명 모두 이전에 치료를 받은 경험이 있었고, 이번에 정신분석치료를 선택한 이유는 우울증상의 경감뿐 아니라 개인적인 성숙과 직업인으로서의 성장을 기대했기 때문이었다.

두 사람의 유사점은 여기까지다. Amanda의 가족은 앵글로 색슨계의 기독교 집안으로서 노동자 계층이어서 아동기에 수차례 이사를 다녔다. Beth의 가족은 이태리계의 천주교 집안이었으며 그녀의 성장기 동안 한 지역사회에 뿌리를 내리고 살던 비교적 부유한 중산계층이었다. Amanda는 양성애자에 가까웠으며, 여성과 애정을 나누는 것에 대한 행복감에 눈뜨기 이전에 한 남자와 불행한 결혼생활을 수년간 해왔었다. Beth는 사춘기 이후로 여성에게만 매력을 느껴왔다. 기질을 비롯하여 변화가 어려운 특질적 측면에 있어서, Amanda는 매우 활동적이고 열정적인 아이였다. 그녀와 나는 회기 후반에 그녀의 어머니를 초대하여, Amanda가 성격적으로 원기왕성하고 때로는 과도한 요구를 했었다는 점에 대한 수많은 이야기를 들었다. 반면에, Beth는 어려서부터 조용하고 속마음을 털어놓지 않는 기질을 지녔다는 말을 들었다. 부모는 생후 일 년이 되기 전에 이미 Beth가 혼자서도 즐겁게 잘 논다고 대견해하셨다고 한다.

성장과정에서, 두 여성은 모두 Winnicott가 말한 "그만하면 좋은 (good-enough)" 양육을 어머니로부터 생후 일 년간 받았다는 점에서 좋은 출발을 한 셈이다. 그러나 Amanda가 생후 15개월이 되었을 때 남동생을 출산한 그녀의 어머니는 이후부터 매우 심한 우울증에 시달렸다.

특히, 어머니가 아프면서부터, 아버지는 회피행동, 감정폭발, 음주로 뒤범벅이 되어 부모의 역할을 제대로 하지 못했다. Beth의 어머니는 나중에 심한 술꾼이 되긴 했지만, Beth의 취학 전 몇 년간은 비교적 음주를 절제하고 딸을 적절히 양육해왔던 것으로 보인다. Beth의 아버지는 냉담하고 이지적이었으며, Beth를 다른 사람들에게 자랑할 때에만 그녀를 친근하게 대했다. 그는 Beth가 옷을 차려입고 피아노를 연주하거나 춤을 추거나 또는 글쓰는 재능을 보여주도록 자주 요구하곤 했다. 두 여성은 모두 어린 시절에 성적인 폭력을 당한 경험이 있었는데, Amanda는 그녀의 어머니에게도 치근덕거린 할아버지로부터였으며 Beth는 네 살 많은 오빠에게서였다. Amanda는 적대적이고 강요적이라고 생각했던 이러한 폭력에 저항한 반면, Beth는 5세부터 시작해서 임신을 할 수 있게 된 13세까지 죄책감 속에서 오빠와 관계를 맺어왔다.

Amanda와 Beth는 오이디푸스기 이전보다는 오이디푸스기의 심리적 문제를 지니는 것으로 여겨졌다. 그들의 주관적인 내면세계는 모성적 대상과 융합되거나 이에 저항하려는 소망에 의해 휘둘리고 있지는 않았다. 이들은 다른 사람을 긍정적인 특성과 부정적인 특성을 함께 지닌 복합적인 대상으로 인식할 수도 있었고, 분리된 그러나 지나치게 이상화되지 않은 대상으로서 타인에 대한 애정 욕구를 느낄 수 있었으며, 애정을 얻기 위해 경쟁하고 어린 시절에 애착했던 대상의 긍정적인 측면을 동일시할 수도 있었다. 두 여성은 오이디푸스 삼각관계가 동성애로 변형된 모습을 보이고 있었다. 동성의 부모는 그녀가 애정을 얻고자 하는 대상이었으며, 그래서 그녀는 어머니의 사랑과 관심을 받기 위해 아버지에 대해 경쟁심을 느껴야 했다. 기본적으로 우울증세를 보였던 두 여성은 모두 우울한 사람들이 나타내는 주요한 방어들을 사용했다. 즉, 부정적인 일을 자기 탓으로 돌렸고, 자신의 긍정적 특성은 타인에게 투사하였으며, 관대한 행동을 하고 타인을 돌봄으로써 자존감의 결함을 보상하고자 노력했다. 이들은 상실과 비판에 민감하고 만성적으로 자기비난을 하며, 자신의 성공을 행운이나 타인의 도움으로 귀인하는 반면 실패는 자신의 개인적인 결함 탓으로 돌렸다. 그러나 이들은 방어의 여러 측면에서 차이를 보였다. Amanda는 타인의 부정적인 특성을 보게 되면 그들을 공격한 반면, Beth는 문제가 되고 있는 사람들과 거리를 둠으로써 갈등을 피하고자 하였다. Amanda는 치료자인 나의 결점에 예민한 반응을 보였고 우리 사이에 약간이라도 공감되지 않는 부분이 생기면 이를 인식하고 해결하도록 압박하곤 했다. Beth는 3년의 치료기간이 지나서야 내가 그녀에게 상처준 일을 말했다. 두 여성은 모두 타인에게 의존하는 것을 두려워했는데, Amanda는 "나 혼자 그 일을 할 수 있어."라는 일종의 허세로 이를 표현한 반면, Beth는 친밀한 관계에서 거리를 두며 물러나는 양상을 보였다.

감정패턴에서도 차이가 있었다. Amanda는 쉽게 짜증이나 화를 낸 반면, Beth는 다양한 상황에서 자기비판과 슬픔을 경험했다. Amanda는 슬픈 감정을 피하기 위해 분노로 대응하는 경향이 있는 반면, Beth는 적대감을 부인하기 위해 슬픔을 느끼곤 했다. Amanda는 자주 불안을 느꼈으나, Beth는 '중요한 과업 수행'이라고 생각되는 일을 해야 하는 상황에서만 불안을 경험했다. Amanda는 쉽게 행복감이나 고양된 기분을 느꼈지만, Beth는 차분한 만족상태에서 즐거운 기분을 느끼곤 했다. Amanda의 감정상태는 수치심으로 가득 차 있어 자신의 잘못이 알려져서 창피당하는 것에 대한 두려움으로 나타난 반면, Beth는 자신이 내면적으로 사악하며 죄를 받아야 할 존재라는 느낌과 더불어 죄책감을 지니고 있었다.

　동일시의 측면에서 살펴보면, Amanda는 Beth보다 훨씬 더 완강하게 역동일시(counteridentification)를 하고 있었다. 그녀는 어머니를 연상하게 하는 행동을 피했으며, 그녀가 어떤 측면에서든 어머니와 비슷하다는 말을 치료자가 하게 되면 그녀는 발끈 화를 내곤 했다. 그녀는 가정 밖에서 아버지가 한 역할―그녀의 아버지는 뛰어난 능력을 지닌 과학자였다―에 대해서는 긍정적인 동일시를 하였지만, 대체적으로 아버지를 위험하고 자학적이며 폭력적인 '남과 같은 존재'로 여기고 있었다. 성장과정에서 그녀는 다른 권위적 인물들을 모방하려 하였으며, 자신을 부모와 다른 존재로 구별함으로써 기쁨을 느끼곤 했다. 그녀는 아버지에 대한 무의식적인 동일시의 흔적을 보이기도 하는데, 이는 아버지가 더 강한 권력을 지닌 부모였기 때문인 것 같다. 반면에, Beth는 그녀가 처음에 '숭고한 존재'로 묘사했던 어머니와 긍정적인 동일시를 하고 있었다. 아버지에 대해서는 양가적인 동일시를 보였는데, 그녀의 아버지는 지적인 면에서 뛰어났지만 자기몰두로 인해 어머니를 술꾼으로 만든 점에 대해서 원망을 하고 있었다. 접수면접에서 그녀는, 무관심하던 아버지가 필요할 때만 딸을 남들에게 과시하려 한 점에 대해서 원망을 하긴 했지만, 가능한 한 부모를 부정적으로 이야기하지 않으려고 했다. 그래서 내가 과연 부모님은 그녀와 오빠가 근친상간적인 관계를 맺었던 여러 해 동안 전혀 모르고 있었느냐고 묻자, 그녀는 이 물음에 내재된 의미, 즉 부모는 자녀를 보살펴야 할 의무가 있다는 점에 짐짓 놀라는 것 같았다.

　이들 두 여성의 인간관계 패턴은 현저히 달랐다. Amanda는 윗사람들이 부당한 행동을 할 것이라고 예상했으며 부당한 행동이 나타날지 모른다는 두려움을 느끼게 되면 먼저 도발적인 행동을 하는 경향이 있었다.

그녀는 병원의 상급자들과 긴장된 관계를 유지했으며 동료와 선배들에게도 가시가 돋친 과민한 사람으로 비춰졌다. 직업적인 역할에 있어서, 그녀는 환자들과 분명한 경계를 유지하고 일정한 한계를 잘 지키곤 하여, 환자들은 그녀를 사려깊고 신뢰로운 사람이지만 특별히 다정하고 부드러운 사람으로 여기지는 않았다. Beth는 윗사람을 강한 위협적 존재로 여기기보다는 오히려 나약하고 무능한 존재로 여기는 경향이 있었다. 그녀는 가능하면 윗사람의 눈에 띄지 않으려 노력했으며 그들이 요구하는 일에 대해서 거의 이의제기를 하지 않았다. 그녀는 좀처럼 자신이 주목받을 만한 역할을 맡지 않았고, 아무도 자신이 일하는 것을 간섭하지 않을 때 가장 행복하게 느꼈다. 부모와의 관계에 있어서, 그녀는 관대했으며 자신을 내세우지 않았다. 두 여성은 모두 주변 사람들과 그들의 특이한 심리에 깊은 관심을 지니고 있었는데, Amanda는 자신의 분석경험을 통해 자신의 상급자들이 지닌 심리상태를 이해하려고 한 반면, Beth는 주로 환자들에 관한 관심사를 이야기하곤 했다.

치료 초기에 Amanda의 꿈과 공상에서, 나는 상처 입은 나약한 사람이라서 그녀의 도움이 필요한 존재로 나타났다. 시간이 지나면서 그녀는 좀 더 분명하고 약간 성적인 색채가 가미된 전이를 발달시켰으며, 분석의 최종 단계에서 그녀는 자신을 스스로 방어해야만 했던 폭력적인 아버지의 모습을 치료자인 나에게서 느끼게 되었다. Amanda에 대한 나의 역전이는 항상 강렬했는데, 때로는 짜증스런 기분을 느끼기도 하고 때로는 성적으로든 감정적으로든 매우 흥분되기도 했다. 나에 대해 Beth가 어떻게 느끼고 있는지는 오랫동안 파악하기 힘들었다. 그녀는 나에 대한 감정을 이야기하지 않으려 했으며 내가 그 부분을 탐색하려고 하면 혼란스러워하며 간섭당하는 느낌을 받는 것 같았다. 나중에야, 그녀는 내가 그녀에 대해서 특별한 관심이 없는 것으로 생각했었다고 말했다. Beth 에게 나타난 한 환상에서는, 내가 그녀에게 관심을 보이기는 보이는데 그 관심은 치료적 호전을 통해서 스스로 만족하기 위한 관심이었다. 그녀에 대한 나의 역전이는 지속적으로 따뜻하고 안정된 것이었으나 그다지 강렬하지는 않았다. 나는 이따금 치료시간에 지루함을 느끼기도 했으며 졸음과 씨름한 적도 한 차례 이상 있었다. 나는 두 여성 모두에게 깊은 애정을 느꼈는데, Amanda에게는 좀 더 즉각적이고 직접적인 방식으로 표현된 반면, Beth에게는 상당히 절제된 방식으로 표현되었다.

두 여성은 이별에 대해서는 모두 강렬한 반응을 나타냈는데, Amanda는 분노로 반응한 반면, Beth는 먼저 관계에서 물러나는 방식(치료를 일시적으로 중단해야 하는 경우에, 그녀는 그전부터 말을 잘 하지 않고 애매모호한 태도를 취하다가 결국 마지막 시간에는 나타나지 않는다)으로 반응했다. 친밀한 사람들과의 관계에서도 그들은 서로 달랐다. Amanda는 애인에게 성 관계를 먼저 제안하고 자주 즐겼으며, 이처럼 은밀한 사생활을 별스럽없이 잘 이야기했다. 반면에, Beth는 연인과 거의 성 관계를 갖지 않았으며 상대방이 먼저 제안할 때에만 성관계를 맺는 경향이 있었다. Beth는 성적인 경험에 대해서 이야기하는 것을 매우 힘들어했으며 치료한 지 3년째가 되어서야 그러한 이야기를 할 수 있었다. Amanda는 활달한 신체적 활동을 좋아했으며 모임에서는 스스로 나서서 일을 하는 반면, Beth는 혼자 낚시를 하거나 좋은 책을 보며 뒹구는 것을 더 좋아했다.

두 여성의 자존감을 지지하는 바탕은 그들의 직업적 역할, 애착하는 대인관계, 타인과 교감할 수 있는 감수성, 개인적 성장과 정서적 성숙을 이루기 위한 적극적인 노력이었다. 두 사람 모두 자신이 동성애자임을 밝히는 힘든 커밍아웃(coming-out) 과정을 거쳐서 동성애자로서의 긍정적이고 진취적인 정체감을 갖게 된 것에 대해서 상당한 자부심을 지니고 있었다. 그러나 Amanda의 자존감은 누군가가 그녀를 압도하거나 이용하려고 하면 민감한 반응을 보였다. 그녀는 권력자에게 저항하고자 하는 깊은 욕구를 지니고 있었다. 자신이 누군가에게 조종당하거나 압도당한다고 느껴지면, 그녀의 기분은 갑자기 추락했다. 이러한 문제가 Beth에게는 두드러지지 않았는데, 그녀는 갈등 없이 지내는 것을 더 중요하게 여겼기 때문이다. 그녀는 혼자 고립되거나 무시당한다고 느끼거나 그녀가 좋아하는 사람이 그녀로부터 멀어질 때 우울한 반응들을 보였다.

병리유발적 신념이라는 측면에 있어서, 두 사람은 모두 자신의 사악함과 부적절성을 강조하는 신념체계를 지니고 있었지만, 그 내용은 서로 달랐다. Amanda가 지니고 있는 주요한 우울유발 신념은 다음과 같다:

"나는 사람들이 감당하기 어려운 부담스러운 존재다. 나는 지나치게 요구가 많고 까다롭다. 어머니는 나로 인해 지쳤으며, 아버지는 나의 나쁜 면을 보고 때리곤 했다. 비록 아버지의 학대를 받을 만하긴 했지만, 이를 예상하고 나 자신을 보호했어야 했다. 나는 어머니가 회복되도록 노력할 만큼 좋은 딸이 아니었다. 결국에는 나의 본모습이 드러나서 다른 사람들로부터 거부당하게 될 것이다. 나를 잘 아는 사람들은 내가 얼마나 나쁜 사람인지를 깨닫게 될 것이다. 내가 먼저 상대방의 나쁜 면을 지적함으로써 그들의 주의를 분산시켜야만 그들이 나의 결함을 눈치 채지 못할 것이다."

반면에, Beth가 지니고 있는 주요한 우울유발 신념은 대체로 다음과 같다:

"나는 어머니가 슬픔과 알코올중독에서 벗어나도록 돕지 못했다. 나로 인해 아버지가 자신을 과시하는 일에서 기쁨을 느끼게 할 수 있었지만, 그렇게 행동하면서 나는 가식적으로 이용당하는 기분이었다. 부모로부터 멀어질수록, 부모를 변화시킬 수 없다는 괴로움에서도 벗어날 수 있을 것이다. 마지못해 착한 딸의 시늉을 하겠지만, 나만의 비밀스런 세계를 만들 것이다. 오빠와의 성관계를 즐거워하는 그런 욕망을 지닌 나는 나쁜 사람이다. 신체적인 접촉은 내게 즐거움을 주지만, 또한 죄책감과 더불어 다른 사람들로부터의 소외감을 갖게 한다. 만약 잘 위장하여 감출 수만 있다면, 아무도 내가 얼마나 무력하고 타락한 사람인지 알 수 없을 것이다."

두 사람 모두에게 고전적 정신분석이라고 할 수 있는 치료를 실시했음에도 불구하고, 두 여성을 치료하는 분위기는 각기 사뭇 달랐다. Amanda와 접수면접을 하고 난 후, 나는 장기간의 심층적 분석을 할 수 있을 것이라는 기대 때문에 매우 흥분되고 들떠 있었다. 아울러 그녀를 실망시킬지도 모른다는 두려움을 느꼈다. 그녀의 강렬한 감정표현, 나를 뚫어지게 바라보는 눈빛 그리고 예리한 질문들로 인해서 나는 마치 재판을 받고 있는 듯한 묘한 느낌을 갖게 되었다. 이를 통해서 나는 자신의 위치에 대해서 확고한 자신감이 없는 권위적 인물이라면 누구나 Amanda를 위협적인 존재로 느끼게 될 것이라는 점을 쉽게 짐작할 수 있었다. 그리고 사실 치료를 하는 동안 주기적으로, 나는 내가 그녀를 실망시키거나 상처를 주었을지 모른다는 생각과 씨름해야만 했다. 왜냐하면 Amanda는 과거에 그녀에게 일어났었고 지금도 여전히 고통스러운 여러 가지 경험들을 전이관계 속에서 다시 경험하고 있었기 때문이다.

Beth와의 관계에서는, 나는 평온했으며 덜 위협적인 느낌이었다. 접수면접을 하는 동안 머릿속에 어떤 멜로디가 스쳐 지나갔는데, Carly

Simon이 절규하듯이 부른 "그건 그래야 한다고 내가 항상 듣던 말이야."라는 노래였다. 나는 Beth를 무시하거나 착취하지 않을 사람과의 관계에서 그녀가 느끼게 될 분노와 에너지를 포착하여 다루어주는 것이 치료의 관건이라고 생각했다. Amanda와의 치열한 대화 속에서 그녀를 도와주고 싶다는 욕구를 느꼈던 것과는 대조적으로, Beth와 대화하면서 나는 가끔씩 무언가 자극이 부족하다는 일종의 결핍감을 느꼈다. 나는 그녀가 웅크리고 숨어 있는 벽을 꿰뚫고 싶었고 그녀를 뒤흔들어서 생기를 찾게 해주고 싶었다.

아래에는 두 여성에 대한 사례이해의 요약이 제시되어 있는데, 여기에는 이 책에서 다루었던 여러 가지 주제들이 언급되어 있다. 이러한 주제들을 내담자의 개인력에 근거하여 원인론적으로 살펴보고자 했으며 우울증상의 극복이라는 목표와 더불어 내담자가 치료에서 원하는 구체적인 목표와 관련지어 논의하고자 했다. 이러한 요약문의 길이는 자세한 사례보고서에서 "정신역동의 이해" 부분에 대략 해당되는 분량이라고 할 수 있다. Amanda의 정신역동에 대한 요약은 다음과 같다:

"Amanda는 현재 우울한 심리상태를 나타내고 있으며, 이러한 상태의 근본적 원인은 그녀가 생후 15개월경이 되었을 때부터 시작된 어머니의 우울증으로 인해서 본래 활발하고 강렬한 기질을 타고난 아이의 욕구가 제대로 충족되지 못한 점에 있다. 그녀의 아버지는 기질적으로 어머니의 빈자리를 정서적으로 채워줄 수 없는 사람이었으며, Amanda에게는 분노, 적대감, 신체적인 학대로 대한 것 같다. 게다가 남동생이 애정을 독차지함으로써 Amanda는 자신이 사랑을 받을 수 없는 존재라는 인식을 더 강하게 갖게 되었다. 그녀는 자신이 타인으로부터 보살핌을 받을 자격이 없는 사람이며 여자는 푸대접을 받아도 남자는 사회에서 모든 혜택을 받게 된다는 생각을 굳히게 된 듯하다. 이러한 인식으로 인해서, 그녀는 자신이 부드럽거나 여성스러운 모습을 보이면 부당한 대우를 받게 될 것이라고 느끼는 것 같다. 그녀는 슬픔을 소극적인 감정이라고 느끼고 이에 대해서 분노와 과잉행동으로 방어하고 있다. 치료목표 중의 하나는 그녀의 이러한 나약한 측면을 자각시키는 것인데, 이러한 노력은 아마도 그녀로 하여금 안전이 위협당하고 있다는 불안감에 휩싸이게 할 수 있다.

어린 시절의 애정결핍에 따른 분노는, 아버지처럼 무뚝뚝하고 부당한 행동을 하거나 또는 어머니처럼 자기문제에 빠져 무기력한 모습을 보이는 권위적 인물에 대한 도발적인 태도로 나타나는 듯하다. 따라서 치료의 또 다른 목표는 그녀가 자신보다 높은 위치에 있는 사람들에게 덜 도발적인 행동을 나타내도록 하는 것이다."

다음은 Beth의 주요한 심리적 갈등을 요약한 것이다:

"Beth는 현재 우울한 심리상태를 보이고 있으며, 이러한 우울은 알코올 중독에 빠진 어머니를 구해낼 수 없었다는 무력감과 더불어, 자기애적인 아버지의 관심을 얻기 위해서 딸인 Beth를 남들에게 과시하려는 아버지의 요구에 응해야만 했던 좌절감에 기인한 것으로 보인다. 그녀는 다른 사람이 그녀를 지배하거나 조정함으로써 자신이 목석처럼 이용당하는 물건이라는 느낌을 갖지 않기 위해서 사람들을 멀리하려고 노력하고 있다. 기질적으로 예민하고 독립적인 아이였던 그녀는 부모 중 어느 누구도 그녀에게 깊은 애정을 베풀어줄 사람으로 여기지 않았다. 그래서 그녀는 심리적 위안과 자극을 얻기 위해 자신과 마찬가지로 애정을 받지 못하던 오빠에게 관심을 보이게 되었으며, 이러한 관심은 성적인 관계로 발전되었다. Beth는 자신이 근친상간을 범했다는 점에 대해서 자신에 대한 심한 증오감을 느끼고 있다. 그녀는 분노와 열정적인 애정이라는 두 가지 강렬한 감정을 방어하기 위해서 슬픈 감정 속에서 자기비하를 하고 있다. 그녀가 치료에서 희망하는 것은, 과거로부터 자유로워져 현재에 집중하는 것, 사람들과 친밀한 관계를 형성하는 것, 즐거움과 쾌락을 느낄 수 있게 되는 것, 보통 정도의 의존욕구에 대해서는 두려움을 느끼지 않는 것, 사람들로부터 멀어지려는 욕구와 죄책감을 극복하는 것이다."

두 여성 모두 성공적으로 분석이 마무리되었으며, 치료를 통해 자신의 삶이 변화된 것에 감사하고 있다. 이들은 자신이 원했던 치료목표뿐만 아니라 처음에는 생각하지도 못했던 다른 목표들(신체적으로 더 건강해지고, 돈을 더 효과적으로 관리하며, 여러 사람 앞에서 발표하는 일을 덜 불안해하고, 시간을 좀 더 효율적으로 사용하며, 감기나 다른 질병에 걸리지 않고, 친구에 대한 판단이 더 정확해지며, 내면적 평온을 더 많이 느끼고, 창조성을 발휘할 수 있는 새로운 출구를 개발하는 것 등)도 성취하게 되었다. 그러나 수용적이고 허용적인 관심을 두 사람 모두에게 기울여주었지만, 치료를 위해 해야 할 일은 두 사람에게 있어서 각기 매우 달랐다. Amanda에게는 그녀의 도발과 도전을 잘 인내하면서 그녀가 자신의 적대적인 마음을 잘 다룰 수 있게 되고 나아가서 그 이면에 있는 고통을 이겨내도록 돕는 것이 필요했다. 그녀는 치료과정에서 내가 확고하게 한계를 설정하고 신뢰감과 자신감을 전달하는 작업을 잘 따라왔다. Beth에게는 내가 그녀의 고통을 잘 공감해주면서, 있는 그대로의 그녀에 대해서 정서적인 애정을 기울여주는 동시에 자기비난과 소외감으로 이루어진 그녀의 은밀한 내면적 세계로 다가가는 노력이 필요했다.

이러한 사례를 제시함으로써 접수면접에서 얻은 정보를 어떻게 정리해야 하는지 보여주고자 했다. 전체는 부분의 합보다 항상 심리적으로 크다. 임상가들이 심리치료를 각기 다른 순서로 진행하듯이, 치료자마다 역동적 사례이해에 있어서 각기 다른 측면을 강조한다. 치료자와 내담자는 그들만의 독특한 심리적 역동과 인간관계를 형성하게 되며, 그러한 관계 속에서 두 사람은 그들 사이에서 일어나는 일들이 의미 있는 것이 되도록 하기 위해 분투하게 된다.

몇 가지 마지막 조언

독자들을 위해서 몇 가지 일반적인 결론을 제시하고자 한다. 내담자를 한 번 면담하고 나서, 그 사람의 심리상태를 충분히 파악할 수 있으리라고 기대하지 말라. 그러나 내담자와 처음 만나서 한 시간 정도 면담하고 나면, 그 사람의 고정적 특성, 발달적 문제, 방어, 감정, 동일시, 관계패턴, 자존감의 유지조건, 병리유발적 신념에 관해서 어느 정도 추측을 할 수 있어야 한다. 자신이 세운 가설을 숙고해보고, 이러한 가설의 근거를 생각해보며, 그 치료적 함의를 고찰해보도록 하라. 이렇게 파악된 사례이해에 비추어볼 때, 특정한 내담자에게 별 도움이 되지 않는 치료기법이라면 비록 자신이 오랫동안 익혀온 것이라 하더라도 그러한 치료기법을 사용하지 않는 것이 좋다. 일반적으로 유용한 치료기법이라 하더라도 부적절한 사람에게 적용되면, 변화시킬 수 없는 것을 강제로 변화시키려하여 오히려 상처를 주게 되거나, 발달적 필수요건을 훼손하게 되거나, 부적응적인 방어를 더 강화시키거나, 진정한 감정을 억압시키거나, 중요하게 동일시하는 인물을 모욕하게 되거나, 자기패배적인 대인관계 패턴을 강화하게 되거나, 자존감에 상처를 입히게 되거나, 병리유발적 신념을 강화시킬 수 있다.

6장에서 제시했듯이 나의 경험에 따르면, 치료자의 개인적 주관성에 내재된 한계를 극복하는 방법은 동료들과 함께 내담자 사례를 깊이 있게 논의하는 것이다. 사례회의를 통해서, 치료자가 사례이해에서 간과했던 점들을 다른 사람으로부터 지적받을 수 있게 된다. 내가 알고 있는 대부분의 진지한 치료자들은 동료 슈퍼비전 집단이나 사례회의나 선배들이 지도하는 토론모임에 정규적으로 참여한다. 이러한 모임은 사례를 발표하는 치료자로 하여금 자신이 내담자에게 나타낸 반응의 정서적 측면을 살펴볼 수 있을 뿐만 아니라 치료내용에 대해서 서로의 의견을 자유롭게 교환할 수 있는 안전한 공간이 될 수 있다[Robbins(1988)를 참고하시오.]. 모든 내담자는 항상 무언가 새로운 것을 제공하고 있기 때문에, 모임에 참여하는 치료자들의 전문적 식견을 확대할 수 있어서 그러한 모임은 오랫동안 지속되는 경향이 있다. 어떤 전문가 모임은 30년이 넘도록 계속해서 운영되는 경우도 있다. 치료자가 아무리 경험이 많다고 하더라도, 이러한 모임을 통해 자기 자신과 내담자에 관해 시야를 넓혀주는 놀라운 것을 배우게 될 것이다.

　　마지막으로, 치료자가 내담자의 실제적 감정, 상상, 신념, 행동에 대해서 매우 깊은 호기심을 지니고 있다는 점을 내담자에게 반복해서 알리도록 하라. 그러한 호기심은 사례이해를 검증하기 위한 것 이상으로서 Freud, Kohut, Kernberg, Mitchell, 그 밖에 치료자가 이상적인 인물로 여기는 치료자들이 지녔던 호기심보다 더 크다는 것을 내담자에게 알리도록 하라. 진실은 대부분 경이로운 것이며 때로는 고통스러운 것이다. 이러한 사실은 내담자뿐만 아니라 자기도취로 인해서 자신의 무지와 오해를 인정하지 않으려는 사람이 아니라면 치료자에게도 마찬가지다. 대부분의 사람들은 결국 진실한 것이 치료적이라는 사실을 인정하게 된다.

인간의 본성에 대한 고통스러운 진실을 발견하고 인정하는 일에 전념해 온 점이야말로 영욕으로 얼룩진 정신분석학의 역사에서 가장 높이 살 만한 점일 것이다. 그리고 따뜻한 마음을 지닌 사려깊은 치료자들이 수십 년간 쌓아온 지혜를—그러한 치료자들로부터 도움을 받았던 수많은 내담자들의 경험은 차치하더라도—포기하도록 만드는 거대한 압력에 직면해 있는 이 시대에, 진실을 말하려는 의지야말로 우리가 지닌 가장 강한 버팀목이다.

계약서 견본

치료를 위해 방문하신 것을 환영합니다. 아래에는 심리치료에 관한 몇 가지 중요한 정보가 소개되어 있습니다. 이러한 정보를 읽으신 후 이를 확인했다는 서명을 해주시기 바랍니다.

치료기간 및 횟수　　심리치료는 보통 규칙적인 회기로 구성되며, 매 회기마다 대개 45분의 시간이 소요됩니다. 기간과 횟수는 여러분이 지닌 문제와 개인적 바람에 따라 달라질 수 있습니다.

비밀보장　　귀하가 저에게 말씀해주시는 정보들은 엄격하게 비밀이 지켜질 것이며 귀하의 서면동의 없이는 절대로 공개되지 않을 것입니다. 하지만, 법적으로 귀하 자신이나 타인에게 생명의 위협이 가해지는 상황이거나 아동이 위험에 처해질 수 있는 상황(성적 또는 신체적 학대나 방치)인 경우에는 비밀이 보장되지 않습니다. 만일 귀하의 치료에 관해서 제가 동료들과 논의할 필요가 있다면, 익명 사용을 비롯해서 귀하의 신분이 밝혀지지 않도록 최선의 노력을 할 것입니다.

치료비 방침　　1회 치료회기의 치료비는 ＿＿＿＿＿＿ 달러입니다. 만일 면담약속을 취소해야만 할 경우에는, 적어도 24시간 전에 전화를 주시기 바랍니다. 그렇지 않으면, 면담이 이루어지지 못한 회기의 치료비를 부담하셔야 합니다. 보험회사에서는 취소회기의 치료비를 지급하지 않음을 양지하시기 바랍니다.

만일 정신의료보험의 보상을 받고자 하신다면, 보험회사 측에 계산서를 보내어서 보험금 상환을 도와드릴 것입니다. 대부분의 경우, 보험회사에서는 그 회기에 청구된 비용을 제한하려 합니다. 귀하는 제가 받고 있는 일상적인 치료비와 보험회사에서 책정한 최고한도액 간의 차액을 부담하시지 않으셔도 됩니다. 고용인 부담금이 필요한 경우에는, 방문 시에 이를 반드시 지불해야 합니다. 다른 명시적인 합의가 없는 경우에는, 보험금 청구를 위한 서류제출의 책임이 귀하에게 있음을 알려드립니다.

전화 및 비상연락　　만일 저에게 전화로 연락할 일이 있다면, 주저하지 말고 연락하십시오. 제가 직접 전화를 받지 못하더라도 자동응답기에 메시지를 남겨주시면 됩니다. 보통 당일 내에 응답전화를 드릴 수 있습니다. 정보교환이나 문제해결을 위해 10분 이상 지속되는 예정된 대화가 아니라면, 전화통화에 대한 경비를 부담하지 않으셔도 됩니다. 전화로 이루어지는 치료회기는 영수증만 발급되며, 일반적으로 보험사 상환이 이루어지지 않습니다. 비상시 저에게 연락할 수 없다면, 지역 병원의 응급서비스 번호로 전화하셔서 도움을 받으실 수 있습니다:

　　　　　　　　　　(전화번호).

의사 진찰　　신체적 증상과 심리적 증상은 흔히 서로 영향을 미칩니다. 필요하다면, 의료진찰을 받아볼 것을 권유합니다. 아울러, 약물치료가 때로는 심리적인 문제에 도움이 되기도 합니다. 적절한 경우에는, 약물처방을 위한 진료를 주선해드릴 수 있습니다.

종결의 자유　　귀하는 언제든지 치료를 종결할 권리가 있습니다. 원하신다면, 유능한 다른 심리치료자를 소개해드릴 수 있습니다.

정보에 근거한 동의 : 나는 앞에서 기술된 계약서를 읽고 이를 이해하였습니다. 이에 대해 질문할 수 있는 기회가 있었으며, _____ (치료자의 이름)로부터 전문적인 심리치료를 받는 것에 동의합니다.

환자 _____   날짜 _____

참고문헌

Abraham, K. (1911). Notes on the psycho-analytical investigation and treatment of manic-depressive insanity and allied conditions. In J. D. Sutherland (Ed.), *Selected papers of Karl Abraham* (pp. 137–156). London: Hogarth Press, 1968.

Acosta, F. X. (1984). Psychotherapy with Mexican-Americans: Clinical and empirical gains. In J. L. Martinez, Jr., & R. H. Mendoza (Eds.), *Chicano psychology* (2nd ed., pp. 163–189). New York: Academic Press.

Adler, A. (1927). *Understanding human nature.* Garden City, NY: Garden City Publishing.

Adler, A. (1931). *What life should mean to you.* Boston: Little, Brown.

Ainsworth, M. D. S., Blehar, M. C., Waters, E., & Wall, S. (1978). *Patterns of attachment: A psychological study of the strange situation.* Hillsdale, NJ: Erlbaum.

Akhtar, S. (1992). *Broken structures: Severe personality disorders and their treatment.* Northvale, NJ: Aronson.

Alexander, F. (1956). *Psychoanalysis and psychotherapy: Development in theory, technique and training.* New York: Norton.

Allport, G. W. (1961). *Pattern and growth in personality.* New York: Holt, Rinehart & Winston.

Altman, N. (1995). *The analyst in the inner city: Race, class, and culture through a psychoanalytic lens*. Hillsdale, NJ: Analytic Press.

American Psychiatric Association (1968). *Diagnostic and statistical manual of mental disorders* (2nd ed.). Washington, DC: Author.

American Psychiatric Association (1980). *Diagnostic and statistical manual of mental disorders* (3rd ed.). Washington, DC: Author.

American Psychiatric Association (1987). *Diagnostic and statistical manual of mental disorders* (3rd ed., rev.). Washington, DC: Author.

American Psychiatric Association (1994). *Diagnostic and statistical manual of mental disorders* (4th ed.). Washington, DC: Author.

Aries, P. (1962). *Centuries of childhood*. New York: Knopf.

Arkowitz, H., & Messer, S. B. (1984). *Psychoanalytic therapy and behavior therapy: Is integration possible?* New York: Plenum.

Aron, L. (1990). One-person and two-person psychologies and the method of psychoanalysis. *Psychoanalytic Psychology, 7,* 475–485.

Aron, L. (1996). *A meeting of minds: Mutuality in psychoanalysis*. Hillsdale, NJ: Analytic Press.

Atwood, G. E., & Stolorow, R. D. (1984). *Structures of subjectivity: Explorations in psychoanayltic phenomenology*. Hillsdale, NJ: Analytic Press.

Bach, S. (1985). *Narcissistic states and the therapeutic process*. New York: Aronson.

Balint, M. (1960). Primary narcissism and primary love. *Psychoanalytic Quarterly, 29,* 6–43.

Balint, M. (1968). *The basic fault: Therapeutic aspects of regression*. London: Tavistock.

Barlow, D. (1998, August 14). [Untitled paper.] In M. Patterson (Chair), *Future of the scientist-practitioner*. Symposium conducted at the 106th annual meeting of the American Psychological Association, San Francisco, CA.

Barron, J. W. (Ed.) (1998). *Making diagnosis meaningful: Enhancing evaluation and treatment of psychological disorders*. Washington, DC: American Psychological Association.

Barron, J. W., Eagle, M. N., & Wolitzky, D. L. (Eds.). (1992). *Interface of psychoanalysis and psychology*. Washington, DC: American Psychological Association.

Barron, J. W., & Sands, H. (1996). *Impact of managed care on psychodynamic treatment*. Madison, CT: International Universities Press.

Beebe, B., & Lachmann, F. M. (1988). The contribution of mother-infant mutual influence to the origins of self-and object relationships. *Psychoanalytic Psychology, 5,* 305-337.

Bellak, L. (1954). *The Thematic Apperception Test and the Children's Apperception Test in clinical use.* New York: Grune & Stratton.

Bellak, L., & Small, L. (1965). *Emergency psychotherapy and brief psychotherapy.* New York: Grune & Stratton.

Benjamin, J. (1988). *The bonds of love: Psychoanalysis, feminism, and the problem of domination.* New York: Pantheon.

Benjamin, L. S. (1993). *Interpersonal diagnosis and treatment of personality disorders.* New York: Guilford Press.

Beres, D. (1958). Vicissitudes of superego formation and superego precursors in childhood. *Psychoanalytic Study of the Child, 13,* 324-335.

Bermann, M. S. (1987). *The anatomy of loving: The story of man's quest to know what love is.* New York: Columbia University Press.

Berliner, B. (1958). The role of object relations in moral masochism. *Psychoanalytic Quarterly, 27,* 38-56.

Berne, E. (1974). Transactional analysis. In H. Greenwald (Ed.), *Active psychotherapy* (pp. 119-129). New York: Aronson.

Bernstein, D. (1993). *Female identity conflict clinical practice* (N. Freedman & B. Distler, Eds.). Northvale, NJ: Aronson.

Bettelheim, B. (1954). *Symbolic wounds: Puberty rites and the envious male.* Glencoe, IL: Free Press.

Bettelheim, B. (1960). *The informed heart: Autonomy in a mass age.* Glencoe, IL: Free Press.

Blanck, G., & Blank, R. (1974). *Ego psychology: Theory and practice.* New York: Columbia University Press.

Blanck, G., & Blank, R. (1979). *Ego psychology II: Psychoanalytic developmental psychology.* New York: Columbia University Press.

Blanck, R., & Blank, G. (1986). *Beyond ego psychology: Developmental object relations theory.* New York: Columbia University Press.

Blatt, S., & Levy, K. (1998). A psychodynamic approach to the diagnosis of psychotherapy. In J. W. Barron (Ed.), *Making diagnosis meaningful: Enhancing evaluating and treatment of psychological disorders* (pp. 73–110). Washington, DC: American Psychological Association.

Blechner, M. J. (Ed.) (1997). *Hope and mortality: Psychodynamic approaches to AIDS and HIV*. Mahwah, NJ: Analytic Press.

Blos, P. (1962). *On adolescence: A psychoanalytic interpretation*. New York: Free Press of Glencoe.

Bollas, C. (1987). *The shadow of the object: Psychoanalysis of the unthought known*. New York: Columbia University Press.

Bornstein, R. F. (1993). Parental representations and psychopathology: A critical review of the empirical literature. In J. M. Masling, & R. F. Bornstein (Eds.), *Psychoanalytic perspectives on psychopathology* (pp. 1–41). Washington, DC: American Psychological Association.

Bornstein, R. F., & Masling, J. M. (Eds.) (1998). *Empirical perspectives on the psychoanalytic unconscious*. Washington, DC: American Psychological Association.

Bowlby, J. (1969). *Attachment and loss: Vol. 1. Attachment*. New York: Basic Books.

Bowlby, J. (1973). *Attachment and loss: Vol. 2. Separation: Anxiety and anger*. New York: Basic Books.

Bowlby, J. (1980). *Attachment and loss: Vol. 3. Loss: Sadness and depression*. New York: Basic Books.

Boyd-Franklin, N. (1989). *Black families in therapy: A multisystems approach*. New York: Guilford Press.

Brazelton, T. B., Koslowski, B., & Main, M. (1974). The origins of reciprocity: The early mother-infant interaction. In M. Lewis & L. Rosenblum (Eds.), *The effect of the infant on its caregiver* (pp. 49–76). New York: Wiley.

Brazelton, T. B., Yogman, M., Als, H., & Tronick, E. (1979). Joint regulation of neonate-parent behavior. In E. Tronick (Ed.), *Social interchange in infancy* (pp. 7–22). Baltimore: University Park Press.

Bretherton, I. (1998, October 2). *From interaffectivity and attunement to shared meanings: An attachment perspective on individual differences*. Paper presented at a conference on "Mutual Understanding," University of Crete, Rethymnon, Crete, Greece.

Bridges, K. M. B. (1931). *The social and emotional development of the pre-school child*.

London: Kegan Paul.

Brooke, R. (1994). Assessment for psychotherapy: Clinical indicators of self cohesion and self pathology. *British Journal of Psychotherapy, 10*, 317–330.

Bucci, W. (1985). Dual coding: A cognitive model for psychoanalytic research. *Journal of the American Psychoanalytic Association, 33*, 571–607.

Bucci, W. (1997). *Psychoanalysis and cognitive science: A multiple code theory.* New York: Guilford Press.

Bursten, B. (1973). *The manipulator: A psychoanalytic view.* New Haven, CT: Yale University Press.

Butler, D. A. (1998). *"Unsinkable": The full of RMS Titanic.* Mechanicsburg, PA: Stackpole Books.

Calef, V., & Weinshel, E. (1981). Some cinical consequences of introjection: *Gaslinghting. Psychoanalytic Quarterly, 50*, 44–66.

Callahan, R. J., & Callahan, J. (1996). *Thought field therapy and trauma: Treatment and theory.* Indian Wells, CA: Authors.

Cardinal, M. (1983). *The words to say it.* Cambridge, MA: VanVactor & Goodheart.

Carlson, R. (1986). After analysis: A study of transference dreams following treatment. *Journal of Consulting and Clinical Psychology, 54*, 246–252.

Carotenuto, A. (Ed.) (1983). *A secret symmetry: Sabina Spielrein between Jung and Freud* (rev. ed.). New York: Pantheon.

Chessick, R. D. (1983). *How psychotherapy heals: The process of intensive psychotherapy.* Northvale, NJ: Aronson.

Clark, L. A., Watson, D., & Reynolds, S. (1995). Diagnosis and classification of psychotherapy: Challenges to the current system and future directions. In J. T. Spence, J. M. Darley, & D. J. Foss (Eds.), *Annual review of psychology* (Vol. 46, pp. 121–153). Palo Alto, CA: Annual Reviews.

Cleckley, H. (1941). *The mask of sanity: An attempt to clarify some issues about the so-called psychopathic personality.* St. Louis: Mosby.

Comas-D z, L., & Greene, B. (Eds.) (1994). *Women of color: Integrating ethnic and gender identities in psychotherapy.* New York: Guilford Press.

Dahl, H. (1988). Frames of mind. In H. Dahl, H. Kachele, & H. Thomae (Eds.),

Psychoanalytic process research strategies (pp. 51–66). New York: Springer–Verlag.

Davies, J. M. (1994). Love in the afternoon: A relational reconsideration of desire and dread in the contertransference. *Psychoanalytic Dialogues, 4,* 153–170.

Davies, J. M., & Frawley, M. G. (1993). *Treating the adult survivor of childhood sexual abuse: A psychoanalytic perspective.* New York: Basic Books.

Dennis, P. (1955). *Auntie Mame.* New York: Buccaneer Books, 1995.

Dowling, S., & Rothstein, A. (Eds.) (1989). *The significance of infant observational research for clinical work with children, adolescents and adults.* Madison, CT: International Universities Press.

Eissler, K. R. (1953). The effects of the structure of the ego on psychoanalytic technique. *Journal of the American Psychoanalytic Association, 1,* 104–143.

Ekman, P. (1971). Universals and cultural differences in facial expressions of emotion. In J. Cole (Ed.), *Nebraska symposium on motivation 1971* (pp. 207–283). Lincoln: University of Nebraska Press.

Ekman, P. (1980). *The face of man: Expressions of universal emotions in a New Guinea village.* New York: Garland STPM Press.

Elkind, S. N. (1992). *Resolving impasses in therapeutic relationships.* New York: Guilford Press.

Emde, R. N. (1990). Mobilizing fundamental modes of development: An essay on empathic availability. *Journal of the American Psychoanalytic Association, 38,* 881–914.

Emde, R. N. (1991). Positive emotions for psychoanalytic theory: Surprises from infancy research and new directions. *Journal of the American Psychoanalytic Association, 39,* 5–14.

Epstein, M. (1998). *Going to pieces without falling apart: A Buddhist perspective on wholeness (Lessons from mediation and psychotherapy).* New York: Broadway Books.

Erikson, E. H. (1950). *Childhood and society.* New York: Norton.

Erikson, E. H. (1968). *Identity: Youth and crisis.* New York: Norton.

Erikson, E. H. (1977). *The life cycle competed.* New York: Norton.

Escalona, S. K. (1968). *The roots of individuality: Normal patterns of development in infancy.* Chicago: Aldine.

Etchegoyen, R. H. (1991). *The fundamentals of psychoanalytic technique.* London: Karnac

Books.

Fairbairn, W. R. D. (1952). *An object-relations theory of the personality.* New York: Basic Books.

Fast, I. (1998). *Selving: A relational theory of self organization.* Hillsdale, NJ: Analytic Press.

Fenichel, O. (1941). *Problems of psychoanalytic technique.* Albany, NY: Psychoanalytic Quarterly.

Fenichel, O. (1945). *The psychoanalytic of neurosis.* New York: Norton.

Fisher, S., & Geenberg, R. P. (1985). *The scientific credibility of Freud's theories and therapy.* New York: Columbia University Press.

Fossum, M. A., & Mason, M. J. (1986). *Facing shame: Families in recovery.* New York: Norton.

Foster, R. P., Moskowitz, M., & Javier, R. A. (1996). *Reaching across boundaries of culture and class: Widening the scope of psychotherapy.* Northvale, NJ: Aronson.

Fraiberg, S. (Ed.) (1980). *Clinical studies in infant mental health: The first year of life.* New York: Basic Books.

Frank, E., kupfer, D. J., & Siegel, L. R. (1995). Alliance not compliance: A philosophy of outpatient care. *Journal of Clinical Psychiatry, 56,* 11–17.

Frankl, V. E. (1969). *The doctor and the soul.* New York: Bantam.

Frawley-O'Dea, M. G. (1996, March 10). *Ah yes, I remember it well. Or do I?* Paper presented at the annual conference of the Institute for Psychoanalysis and Psychotherapy of New Jersey, Edison, NJ.

Freud, A. (1936). *The ego and the mechanisms of defense.* New York: International Universities Press, 1966.

Freud, A. (1970). The infantile neurosis: Genetic and dynamic considerations. In *The writings of Anna Freud* (Vol. 7, pp. 189–203). New York: International Universities Press.

Freud, S. (1894). The neuro-psychoses of defense. *Standard Edition, 3,* 45–61.

Freud, S. (1911). Formulations on the two principles of mental functioning. *Standard Edition, 12,* 218–226.

Freud, S. (1912). The dynamics of transference. *Standard Edition, 12,* 99–108.

Freud, S. (1913). On beginning the treatment (Further recommendations on the technique of psycho-analysis I). *Standard Edition, 12,* 123-144.

Freud, S. (1916). Some character-types met with in psycho-analytic work. *Standard Edition, 14,* 311-333.

Freud, S. (1917). Mourning and melancholia. *Standard Edition, 14,* 243-258.

Freud, S. (1920). Beyond the pleasure principle. *Standard Edition, 18,* 7-64.

Freud, S. (1921). Group psychology and the analysis of the ego. *Standard Edition, 18,* 105-110.

Freud, S. (1923). The ego and the id. *Standard Edition, 19,* 13-59.

Freud, S. (1926). The question of lay analysis: Conversations with an impartial person. *Standard Edition, 20,* 183-250.

Freud, S. (1933). The question of a Weltanschauug. *Standard Edition, 22,* 158-182.

Freud, S. (1940). An outline of psycho-analysis. *Standard Edition, 23,* 141-207.

Freyd, J. J. (1996). *Betrayal trauma: The logic of forgetting childhood abuse.* Cambridge, MA: Harvard University Press.

Fromm, E. (1956). *The art of loving.* New York: Harper & Row.

Fromm-Reichmann, F. (1950). *Principles of intensive therapy.* Chicago: University of Chicago Press.

Frommer, M. S. (1995). Countertransference obscurity in the psychoanalytic treatment of homosexual patients. In T. Domenici, & R. Lesser (Eds.), *Disorienting sexuality: Psychoanayltic reappraisals of sexual identities* (pp. 65-82). New York: Routledge.

Gabbard, G. O. (1994). Love and lust in the erotic transference. *Journal of the American Psychoanalytic Association, 42,* 385-403.

Gabbard, G. O. (1996). *Love and hate in the analytic setting.* Northvale, NJ: Aronson.

Gabbard, G. O., Lazar, S. G., Hornberger, J., & Spiegel, D. (1997). The economic impact of psychotherapy: A review. *American Journal of Psychiatry, 154,* 147-155.

Gabbard, G. O., & Lester, E. P. (1995). *Boundaries and boundary violations in psychoanalysis.* New York: Basic Books.

Gacano, C. B., & Meloy, J. R. (1994). *The Rorschach assessment of aggressive and psychopathic personalities.* Hillsdale, NJ: Erlbaum.

Galeson, E., & Roiphe, H. (1974). The emergence of genital awareness during the second year of life. In R. C. Friedman, R. M. Richart, & R. L. Van de Wides (Eds.), *Sex differences in behavior* (pp. 223–231). New York: Wiley.

Gallo, F. P. (1998). *Energy psychology: Explorations at the interface of energy, cognition, behavior, and health.* New York: CRC Press.

Gill, M. M. (1994). *Psychoanalysis in transition: A personal view.* Hillsdale, NJ: Analytic Press.

Gill, M. M., & Hoffman, I. (1982). A method for studying the analysis of aspects of the relationship in psychoanalysis and psychotherapy. *Journal of the American Psychoanalytic Association, 30,* 137–167.

Gitlin, M. J. (1996). *The psychotherapist's guide to psychopharmacology* (2nd ed.). New York: Free Press.

Goldberg, F. H. (1998, April 25). *Coming late may not always be resistance: Psychoanalytic therapy with adults who have attention deficit disorder.* Paper presented at the spring meeting of the Division of Psychoanalysis, American Psychological Association, Boston, MA.

Goldfried, M. R., & Wolfe, B. E. (1996). Psychotherapy practice and research: Repairing a strained alliance. *American Psychologist, 51,* 1007–1016.

Goldstein, K. (1942). *Aftereffects of brain injuries in war, their evaluation and treatment; the application of psychologic methods in the clinic.* New York: Grune.

Goleman, D. (1995). *Emotional intelligence.* New York: Bantam.

Goodheart, C. D., & Lansing, M. H. (1997). *Treating people with chronic disease: A psychological guide.* Washington, DC: American Psychological Association.

Gottesman, I. I., & Shields, J. (1982). *Schizophrenia: The epigenetic puzzle.* Cambridge, UK: Cambridge University Press.

Greenberg, J. R., & Mitchell, S. A. (1983). *Object relations in psychoanalytic theory.* Cambridge, MA: Harvard University Press.

Greenberg, L. S., & Safran, J. D. (1987). *Emotion in psychotherapy: Affect, cognition, and the process of change.* New York: Guilford Press.

Greenson, R. R. (1967). *The technique and practice of psychoanalysis.* New York: International Universities Press.

Greenspan, S. I. (1981). *Clinical infant reports: Number 1. Psychopathology and adaption in infancy and early childhood: Principles of clinical diagnosis and preventive intervention*. New York: International Universities Press.

Greenspan, S. I. (1989). *The development of the ego: Implications for personality theory, psychopathology, and the psychotherapeutic process.* Madison, CT: International Universities Press.

Greenspan, S. I. (1996). *The challenging child: Understanding, raising, and enjoying the five "difficult" types of children.* New York: Addison-Wesley.

Greenspan, S. I. (1997). *Developmentally based psychotherapy.* Madison, CT: International Universities Press.

Greenwald, H. (1958). *The call girl: A sociological and psychoanalytic study.* New York: Ballantine Books.

Grier, W., & Cobbs, P. (1968). *Black rage.* New York: Basic Books.

Guntrip, H. (1969). *Schizoid phenomena, object relations and the self.* New York: International Universities Press.

Haan, N. A. (1977). *Coping and defending.* San Francisco: Jossey-Bass.

Hall, G. S. (1904). *Adolescence: Its psychology and its relation to physiology, anthropology, sociology, sex, crime, religion, and education* (Vols. 1 and 2). New York: Appleton-Century-Crofts.

Hammer, E. (1990). *Reaching the affect: Style in the psychodynamic therapies.* New York: Aronson.

Hare, R. (1978). Electrodermal and cardiovascular correlates of psychopathy. In R. Hare & D. Schalling (Eds.), *Psychoanalytic behavior: Approaches to research* (pp. 107-143). Chichester, UK: Wiley.

Hare, R. (1991). *The Hare Psychopathy Checklist-Revised Manual.* Toronto: Multi-Health Sytstems.

Haugaard, J. J., & Reppucci, N. D. (1989). *The sexual abuse of children.* San Francisco: Jossey-Bass.

Henry, W. P., Schacht, T. E., & Strupp, H. H. (1986). Structural analysis of social behavior: Application to a study of interpersonal process in differential psychotherapeutic outcome. *Journal of Counseling and Clinical Psychology, 54,* 27-31.

Herman, J. L. (1992). *Trauma and recovery: The aftermath of violence-from domestic abuse to political terror.* New York: Basic Books.

Hertsgaard, L. (1995). Adrenocortical response to the strange situation in infants with disorganized/disoriented attachment relationships. *Child Development, 66,* 1100–1106.

Hite, A. L. (1996). The diagnostic alliance. In D. Nathanson (Ed.), *Knowing feeling: Affect, script, and psychotherapy* (pp. 37–55). New York: Norton.

Horner, A. J. (1991). *Psychoanalytic object relations therapy.* Northvale, NJ: Aronson.

Horowitz, M. (1988). *Introduction to psychodynamics: A new synthesis.* New York: Basic Books.

Horowitz, M. (1991). Psychic structure and the process of change. In M. Horowitz (Ed.), *Hysterical personality style and the histrionic personality disorder* (pp. 193–261). Northvale, NJ: Aronson.

Howard, K. I., Moras, K., Brill, P. L., Martinovih, Z., & Lutz, W. (1996). Evaluation of psychotherapy: Efficacy, effectiveness, patient progress. *American Psychologist, 51,* 1059–1064.

Huang, M. Y., & Nunes, E. V. (1995). Substance induced persisting dementia and substance abuse persisting amnestic disorder. In G. O. Gabbard (Ed.), *Treatments of psychiatric disorders* (2nd ed., pp. 555–631). Washington, DC: American Psychiatric Press.

Hurvich, M. S. (1989). Traumatic moment, basic dangers and annihilation anxiety. *Psychoanalytic Psychology, 6,* 309–323.

Izard, C. E. (1971). *The face of emotion.* New York: Appleton–Century–Crofts.

Izard, C. E. (Ed.). (1979). *Emotions in personality and psychopathology.* New York: Plenum.

Jacobson, E. (1964). *The self and the object world.* New York: International Universities Press.

Jacobson, E. (1971). *Depression Comparative studies of normal, neurotic, and psychotic conditions.* New York: International Universities Press.

Jahoda, M. (1958). *Current concepts of positive mental health.* New York: Basic Books.

Javier, R. A. (1990). The suitability of insight oriented therapy for the Hispanic poor. *American Journal of Psychoanalysis, 50,* 305–318.

Johnson, A. (1949). Sanctions for superego lacunae of adolescents. In K. R. Eissler (Ed.), *Searchlights on delinquency* (pp. 225–245). New York: International Universities Press.

Johnson, S. M. (1994). *Character styles.* New York: Norton.

Josephs, L. (1992). *Character structure and the organization of the self.* New York: Columbia

University Press.

Josephs, L. (1995). *Balancing empathy and interpretations: Relational character analysis*. Northvale, NJ: Aronson.

Kagan, J. (1994). *Galen's prophecy: Temperament in human nature*. New York: Basic Books.

Kaplan, L. (1984). *Adolescence: The farewell to childhood*. New York: Simon & Schuster.

Karon, B. (1989). On the formation of delusions. *Psychoanalytic Psychology, 6,* 169–185.

Karon, B. (1998, August 16). *The tragedy of schizophrenia*. Paper presented at the 106th annual meeting of the American Psychological Association, San Francisco, CA.

Karon, B., & VandeBos, G. R. (1981). *Psychotherapy of schizophrenia: The treatment of choice*. New York: Aronson.

Kelly, K., & Ramundo, P. (1995). *You mean I'm not lazy, crazy, or stupid?!: A self-help book for adults with attention deficit disorder*. New York: Scribner.

Keniston, K. (1971). *Youth and dissent*. New York: Harcourt, Brace, Jovanvich.

Kernberg, O. F. (1975). *Borderline conditions and pathological narcissism*. New York: Aronson.

Kernberg, O. F. (1976). *Object relations theory and clinical psychoanalysis*. New York: Aronson.

Kernberg, O. F. (1984). *Severe personality disorders: Psychotherapeutic strategies*. New Heaven, CT: Yale University Press.

Kernberg, O. F. (1992). *Aggression in personality disorders and perversions*. New Heaven, CT: Yale University Press.

Kernberg, O. F. (1995). *Love relations: Normality and pathology*. New Heaven, CT: Yale University Press.

Kernberg, O. F. (1997, December 6). *New developments in the diagnosis and treatment of narcissistic psychopathology*. Address given at Montefiore Medical Center, New York, NY.

Kernberg, O. F., Selzer, M. A., Koenigsberg, H. W., Carr, A. C., & Appelbaum, A. H. (1989). *Psychodynamic psychotherapy of borderline patients*. New York: Basic Books.

Kerr, J. (1993). *A most dangerous method: The story of Jung, Freud, and Sabina Spielrein*. New York: Vintage Books.

Kets de Vries, M. F. R. (1989). *Prisoners of leadership*. New York: Wiley.

Klein, M. (1946). Notes on some schizoid mechanisms. *International Journal of Psycho-Analysis, 27*, 99–110.

Klein, M. (1957). Envy and gratitude. In *Envy and gratitude and other works 1946-1963* (pp. 176-235). New York: Free Press, 1975.

Klerman, G. L., Weissman, M. M., Rounsaville, B. J., & Chevron, E. S. (1984). *Interpersonal psychotherapy of depression.* New York: Basic Books.

Kluft, R. P. (1991). Multiple personality disorder. In A. Tasman, & S. M. Goldfinger (Eds.), *American Psychiatric Press review of psychiatry* (Vol. 10, pp. 161–188). Washington, DC: American Psychiatric Press.

Kobak, R., & Sceery, A. (1988). Attachment in late adolescence: Working models, affect regulation, and perception of self and others. *Child Development, 59*, 135–146.

Kohut, H. (1971). *The analysis of the self: A systematic approach to the psychoanalytic treatment of narcissistic personality disorders.* New York: International Universities Press.

Kohut, H. (1977). *The restoration of the self.* New York: International Universities Press.

Lachmann, F. M., & Lichtenberg, J. D. (1992). Model scenes: Implications for psychoanalytic treatment. *Journal of the American Psychoanalytic Association, 40*, 117–137.

Lating, R. D. (1965). *The divided self: An existential study in sanity and madness.* Baltimore: Penguin.

Lambert, M. J., & Bergin, A. E. (1994). The effectiveness of psychotherapy. In A. E. Bergin, & S. L. Garfield (Eds.), *Handbook of psychotherapy and behavior change* (4th ed., pp. 467–508). New York: Wiley.

Lambert, M. J., Shapiro, D., & Bergin, A. E. (1986). The effectiveness of psychotherapy. In S. Garfield, & A. Bergin (Eds.), *Handbook of psychotherapy and behavior change: An empirical analysis* (pp. 157–212). New York: Wiley.

Langs, R., & Stone, L. (1980). *The therapeutic experience and its setting: A clinical dialogue.* New York: Aronson.

Lasch, C. (1984). *The minimal self: Psychic survival in troubled times.* New York: Norton.

Lasky, E. (1984). Psychoanalysts' and psychotherapists' conflicts about setting fees. *Psychoanalytic Psychology, 1*, 289–300.

Laughlin, H. P. (1967). The neuroses. New York: Appleton–Century–Crofts.

LeDoux, J. E. (1995). Emotion: Clues from the brain. In J. T. Spence, J. M. Darley, & D. J. Foss (Eds.), *Annual review of psychology* (Vol. 46, pp. 209-235). Palo Alto, CA: Annual Reviews.

Lerner, H. G. (1985). *The dance of anger*. New York: Harper & Row.

Lerner, H. G. (1989). *The dance of intimacy*. New York: Harper & Row.

Lesser, R. D. (1995). Objectivity as masquerade. In T. Domenici, & R. Lesser (Eds.), *Disorienting sexuality: Psychoanalytic reappraisals of sexual identities* (pp. 83-96). New York: Routledge.

Levenson, E. A. (1972). *The fallacy of understanding: An inquiry into the changing structure of psychoanalysis*. New York: Basic Books.

Levin, J. D. (1987). *Treatment of alcoholism and other addictions: A self psychology approach*. Northvale, NJ: Aronson.

Levinson, D. J., Darrow, C. N., Klein, E. B., Levinson, M. H., & McKee, B. (1978). *The seasons of a man's life*. New York: Knopf.

Lewis, D. O., Pincus, J. H., Bard, B., Richardson, E., Prichep, L. S., Feldman, M., & Yaeger, C. (1988). Neuropsychiatric, psychoeducational, and family characteristic of 14 juveniles condemned to death in he United States. *American Journal of Psychiatry, 145,* 584-589.

Lewis, D. O., Pincus, J. H., Feldman, M., Jackson, L., & Bard, B. (1986). Psychiatric, neurological, and psychoeducational characteristics of 15 death row inmates in the United States. *American Journal of Psychiatry, 143,* 838-845.

Lewis, H. B. (1971). *Shame and guilt in neurosis*. New York: International Universities Press.

Lichtenberg, J. D. (1983). *Psychoanalysis and infant research*. Hillside, NJ: Analytic Press.

Lichtenberg, J. D. (1989). *Psychoanalysis and motivation*. Hillside, NJ: Analytic Press.

Lichtenberg, J. D., Lachmann, F., & Fossage, J. (1992). *Self and motivational systems: Toward a theory of psychoanalytic technique*. Hillside, NJ: Analytic Press.

Lifton, R. J. (1968). *Death in life: Survivors of Hiroshima*. New York: Random House.

Lipsey, M. W., & Wilson, D. B. (1993). The efficacy of psychological, educational, and behavioral treatment: Confirmation from meta-analysis. *American Psychologist, 48,* 1181-1209.

Liss-Levinson, N. (1990). Money matters and the woman analyst: In a different voice.

Psychoanalytic Psychology, 7, 119–130.

Losewald, H. W. (1957). On the therapeutic action of psychoanalysis. In Papers on psycho-analysis (pp. 221–256). New Haven, CT: Yale University Press, 1980.

Lovinger, R. J. (1984). *Working with religious issues in therapy.* New York: Aronson.

Luborsky, L., & Crits-Christoph, P. (1998). *Understanding transference: The core conflictual relationship theme* (2nd ed.). Washington, DC: American Psychological Association.

Luborsky, L., Singer, B., & Luborsky, L. (1975). Comparative studies of psychotherapies: Is it true that "Everyone has won and all must have prizes?" *Archives of General Psychiatry, 32,* 995–1008.

Lynd, H. M. (1958). *On shame and the search for identity.* New York: Harcourt, Brace & World.

MacEdo, S. (1991). *Liberal virtues: Citizenship, virtue, and community in liberal constitutionalism.* London: Oxford University Press.

MacKinnon, R. A., & Michels, R. (1971). *The psychiatric interview in clinical practice.* Philadelphia: Saunders.

Mahler, M. S. (1968). *On human symbiosis and the vicissitudes of individuation.* New York: International Universities Press.

Mahler, M. S. (1971). A study of the separation-individuation process and its possible application to borderline phenomena in the psychoanalytic situation. In *The selected papers of Margaret S. Mahler* (Vol. 2, pp. 169–187). New York: Aronson, 1979.

Mahler, M. S., Pine, F., & Bergman, A. (1975). *The psychological birth of the human infant.* New York: Basic Books.

Main, M., Kaplan, N., & Cassidy, J. (1985). Security in infancy, childhood, and adulthood: A move to the level of representation. *Monographs of the Society for Research in Child Development, 50* (1–2, Serial No. 209).

Main, M., & Solomon, J. (1986). Discovery of an insecure disorganized/disoriented attachment pattern: Procedures, findings and theoretical implications. In T. Brazelton, & M. Yogman (Eds.), *Affective development in infancy* (pp. 95–124). Norwood, NJ: Ablex.

Malan, D. H. (1976). *The frontier of brief psychotherapy.* New York: Plenum.

Maslin, J. M. (Ed.) (1983). *Empirical studies of psychoanalytic theories* (Vol. 1). Hillsdale, NJ:

Analytic Press.

Maslin, J. M. (Ed.) (1986). *Empirical studies of psychoanalytic theories* (Vol. 2). Hillsdale, NJ: Analytic Press.

Masling, J. M. (Ed.) (1990). *Empirical studies of psychoanalytic theories* (Vol. 3). Hillsdale, NJ: Analytic Press.

Masterson, J. F. (1976). *Psychotherapy of the borderline adult: A developmental approach.* New York: Brunner/Mazel.

McDougall, J. (1989). *Theaters of the body: A psychoanalytic approach to psychosomatic illness.* New York: Norton.

McFarlane, A. C., & van der Kolk, B. A. (1996). Trauma and its challenge to society. In B. A. van der Kolk, A. C. McFarlane, & L. Weisaeth (Eds.), *Traumatic stress: The effects of overwhelming experience on mind, body, and society* (pp. 24-46). New York: Guilford Press.

McGoldrick, M., Giordano, J., & Pearce, J. K. (Eds.) (1996). *Ethnicity and family therapy* (2nd ed.). New York: Guilford Press.

McGuire, W. (Ed.) (1974). *The Freud/Jung letters: The correspondence between Sigmund Freud and C. G. Jung* (R. Manheim & R. F. C. Hull, Trans.). Prineton, NJ: Princeton, NJ: Princeton University Press.

McWilliams, N. (1984). The psychology of the altruist. *Psychoanalytic Psychology, 1,* 193-213.

McWilliams, N. (1994). *Psychoanalytic diagnosis: Understanding personality structure in the clinical process.* New York: Guilford Press.

McWilliams, N. (1996). Therapy across the sexual orientation boundary: Reflections of a heterosexual female analyst on working with lesbian, gay, and bi-sexual patients. *Gender and Psychoanalysis, 1,* 203-221.

McWilliams, N. (1998). Relationship, subjectivity, and inference in diagnosis. In J. W. Barron (Ed.), *Making diagnosis meaningful: Enhancing evaluation and treatment of psychological disorders* (pp. 197-226). Washington, DC: American Psychological Association.

Meehl, P. E. (1990). Toward an integrated theory of schizotaxia, schizotypy, and schizophrenia. *Journal of Personality Disorders, 4,* 1-9.

Meissner, W. W. (1978). *The paranoid process*. New York: Aronson.

Meissner, W. W. (1984). *The borderline spectrum: Differential diagnosis and developmental issues*. New York: Aronson.

Meissner, W. W. (1991). *What is effective in psychoanalytic therapy: A move from interpretation to relation*. Northvale, NJ: Aronson.

Meloy, J. R. (1988). *The psychopathic mind: Origins, dynamics, and treatment*. Northvale, NJ: Aronson.

Meloy, J. R. (1992). *Violent attachments*. Northvale, NJ: Aronson.

Meloy, J. R. (1995). Antisocial personality disorder. In G. O. Gabbard (Ed.), *Treatments of psychiatric disorders* (Vol. 2, 2nd ed., pp. 2273-2290). Washington, DC: American Psychiatric Press.

Menaker, E. (1953). Masochism-A defense reaction of the ego. *Psychoanalytic Quarterly, 22*, 205-220.

Menaker, E. (1995). *The freedom to inquire: Self psychological perspectives on women's issues, masochism, and the therapeutic relationship*. Northvale, NJ: Aronson.

Messer, S. B. (1994). Adapting psychotherapy outcome research to clinical reality. *Journal of Psychotherapy Integration, 4*, 280-282.

Messer, S. B., & Warren, C. S. (1995). *Models of brief psychodynamic therapy: A comparative approach*. New York: Guilford Press.

Messer, S. B., & Winokur, M. (1980). Some limits to the integration of psychoanalytic and behavior therapy. *American Psychologist, 35*, 818-827.

Messer, S. B., & Wolitzky, D. L. (1997). The traditional psychoanalytic approach to case formulation. In T. D. Eells (Ed.), *Handbook of psychotherapy case formulation* (pp. 26-57). New York: Guilford Press.

Miller, A. (1975). *Prisoners of childhood: The drama of the gifted child and the search for the true self*. New York: Basic Books.

Millon, T. (1981). *Disorders of personality: DSM-III: Axis II*. New York: Wiley.

Mitchell, S. A. (1993). *Hope and dread in psychoanalysis*. New York: Basic Books.

Mitchell, S. A. (1997). *Influence and autonomy in psychoanalysis*. Hillsdale, NJ: Analytic Press.

Mitchell, S. A., & Black, M. J. (1995). *Freud and beyond: A history of modern psychoanalytic thought.* New York: Basic Books.

Modell, A. H. (1975). A narcissistic defense against affects and the illusion of self sufficiency. *International Journal of Psycho-Analysis, 56,* 275-282.

Money, J. (1988). *Gay, straight, and in-between: The sexology of erotic orientation.* New York: Oxford University Press.

Morgan, A. C. (1997). The application of infant research to psychoanalytic theory and therapy. *Psychoanalytic Psychology, 14,* 315-336.

Morrision, A. P. (1989). *Shame: The underside of narcissism.* Hillsdale, NJ: Analytic Press.

Morrison, J. (1997). *When psychological problems mask medical disorders: A guide for psychotherapists.* New York: Guilford Press.

Moskowitz, M., Monk, C., Kaye, C., & Ellman, S. J. (Eds.) (1997). *The neurobiological and developmental basis for psychotherapeutic intervention.* Hillsdale, NJ: Aronson.

Mueller, W. J., & Aniskiewitz, A. S. (1986). *Psychotherapeutic intervention in hysterical disorders.* Northvale, NJ: Aronson.

Myers, W. (1984). *Dynamic therapy of the older patient.* New York: Aronson.

Nathan, P. E. (1998). DSM-IV and its antecedents: Enhancing syndromal diagnosis. In J. W. Barron (Ed.), *Masking diagnosis meaningful: Enhancing evaluation and treatment of psychology disorders* (pp. 3-27). Washington, DC: American Psychological Association.

Nathanson, D. L. (1990). Project for the study of emotion. In R. A. Glick, & S. Bone (Eds.), *Pleasure beyond the pleasure principle: The role of affect in motivation* (pp. 81-110). New Haven, CT: Yale University Press.

Nathanson, D. L. (1992). *Shame and pride: Affect, sex, and the birth of the self.* New York: Norton.

Nemiah, J. C. (1973). *Foundations of psychology.* New York: Aronson.

Nemiah, J. C. (1978). Alexthymia and psychosomatic illness. *Journal of Continuing Education in Psychiatry,* 25-37.

Nemiah, J., C., Sifneos, P. E. (1970). Psychosomatic illness: A problem in communication. *Psychotherapy and Psychosomatics, 18,* 154-160.

Ogden, T. H. (1986). *The matrix of the mind: Object relations and the psychoanalytic dialogue.* Northvale, NJ: Aronson.

Orange, D. M. (1995). *Emotional understanding: Studies in psychoanalytic epistemology.*

New York: Guilford Press.

Orange, D. M., Atwood, G. E., & Stolorow, R. D. (1997). *Working inter-subjectively: Contextualism in psychoanalytic practice.* Hillsdale, NJ: Analytic Press.

O'Reilly, J. (1972, Spring). The housewife's moment of truth. *Ms.* (pp. 54–59). [Reprinted in Ms. (1997, September/October), pp. 16–18.]

Ornstein, P., & Orinstein, A. (1985). Clinical understanding and explaining: The empathic vantage point. In A. Goldberg (Ed.), *Progress in self psychology* (Vol. 1, pp. 43–61). New York: Guilford Press.

Osofsky, J. D. (1995). The effects of exposure to violence on young children. *American Psychologist, 30,* 782–789.

Osofsky, H. J., & Diamond, M. O. (1988). The transition to parenthood: Special tasks and risk factors for adolescent parents. In G. Y. Michaels, & W. A. Goldberg (Eds.), *The transition to parenthood: Current theory and research* (pp. 209–234). Cambridge, UK: Cambridge University Press.

Othmer, E., & Othmer, S. C. (1989). *The clinical interview: Using DSM-III-R.* Washington, DC: American Psychiatric Press.

Pally, R. (1998). Emotional processing: The mind–body connection. *International Journal of Psycho-Analysis, 79,* 349–362.

Parkertson, K. (1987). When psychoanalysis is over: An exploration of the psychoanalyst's subjective experience and actual behavior related to the loss of patients at termination and afterward. Unpublished doctoral dissertation, Graduate School of Applied and Professional Psychology, Rutgers University. *Dissertation Abstracts International, 49,* 2790B.

Parloff, M. B. (1982). Psychotherapy research evidence and reimbursement decisions: Bambi meets Godzilla. *American Journal of Psychiatry, 139,* 718–727.

Pennebaker, J. W. (1997). *Opening up: The healing power of expressing emotions.* New York: Guilford Press.

Pearson, E. S. (1988). *Dreams of love and fateful encounters.* New York: Norton.

Pearsons, J. B. (1991). Psychotherapy outcome studies do not accurately represent current models of psychotherapy. *American Psychologist, 46,* 99–106.

Piaget, J. (1937). *The construction of reality in the child.* New York: Basic Books.

Pine, F. (1985). *Developmental theory and clinical process*. New York: Basic Books.

Pine, F. (1990). *Drive, ego, object, and self: A synthesis for clinical work*. New York: Basic Books.

Pinsker, H. (1997). *A primer of supportive psychotherapy*. Hillsdale, NJ: Analytic Press.

Pope, K. S. (1989). Therapist–patient sex syndrome: A guide for attorneys and subsequent therapists. In G. O. Gabbard (Ed.), *Sexual exploitation in professional relationships* (pp. 39–55). Washington, DC: American Psychiatric Press.

Pruyser, P. W. (1979). *The psychological examination: A guide for clinicians*. New York: International Universities Press.

Putnam, F. W. (1989). *Diagnosis and treatment of multiple personality disorder*. New York: Guilford Press.

Racker, H. (1968). *Transference and countertransference*. New York: International Universities Press.

Rank, O. (1945). *Will therapy and truth and reality*. New York: Knopf.

Rapee, R. M. (1998). *Overcoming shyness and social phobia: A step-by-step guide (clinical application of evidence-based psychotherapy)*. Northvale, NJ: Aronson.

Rasmussen, A. (1988). Chronically and severly battered women: A psychodiagnostic investigation. Unpublished doctoral dissertation. Graduate School of Applied and Professional Psychology, Rutgers University. *Dissertation Abstracts International, 50,* 2634B.

Redlich, F. D. (1957). The concept of health in psychiatry. In A. H. Lighton, J. A. Clausen, & R. N. Wilson (Eds.), *Explorations in social psychiatry* (pp. 138–164). New York: Basic Books.

Reich, W. (1993). *Character analysis*. New York: Farrar, Straus, & Giroux, 1972.

Reik, T. (1948). *Listening with the third ear*. New York: Grove.

Richards, H. J. (1993). *Therapy of the substance abuse syndromes*. Northvale, NJ: Aronson.

Robbins, A. (Ed.) (1988). *Between therapists: The processing of transference/countertransference material*. New York: Human Sciences Press.

Robins, L. (1966). *Deviant children grown up: A sociological and psychiatric study of sociopathic personality*. Baltimore: Williams & Wilkins.

Rockland, L. H. (1992a). *Supportive therapy: A psychodynamic approach*. New York: Basic

Books.

Rockland, L. H. (1992b). *Supportive therapy for borderline patients: A psychodynamic approach*. New York: Guilford Press.

Rogers, C. R. (1951). *Client-centered therapy: Its current practice, implications, and theory*. Boston: Houghton Mifflin.

Rogers, C. R. (1961). *On becoming a person*. Boston: Houghton Mifflin.

Roland, A. (1981). Induced emotional reactions and attitudes in the psychoanalyst as transference and in actuality. *Psychoanalytic Review, 68*, 45–74.

Roland, A. (1988). *In search of self in India and Japan: Toward a cross-cultural psychology*. Princeton, NJ: Princeton University Press.

Rosenblatt, A. D. (1985). The role of affect in cognitive psychology and psychoanalysis. *Psychoanalytic Psychology, 2*, 85–97.

Rosenthal, D. (1966). *Experimenter effects in behavioral research*. New York: Appleton–Century–Crofts.

Rosenthal, D. (1971). *Genetics of psychopathology*. New York: McGraw–Hill.

Roth, A., & Fonagy, P. (1995, February). *Research on the efficacy and effectiveness of the psychotherapies* (National Health Service Report). London: National Health Services.

Rothstein, A. (1980). *The narcissistic pursuit of perfection*. New York: International Universities Press.

Rowe, C. E., & MacIsaac, D. S. (1989). *Empathic attunement: The "technique" of psychoanalytic self psychology*. Northvale, NJ: Aronson.

Sacks, O. (1990). *Awakenings*. New York: HarperCollins.

Salzman, L. (1980). *Treatment of the obsessive personality*. New York: Aronson.

Sander, L. (1980). New knowledge about the infant from current research: Implications for psychoanalysis. *Journal of the American Psychoanalytic Association, 28*, 181–198.

Sandler, J., & Rosenblatt, B. (1962). The concept of the representational world. *Psychoanalytic Study of the Child, 17*, 128–145.

Sass, L. A. (1992). *Madness and modernism: Insanity in the light of modern art, literature, and thought*. New York: Basic Books.

Saul, L. (1971). *Emotional maturity* (2nd ed.). Philadelphia: Lippincott.

Schafer, R. (1968). *Aspects of internalization*. New York: International Universities Press.

Schafer, R. (1992). *Retelling a life*. New York: Basic Books.

Scarff, D., & Scarff, J. S. (1987). *Object relations family therapy*. Northvale, NJ: Aronson.

Scarff, D., & Scarff, J. S. (1992). *Object relations couple therapy*. Northvale, NJ: Aronson.

Schneider, K. J. (1998). Toward a science of the heart: Romanticism and the revival of psychology. *American Psychologist, 53,* 277–289.

Schofield, W. (1986). *Psychotherapy: The purchase of friendship*. New Brunswick, NJ: Transaction Books.

Schore, A. N. (1994). *Affect regulation and the origin of the self; The neurobiology of emotional development*. New York: Erlbaum.

Schore, A. N. (1997). A century after Freud's Project: Is a rapprochement between psychoanalysis and neurobiology at hand? *Journal of the American Psychoanalytic Association, 45,* 807–840.

Schwartz, R. H. (1991). Heavy marijuana use and recent memory impairment. *Psychiatric Annals, 23,* 80–82.

Searles, H. F. (1959). Oedipal love in the countertransference. In *Collected papers on schizophrenia and other subjects* (pp. 284–303). New York: International Universities Press, 1965.

Sears, R. R., Rau, L., & Alpert, R. (1965). *Identification and child rearing*. Stanford, CA: Stanford University Press.

Seligman, M. (1995). The effectiveness of psychotherapy: The Consumer Reports study. *American Psychologist, 50,* 1017–1024.

Seligman, M. (1996). Science as the ally of practice. *American Psychologist, 51,* 1072–1079.

Shane, M., Shane, E., & Gales, M. (1997). *Intimate attachments: Toward a new self psychology*. New York: Guilford Press.

Shapiro, D. (1965). *Neurotic styles*. New York: Basic Books.

Shapiro, F. (1989). *Eye movement desensitization and reprocessing: Basic principles, protocols, and procedures*. New York: Guilford Press.

Share, L. (1994). *If someone speaks, it gets lighter: Dreams and the reconstruction of infant trauma*. Hillsdale, NJ: Analytic Press.

Sifneos, P. E. (1973). The prevalence of "alexithymic" characteristics in psychosomatic patients. *Psychotherapy and Psychosomatics, 22,* 255–262.

Silverman, D. K. (1998). The tie that binds: Affect regulation, attachment, and psychoanalysis. *Psychoanalytic Psychology, 15,* 187–212.

Silverman, L. H. (1984). Beyond insight: An additional necessary step in redressing intrapsychic conflict. *Psychoanalytic Psychology, 1,* 215–234.

Silverman, L. H., Lachmann, F. M., & Milich, R. (1982). *The search for oneness.* New York: International Universities Press.

Singer, E. (1970). *Key concepts in psychotherapy* (2nd ed.). New York: Basic Books.

Slade, A. (1996). Longitudinal studies and clinical psychoanalysis: A view from attachment theory and research. *Journal of Clinical Psychoanalysis, 5,* 112–123.

Smith, M., Glass, G., & Miller, T. (1980). *The benefits of psychotherapy.* Baltimore, MD: Johns Hopkins University Press.

Socarides, D. D., & Stolorow, R. D. (1984–1985). Affects and selfobjects. *Annual of Psychoanalysis, 12/13,* 105–119.

Spence, D. P. (1982). *Narrative truth and historical truth: Meaning and interpretation in psychoanalysis.* New York: Norton.

Spezzano, C. (1993). *Affect in psychoanalysis: A clinical synthesis.* Hillsdale, NJ: Analytic Press.

Spiegel, D., Bloom, J., Kraemer, H., & Gottheil, E. (1989). Effects of psychosocial treatment on survival of patients with metastatic breast cancer. *The Lancet, ii* (8668), 888–891.

Spitz, R. (1945). Hospitalism. An inquiry into the genesis of psychiatric conditions in early childhood. *Psychoanalytic Study of the Child, 1,* 53–74.

Stark, M. (1994). *Working with resistance.* Northvale, NJ. Aronson.

Stern, D. B. (1997). *Unformulated experience: From dissociation to imagination in psychoanalysis.* Hillsdale, NJ: Analytic Press.

Stern, D. N. (1985). *The interpersonal world of the infant: A view from psychoanalysis and development psychology.* New York: Basic Books.

Stern, D. N. (1995). *The motherhood constellation: A unified view of parent-infant psychotherapy.* New York: Basic Books.

Stolorow, R. D. (1975). The narcissistic function of masochism (and sadism). *International Journal of Psycho-Analysis, 56,* 441–448.

Stolorow, R. D., & Atwood, G. E. (1979). *Faces in a cloud. Subjectivity in personality theory.*

New York: Aronson. (Rev. ed. 1993).

Stolorow, R. D., & Atwood, G. E. (1992). *Contexts of being: The intersubjective foundations of psychological life*. Hillsdale, NJ: Analytic Press.

Stolorow, R. D., Brandschaft, B., & Atwood, G. E. (1987). *Psychoanalytic treatment: An intersubjective approach*. Hillsdale, NJ: Analytic Press.

Stolorow, R. D., & Lachmann, F. M. (1980). *Psychoanalysis of developmental arrests: Theory and treatment*. New York: International Universities Press.

Stosney, S. (1995). *Treating attachment abuse: A compassionate approach*. New York: Springer.

Strachey, J. (1934). The nature of the therapeutic action of psycho-analysis. *International Journal of Psycho-Analysis, 15,* 127–159.

Stricker, G. (1996, October 24). *Untitled address to faculty and students at the Graduate School of Applied and Professional Psychology*. Rutgers University, Piscataway, NJ.

Strupp, H. H. (1996). The tripartite model and the *Consumer Reports* study. *American Psychologist, 51,* 1017–1024.

Sue, D. W., & Sue, D. (1990). *Counseling the culturally different: Theory and practice* (2nd ed.). New York: Wiley.

Sulloway, F. J. (1979). *Freud, biologist of the mind: Beyond the psychoanalytic legend*. New York: Basic Books.

Sullivan, H. S. (1947). *Conceptions of modern psychiatry*. New York: Norton.

Sullivan, H. S. (1953). *Interpersonal theory of psychiatry*. New York: Norton.

Sullivan, H. S. (1954). *The psychiatric interview*. New York: Norton.

Terr, L. (1992). *Too scared to cry: Psychic trauma in childhood*. New York: Harper Collins.

Terr, L. (1993). *Unchained memories: True stories of traumatic memories, lost and found*. New York: Basic Books.

Thomas, A., Chess, S., & Birch, H. G. (1968). *Temperament and behavior disorders in children*. New York: New York University Press.

Thompson, C. L. (1996). The African-American patient in psychodynamic treatment. In R. P. Foster, M. Moskowitz, & R. A. Javier (Eds.), *Reaching across boundries of culture and class: Widening the scope of psychotherapy* (pp. 115–142). Northvale, NJ: Aronson.

Tomkins, S. S. (1962). *Affect, imagery, consciousness: Vol. 1. The positive affects*. New York:

Springer.

Tomkins, S. S. (1963). *Affect, imagery, consciousness: Vol. 2. The negative affects*. New York: Springer.

Tomkins, S. S. (1982). Affect theory. In P. Ekman (Ed.), *Emotion in the human face* (2nd ed., pp. 353-395). New York: Cambridge University Press.

Tomkins, S. S. (1991). *Affect, imagery, consciousness: Vol. 3. The negative affects: Anger and fear*. New York: Springer.

Trevarthen. C. (1980). The foundations of intersubjectivity: Development of interpersonal and cooperative understanding in infants. In D. R. Olsen (Ed.), *The social foundation of language and thought: Essays in honor of Jerome Bruner* (pp. 316-342). New York: Norton.

Trevino, F., & Rendon, M. (1994). Mental health of Latinos in the United States. In C. Molina & M. Molina-Aguirre (Eds.), *Latino health in the United States: A growing challenge* (pp. 447-475). Washington, DC: American Public Health Association.

Tronick, E., Als, H., & Brazelton, T. B. (1977). The infant's capacity to regulate mutuality in face-to-face interaction. *Journal of Communication, 27,* 74-80.

Trop, J. L. (1988). Erotic and eroticized transference-A self psychology perspective. *Psychoanalytic Psychology, 5,* 269-284.

Tyson, P., & Tyson, R. L. (1990). *Psychoanalytic theories of development: An integration*. New Heaven, CT: Yale University Press.

Vaillant, G. E. (1971). Theoretical hierarchy of adaptive ego mechanisms. *Archives of General Psychiatry, 24,* 107-118.

Vaillant, G. E. (1977). *Adaption to life*. Boston: Little, Brown.

Vaillant, G. E. (1992). *Ego mechanisms of defense*. Washington, DC: American Psychiatric Press.

Vaillant, G. E., & McCullough, L. (1998). The role of ego mechanisms of defense in the diagnosis of personality disorders. In J. W. Barron (Ed.), *Making diagnosis meaningful: Enhancing evaluation and treatment of psychological disorders* (pp. 139-158). Washington, DC: American Psychological Association.

VandenBos, G. R., (Ed.) (1986). Psychotherapy research: A special issue. *American Psychologist, 41,* 111-112.

VandenBos, G. R., (Ed.) (1996). Outcome assessment of psychotherapy [Special issue]. *American Psychologist, 51.*

Van der Kolk, B. A. (1994). The body keeps the score: Memory and the evolving psychobiology of posttraumatic stress. *Harvard Review of Psychiatry, 1,* 253–265.

Vaughan, S. C. (1997). *The talking cure: The science behind psychotherapy.* New York: Putnam.

Viorst, J. (1986). *Necessary losses: The loves, illusions, dependencies and imposible expectations that all of us have to give up in order to grow.* New York: Simon & Schuster.

Wachtel, P. L. (1977). *Psychoanalysis and behavior therapy: Toward an integration.* New York: Basic Books.

Wachtel, P. L., & Messer, S. B. (1997). *Theories of psychotherapy: Origins and evolution.* Washington, DC: American Psychological Association.

Waelder, R. (1960). *Basic theory of psychoanalysis.* New York: International Universities Press.

Wallerstein, J. S., & Blakeslee, S. (1989). *Second chances: Men, women, and children a decade after divorce.* New York: Ticknor & Fields.

Wallerstein, R. S. (1986). *Forty-two lives in treatment: A study of psychoanalysis and psychotherapy.* New York: Guilford Press.

Watson, J. B. (1925). *Behaviorism.* New York: People's Institute Publishing Co.

Weinstock, A. (1967). A longitudinal study of social class and defense. *Journal of Consulting Psychology, 31,* 539–541.

Weiss, J. (1993). *How psychotherapy works: Process and technique.* New York: Guilford Press.

Weiss, J., Sampson, H., & the Mount Zion Psychotherapy Research Group (1986). *The psychoanalytic process: Theory, clinical observations, and empirical research.* New York: Guilford Press.

Welch, B. L. (1998, August 15). *The assault on managed care: Why long-term intensive treatment will survive.* Paper presented at the 106th annual meeting of the American Psychological Association, San Francisco, CA.

Westen, D. (1998). Case formulation and personality diagnosis: Two processes or one? In J.

W. Barron (Ed.), *Making diagnosis meaningful: Enhancing evaluation and treatment of psychological disorders* (pp. 111-137). Washington, DC: American Psychological Association.

Whitson, G. (1996). Working-class issues. In R. P. Foster, M. Moskowitz, & R. A. Javier (Eds.), *Reaching across boundaries of culture and class: Widening the scope of psychotherapy* (pp. 143-157). Northvale, NJ: Aronson.

Wilson, A. (1995). Mapping the mind in relational psychoanalysis: Some critiques, questions, and conjectures. *Psychoanalytic Psychology, 12,* 9-30.

Wilson, A., & Prillaman, J. (1997). Early development and disorders of internalization. In Moskowitz, M., Monk, C., Kaye, C., & Ellman, S. J. (Eds.), *The neurobiological basis for psychotherapeutic intervention* (pp. 189-233). Northvale, NJ: Aronson.

Winnicott, D. W. (1965). *The maturational process and the facilitating environment.* New York: International Universities Press.

Wolf, E. (1988). *Treating the self: Elements of clinical self psychology.* New York: Guilford Press.

Wolff, P. H. (1970). *The developmental psychologies of Jean Piaget and psychoanalysis.* New York: International Universities Press.

Wolff, P. H. (1966). The irrelevance of infant observation for psychoanalysis. *Journal of the American Psychoanalytic Association, 44,* 369-392.

Zeanah, C., Anders, T., Seifer, R., & Stern, D. N. (1989). Implications of research on infant development for psychodynamic theory and practice. *Journal of the American Academy of Child and Adolescent Development, 28,* 657-668.

Zimbardo, P. G. (1990). *Shyness: What it is, what to do about it.* New York: Perseus Press.

Zubin, J., & Spring, B. (1977). Vulnerability-a new view of schizophrenia. *Journal of Abnormal Psychology, 86,* 103-126.

찾아보기

• 저자 소개 •

Nancy McWilliams(Ph.D.)는 미국의 동북부 Rutgers에 있는 New Jersey 주립대학의 응용 및 전문 심리학 대학원에서 정신분석적 이론과 치료를 가르치고 있다. New Jersey 정신분석 및 심리치료 연구소와 미국 정신분석 심리학회(NPAP)의 수석 분석가로 활동 중이며, New Jersey의 Flemington에서 정신역동적 심리치료와 슈퍼비전을 위한 개업을 하고 있다. 저자가 쓴 『정신분석적 진단』(Guilford Press, 1994)은 미국을 비롯하여 여러 나라에서 심리치료자를 양성하는 많은 수련기관의 필수교재로 사용되고 있다. 또한 성격, 심리치료, 심리진단, 성(sexuality), 여성주의, 현대의 정신병리에 관한 논문과 공저를 저술하였다.

• 역자 소개 •

권석만　서울대학교 심리학과를 졸업하고 동 대학원에서 임상심리학을 전공하여 석사학위를 받았다. 서울대병원에서 임상심리 수련과정을 수료하였으며, 임상심리전문가 및 정신보건임상심리사(1급) 자격을 취득하였다. 호주 The University of Queensland 심리학과에서 박사학위를 받았으며, 현재 서울대학교 심리학과 교수로 재직하고 있다. 주요 저서와 역서로는 『현대 이상심리학(2판)』, 『현대 심리치료와 상담 이론』, 『현대 성격심리학』, 『긍정심리학』, 『우울증(개정판)』, 『자기애성 성격장애(개정판)』(공저), 『단기심리치료』(공역), 『심리도식치료』(공역) 등이 있다.

김윤희　숙명여자대학교 교육심리학과를 졸업하고 서울대학교 대학원에서 임상·상담심리학을 전공하여 석사 및 박사 학위를 받았다. 세브란스병원에서 임상심리 수련과정을 수료하였으며, 임상심리전문가 및 정신보건임상심리사(1급) 자격을 취득하였다. 현재 신라대학교 교육학과 교수로 재직하고 있으며, 불안장애와 심리검사에 관한 다수의 논문을 발표한 바 있다.

한수정   서울대학교 심리학과를 졸업하고 동 대학원에서 임상·상담심리학을 전공하여 석사학위를 받았다. 서울대병원에서 임상심리 수련과정을 수료하였으며, 임상심리전문가 및 정신보건임상심리사(1급) 자격을 취득하였다. 미국 Purdue 대학교에서 상담심리학 박사학위를 받았으며, 현재 미국 Illinois 주립대학교 심리학과 교수로 재직하고 있다. 『사례로 읽는 임상심리학』(공저), 『자기애성 성격장애(개정판)』(공저) 등의 저서와 성격장애에 관한 다수의 논문을 발표한 바 있다.

김향숙   서울대학교 심리학과를 졸업하고 동 대학원에서 임상·상담심리학을 전공하여 석사학위를 받았다. 서울대병원에서 임상심리 수련과정을 수료하였으며, 임상심리전문가 및 정신보건임상심리사(1급) 자격을 취득하였다. 미국 Michigan 대학교에서 임상심리학 박사학위를 받았으며, 현재 서강대학교 심리학과 교수로 재직하고 있다. 불안장애에 관한 다수의 논문을 발표한 바 있다.

김지영   서울대학교 심리학과를 졸업하고 동 대학원에서 임상·상담심리학을 전공하여 석사학위를 받았다. 서울대병원에서 임상심리 수련과정을 수료하였으며, 임상심리전문가 및 정신보건임상심리사(1급) 자격을 취득하였다. 서울대학교에서 임상심리학 박사학위를 받고 현재 서울사이버대학교 상담심리학부 교수로 재직하고 있다. 편집성 성격장애 및 강박장애 치료에 관한 다수의 논문을 발표한 바 있다.

정신분석적 사례이해

2005년 7월 25일 1판 1쇄 발행
2023년 9월 20일 1판 16쇄 발행

지은이 • Nancy McWilliams
옮긴이 • 권 석 만 외 공역
펴낸이 • 김 진 환
펴낸곳 • ㈜ 학지사
　　　　04031 서울특별시 마포구 양화로 15길 20 마인드월드빌딩 5층

대표전화 • 02) 330-5114　　팩스 • 02) 324-2345

등록번호 • 제313-2006-000265호

홈페이지 • http://www.hakjisa.co.kr
인스타그램 • https://www.instagram.com/hakjisabook

ISBN 978-89-5891-147-0 93180

정가 17,000원

출판미디어기업 학지사

간호보건의학출판 학지사메디컬 www.hakjisamd.co.kr
심리검사연구소 인싸이트 www.inpsyt.co.kr
학술논문서비스 뉴논문 www.newnonmun.com
원격교육연수원 카운피아 www.counpia.com